DESTINOS DO FEMINISMO

NANCY FRASER

DESTINOS DO FEMINISMO

DO CAPITALISMO ADMINISTRADO
PELO ESTADO À CRISE NEOLIBERAL

TRADUÇÃO **DIOGO FAGUNDES**

© desta edição, Boitempo, 2024
© Verso, 2013
A edição brasileira foi negociada pela Idílio Matos Agência Literária

Traduzido do original em inglês *Fortunes of Feminism: From State-Managed Capitalism to Neoliberal Crisis*

Direção-geral Ivana Jinkings

Edição Pedro Davoglio

Coordenação de produção Livia Campos

Assistência editorial Marcela Sayuri

Tradução Diogo Fagundes

Preparação André Albert

Revisão Daniel Rodrigues Aurélio

Diagramação Antonio Kehl

Capa Maikon Nery

Equipe de apoio Ana Slade, Artur Renzo, Davi Oliveira, Elaine Ramos, Frank de Oliveira, Frederico Indiani, Higor Alves, Isabella Meucci, Ivam Oliveira, Kim Doria, Letícia Akutsu, Luciana Capelli, Marina Valeriano, Marissol Robles, Mateus Rodrigues, Maurício Barbosa, Raí Alves, Renata Carnajal, Thais Rimkus, Tulio Candiotto

CIP-BRASIL. CATALOGAÇÃO NA PUBLICAÇÃO
SINDICATO NACIONAL DOS EDITORES DE LIVROS, RJ

F92d

Fraser, Nancy
 Destinos do feminismo : do capitalismo administrado pelo estado à crise neoliberal / Nancy Fraser ; tradução Diogo Fagundes. - 1. ed. - São Paulo : Boitempo.
 288 p. ; 23 cm.

 Tradução de: Fortunes of feminism: from state-managed capitalism to neoliberal crisis
 ISBN 978-65-5717-343-5

 1. Teoria feminista. 2. Justiça distributiva. 3. Conflito cultural. I. Fagundes, Diogo. II. Título.

24-88687   CDD: 305.42
                                           CDU: 141.72

Gabriela Faray Ferreira Lopes - Bibliotecária - CRB-7/6643

É vedada a reprodução de qualquer
parte deste livro sem a expressa autorização da editora.

1ª edição: abril de 2024

BOITEMPO
Jinkings Editores Associados Ltda.
Rua Pereira Leite, 373
05442-000 São Paulo SP
Tel.: (11) 3875-7250 / 3875-7285
editor@boitempoeditorial.com.br
boitempoeditorial.com.br | blogdaboitempo.com.br
facebook.com/boitempo | twitter.com/editoraboitempo
youtube.com/tvboitempo | instagram.com/boitempo

Para
Natasha Zaretsky
Kathleen Engst
Gina Engst

Três trajetórias para um futuro feminista

O reconhecimento grato ao apoio institucional e à inspiração intelectual aparece na nota inicial de cada capítulo. Aqui, agradeço a Tomer Zeigerman e Mine Yildirim pela assistência profissional na preparação do original, e manifesto meu apreço pelo apoio da New School for Social Research, do Instituto de Estudos Avançados de Stellenbosch, da Fundação Einstein da cidade de Berlim e do Centro de Estudos Avançados "Justitia Amplificata".
Agradeço também à permissão para reeditar os seguintes capítulos:
O capítulo 1 foi publicado originalmente na *New German Critique*, v. 35, 1985. Uma versão anterior do capítulo 2 apareceu como "Talking About Needs: Interpretive Contests as Political Conflicts in Welfare-State Societies" [Falando de necessidades: disputas interpretativas como conflitos políticos nas sociedades de bem-estar social], em *Ethics*, v. 99, n. 2, 1989. O capítulo 3 foi publicado originalmente em *Signs: Journal of Women in Culture and Society*, v. 19, n. 2, 1994. A versão aqui reeditada apareceu em Nancy Fraser, *Justice Interruptus: Critical Reflections on the "Postsocialist Condition"* (Nova York, Routledge, 1997)*. Uma versão anterior do capítulo 4 apareceu em *Political Theory*, v. 22, n. 4, 1994. A versão aqui reeditada foi posteriormente publicada em *Justiça interrompida*. Uma versão anterior do capítulo 5 apareceu em *boundary 2*, v. 17, n. 2, 1990. A versão reeditada aqui foi posteriormente publicada em *Justiça interrompida*. O capítulo 6 apareceu pela primeira vez

---

* Ed. bras.: *Justiça interrompida: reflexões críticas sobre a condição "pós-socialista"* (trad. Ana Claudia Lopes e Nathalie Bressiani, São Paulo, Boitempo, 2022). (N. E.)

em tradução francesa, em *Actuel Marx*, v. 30, 2001. O capítulo 7 foi originalmente publicado na *New Left Review*, v. I/228, 1998. O capítulo 8 foi originalmente publicado na *New Left Review*, v. 36, 2005. O capítulo 9 foi originalmente publicado na *New Left Review*, v. 56, 2009. O capítulo 10 foi publicado originalmente em tradução francesa na *Revue de l'OFCE*, v. 114, 2010.

Sumário

Prólogo a um drama em três atos..11

Parte I. Feminismo insurgente: radicalizando a crítica na era da
social-democracia 31

    1. O que há de crítico na teoria crítica?
    O caso de Habermas e o gênero 33

    2. Luta pelas necessidades: esboço de uma teoria crítica
    socialista-feminista da cultura política do capitalismo tardio.....71

    3. Uma genealogia da "dependência": investigando uma
    palavra-chave do Estado de bem-estar social nos Estados Unidos.............105

    4. Depois do salário familiar: um experimento de pensamento
    pós-industrial 137

Parte II. O feminismo domesticado: da redistribuição ao reconhecimento
na era da identidade 167

    5. Contra o simbolicismo: os usos e abusos do lacanismo na política
    feminista 169

    6. Política feminista na era do reconhecimento: uma abordagem
    bidimensional para a justiça de gênero...191

    7. Heterossexismo, não reconhecimento e capitalismo: uma resposta
    a Judith Butler 209

Parte III. O feminismo ressurgente? Enfrentando a crise capitalista
na era neoliberal 223

    8. Reenquadrar a justiça num mundo globalizado 225

    9. Feminismo, capitalismo e a astúcia da história 249

    10. Entre a mercantilização e a proteção social: resolvendo
    a ambivalência feminista 271

Prólogo a um drama em três atos

Do nosso privilegiado ponto de vista atual, a história da segunda onda do feminismo se desdobra como um drama em três atos. Emergindo da agitação ao redor da Nova Esquerda, o "movimento pela libertação das mulheres" veio à luz como uma força insurrecional que, na era do pós-guerra, desafiava a dominação masculina nas sociedades capitalistas organizadas em torno do Estado. No Primeiro Ato, as feministas juntaram-se a outras correntes de radicalismo para explodir um imaginário social-democrata que tinha ocultado a injustiça de gênero e tecnicizado a política. Ao insistir que "o pessoal é político", esse movimento expôs o profundo androcentrismo do capitalismo e procurou transformar a sociedade de alto a baixo. Mais tarde, porém, à medida que as energias utópicas começavam a declinar, a segunda onda do feminismo foi atraída para a órbita da política de identidade. No Segundo Ato, seus impulsos transformadores foram canalizados para um novo imaginário político, que colocava em primeiro plano a "diferença". Passando "da redistribuição para o reconhecimento", o movimento deslocou sua atenção para a política cultural, bem no momento em que um neoliberalismo em ascensão declarava guerra à igualdade social. Mais recentemente, porém, conforme o neoliberalismo entra em sua crise atual, o anseio de reinventar o radicalismo feminista pode estar renascendo. Em um Terceiro Ato que ainda está em curso, *poderíamos* ver um feminismo revigorado juntar-se a outras forças emancipatórias com o objetivo de submeter os mercados desenfreados ao controle democrático. Nesse caso, o movimento recuperaria seu espírito insurrecional e, ao mesmo tempo, aprofundaria suas perspectivas características: sua crítica estrutural do androcentrismo do capitalismo, sua análise sistêmica da dominação masculina e suas revisões da democracia e da justiça com ênfase na questão de gênero.

Um dia, historiadores explicarão como as forças neoliberalizantes conseguiram, ao menos durante certo tempo, neutralizar as correntes mais radicais da segunda onda do feminismo – e como um novo surto insurrecional conseguiu (espera-se) reanimá-las. Para os teóricos críticos, no entanto, resta uma tarefa anterior: analisar gramáticas alternativas do imaginário feminista, a fim de avaliar seu potencial emancipatório. Aqui, o objetivo é averiguar quais entendimentos do androcentrismo e da dominação masculina, quais interpretações da justiça de gênero e da democracia sexual, quais concepções de igualdade e diferença serão potencialmente mais frutíferas para os engajamentos futuros. Acima de tudo, quais modos de teorização feminista deveriam ser incorporados aos imaginários políticos ora em invenção pelas novas gerações do Terceiro Ato?

Embora não tenham sido escritos com esse objetivo em mente, os ensaios aqui reunidos podem, no entanto, ser lidos hoje como tentativas preliminares de fazer tal avaliação. Redigidos ao longo dos últimos 25 anos como intervenções em debates teóricos, eles documentam grandes mudanças no imaginário feminista desde a década de 1970. Para este volume, agrupei-os em três partes, que correspondem aos três atos do drama que acabo de esboçar. Na Parte I, incluí textos que procuram casar uma sensibilidade feminista com uma crítica da Nova Esquerda ao Estado de bem-estar social. Ao tomar como alvo não apenas o androcentrismo deste último, mas também sua organização burocrática e seu foco quase exclusivo na distribuição, esses ensaios situam o feminismo de segunda onda num campo mais amplo de lutas democratizantes e anticapitalistas. Refletindo a mudança histórica da corrente dominante da social-democracia para os novos movimentos sociais, defendem a compreensão alargada da política que estes propõem, ao mesmo tempo que criticam algumas formas influentes de teorizá-la. A Parte II traça alterações subsequentes no imaginário feminista. Observando a mudança cultural mais ampla da política de igualdade para a política de identidade, esses capítulos diagnosticam os dilemas enfrentados pelos movimentos feministas em um período de neoliberalismo ascendente. Preocupados com a relativa negligência da economia política no fim do século, criticam o eclipse das "lutas por redistribuição" pelas "lutas por reconhecimento", ao passo que também defendem uma versão não identitária destas últimas. A Parte III contempla as perspectivas de um renascimento do radicalismo feminista em tempos de crise neoliberal. Ao tomar partido de uma virada "pós-vestfaliana", os ensaios que compõem essa seção situam as lutas pela emancipação das mulheres em relação a dois outros conjuntos de forças sociais: as que tendem a alargar o domínio dos mercados, por um lado, e as que procuram "defender a sociedade" deles, por outro. Diagnosticando uma "ligação perigosa" entre feminismo e mercantilização, esses ensaios incitam as feministas a quebrar essa aliança impura a fim de forjar uma nova, baseada em princípios, entre a "emancipação" e a "proteção social".

Portanto, no geral, as preocupações que dão forma à organização do volume são sistemáticas e históricas. Registro dos esforços contínuos de uma teórica para acompanhar a trajetória do movimento, este livro avalia as perspectivas atuais e as possibilidades futuras do feminismo. Deixe-me elaborar.

***

Quando a segunda onda do feminismo irrompeu na cena mundial, os Estados de capitalismo avançado da Europa ocidental e da América do Norte ainda desfrutavam da onda de prosperidade sem precedentes que se seguiu à Segunda Guerra Mundial. Mediante novas ferramentas de orientação econômica keynesiana, eles aparentemente tinham aprendido a contrabalancear as crises nos negócios e a orientar o desenvolvimento econômico nacional de modo a garantir emprego quase pleno aos homens. Incorporando movimentos de trabalhadores outrora insubmissos, os países capitalistas avançados construíram Estados de bem-estar social mais ou menos extensos e institucionalizaram a solidariedade nacional entre classes. Na verdade, esse compromisso histórico de classe assentou-se numa série de exclusões de gênero e étnico-raciais, para não mencionar a exploração neocolonial externa. Mas essas clivagens potenciais tendiam a permanecer latentes num imaginário social-democrata que colocava em primeiro plano a redistribuição de classe. O resultado foi um próspero cinturão de sociedades de consumo de massa no Atlântico Norte, que parecia ter domado o conflito social.

Na década de 1960, contudo, a relativa calma dessa "Era de Ouro do capitalismo" foi subitamente abalada[1]. Numa extraordinária explosão internacional, a juventude radical saiu às ruas – inicialmente, para se opor à Guerra do Vietnã e à segregação racial nos Estados Unidos. Logo ela começou a questionar características centrais da modernidade capitalista que a social-democracia tinha até então naturalizado: o materialismo, o consumismo e a "ética do sucesso"; burocracia, cultura corporativa e "controle social"; repressão sexual, sexismo e heteronormatividade. Rompendo com as rotinas políticas normalizadas da era anterior, novos atores sociais formaram novos movimentos sociais, dentre os quais o feminismo de segunda onda era um dos mais visionários.

---

[1] A expressão "Era de Ouro do capitalismo" vem de Eric Hobsbawm, *The Age of Extremes: The Short Twentieth Century, 1914–1991* (Nova York, Vintage, 1996) [ed. bras.: *Era dos extremos: o breve século XX, 1914-1991*, trad. Marcos Santarrita, São Paulo, Companhia das Letras, 1995].

Com suas companheiras de outros movimentos, as feministas da época reformularam o imaginário radical. Ao transgredir uma cultura política que privilegiava atores que se apresentavam como classes nacionalmente delimitadas e politicamente domesticadas, elas desafiaram as exclusões de gênero da social-democracia. Ao problematizar o paternalismo assistencialista e a família burguesa, expuseram o profundo androcentrismo da sociedade capitalista. Ao politizar "o pessoal", expandiram os limites da contestação para além da distribuição socioeconômica – a fim de incluir o trabalho doméstico, a sexualidade e a reprodução.

Na verdade, a onda inicial do feminismo do pós-guerra tinha uma relação ambivalente com a social-democracia. Por um lado, no princípio grande parte da segunda onda rejeitava seu estatismo e sua tendência a marginalizar as injustiças sociais e de classe que não fossem decorrentes da "má distribuição". Por outro, muitas feministas pressupunham características-chave do imaginário socialista como base para projetos mais radicais. Tomando como dado o *éthos* solidário do Estado de bem-estar, bem como sua capacidade de condução para garantir a prosperidade, elas também estavam empenhadas em domar os mercados e promover a igualdade. Agindo a partir de uma crítica que era ao mesmo tempo radical e imanente, as primeiras feministas da segunda onda procuraram menos desmantelar o Estado de bem-estar social do que o transformar numa força capaz de ajudar na superação da dominação masculina.

Na década de 1980, porém, a história parecia ter contornado esse projeto político. Uma década de governos conservadores em grande parte da Europa ocidental e da América do Norte, coroada pela queda do comunismo no Leste, milagrosamente deu nova vida a ideologias de livre mercado antes dadas como mortas. Resgatado da lata de lixo da história, o "neoliberalismo" autorizou um ataque continuado à própria ideia de redistribuição igualitária. O efeito, amplificado pela aceleração da globalização, foi o de lançar dúvidas sobre a legitimidade e a viabilidade do uso do poder público para controlar as forças de mercado. Com a social-democracia na defensiva, os esforços para ampliar e aprofundar sua promessa naturalmente ficaram pelo caminho. Os movimentos feministas que outrora haviam tomado o Estado de bem-estar como ponto de partida, buscando alargar seu *éthos* igualitário de classe para incluir o gênero, encontravam-se agora sem chão. Impossibilitados de presumir uma base social-democrata para a radicalização, gravitaram para novas gramáticas de reivindicação política, mais sintonizadas com o *zeitgeist* "pós-socialista".

Entram em cena as políticas de reconhecimento. Se o impulso inicial do feminismo do pós-guerra foi o de "engendrar" o imaginário socialista, a tendência posterior foi a de redefinir a justiça de gênero como um projeto que visava "reconhecer a diferença". O "reconhecimento", portanto, tornou-se a principal gramática das reivindicações feministas no fim do século. Categoria venerável da filosofia hegeliana, ressuscitada por teóricos políticos, essa noção capturou o caráter distintivo das lutas "pós-socialistas", que muitas vezes assumiram a forma de políticas de identidade, voltadas mais a valorizar a diferença cultural do que a promover a igualdade econômica. Quer a questão fosse o trabalho de prestação de cuidados, quer fosse a violência sexual ou as disparidades de gênero na representação política, as feministas recorriam cada vez mais à gramática do reconhecimento para fazer valer suas reivindicações. Incapazes de transformar as profundas estruturas de gênero da economia capitalista, preferiram visar os males enraizados em padrões androcêntricos de valor cultural ou em hierarquias de *status*. O resultado foi uma grande mudança no imaginário feminista: enquanto a geração anterior tinha procurado refazer a economia política, esta concentrou-se mais na transformação da cultura.

Os resultados foram claramente díspares. Por um lado, as novas lutas feministas pelo reconhecimento deram continuidade ao projeto anterior de expansão da agenda política para além dos limites da redistribuição de classes; em princípio serviram para ampliar e radicalizar o conceito de justiça. Por outro lado, porém, a figura da luta pelo reconhecimento capturou tão completamente a imaginação feminista que serviu mais para deslocar que para aprofundar o imaginário socialista. O efeito foi o de subordinar as lutas sociais às lutas culturais, a política de redistribuição à política de reconhecimento. Essa não era, certamente, a intenção original. Ao contrário, as defensoras da virada cultural presumiram que uma política feminista da identidade e da diferença criaria sinergia com as lutas pela igualdade de gênero. Mas essa premissa foi vítima do *zeitgeist* mais amplo. No contexto do fim do século, a virada para o reconhecimento encaixou-se perfeitamente num neoliberalismo ascendente que não queria nada mais que reprimir toda a memória do igualitarismo social. O resultado foi uma trágica ironia histórica. Em vez de chegarem a um paradigma mais amplo e rico que pudesse abranger tanto a redistribuição como o reconhecimento, as feministas efetivamente trocaram um paradigma truncado por outro – um economicismo truncado por um culturalismo truncado.

Hoje, contudo, as perspectivas centradas apenas no reconhecimento carecem de qualquer credibilidade. No contexto da escalada da crise capitalista, a crítica da economia política está recuperando sua centralidade na teoria e na prática. Nenhum movimento social sério, muito menos o feminismo, pode ignorar a evisceração da democracia e o ataque à reprodução social perpetrados pelo capital financeiro. Nestas condições, uma teoria feminista que se preze deve reavivar as preocupações "econômicas" do Primeiro Ato – sem, no entanto, negligenciar os *insights* "culturais" do Segundo Ato. Mas isso não é tudo. Deve integrá-los não apenas entre si, mas também com um novo conjunto de preocupações "políticas" que a globalização salientou: como as lutas emancipatórias podem servir para garantir a legitimidade democrática e para expandir e equalizar a influência política numa época em que os poderes que governam nossas vidas ultrapassam cada vez mais as fronteiras dos Estados territoriais? Como os movimentos feministas podem promover a participação igualitária em nível transnacional, apesar das assimetrias de poder arraigadas e das visões de mundo divergentes? Lutando simultaneamente em três frentes – chamemos-lhes redistribuição, reconhecimento e representação –, o feminismo do Terceiro Ato deve unir-se a outras forças anticapitalistas, ainda que precise expor o contínuo fracasso delas em absorver as ideias de décadas de ativismo feminista.

Além disso, o feminismo de hoje deve ser sensível ao contexto histórico em que atuamos. Diante da constelação mais ampla de forças políticas, precisamos manter distância tanto dos neoliberais obcecados pelo mercado como daqueles que procuram "defender a sociedade" (repleta de hierarquia e exclusão) do mercado. Traçando um terceiro caminho entre Cila e Caríbdis, um feminismo digno do Terceiro Ato deve juntar-se a outros movimentos emancipatórios, integrando nosso interesse fundamental na não dominação às preocupações legítimas dos protecionistas quanto à segurança social, sem negligenciar a importância da liberdade negativa, que geralmente é associada ao liberalismo.

***

Esta é, ao menos, a leitura da história recente que emerge dos ensaios aqui reunidos. Os capítulos que compõem a Parte I documentam a transição da social-democracia do pós-guerra para o início da segunda onda do feminismo, vista como uma corrente do radicalismo da Nova Esquerda. Exalando o espírito inebriante das décadas de 1960 e 1970, esses ensaios refletem os sucessos dos novos movimentos sociais em atravessar os limites da política habitual do Estado de bem-estar social. Expandir o político significava expor eixos de dominação negligenciados, para além da classe – acima de tudo, mas não apenas, o gênero. Igualmente importante, significava expor o poder ilegítimo fora dos recintos habituais do Estado e da economia – na sexualidade e na subjetividade, na domesticidade e nos serviços sociais, na academia e no lazer mercantilizado, nas práticas sociais da vida cotidiana.

Ninguém captou melhor esses impulsos "pós-marxistas" do que Jürgen Habermas, o tema do capítulo 1. Crítico radical da social-democracia do pós-guerra,

Habermas procurou esquadrinhar aspectos do Estado de bem-estar keynesiano que escapavam às análises liberais convencionais. Ao evitar o "monismo do trabalho" de seus antecessores da Escola de Frankfurt ao mesmo tempo que procurava continuar a crítica da reificação por outros meios, ele propôs uma reconstrução da Teoria Crítica em termos de "teoria da comunicação". O resultado foi um novo diagnóstico dos males do capitalismo tardio: a "colonização interna do mundo da vida por sistemas". Endêmica da social-democracia do pós-guerra, a colonização ocorreu quando a "racionalidade dos sistemas" foi ilegitimamente alargada para além de seu âmbito adequado (a economia de mercado e a administração estatal) para os "domínios centrais do mundo da vida" (a família e a esfera pública política). Nesse caso, à medida que a coordenação administrativa substituía a interação comunicativa em domínios que necessitavam desta, o Estado de bem-estar gerava "patologias sociais". Igualmente importante, esse desenvolvimento desencadeou novas formas de conflito social, centradas menos na distribuição que na "gramática das formas de vida"[2]. Fazendo eco à antipatia da Nova Esquerda pelo paternalismo burocrático, o diagnóstico de Habermas validou as preocupações "pós-materialistas" dos novos movimentos sociais. Ao ultrapassar as críticas liberais à injustiça distributiva, prometeu alargar nossa noção do que poderia estar sujeito a desafios políticos – e a mudanças emancipatórias.

No entanto, como argumento em "O que há de crítico na teoria crítica?" (1985), Habermas não conseguiu levar a cabo todo o potencial radical de sua própria crítica. Ao substancializar distinções analíticas entre público e privado, reprodução simbólica e reprodução material, integração do sistema e integração social, deixou escapar o subtexto de gênero que as acompanhava e naturalizou as características androcêntricas da ordem social. Na falta de recursos para conceituar adequadamente a dominação masculina, ele acabou por sugerir que a "juridificação" em questões familiares conduzia necessariamente à colonização – do que se depreende que as lutas feministas para expandir os direitos das mulheres e das crianças eram problemáticas. O efeito foi pôr em risco as percepções analíticas e os ganhos práticos da segunda onda do feminismo.

De modo geral, então, o primeiro capítulo deste volume desenvolve uma crítica de um importante crítico de esquerda da social-democracia. O capítulo 2, em

---

[2] Jürgen Habermas, *The Theory of Communicative Action*, "Marx and the Thesis of Internal Colonization", em v. 2, *Lifeworld and System: A Critique of Functionalist Reason* (Boston, Beacon, 1989), especialmente cap. VIII [ed. bras.: "Marx e a tese da colonização interna", em *Teoria da ação comunicativa*, v. 2: *Para a crítica da razão funcionalista*, trad. Luiz Repa, São Paulo, Editora da Unesp, 2022].

contraste, marca uma passagem para uma teorização feminista construtiva. Com o objetivo de pôr em prática as lições do capítulo anterior, esboço uma crítica sensível à questão de gênero das dinâmicas estruturais e das tendências conflitivas das sociedades capitalistas tardias. "Luta pelas necessidades" (1989) reconcebe o Estado de bem-estar social ao reposicionar a distribuição no âmbito do discurso. Partindo das ideias de Habermas, emprega uma versão da virada linguística para subscrever a compreensão alargada da política associada à segunda onda do feminismo. O ponto-chave aqui é uma passagem do habitual foco social-democrata nos conflitos em torno da satisfação das necessidades para um novo foco, democrático-feminista, na "política de interpretação das necessidades". O efeito disso é substituir o paradigma distributivo, que postula um objetivismo monológico das necessidades básicas, por um paradigma comunicativo sensível ao gênero, que considera a interpretação das necessidades uma aposta política. Tal abordagem difere da de Habermas num aspecto crucial. Em vez de naturalizar noções hegemônicas de público e privado, trato essas categorias como igualmente objetos de luta política construídos discursivamente e saturados de gênero e de poder; e vinculo a politização das necessidades às lutas feministas sobre onde e como traçar as fronteiras entre "o político", "o econômico" e "o doméstico". O objetivo é repolitizar uma série de questões de gênero que Habermas involuntariamente retirou da mesa.

"Luta pelas necessidades" também reavalia e toma empréstimos de outro grande crítico do Estado de bem-estar democrático, inspirado pela Nova Esquerda: Michel Foucault. Tal como Foucault, afirmo que a política das necessidades está implicada na constituição de posições subjetivas, por um lado, e de novos corpos de especialização disciplinar, por outro. Mas, ao contrário dele, não presumo que os profissionais do bem-estar monopolizem a interpretação das necessidades. Em vez disso, situo os "discursos dos especialistas" ao lado dos "discursos de oposição" dos movimentos democratizantes e dos "discursos de reprivatização" dos neoconservadores para mapear os conflitos entre esses três tipos de "conversa sobre necessidades". Assim, se Foucault presumia uma única lógica, disciplinar, minha abordagem discerne uma pluralidade de lógicas concorrentes – incluindo algumas com potencial emancipatório, capazes de desafiar a dominação masculina. Inspirada não apenas por conhecimentos empíricos, mas também por distinções normativas, ela pretende orientar um ativismo feminista que possa transformar a realidade social.

Se "Luta pelas necessidades" mapeia os contornos do discurso do Estado de bem-estar social na década de 1980, o capítulo seguinte examina um termo que se tornou central na década de 1990. Em coautoria com a historiadora feminista Linda Gordon, "Uma genealogia da 'dependência'" (1994) interpreta as cambiantes vicissitudes dessa "palavra-chave do Estado de bem-estar social" como um barômetro das mudanças nos ventos políticos. Escrito no auge do frenesi da "reforma do bem-estar social" nos Estados Unidos, quando os ataques à "dependência do bem-estar social" dominaram os debates sobre políticas públicas, esse ensaio traça o processo por meio do qual esta preocupação neoliberal característica veio a suplantar o duradouro foco social-democrata no combate à pobreza.

"Uma genealogia da 'dependência'" escava camadas enterradas de história discursiva que continuam a atuar no presente. Mapeando as configurações em transformação da economia política e da dinâmica de gênero, esse capítulo analisa duas mudanças históricas de época nos significados de "dependência": primeiro, a mudança de um uso patriarcal pré-industrial, em que a "dependência" era uma condição majoritária não estigmatizada, para um uso industrial moderno de caráter supremacista masculino, que construiu um sentido de "dependência" especificamente feminino e altamente estigmatizado; e, em segundo lugar, a subsequente mudança para um uso pós-industrial, em que um número crescente de mulheres relativamente prósperas reivindica o mesmo tipo de "independência" que os homens reivindicam, enquanto um sentido de "dependência" mais estigmatizado, mas ainda feminizado, é atribuído a grupos "desviantes" que são considerados "supérfluos". Ao longo do percurso, Gordon e eu demonstramos que as práticas racializantes desempenham um papel fundamental nas reconstruções históricas da "dependência", assim como as mudanças na organização e no significado do trabalho. Após questionar os pressupostos atuais sobre o significado e a conveniência da "independência", concluímos com um esboço de uma crítica feminista "transvalorativa" que visa superar a dicotomia dependência/independência.

Se o ensaio sobre a dependência fornece uma crítica feminista aos Estados de bem-estar social do pós-guerra, o capítulo seguinte procura vislumbrar uma alternativa feminista. Afirmo, em "Depois do salário familiar" (1994), que a chave é modernizar os fundamentos obsoletos dos atuais arranjos – em especial o pressuposto de famílias nucleares duradouras, chefiadas por homens, em que maridos bem remunerados e com emprego seguro sustentam esposas não empregadas ou com baixos salários. Esse pressuposto, que descende do capitalismo industrial e ainda dá esteio à política social, está totalmente distorcido em relação às realidades pós-industriais: a coexistência de diversas formas familiares, o aumento do divórcio e do não casamento, a ampla participação feminina no trabalho assalariado e o crescimento da precariedade do emprego para todos. Ele deve dar lugar, nos Estados de bem-estar do futuro, a arranjos que possam institucionalizar a justiça de gênero.

Como deveria ser, então, um Estado de bem-estar social pós-industrial? "Depois do salário familiar" avalia dois cenários alternativos, cada um dos quais se qualifica como feminista. No primeiro, a era do salário familiar daria lugar à era do "provedor universal". Pressuposta por liberais e pelas "feministas da igualdade", esta abordagem garantiria a segurança social principalmente ao facilitar o ganho assalariado das mulheres – acima de tudo, com a reforma dos mercados de trabalho e a oferta de serviços que viabilizem o emprego, tais como creches e cuidados a idosos. Numa segunda perspectiva da sociedade pós-industrial, a era do salário familiar daria lugar à era da "paridade dos cuidadores". Favorecida pelos conservadores e pelas "feministas da diferença", esta abordagem apoiaria o trabalho informal de cuidados nas famílias – especialmente por meio de subsídios para cuidadores. Tais abordagens assumem concepções divergentes de justiça de gênero: enquanto a primeira visa conformar a vida das mulheres à forma supostamente tomada pela vida dos homens nos tempos atuais, a segunda elevaria a prestação de cuidados à paridade com o ganha-pão, a fim de "tornar a diferença sem custos". No entanto, nenhuma das abordagens, conforme argumento aqui, é totalmente satisfatória. Enquanto o modelo do provedor universal penaliza as mulheres por não serem como os homens, o modelo da paridade dos cuidadores as relega a uma inferior "pista da mamãe". Concluo, portanto, que as feministas deveriam desenvolver um terceiro modelo – o do "cuidado universal" – que induziria os homens a tornarem-se mais como as mulheres são agora: pessoas que combinam o emprego com responsabilidades primárias de cuidados. Ao tratar como norma os atuais padrões de vida das mulheres, este modelo teria como objetivo superar a separação entre o sustento da família e o trabalho de prestação de cuidados. Evitando tanto o obreirismo do sustento universal como o privatismo doméstico da paridade no cuidado, visa proporcionar justiça de gênero e segurança para todos.

Em geral, então, os capítulos que compõem a Parte I apresentam uma crítica radical do Estado de bem-estar social a partir de uma perspectiva feminista. Exalando um sentido otimista de possibilidades de expansão, partem do princípio de que os movimentos feministas poderiam ajudar a refazer o mundo, dissolvendo estruturas de supremacia masculina e derrubando hierarquias de gênero. Ao mesmo tempo que pressupõem e radicalizam o imaginário socialista, elas validam os esforços das feministas da segunda onda por expandir a agenda política para além dos limites da social-democracia. Repudiando o paternalismo social, mudam o foco do escrutínio crítico da distribuição de classes para uma concepção ampla da injustiça de gênero. Quer sejam críticos quer construtivos, esses capítulos procuram tornar visível e criticável toda a panóplia de estruturas e práticas que impedem as mulheres de participar na vida social em pé de igualdade com os homens.

***

A Parte II, por outro lado, evidencia um clima mais sóbrio. Escritos em um período no qual as energias da esquerda decaíam, os capítulos nela incluídos mapeiam a passagem do feminismo do início da segunda onda para a política de identidade. Interrogando diversas correntes de teorização feminista, documentam o processo mediante o qual a virada cultural pareceu engolir a economia política, quando deveria tê-la enriquecido. Além disso, esses ensaios acompanham a crescente centralidade das reivindicações por reconhecimento dentro do ativismo feminista. Ao situar essas reivindicações no contexto histórico, eles investigam a fatídica coincidência da ascensão da política de identidade com o renascimento do fundamentalismo do livre mercado e analisam os dilemas enfrentados pelas feministas como resultado. De forma mais geral, a Parte II diagnostica o encolhimento da visão emancipatória no fim do século. Procurando dissipar a mística do feminismo cultural, esses capítulos pretendem recuperar as melhores ideias do feminismo socialista e combiná-las com uma versão não identitária da política de reconhecimento. Somente tal abordagem, reafirmo, pode dar conta dos desafios intelectuais e políticos enfrentados pelos movimentos feministas num período de hegemonia neoliberal.

"Contra o simbolicismo" (1990) examina uma corrente influente de teorização que involuntariamente ajudou a desviar a imaginação feminista para canais culturalistas. À primeira vista, é claro, nada poderia se opor mais à política de identidade que a psicanálise lacaniana, que associa o desejo de uma identidade estável a um "registro imaginário" desvalorizado. No entanto, como defendo aqui, ao não desafiar alguns pressupostos básicos do pensamento lacaniano, os esforços feministas por se apropriar desse paradigma teórico minaram inadvertidamente o próprio antiessencialismo que professavam. Além disso, e de maneira igualmente lamentável, ao menosprezar a economia política e evitar a análise institucional, acabaram por pactuar com feministas culturais para fazer da linguagem e da subjetividade os focos privilegiados da crítica feminista.

"Contra o simbolicismo" revela o caráter autodestrutivo do feminismo lacaniano. Partindo de meus esforços anteriores para teorizar a dimensão discursiva da subordinação das mulheres, esse capítulo avalia os méritos relativos de duas abordagens típico-ideais da significação: uma estruturalista, que analisa sistemas simbólicos ou códigos, e outra pragmática, que estuda a fala como uma prática social. Se o objetivo for analisar o funcionamento da dominação de gênero nas sociedades capitalistas e clarificar as perspectivas de superá-la, então a abordagem pragmática tem mais a oferecer.

"Contra o simbolicismo" elabora essa afirmação através de discussões críticas de Jacques Lacan (conforme lido pelas feministas) e Julia Kristeva. Embora esses pensadores sejam amplamente vistos como pós-estruturalistas, insisto que ambos dão continuidade ao legado estruturalista em aspectos importantes. Assim, os esforços feministas para se apropriar de Lacan naufragaram naquilo que chamo de "simbolicismo": a reificação homogeneizadora de diversas práticas de significação numa ordem simbólica monolítica, onipresente e determinista. No caso de Kristeva, esse problema é dificultado, mas não superado, pela incorporação de um momento antiestruturalista, "semiótico", visando historicizar "o simbólico". Como efeito, estabelece-se uma oscilação interminável entre duas alternativas igualmente insatisfatórias: num momento, Kristeva naturaliza uma identidade materna reificada; em outro, ela anula as identidades das mulheres como um todo.

A disputa feminista sobre o essencialismo é abordada mais diretamente no capítulo 6. Diagnosticando o encolhimento da imaginação feminista, "Política feminista na era do reconhecimento" (2001) traça a dissociação progressiva do reconhecimento em relação à redistribuição na teorização e na política feministas. Sob o incômodo da prevalência de feminismos culturalistas unilaterais, esse ensaio propõe casar as melhores percepções da virada cultural com as ideias quase esquecidas, mas ainda indispensáveis, do feminismo socialista. Rejeitando construções sectárias que forjam tais perspectivas como mutuamente incompatíveis, analiso o sexismo como um modo bidimensional de subordinação, enraizado simultaneamente na economia política e na ordem de *status* da sociedade capitalista. A meu ver, a superação da subordinação de gênero requer a combinação de uma política feminista de reconhecimento com uma política feminista de redistribuição.

Contudo, desenvolver uma tal política não é fácil, uma vez que o gênero atravessa outros eixos de subordinação, e as reivindicações por justiça de gênero podem entrar em conflito com outras reivindicações presumivelmente legítimas, como as reivindicações de reconhecimento cultural de minorias. Segue-se que as feministas devem evitar perspectivas de "variável única", que se concentram apenas no gênero, em favor de abordagens que possam lidar com casos difíceis, nos quais as injustiças se cruzam e as reivindicações colidem. Para julgar tais casos, como o "caso do véu" na França, introduzo duas inovações conceituais. Primeiro, no nível normativo-filosófico, apresento a visão da justiça como *paridade de participação*. Concebido para identificar dois tipos diferentes de obstáculos (econômicos e culturais) que impedem algumas pessoas de participar como semelhantes na interação social, o princípio da paridade de participação abrange ambas as dimensões da (in)justiça – a (má) distribuição *e* o (não) reconhecimento – e permite-nos reuni-los num referencial comum. Em segundo lugar, no nível teórico-social, proponho substituir o modelo padrão de reconhecimento de "identidade" por um *modelo de status*. Com o objetivo de evitar a tendência do primeiro a reificar a identidade e deslocar as lutas pela redistribuição, o modelo de *status* postula que o que merece reconhecimento não são as identidades ou os conteúdos culturais específicos do grupo, mas a igualdade de posição das partes na interação. Com a aplicação desses dois conceitos, o capítulo oferece uma nova leitura do caso do véu e uma crítica solidária da compreensão feminista francesa da *parité*. Mais fundamentalmente, propõe uma maneira de reposicionar a política feminista na "era do reconhecimento".

O capítulo 7 defende essa abordagem das objeções de Judith Butler. Em seu ensaio "Meramente cultural", de 1997, Butler procurou defender "a esquerda cultural" das críticas feitas por mim e por pessoas não identificadas que ela chamou de "marxistas neoconservadores"[3]. Insistindo que a heteronormatividade é tão fundamental para o capitalismo como a exploração de classe, ela rejeitou teorizações que tratam a sexualidade como superestrutural. A partir daí, Butler poderia ter endossado um modelo que interpreta a "distribuição" e o "reconhecimento" como duas dimensões cofundamentais da sociedade capitalista, correspondendo respectivamente à classe e ao *status*, e que analisa o heterossexismo como uma forma profundamente arraigada de não reconhecimento ou subordinação de *status*. Em vez disso, porém, ela rejeitou a própria distinção entre injustiças culturais e econômicas como uma tática destinada a banalizar o heterossexismo. Sob a alegação de desconstruir minha distinção entre má distribuição e não reconhecimento, ela acabou por argumentar que o heterossexismo é tão essencial ao capitalismo que as lutas LGBT ameaçam a existência deste último.

"Heterossexismo, não reconhecimento e capitalismo" (1997) refuta os argumentos de Butler. Defendendo meu dualismo quase weberiano de *status* e classe, afirmo que o heterossexismo pode ser tão sério e material quanto outros males e ainda assim ser uma injustiça de não reconhecimento, fundamentada na ordem de *status* da sociedade em oposição à economia política. Ao remontar a diferenciação econômico/cultural à ascensão do capitalismo, sustento que, longe de desconstruir essa

---

[3] Judith Butler, "Merely Cultural", *Social Text*, n. 52/53, 1997, p. 265-77 [ed. bras.: "Meramente cultural", trad. Aléxia Bretas, *Ideias*, v. 7, n. 2, 2016, p. 227-48].

distinção, as teóricas feministas deveriam, isto sim, historicizá-la. Mapeando as mudanças recentes na institucionalização da economia e da cultura, concluo que as formas de regulação sexual do capitalismo tardio estão apenas indiretamente ligadas a mecanismos de acumulação de mais-valor. Assim, as lutas contra a falta de reconhecimento heterossexista não ameaçam automaticamente o capitalismo, e sim devem ser ligadas a outras lutas (anticapitalistas). A abordagem resultante revela lacunas na ordem atual que abrem espaço para a prática emancipatória. Diferentemente do enquadramento de Butler, o meu torna visíveis os não isomorfismos de *status* e classe, as múltiplas interpelações contraditórias dos sujeitos sociais e os muitos e complexos imperativos morais que motivam as lutas pela justiça social na era atual.

No geral, então, a Parte II avalia o estado da imaginação feminista numa época de ascensão do neoliberalismo. Analisando a transição do início da segunda onda do feminismo, que procurou engendrar o imaginário socialista, para a política de identidade, que descartou este último em favor de uma política centrada no reconhecimento, esses ensaios fornecem um relato sóbrio das perdas e dos ganhos. Guardando desconfiança quanto à política de identidade num período de hegemonia neoliberal, pretendem reavivar o projeto de redistribuição igualitária de gênero em combinação com uma política de reconhecimento desreificada. O objetivo é desenvolver novas estratégias conceituais e práticas para combater simultaneamente as injustiças de gênero na economia e na cultura. Somente uma perspectiva que englobe ambas as dimensões da injustiça de gênero pode informar adequadamente a teorização feminista na sociedade capitalista.

***

A Parte III desloca a cena para o presente. Hoje, com o neoliberalismo em crise por toda a parte, o culturalismo reducionista está amplamente desacreditado, e o interesse feminista na economia política renasce rapidamente. O que é necessário agora, portanto, é um referencial sensível ao gênero que possibilite compreender o caráter fundamental da crise – bem como as perspectivas de uma resolução emancipatória. Um imperativo é conceitualizar a natureza multifacetada da crise atual, que abrange desestabilizações simultâneas das finanças, da ecologia e da reprodução social. Outro é mapear a gramática das lutas sociais que respondem à crise e remodelam o terreno político em que as feministas operam. Crucial para ambas as empreitadas é a nova relevância das forças transnacionalizadoras, que problematizam "o quadro vestfaliano": isto é, a ideia anteriormente inquestionável de que o Estado com limites territoriais é a unidade apropriada para refletir e lutar pela justiça. À medida que essa *doxa* recua diante da intensificação do poder transnacional, as lutas feministas também se transnacionalizam. Assim, muitos dos pressupostos que sustentaram projetos feministas anteriores são postos em causa – revelando-se expressões indefensáveis daquilo que Ulrich Beck chama de "nacionalismo metodológico"[4].

Os capítulos que compõem a Parte III visam desenvolver modelos de teorização feminista que possam esclarecer essa situação. "Reenquadrar a justiça num mundo global" (2005) observa que a chamada "globalização" está mudando a gramática da formulação de reivindicações políticas. Disputas que costumavam centrar-se principalmente na questão *do que* é devido, por uma questão de justiça, aos membros das comunidades políticas transformam-se agora rapidamente em disputas sobre *quem* deve contar como membro e *qual* é a comunidade relevante. Não apenas a substância da justiça como também o *enquadramento* estão em disputa. O resultado é um grande desafio às compreensões já postas, que não ponderam *quem deve contar* em questões de justiça. Para enfrentar o desafio, defendo que a teoria da justiça deve tornar-se tridimensional, incorporando a dimensão política da *representação* à dimensão econômica da distribuição e à dimensão cultural do reconhecimento.

"Reenquadrar a justiça num mundo global" constitui uma revisão importante do modelo desenvolvido nos capítulos anteriores. Adaptando a tríade classe, *status* e partido de Weber, identifica não dois, mas três tipos analiticamente distintos de obstáculos à paridade de participação nas sociedades capitalistas. Enquanto a distribuição destaca os impedimentos enraizados na economia política e o reconhecimento revela os obstáculos fundados na ordem de *status,* a representação conceitua as barreiras à paridade de participação que estão entranhadas na constituição política da sociedade. O que está em questão aqui são os procedimentos para pôr conflitos sobre injustiça em cena e resolvê-los: como serão julgadas as reivindicações de redistribuição e reconhecimento? E quem pertence ao círculo daqueles que têm o direito de suscitá-las?

Voltada a esclarecer as lutas em torno da globalização, esta terceira dimensão "política" da justiça opera em dois níveis diferentes. Por um lado, teorizo "injustiças políticas comuns", que surgem internamente, *dentro* de uma comunidade política delimitada, quando regras de decisão distorcidas consolidam disparidades de vocalização política entre concidadãos. As lutas feministas por cotas de gênero nas listas eleitorais são uma resposta a esse tipo de deturpação comum da representação

---

[4] Ulrich Beck, "Toward a New Critical Theory with a Cosmopolitan Intent", *Constellations: An International Journal of Critical and Democratic Theory*, v. 10, n. 4, 2003, p. 453-68.

política. Mas não é só isso. Igualmente importantes, embora menos familiares, são as "injustiças metapolíticas", que surgem quando a divisão do espaço político *em* unidades políticas delimitadas leva a considerar equivocadamente o que são injustiças transnacionais como se fossem questões nacionais. Neste caso, os não cidadãos afetados são incorretamente excluídos da consideração – por exemplo, quando as reivindicações dos pobres globais são direcionadas para as arenas políticas internas de Estados fracos ou falidos e desviadas das causas *offshore* de sua expropriação. Chamando esta segunda injustiça metapolítica de "mau enquadramento", defendo uma teoria pós-vestfaliana de justiça democrática que problematize enquadramentos injustos. O resultado é uma grande revisão da minha teoria, a fim de abordar as desigualdades transfronteiriças num mundo em globalização.

O capítulo seguinte aplica esse referencial tridimensional revisto à trajetória histórica da segunda onda do feminismo. No que é, de fato, uma recapitulação do argumento geral deste livro, "Feminismo, capitalismo e a astúcia da História" (2009) situa o desenrolar do movimento em relação a três momentos diferentes da história do capitalismo. Primeiro, localizo o início do movimento no contexto do "capitalismo organizado pelo Estado". Nesse ponto, descrevo a emergência da segunda onda do feminismo a partir da Nova Esquerda anti-imperialista como um desafio radical ao androcentrismo generalizado das sociedades capitalistas lideradas pelo Estado na era do pós-guerra. Identifico, ainda, a promessa emancipatória fundamental do movimento com sua concepção expandida de injustiça e sua crítica estrutural da sociedade capitalista. Em segundo lugar, considero o processo de evolução do feminismo no contexto social dramaticamente alterado do neoliberalismo em ascensão. Exploro não apenas os sucessos extraordinários do movimento mas também a perturbadora convergência de alguns de seus ideais com as exigências de uma nova forma emergente de capitalismo – pós-fordista, "desorganizada", transnacional. E sugiro que o feminismo da segunda onda forneceu involuntariamente um ingrediente-chave daquilo a que Luc Boltanski e Ève Chiapello chamam "o novo espírito do capitalismo"[5]. Finalmente, contemplo perspectivas de reorientação do feminismo no atual contexto de crise capitalista, o que poderá marcar o início de uma transição para uma nova forma de organização social pós-neoliberal. Examino as perspectivas de reativação da promessa emancipatória do feminismo num mundo que foi abalado pela crise financeira e pelas consequências políticas a ela relacionadas.

---

[5] Luc Boltanski e Ève Chiapello, *The New Spirit of Capitalism* (Londres, Verso, 2005) [ed. bras.: *O novo espírito do capitalismo*, trad. Ivone C. Benedetti, São Paulo, WMF Martins Fontes, 2009].

"Feminismo, capitalismo e a astúcia da História" constitui uma espécie de provocação. Em sua afirmação de que o feminismo entrou numa ligação perigosa com o neoliberalismo, este capítulo identifica quatro grandes ironias históricas. Em primeiro lugar, a crítica feminista ao economicismo social-democrata, inegavelmente emancipatória na era do capitalismo organizado pelo Estado, assumiu uma valência mais sinistra no período subsequente, conforme se encaixou no interesse do neoliberalismo em desviar as lutas político-econômicas para canais culturalistas. Em segundo lugar, a crítica feminista ao "salário familiar", outrora a peça central de uma análise radical do androcentrismo do capitalismo, hoje serve cada vez mais para legitimar um novo modo de acumulação de capital, fortemente dependente do trabalho assalariado das mulheres, tal como idealizado na "família de dois assalariados". Terceiro, a crítica feminista do paternalismo do Estado de bem-estar social convergiu involuntariamente com a crítica do Estado-babá feita pelo neoliberalismo e sua aceitação cada vez mais cínica do microcrédito e das ONGs. Finalmente, os esforços para expandir o âmbito da justiça de gênero para além do Estado-nação são crescentemente ressignificados para que se tornem coerentes com as necessidades de governança global do neoliberalismo, à medida que as "femocratas" ingressam nos aparatos políticos das Nações Unidas, da União Europeia e da "comunidade internacional". Em todos os casos, uma ideia que num contexto servia a fins emancipatórios tornou-se ambígua, se não algo pior, noutro.

Onde esse argumento deixa o feminismo hoje? No capítulo final, proponho um referencial que visa romper a nossa perigosa ligação com o neoliberalismo e libertar as nossas energias radicais. Revisitando um estudo marcante da crise capitalista, "Entre mercantilização e proteção social" (2010) oferece uma leitura feminista do clássico de 1944 de Karl Polanyi, *A grande transformação*[6]. Evitando o economicismo, esse livro analisou uma crise anterior do capitalismo como uma crise da reprodução social, uma vez que os esforços anteriores para criar uma "sociedade de livre mercado" minaram os entendimentos partilhados e as relações solidárias que permeiam a vida social. Na opinião de Polanyi, tais esforços revelaram-se tão destrutivos para os meios de subsistência, comunidades e *habitats* que desencadearam uma luta centenária entre os defensores do livre mercado e os proponentes da "proteção social", que procuravam defender a "sociedade" da devastação do mercado. O resultado final dessa luta, que ele chamou de "movimento duplo", foi o fascismo e a Segunda Guerra Mundial.

---

[6] Karl Polanyi, *The Great Transformation* (2. ed., Boston, Beacon, 2001) [ed. bras.: *A grande transformação*, trad. Vera Ribeiro, Rio de Janeiro, Contraponto, 2022].

Sem dúvida, o diagnóstico de Polanyi é relevante hoje. Nossa crise também pode ser analisada de forma proveitosa como uma "grande transformação" em que uma nova rodada de esforços para libertar os mercados da regulação política ameaça a reprodução social e desencadeia uma nova onda de protestos protecionistas. No entanto, argumento no texto, o enquadramento de Polanyi encerra um grande ponto cego. Focado exclusivamente nos males que emanam da mercantilização, seu relato ignora os males originados em outros lugares, na "sociedade" que a envolve. Como resultado, negligencia o fato de que proteções sociais são frequentemente veículos de dominação, destinadas a consolidar hierarquias e excluir os "*outsiders*". Preocupado em demasia com as lutas contra a mercantilização, Polanyi oculta as lutas contra as injustiças enraizadas na "sociedade" e codificadas nas proteções sociais.

"Entre mercantilização e proteção social" visa corrigir esse ponto cego. Procurando desenvolver uma crítica mais ampla, proponho transformar o movimento duplo de Polanyi num *movimento triplo*. O passo principal aqui é introduzir um terceiro polo da luta social, que chamo de "emancipação". Inserindo-se transversalmente no conflito central entre mercantilização e proteção social, a emancipação visa superar formas de dominação enraizadas na "sociedade", bem como aquelas baseadas na "economia". Opondo-se a proteções opressivas sem, com isso, se tornarem defensoras do livre mercado, as fileiras da emancipação incluíram feministas, bem como bilhões de pessoas – camponeses, servos e escravos; povos racializados, colonizados e indígenas – para as quais o acesso a um salário prometia a libertação em relação à autoridade tradicional. Ao tematizar a emancipação como algo em colisão com a mercantilização e a proteção social, o triplo movimento clarifica o terreno político em que o feminismo opera hoje. Por um lado (contra Polanyi), essa figura revela a ambivalência da proteção social, que muitas vezes consolida a dominação ao mesmo tempo que neutraliza os efeitos desintegradores da mercantilização. Por outro lado, contudo (contra o feminismo liberal dominante), o movimento triplo revela a ambivalência da emancipação, que pode dissolver a base ética solidária da proteção social e, assim, promover a mercantilização ao mesmo tempo que desmantela a dominação. Ao investigar essas ambivalências, concluo que as feministas deveriam pôr fim à nossa ligação perigosa com a mercantilização e forjar uma nova aliança, baseada em princípios, com a proteção social. Ao fazê-lo, poderíamos reativar e expandir o espírito insurrecional e anticapitalista da segunda onda.

***

Como uma compilação de ensaios escritos em um período de mais de 25 anos, este volume tem uma orientação ao mesmo tempo retrospectiva e prospectiva. Mapeando as mudanças no imaginário feminista desde a década de 1970, oferece uma interpretação da história recente do pensamento feminista. Ao mesmo tempo, contudo, ele olha adiante, para o feminismo do futuro, ora sendo inventado pelas novas gerações de ativistas feministas. Educada nos meios digitais e confortável no espaço transnacional, mas formada no cadinho da crise capitalista, esta geração promete reinventar mais uma vez a imaginação feminista. Advindas do longo caminho da política de identidade, as jovens feministas desta geração parecem preparadas para fazer surgir uma nova síntese de democracia radical e justiça social. Combinando redistribuição, reconhecimento e representação, procuram transformar um mundo que já não se parece com o sistema internacional de Estados soberanos da Vestfália. Confrontadas com a mais grave crise do capitalismo desde a década de 1930, têm todos os incentivos para conceber críticas novas e sistemáticas que combinem as ideias persistentes do feminismo socialista com as dos paradigmas mais recentes, como o pós-colonialismo e a ecologia. Quaisquer lições úteis que possam extrair deste volume serão insignificantes em comparação com aquelas que a autora espera aprender com elas.

Parte I

Feminismo insurgente: radicalizando a crítica na era da social-democracia

1. O que há de crítico na teoria crítica?
O caso de Habermas e o gênero[1]

Na minha opinião, até agora ninguém melhorou a definição de teoria crítica de Marx, de 1843, como "o autoesclarecimento [...] da época sobre suas lutas e desejos"[2]. O que é tão atraente nesta definição é seu caráter francamente político. Ela não reivindica qualquer estatuto epistemológico especial; ao contrário, supõe que, no que diz respeito à justificação, não existe nenhuma diferença filosoficamente interessante entre uma teoria crítica da sociedade e uma teoria acrítica. Mas há, de acordo com essa definição, uma diferença política importante. Uma teoria social crítica enquadra seu programa de investigação e sua estrutura conceitual tendo em vista os objetivos e atividades dos movimentos sociais de oposição com os quais tem uma identificação militante – embora não acrítica. As perguntas que ela faz e os modelos que concebe são informados por essa identificação e esse interesse. Assim, por exemplo, se as lutas que contestam a subordinação das mulheres figuram entre as mais significativas de determinada época, então uma teoria social crítica para essa época teria como objetivo, entre outras coisas, lançar luz sobre o caráter e as bases de tal subordinação. Empregaria categorias e modelos explicativos que revelassem, em vez de ocultar, as relações de dominação masculina e de subordinação feminina. E desmistificaria as abordagens rivais que ofuscam ou racionalizam

---

[1] Sou grata a John Brenkman, Thomas McCarthy, Carole Pateman e Martin Schwab pelos comentários e críticas úteis; a Dee Marquez e Marina Rosiene pelo incrível tratamento do texto; e ao Centro de Humanidades de Stanford pelo apoio à pesquisa.
[2] Karl Marx, "Carta de Marx a Arnold Ruge, de setembro de 1843", em *Sobre a questão judaica* (trad. Nélio Schneider, São Paulo, Boitempo, 2010), p. 73.

essas relações, mostrando-as como ideológicas. Nessa situação, então, um dos padrões para avaliar uma teoria crítica, uma vez submetida a todos os testes habituais de adequação empírica, seria: quão bem ela teoriza a situação e as perspectivas do movimento feminista? Até que ponto serve para o autoesclarecimento das lutas e dos desejos das mulheres contemporâneas?

A seguir, terei como pressuposto a concepção de teoria crítica que acabei de esboçar. Além disso, tomarei como situação real da nossa época o cenário que acabei de delinear como hipotético. Com base nesses pressupostos, quero examinar a teoria social crítica de Jürgen Habermas, conforme elaborada em *Teoria da ação comunicativa* e em escritos recentes relacionados[3]. Quero ler esse trabalho do ponto de vista das seguintes questões: em que medida e em que aspectos a teoria de Habermas esclarece e/ou mistifica as bases da dominação masculina e da subordinação feminina nas sociedades modernas? Em que medida e em que aspectos ela desafia e/ou replica racionalizações ideológicas prevalecentes de tal domínio e subordinação? Até que ponto é ou pode servir para o autoesclarecimento das lutas e dos desejos dos movimentos feministas? Em suma, no que diz respeito ao gênero, o que é crítico e o que não é na teoria social de Habermas?

Esta seria uma iniciativa bastante simples, não fosse por um motivo. Para além de uma breve discussão sobre o feminismo como um "novo movimento social" (uma discussão que considerarei em breve), Habermas não diz praticamente nada sobre gênero na *Teoria da ação comunicativa*. Dada minha visão do que é a teoria crítica, trata-se de uma deficiência grave. Mas isso não impede necessariamente o tipo de investigação que estou propondo. Basta que se leia a obra do ponto de vista de uma ausência; que se extrapole coisas que Habermas diz para coisas que ele não

---

[3] Jürgen Habermas, *The Theory of Communicative Action*, v. I: *Reason and the Rationalization of Society* (Boston, Beacon, 1984); idem, *Theorie des kommunikativen Handelns*, v. II: *Zur Kritik der funktionalistischen Vernunft* (Frankfurt am Main, Suhrkamp, 1981) [ed. bras.: *Teoria da ação comunicativa*, v. 1: *Racionalidade da ação e racionalização social*; v. 2: *Para a crítica da razão funcionalista*; trad. Luiz Repa, São Paulo, Editora da Unesp, 2022]. Daqui em diante, referidos como TCA I e TCA II, respectivamente. Também me basearei em alguns outros escritos de Habermas, especialmente *Legitimation Crisis* (Boston, Beacon, 1975); "Introduction", em Jürgen Habermas (org.), *Observations on "The Spiritual Situation of the Age": Contemporary German Perspectives* (Cambridge, MA, MIT Press, 1984); e "A Reply to my Critics", em David Held e John B. Thompson (orgs.), *Habermas: Critical Debates* (Cambridge, MA, MIT Press, 1982). Vou me basear, igualmente, em duas visões gerais úteis desse material: Thomas McCarthy, "Translator's Introduction", em Jürgen Habermas, *TCA I*, p. v-xxxvii; e John B. Thompson, "Rationality and Social Rationalisation: An Assessment of Habermas's Theory of Communicative Action", *Sociology*, v. 17, n. 2, 1983, p. 278-94.

diz; que se reconstrua o modo como vários assuntos de interesse para as feministas apareceriam a partir de sua perspectiva, se tivessem sido tematizados.

Eis, então, os passos que devo seguir. Na primeira seção deste ensaio, examinarei alguns elementos do referencial teórico-social de Habermas, a fim de ver como ele tende a apresentar a criação dos filhos e a família nuclear moderna, restrita e chefiada por homens. Na segunda seção, considerarei sua descrição das relações entre as esferas pública e privada da vida nas sociedades capitalistas clássicas e reconstruirei seu subtexto de gênero não tematizado. Na seção três, finalmente, examinarei a explicação de Habermas sobre a dinâmica, as tendências de crise e os potenciais de conflito específicos do capitalismo contemporâneo, ocidental, do Estado de bem-estar, para ver sob que luz ele considera as lutas feministas contemporâneas.

1. O REFERENCIAL TEÓRICO-SOCIAL: UMA INTERROGAÇÃO FEMINISTA

Deixe-me começar com a consideração de duas distinções centrais para o quadro categorial teórico-social de Habermas. A primeira é a distinção entre a reprodução simbólica e a reprodução material das sociedades. Por um lado, afirma Habermas, as sociedades devem reproduzir-se materialmente: devem ter êxito em regular o intercâmbio metabólico de grupos de indivíduos biológicos com um ambiente físico não humano e com outros sistemas sociais. Por outro, as sociedades devem reproduzir-se simbolicamente: devem manter e transmitir aos novos membros as normas e padrões de interpretação elaborados linguisticamente que são constitutivos das identidades sociais. Para Habermas, a reprodução material é assegurada por meio do "trabalho social". A reprodução simbólica, por outro lado, compreende a socialização dos jovens, a consolidação da solidariedade de grupo e a transmissão e extensão de tradições culturais[4].

Essa distinção entre reprodução simbólica e material é, em primeiro lugar, funcional. Distingue duas funções diferentes que devem ser cumpridas com maior ou menor sucesso para que uma sociedade sobreviva e persista. Ao mesmo tempo, porém, a distinção é usada por Habermas para classificar práticas e atividades sociais existentes. Estas distinguem-se de acordo com uma das duas funções que desempenham exclusiva ou principalmente. Assim, segundo Habermas, nas sociedades capitalistas, as atividades e práticas que compõem a esfera do trabalho remunerado

---

[4] Jürgen Habermas, *TCA II*, cit., p. 214, 217, 348-9; idem, *Legitimation Crisis*, cit., p. 8-9; idem, "A Reply to my Critics", cit., p. 268, 278-9; Thomas McCarthy, "Translator's Introduction", cit., p. xxv-xxvii; John B. Thompson, "Rationality and Social Rationalisation", cit., p. 285.

contam como atividades de reprodução material, uma vez que, para ele, são "trabalho social" e cumprem a função de reprodução material. Em contrapartida, as atividades e práticas de criação de filhos, que em nossa sociedade são realizadas gratuitamente na esfera doméstica pelas mulheres – chamemos-lhes "trabalho não remunerado de criação de filhos pelas mulheres" –, contam como atividades de reprodução simbólica, uma vez que, na opinião de Habermas, servem à socialização e à função de reprodução simbólica[5].

Vale a pena notar que a distinção de Habermas entre reprodução simbólica e reprodução material está aberta a duas interpretações diferentes. A primeira considera as duas funções como dois tipos naturais objetivamente distintos, aos quais tanto as práticas sociais reais como a organização real das atividades em qualquer sociedade existente podem corresponder com maior ou menor fidelidade. Por essa perspectiva, as práticas de criação de filhos são simplesmente, em si e por si, orientadas para a reprodução simbólica, enquanto as práticas que produzem alimentos e objetos envolvem, por sua natureza essencial, a reprodução material. E a organização social capitalista moderna – diferentemente, digamos, da das sociedades arcaicas – seria um espelho fiel da distinção entre os dois tipos naturais, uma vez que separa institucionalmente essas práticas. Tal interpretação dos "tipos naturais", como a chamarei, está em desacordo com outra interpretação possível, que chamarei de interpretação "pragmático-contextual". Esta última não consideraria as práticas de criação dos filhos como inerentemente orientadas para a reprodução simbólica. No entanto, abriria a possibilidade de que, sob certas circunstâncias e dados determinados propósitos, essas práticas pudessem ser proveitosamente consideradas a partir desse ponto de vista – caso, por exemplo, se desejasse contestar a percepção dominante, numa cultura política sexista, de que essa ocupação tradicionalmente feminina é meramente instintiva, natural e a-histórica.

Agora quero argumentar que a interpretação dos tipos naturais é conceitualmente inadequada e potencialmente ideológica. Não é que as práticas de criação de filhos servem de reprodução simbólica em contraposição à reprodução material. Elas incluem o ensino de línguas e a iniciação nos costumes sociais, é claro, mas também a alimentação, o banho e a proteção contra danos físicos. Elas regulam as interações das crianças com outras pessoas, é claro, mas também suas interações com a natureza física (sob a forma, por exemplo, de leite, germes, sujeira, excrementos, clima e animais). Em suma, o que está em jogo não é apenas a construção

---

[5] Jürgen Habermas, *TCA II*, cit., p. 208; idem, "A Reply to my Critics", cit., p. 223-5; Thomas McCarthy, "Translator's Introduction", cit., p. xxiv-xxv.

das identidades sociais das crianças, mas também sua sobrevivência biológica. E o mesmo ocorre, portanto, com a sobrevivência biológica das sociedades às quais elas pertencem. Assim, a criação dos filhos não é *per se* uma atividade de reprodução simbólica; é igualmente e ao mesmo tempo uma atividade de reprodução material. É o que poderíamos chamar de atividade de "duplo aspecto"[6].

Mas o mesmo se aplica às atividades institucionalizadas no trabalho remunerado capitalista moderno. É verdade que a produção de alimentos e objetos contribui para a sobrevivência biológica dos membros da sociedade. Mas tal produção também reproduz, ao mesmo tempo, identidades sociais. Não são produzidos pura e simplesmente alimentação e abrigo, mas também formas culturalmente elaboradas de alimentação e abrigo que têm significados sociais simbolicamente mediados. Além disso, tal produção ocorre por meio de relações sociais culturalmente elaboradas e de práticas sociais simbolicamente mediadas e governadas por normas. O conteúdo dessas práticas, bem como seus resultados, serve para formar, manter e modificar as identidades sociais das pessoas diretamente envolvidas e indiretamente afetadas. Basta pensar numa atividade como a programação remunerada de computadores na indústria farmacêutica dos Estados Unidos para apreciar o caráter completamente simbólico do "trabalho social". Tal trabalho, assim como o trabalho não remunerado de criação dos filhos, é então uma atividade de "duplo aspecto"[7].

---

[6] Devo a Martin Schwab a expressão "atividade de duplo aspecto".

[7] Pode-se argumentar que a distinção categorial de Habermas entre "trabalho social" e "socialização" ajuda a superar o androcentrismo do marxismo ortodoxo. O marxismo ortodoxo permitia apenas um tipo de atividade historicamente significativa: "produção" ou "trabalho social". Além disso, entendia essa categoria de forma androcêntrica e, assim, excluía da história a criação não remunerada dos filhos pelas mulheres. Em contraste, Habermas permite que haja dois tipos de atividade historicamente significativas: o "trabalho social" e as atividades "simbólicas", que incluem, entre outras coisas, a criação dos filhos. Assim, ele consegue incluir na história a atividade não remunerada das mulheres. Embora isso seja uma melhoria, não é suficiente para remediar a situação. Na melhor das hipóteses, conduz àquela que veio a ser conhecida como "teoria dos sistemas duais", uma abordagem que postula dois "sistemas" distintos de atividade humana e, correspondentemente, dois "sistemas" distintos de opressão: o capitalismo e a dominação masculina. Mas isso é enganoso. Não se trata, de fato, de dois sistemas distintos, mas antes de duas dimensões completamente interligadas de uma única formação social. Para compreender essa formação social, uma teoria crítica requer um conjunto único de categorias e conceitos que integrem internamente tanto o gênero como a economia política (talvez também a raça). Para uma afirmação clássica da teoria dos sistemas duais, ver Heidi Hartmann, "The Unhappy Marriage of Marxism and Feminism: Toward a More Progressive Union", em Lydia Sargent (org.), *Women and Revolution* (Boston, South End Press, 1981). Para uma crítica da teoria dos sistemas duais, ver Iris Marion Young, "Beyond the Unhappy Marriage: A Critique of Dual Systems Theory", em Lydia Sargent (org.), *Women and Revolution*, cit.; e idem, "Socialist Feminism and the Limits of Dual Systems Theory", *Socialist Review*, n. 50/51, 1980, p. 169-80. Nas seções 2 e 3 deste ensaio, desenvolvo argumentos

Segue-se que a distinção entre o trabalho não remunerado das mulheres na criação dos filhos e outras formas de trabalho do ponto de vista da reprodução não pode ser uma distinção entre tipos naturais. Se for preciso traçar uma distinção, ela deve ser traçada como uma distinção pragmático-contextual, com o objetivo de focar no que é, em cada caso, apenas um aspecto de um fenômeno de duplo aspecto. E a garantia disso, por sua vez, deve ser encontrada em relação a propósitos específicos de análise e descrição, propósitos que são, em si, suscetíveis de análise e avaliação e que precisam, portanto, de justificação por meio de argumentos.

Mas, se for isso mesmo, então a classificação segundo tipos naturais da criação dos filhos como reprodução simbólica e de outros trabalhos como reprodução material é potencialmente ideológica. Poderia ser usada, por exemplo, para legitimar a separação institucional, nas sociedades capitalistas, entre a criação dos filhos e o trabalho assalariado, uma separação que muitas feministas, eu inclusa, consideram um dos pilares das formas modernas de subordinação das mulheres. Poderia ser usada, em combinação com outros pressupostos, para legitimar o confinamento das mulheres a uma "esfera separada". Veremos em breve se Habermas a usa dessa forma.

O segundo componente do quadro categorial de Habermas que quero examinar é sua distinção entre contextos "de ação socialmente integrada" e "de ação integrada ao sistema". Contextos de ação socialmente integrada são aqueles em que diferentes agentes coordenam suas ações uns com os outros tomando por referência alguma forma de consenso intersubjetivo explícito ou implícito sobre normas, valores e fins, consenso este baseado no discurso linguístico e na interpretação. De modo contrário, os contextos de ação integrada ao sistema são aqueles em que as ações de diferentes agentes são coordenadas entre si pelo entrelaçamento funcional de consequências não intencionais, enquanto cada ação individual é determinada por cálculos de interesse próprio e de maximização da utilidade, tipicamente realizados nas linguagens – ou, como diz Habermas, nos "*media*" – do dinheiro e do poder[8].

---

e linhas de análise baseadas em conceitos e categorias que integram internamente o gênero e a economia política (ver nota 31). Esta pode ser considerada uma abordagem de "sistema único". Contudo, considero esse rótulo enganoso porque, antes de tudo, não considero minha abordagem principal ou exclusivamente uma abordagem "sistêmica". Em vez disso, tal como Habermas, tento ligar abordagens estruturais (no sentido da objetivação) e interpretativas ao estudo das sociedades. Ao contrário dele, porém, não faço isso dividindo a sociedade em dois componentes, "sistema" e "mundo da vida". Ver a seção a seguir e, especialmente, a nota 15.

[8] Jürgen Habermas, *TCA I*, cit., p. 85, 87-8, 101, 342, 357-60; idem, *TCA II*, cit., p. 179; idem, *Legitimation Crisis*, cit., p. 4-5; idem, "A Reply to my Critics", cit., p. 234, 237, 264-5; Thomas McCarthy, "Translator's Introduction", cit., p. ix, xvix–xxx. Ao apresentar a distinção entre contextos de ação integrada ao sistema e contextos de ação socialmente integrada, baseio-me na

Habermas considera o sistema econômico capitalista o caso paradigmático de um contexto de ação integrada ao sistema. Em contraste, ele considera a família nuclear moderna e restrita um caso de contexto de ação socialmente integrada[9].

Essa distinção é bastante complexa, compreendendo o que considero ser seis elementos conceituais analiticamente distintos: funcionalidade, intencionalidade, linguisticidade, consensualidade, normatividade e estrategicidade. Contudo, três deles – funcionalidade, intencionalidade e linguisticidade – operam de forma patente em praticamente todos os principais contextos de ação social e, portanto, podem ser postos de lado. Certamente, tanto no local de trabalho capitalista como na família nuclear moderna e restrita, as consequências das ações podem estar funcionalmente entrelaçadas de formas que os agentes não intencionavam. Igualmente, em ambos os contextos, os agentes coordenam suas ações uns com os outros de maneira consciente e intencional. Finalmente, em ambos os contextos, os agentes coordenam suas ações uns com os outros na e por meio da linguagem[10]. Presumo,

---

terminologia de *Legitimation Crisis* [Crise de legitimação] e modifico a terminologia de *Teoria da ação comunicativa*. Ou melhor, seleciono um dos vários usos empregados neste último trabalho. Nele, Habermas frequentemente fala daquilo que chamei de "ação socialmente integrada" como "ação comunicativa". Mas isso dá margem a confusão. Afinal, ele também usa esta última expressão num outro sentido, mais forte, qual seja, para ações em que a coordenação ocorre apenas por consenso explícito e alcançado dialogicamente (ver adiante, nesta seção). Para evitar repetir a ambiguidade de Habermas quanto à "ação comunicativa", adoto a seguinte terminologia: reservo a expressão "ação comunicativamente alcançada" para ações coordenadas por consenso explícito, reflexivo e dialogicamente alcançado. Contrasto tal ação, em primeiro lugar, com a "ação normativamente garantida", ou ações coordenadas por consenso tácito, pré-reflexivo e dado de antemão (ver adiante, nesta seção). Considero que as ações "comunicativamente alcançadas" e "normativamente garantidas", assim definidas, são subespécies do que chamo aqui de "ação socialmente integrada", ou ações coordenadas por qualquer forma de consenso normativo. Esta última categoria, por sua vez, contrasta com a "ação integrada ao sistema" ou ações coordenadas pelo entrelaçamento funcional de consequências não intencionais, determinadas por cálculos egocêntricos nos *media* do dinheiro e do poder, e que envolvem pouco ou nenhum consenso normativo, seja de que tipo for. Esses compromissos terminológicos em pouco representam um afastamento do uso de Habermas – de fato, ele utiliza frequentemente esses termos nos sentidos que especifiquei. Representam, antes, uma estabilização ou uma atitude de tornar seu uso consistente.

9 Jürgen Habermas, *TCA I*, cit., p. 341, 357-9; idem, *TAC II*, cit., p. 256, 266; Thomas McCarthy, "Translator's Introduction", cit., p. xxx.

10 Aqui sigo os argumentos de Thomas McCarthy, "Complexity and Democracy, or the Seducements of Systems Theory", *New German Critique*, n. 35, 1985, p. 27-55. Ele defendeu nesse texto que as burocracias administrativas estatais não podem ser distinguidas das associações políticas democráticas participativas com base na funcionalidade, na intencionalidade ou na linguisticidade, uma vez que todas essas três características são encontradas em ambos os contextos. Para McCarthy, funcionalidade, intencionalidade e linguisticidade não são mutuamente excludentes. Considero

portanto, que a distinção de Habermas gira efetivamente em torno dos elementos consensualidade, normatividade e estrategicidade.

Mais uma vez, distinguirei duas interpretações possíveis da posição de Habermas. A primeira considera o contraste entre os dois tipos de contextos de ação como uma diferença absoluta. Para essa perspectiva, os contextos integrados ao sistema não envolveriam absolutamente nenhuma consensualidade ou referência a normas e valores morais, enquanto os contextos socialmente integrados não envolveriam absolutamente nenhum cálculo estratégico nos *media* do dinheiro e do poder. Essa interpretação das "diferenças absolutas" diverge de uma segunda possibilidade, que considera o contraste mais uma diferença de grau. De acordo com esta segunda interpretação, os contextos integrados ao sistema envolveriam alguma consensualidade e referência a normas e valores morais, mas menos que os contextos socialmente integrados; da mesma forma, os contextos socialmente integrados envolveriam alguns cálculos estratégicos nos *media* do dinheiro e do poder, mas menos que os contextos integrados ao sistema.

Desejo argumentar que a interpretação das diferenças absolutas é muito extrema para ser útil à teoria social e que, além disso, é potencialmente ideológica. Em poucos contextos de ação humana, se é que isso ocorre em algum, as ações são coordenadas de forma absolutamente não consensual e absolutamente não normativa. Por mais moralmente duvidoso que seja o consenso e por mais problemáticos que sejam o conteúdo e o estatuto das normas, praticamente todos os contextos de ação humana envolvem alguma forma de ambos. No mercado capitalista, por exemplo, as trocas estratégicas que maximizam a utilidade ocorrem num horizonte de significados e normas intersubjetivamente partilhados; os agentes normalmente aderem, ao menos tacitamente, a algumas noções comuns de reciprocidade e algumas concepções partilhadas sobre os significados sociais dos objetos, inclusive sobre os tipos de coisas que podem ser trocadas. Da mesma maneira, no local de trabalho capitalista, os gestores e os subordinados, bem como os colegas de trabalho, normalmente coordenam suas ações, até certo ponto, de forma consensual e com alguma referência explícita ou implícita a pressupostos normativos, embora o consenso possa ser alcançado por meios injustos e as normas possam ser incapazes de resistir ao escrutínio crítico[11]. O sistema econômico capitalista tem, portanto, uma dimensão moral-cultural.

---

esses argumentos persuasivos. Não vejo razão para que não se apliquem também ao local de trabalho capitalista e à família nuclear moderna e restrita.

[11] Aqui também sigo Thomas McCarthy, ibidem. Ele argumenta que, nas burocracias administrativas estatais modernas, os gestores devem muitas vezes lidar de forma consensual com seus subordinados. Afirmo que isso também ocorre com as empresas e corporações.

Da mesma forma, poucos ou nenhum contexto de ação humana é totalmente desprovido de cálculo estratégico. Os rituais de dádiva em sociedades não capitalistas, por exemplo, outrora vistos como verdadeiros crisóis de solidariedade, são agora amplamente entendidos como possuidores de uma significativa dimensão estratégica e calculista, promulgada no *medium* do poder, se não no do dinheiro[12]. E, como argumentarei em detalhe mais à frente, a família nuclear moderna e restrita não é desprovida de cálculos estratégicos individuais e egoístas em qualquer dos *media*. Tais contextos de ação, portanto, embora não sejam oficialmente considerados econômicos, têm uma dimensão econômica estratégica.

Assim, a interpretação das diferenças absolutas não é de muita utilidade na teoria social. Não consegue distinguir a economia capitalista – vamos chamá-la de "a economia oficial" – da família nuclear moderna e restrita. Na realidade, ambas as instituições são uma mistura de consensualidade, normatividade e estrategicidade. Se a ideia é distingui-las no que diz respeito ao modo de integração da ação, a distinção deve ser feita como uma diferença de grau. Deve levar em consideração o lugar, as proporções e as interações dos três elementos entre si.

Mas, se assim for, então a classificação das diferenças absolutas em que a economia oficial é um contexto de ação integrada ao sistema e a família moderna, um contexto de ação socialmente integrada, mostra-se potencialmente ideológica. Poderia ser utilizada, por exemplo, para exagerar as diferenças e ocultar as semelhanças entre as duas instituições. Poderia ser usada para construir uma oposição ideológica que postula a família como o "negativo", o "outro" complementar da esfera econômica (oficial), um "refúgio num mundo sem coração".

Quais dessas possíveis interpretações das duas distinções são as que operam na teoria social de Habermas? Ele afirma que entende a distinção de reprodução de acordo com a interpretação pragmático-contextual e não com a dos tipos

---

[12] Ver, por exemplo, a discussão brilhante e influente sobre a dádiva feita por Pierre Bourdieu em *Outline of a Theory of Practice* (Nova York, Cambridge University Press, 1977) [ed. bras.: "Esboço de uma teoria da prática", trad. Paula Montero, em Renato Ortiz (org.), *Pierre Bourdieu: sociologia*, São Paulo, Ática, 1994, p. 46-81]. Ao recuperar a dimensão do tempo, Bourdieu revisa substancialmente o relato clássico de Marcel Mauss em *The Gift: Forms and Functions of Exchange in Archaic Societies* (Nova York, W.W. Norton & Company, 1967) [ed. bras.: "Ensaio sobre a dádiva: forma e razão da troca nas sociedades arcaicas", em *Sociologia e antropologia*, trad. Paulo Neves, São Paulo, Ubu, 2018]. Para uma discussão de alguns trabalhos revisionistas recentes em antropologia econômica cultural, ver Arjun Appadurai, *The Social Life of Things: Commodities in Cultural Perspective* (Cambridge, Cambridge University Press, 1986), especialmente o capítulo intitulado "Commodities and the Politics of Value" [ed. bras.: "Introdução: mercadorias e a política do valor", em *A vida social das coisas: as mercadorias sob uma perspectiva cultural*, trad. Agatha Bacelar, Niterói, Editora da UFF, 2008].

naturais[13]. Da mesma forma, ele afirma que toma a distinção do contexto da ação para marcar uma diferença de grau, não uma diferença absoluta[14]. No entanto, proponho colocar entre colchetes essas afirmações e examinar o que Habermas realmente faz com tais distinções.

Habermas associa a distinção entre contextos de ação à distinção entre funções de reprodução, a fim de chegar a uma definição de modernização da sociedade e a um retrato da estrutura institucional das sociedades modernas. Ele sustenta que as sociedades modernas diferem das sociedades pré-modernas por separarem algumas funções de reprodução material das de reprodução simbólica e entregarem as primeiras a duas instituições especializadas – a economia (oficial) e o Estado administrativo – que são integradas ao sistema. Ao mesmo tempo, as sociedades modernas situam esses "subsistemas" no ambiente social mais amplo e desenvolvem duas outras instituições, especializadas na reprodução simbólica e socialmente integradas: a família nuclear moderna e restrita, ou "esfera privada", e o espaço de participação política, debate e formação de opinião, ou "esfera pública", que juntas constituem as duas "ordens institucionais do mundo da vida moderno". Assim, as sociedades modernas "desacoplam" ou separam o que Habermas considera serem dois aspectos distintos, mas antes indiferenciados da sociedade: "sistema" e "mundo da vida". E, desta forma, em sua opinião, a estrutura institucional das sociedades modernas é dualista. De um lado estão as ordens institucionais do mundo da vida moderno: os domínios socialmente integrados, especializados na reprodução simbólica (isto é, socialização, formação de solidariedade e transmissão cultural). Do outro lado estão os sistemas: os domínios integrados ao sistema, especializados na reprodução material. De um lado, a família nuclear e a esfera pública. Do outro lado, a economia capitalista (oficial) e o Estado administrativo moderno[15].

---

[13] Jürgen Habermas, *TCA II*, cit., p. 348-9; Thomas McCarthy, "Translator's Introduction", cit., p. xxvi–xxvii. As expressões "pragmático-contextual" e "tipos naturais" são minhas, não de Habermas.

[14] Jürgen Habermas, *TCA I*, cit., p. 94-5, 101; idem, *TCA II*, cit., p. 348-9; idem, "A Reply to My Critics", cit., p. 227, 237, 266-8; idem, *Legitimation Crisis*, cit., p. 10; Thomas McCarthy, "Translator's Introduction", cit., p. xxvi-xxvii. As expressões "diferença absoluta" e "diferença de grau" são minhas, não de Habermas.

[15] Jürgen Habermas, *TCA I*, cit., p. 72, 341-2, 359-60; idem, *TCA II*, cit., p. 179; idem, "A Reply to my Critics", p. 268, 279-80; idem, *Legitimation Crisis*, p. 20-1; Thomas McCarthy, "Translator's Introduction", p. xxviii-xxix. John B. Thompson, "Rationality and Social Rationalisation", cit., p. 285, 287. Deve-se notar que, em *Teoria da ação comunicativa*, Habermas opõe sistema e mundo da vida em dois sentidos distintos. Por um lado, ele as contrasta como duas perspectivas metodológicas diferentes para o estudo das sociedades. A perspectiva do sistema é objetivante e

Quais são as ideias críticas e os pontos cegos desse modelo? Atentando primeiro à questão de sua adequação empírica, concentremo-nos, por enquanto, no contraste entre "a esfera privada do mundo da vida" e o sistema econômico (oficial). Consideremos que este aspecto da divisão categorial de Habermas entre instituições do sistema e as do mundo da vida reflete fielmente a separação institucional entre família e economia oficial, unidade domiciliar e local de trabalho remunerado, nas sociedades capitalistas dominadas pelos homens. Tem, portanto, algum valor *prima facie* na realidade social empírica. Mas consideremos também que a caracterização da família como um domínio de reprodução simbólica socialmente integrado e do local de trabalho remunerado como um domínio de reprodução material integrado ao sistema tende a exagerar as diferenças e a ocultar as semelhanças entre eles. Entre outras coisas, desvia a atenção do fato de a unidade domiciliar, tal como o local de trabalho remunerado, ser um local de trabalho, embora de um trabalho não remunerado e, muitas vezes, não reconhecido. Da mesma forma, oculta o fato de que no local de trabalho remunerado, tal como na unidade domiciliar, as mulheres são designadas – na verdade, guetizadas – para ocupações distintamente femininas, orientadas para a prestação de serviços e com frequência sexualizadas. Por último, não dá atenção ao fato de que em ambas as esferas as mulheres estão subordinadas aos homens.

Além disso, essa caracterização apresenta a família nuclear, chefiada por um homem, vista como ordem institucional socialmente integrada do mundo da vida moderno, como tendo apenas uma relação extrínseca e incidental com o dinheiro e o poder. Estes "*media*" são considerados definidores das interações na economia oficial e na administração estatal, mas apenas incidentais nas interações intrafamiliares. Esta suposição, no entanto, é contrafactual. As feministas demonstraram,

---

"externalista", enquanto a do mundo da vida é hermenêutica e "internalista". Em princípio, qualquer uma delas pode ser aplicada ao estudo de qualquer conjunto de fenômenos sociais. Habermas argumenta que nenhuma das duas é adequada se tomada por si só. Então, ele busca desenvolver uma metodologia que combine ambas. Por outro lado, Habermas também contrasta sistema e mundo da vida de outra forma, a saber, como dois tipos diferentes de instituições. É a esse segundo contraste entre sistema e mundo da vida que me dedico aqui. Não trato explicitamente do primeiro neste ensaio. Tenho simpatia pela intenção metodológica geral de Habermas de combinar ou ligar abordagens estruturais (no sentido da objetivação) e interpretativas ao estudo das sociedades. Não creio, contudo, que isso possa ser feito atribuindo propriedades estruturais a um conjunto de instituições (a economia oficial e o Estado) e propriedades interpretativas a outro conjunto (a família e a "esfera pública"). Afirmo, antes, que todas essas instituições têm dimensões estruturais e interpretativas e que todas devem ser estudadas tanto estrutural como hermeneuticamente. Tentei desenvolver uma abordagem que satisfaça esses desejos no capítulo 2 do presente volume, "Luta pelas necessidades".

através de análises empíricas da tomada de decisões familiares, da gestão das finanças e da violência doméstica contemporâneas, que as famílias são inteiramente permeadas por dinheiro e poder. Locais de cálculo egocêntrico, estratégico e instrumental, as unidades domiciliares são também locais de trocas (geralmente exploradoras) de serviços, trabalho, dinheiro e sexo, bem como de coerção e violência[16]. Mas a maneira de Habermas contrastar a família moderna com a economia oficial capitalista tende a obliterar tudo isso. Ela exagera as diferenças entre essas instituições e bloqueia a possibilidade de analisar as famílias como sistemas econômicos – isto é, como locais de trabalho, troca, cálculo, distribuição e exploração. Ou, quando Habermas reconhece que as famílias podem ser vistas como sistemas econômicos, seu enquadramento implica que isto se deve à intrusão ou invasão de forças estranhas – à "colonização" da família pela economia (oficial) e o Estado. Contudo, esta também é uma proposição duvidosa, que discutirei em detalhe adiante, na seção 3.

No todo, então, o modelo de Habermas tem algumas deficiências empíricas. Não dá ênfase a algumas dimensões da dominação masculina nas sociedades modernas. No entanto, seu referencial oferece um recurso conceitual adequado à compreensão de outros aspectos da dominação masculina moderna. Consideremos que Habermas subdivide a categoria de contextos de ação socialmente integrados em duas subcategorias adicionais. Um polo compreende formas "garantidas normativamente" de ação socialmente integrada. Tal ação é coordenada com base num consenso convencional, pré-reflexivo e dado como certo sobre valores e fins, consenso enraizado na internalização pré-crítica da socialização e da tradição cultural. O outro polo do contraste diz respeito às formas "comunicativamente alcançadas" de ação socialmente integrada. Tal ação é coordenada com base em entendimentos explícitos e refletidos, alcançados através de uma discussão irrestrita em condições de liberdade, igualdade e justiça[17]. Esta distinção, que é uma subdistinção dentro da categoria ação socialmente integrada, fornece a Habermas alguns recursos críticos para analisar a família nuclear moderna, restrita e chefiada por homens. Tais famílias podem ser entendidas como contextos de ação garantida normativamente

---

[16] Ver, por exemplo, Barrie Thorne e Marilyn Yalom (org.), *Rethinking the Family: Some Feminist Questions* (Nova York/Londres, Longman, 1982); Michèle Barrett e Mary McIntosh, *The Anti-Social Family* (Londres, Verso, 1982).

[17] Jürgen Habermas, *TCA I*, cit., p. 85-6, 88-90, 101, 104-5; idem, *TAC II*, cit., p. 179; Thomas McCarthy, "Translator's Introduction", cit., p. ix, xxx. Ao apresentar a distinção entre ação normativamente garantida e ação comunicativamente alcançada, novamente modifico, ou melhor, estabilizo os usos variáveis na *Teoria da ação comunicativa*. Ver nota 8.

e não como contextos de ação alcançada comunicativamente – isto é, como contextos em que as ações são (às vezes) mediadas por consenso e valores compartilhados, mas tal consenso é suspeito por ser pré-reflexivo ou alcançado através do diálogo viciado por injustiça, coerção ou desigualdade.

Até que ponto a distinção entre contextos de ação normativamente garantidos e comunicativamente alcançados consegue superar os problemas discutidos anteriormente? Apenas parcialmente, penso. Por um lado, essa distinção é moralmente significativa e empiricamente útil. A noção de um contexto de ação normativamente garantido encaixa-se muito bem na pesquisa recente sobre padrões de comunicação entre maridos e esposas. Essa pesquisa mostra que os homens tendem a controlar as conversas, determinando quais tópicos são abordados, enquanto as mulheres fazem mais o "trabalho de interação", como perguntar e fornecer apoio verbal[18]. A pesquisa também revela diferenças no uso que homens e mulheres fazem dos recursos corporais e gestuais como dimensões do discurso, diferenças que confirmam a dominação pelos homens e a subordinação das mulheres[19]. Assim, a distinção de Habermas permite-nos captar algo importante sobre a dinâmica intrafamiliar. O que não é suficientemente enfatizado, contudo, é que as ações coordenadas por consenso normativamente garantido na família nuclear sob chefia masculina são ações reguladas pelo poder. Parece-me um grave erro restringir o uso do termo "poder" a contextos burocráticos. Os teóricos críticos fariam melhor em distinguir diferentes tipos de poder, por exemplo, o poder doméstico-patriarcal, de um lado, e o poder burocrático-patriarcal, de outro.

Mas mesmo essa distinção não é, por si só, suficiente para tornar o quadro de referência de Habermas totalmente adequado a todas as formas empíricas de dominação masculina nas sociedades modernas. Afinal, o poder normativo-doméstico-patriarcal é apenas um dos elementos que asseguram a subordinação das mulheres na esfera doméstica. Capturar os outros exigiria um referencial teórico-social capaz de analisar as famílias também como sistemas econômicos que envolvem a apropriação do trabalho não remunerado das mulheres e se interligam, de formas complexas, a outros sistemas econômicos que envolvem trabalho remunerado. Dado que o enquadramento de Habermas traça como principal divisão categorial aquela entre as instituições do sistema e as do mundo da vida e, portanto, entre a

---

[18] Pamela M. Fishman, "Interaction: The Work Women Do", *Social Problems*, v. 25, n. 4, 1978, p. 397-406.

[19] Nancy Henley, *Body Politics: Power, Sex and Nonverbal Communication* (Englewood Cliffs, Prentice-Hall, 1977).

economia oficial e a família (além de outras coisas), ele não é muito adequado para essa tarefa.

Deixem-me passar agora da questão da adequação empírica do modelo de Habermas para a questão de suas implicações políticas normativas. Que tipos de arranjos e transformações sociais sua concepção de modernização tende a legitimar? E que tipos ela tende a excluir? Aqui será necessário reconstruir algumas implicações do modelo que não são explicitamente tematizadas por Habermas.

Consideremos que a concepção de modernização como a dissociação entre as instituições do sistema e as do mundo da vida tende a legitimar a moderna separação institucional entre a família e a economia oficial, entre a criação dos filhos e o trabalho remunerado. Afinal, Habermas afirma que existe uma assimetria entre a reprodução simbólica e a material no que diz respeito à integração ao sistema. Para ele, as atividades de reprodução simbólica diferem das atividades de reprodução material porque não podem ser entregues a instituições especializadas e integradas ao sistema, separadas do mundo da vida. Seu caráter inerentemente simbólico exige que sejam socialmente integradas[20]. Disso resulta que o trabalho não remunerado das mulheres na criação dos filhos não poderia ser incorporado no sistema econômico (oficial) sem resultados "patológicos". Ao mesmo tempo, Habermas também defende como um sinal de racionalização social que as instituições integradas ao sistema sejam diferenciadas para lidar com funções de reprodução material. A separação de um sistema econômico especializado (oficial) aumenta a capacidade de uma sociedade para lidar com seu ambiente natural e social. A "complexidade do sistema", então, constitui um "avanço no desenvolvimento"[21]. Segue-se que o sistema econômico (oficial) de trabalho remunerado não poderia ser desdiferenciado, por exemplo, da criação dos filhos sem que houvesse "regressão" social. Mas se a criação dos filhos não pudesse ser incorporada de forma não patológica no sistema econômico (oficial), e se o sistema econômico (oficial) não pudesse ser desdiferenciado de forma não regressiva, então seria necessária a separação contínua da criação dos filhos em relação ao trabalho remunerado.

Efetivamente, então, a estrutura de Habermas está municiada para defender ao menos um aspecto daquilo que as feministas chamam de "a separação entre o público e o privado", notadamente, a separação da esfera econômica oficial em

---

[20] Jürgen Habermas, *TCA II*, cit., p. 523-4, 547; idem, "A Reply to my Critics", cit., p. 237; John B. Thompson, "Rationality and Social Rationalisation", cit., p. 288, 292.

[21] Thomas McCarthy persegue algumas das implicações normativas disso para a diferenciação do sistema administrativo estatal em relação à esfera pública em "Complexity and Democracy", cit.

relação à esfera doméstica e o isolamento da criação dos filhos em relação ao resto da esfera social. Ela defende, portanto, um arranjo institucional que é amplamente considerado um, se não *o*, eixo da subordinação das mulheres modernas. E deve-se notar que o fato de Habermas ser socialista não altera a questão. Mesmo que ele apoiasse a eliminação da propriedade privada, da orientação para o lucro e do comando hierárquico no trabalho remunerado, isso não afetaria, por si só, a separação econômica-oficial/doméstica.

Agora quero desafiar diversas premissas do raciocínio que acabei de reconstruir. Primeiro, esse raciocínio pressupõe a interpretação baseada nos tipos naturais da distinção entre reprodução simbólica e reprodução material. No entanto, uma vez que, como argumentei, a criação dos filhos é uma atividade de duplo aspecto, e uma vez que, neste sentido, não é categoricamente diferente de outros trabalhos, não há embasamento para a alegação de uma assimetria relativamente à integração ao sistema. Isto é, não há embasamento para pressupor que a organização da criação dos filhos integrada ao sistema seria mais (ou menos) patológica que a de outros trabalhos. Em segundo lugar, esse raciocínio pressupõe a interpretação das diferenças absolutas na distinção integração social *versus* integração sistêmica. No entanto, uma vez que, como argumentei, a família nuclear moderna de chefia masculina é uma mistura de consensualidade, normatividade e estrategicidade (garantidas normativamente), e uma vez que, neste sentido, não é categoricamente diferente do local de trabalho remunerado, então a criação privatizada dos filhos já está, numa extensão não insignificante, permeada pelos *media* do dinheiro e do poder. Além disso, não há provas empíricas de que as crianças criadas em creches comerciais (mesmo aquelas com fins lucrativos ou empresariais) se tornem mais "patológicas" que aquelas criadas, por exemplo, em lares suburbanos por mães em tempo integral. Terceiro, o raciocínio que acabamos de esboçar eleva a complexidade do sistema ao estatuto de uma consideração primordial com poder de veto efetivo sobre as transformações sociais propostas com o fim de superar a subordinação das mulheres. Mas isto está em desacordo com as afirmações de Habermas de que a complexidade do sistema é apenas uma medida de "progresso" entre outras[22]. Mais importante ainda, está em desacordo com qualquer padrão razoável de justiça.

O que, então, devemos concluir sobre as implicações normativas e políticas do modelo de Habermas? Se a concepção de modernização como a dissociação entre

---

[22] McCarthy defende esse ponto a respeito da indiferenciação entre o sistema administrativo estatal e a esfera pública. Ibidem.

sistema e mundo da vida tem de fato as implicações que acabei de extrair dela, então ela é, em aspectos importantes, androcêntrica e ideológica.

2. Público e privado no capitalismo clássico: tematizando o subtexto de gênero

Apesar das dificuldades apontadas, o relato que Habermas oferece das relações interinstitucionais entre as várias esferas da vida pública e privada no capitalismo clássico tem algum potencial crítico genuíno. Mas, para concretizar plenamente esse potencial, precisamos reconstruir o subtexto de gênero não tematizado de seu material.

Deixe-me voltar à sua concepção da forma como os sistemas econômicos (oficiais) e estatais estão situados em relação ao mundo da vida. Habermas sustenta que, com a modernização, os sistemas econômicos (oficiais) e estatais não estão simplesmente desvinculados ou desligados do mundo da vida; eles também devem estar relacionados e incorporados a ele. É, portanto, concomitante com os primórdios do capitalismo clássico o desenvolvimento, no mundo da vida, de "ordens institucionais" que situam os sistemas num contexto de significados e normas cotidianas. O mundo da vida, como vimos, diferencia-se em duas esferas que proporcionam ambientes complementares apropriados para os dois sistemas. A "esfera privada" ou família nuclear moderna e restrita está ligada ao sistema econômico (oficial). A "esfera pública" ou espaço de participação política, debate e formação de opinião está ligada ao sistema administrativo-estatal. A família está ligada à economia (oficial) através de uma série de trocas realizadas no *medium* do dinheiro; fornece à economia (oficial) força de trabalho adequadamente socializada em troca de salários; e proporciona uma demanda de bens e serviços mercantilizados que é adequada e medida monetariamente. As trocas entre a família e a economia (oficial) são, então, canalizadas através dos "papéis" de trabalhador e consumidor. Processos de troca paralelos ligam a esfera pública e o sistema estatal. Estes últimos, no entanto, são conduzidos principalmente no *medium* do poder. Lealdade, obediência e receitas fiscais são trocadas por "resultados organizacionais" e "decisões políticas". As trocas entre a esfera pública e o Estado são, portanto, canalizadas através do "papel" de cidadão e, no capitalismo tardio do Estado de bem-estar, do de cliente[23].

---

[23] Jürgen Habermas, *TCA I*, cit. p. 341-2, 359-60; idem, *TCA II*, cit., p. 256, 473; idem, "A Reply to my Critics", cit., p. 280; Thomas McCarthy, "Translator's Introduction", cit., p. xxxii; John B. Thompson, "Rationality and Social Rationalisation", cit., p. 286-8.

Essa descrição das relações interinstitucionais no capitalismo clássico tem uma série de vantagens importantes. Primeiro, trata a família nuclear moderna e restrita como uma instituição historicamente emergente com características próprias, positivas e determinadas. Também especifica que esse tipo de família emerge concomitantemente e em relação à economia capitalista emergente, ao Estado administrativo e (eventualmente) à esfera pública política. Além disso, esse relato traça algumas das dinâmicas de intercâmbio entre essas instituições, ao mesmo tempo que indica algumas das formas como elas se adaptam às necessidades umas das outras, de modo a acomodar as trocas entre elas.

Finalmente, a explicação de Habermas oferece um corretivo importante às abordagens dualistas convencionais da separação entre o público e o privado nas sociedades capitalistas. Ele conceitua o problema como uma relação entre quatro termos: família, economia (oficial), Estado e "esfera pública". Sua visão sugere que no capitalismo clássico existem, na verdade, duas separações público/privado distintas, mas inter-relacionadas. Existe uma separação público/privado no nível dos "sistemas", a saber, a separação do Estado ou do sistema público em relação à economia capitalista (oficial) ou ao sistema privado. Há outra separação público/privado no nível do "mundo da vida", a saber, a separação da família, ou esfera privada do mundo da vida, em relação ao espaço de formação e participação da opinião política, ou esfera pública do mundo da vida. Além disso, cada uma destas separações público/privado é coordenada com a outra. Um eixo de intercâmbio ocorre entre o sistema privado e a esfera privada do mundo da vida – isto é, entre a economia capitalista (oficial) e a família nuclear moderna e restrita. Outro eixo de intercâmbio ocorre entre o sistema público e a esfera pública do mundo da vida, ou entre a administração estatal e os órgãos de opinião pública e de formação da vontade. Em ambos os casos, as trocas podem ser devidas à institucionalização de papéis específicos que conectam os domínios em questão. Assim, os papéis de trabalhador e de consumidor ligam a economia privada (oficial) e a família privada, enquanto os papéis de cidadão e (mais tarde) de cliente ligam o Estado público e as instituições da opinião pública.

Assim, Habermas fornece uma descrição extremamente sofisticada das relações entre instituições públicas e privadas nas sociedades capitalistas clássicas. Ao mesmo tempo, porém, sua explicação apresenta algumas fraquezas. Muitas delas decorrem de seu fracasso em tematizar o subtexto de gênero das relações e arranjos que descreve. Consideremos, em primeiro lugar, as relações entre a economia privada (oficial) e a família privada, mediadas pelos papéis de trabalhador e consumidor. Esses papéis, afirmo, são papéis marcados pelo gênero. E as ligações que estabelecem entre a família e a economia (oficial) são delineadas tanto no *medium* da identidade de gênero como no *medium* do dinheiro.

Pegue o papel do trabalhador[24]. Nas sociedades capitalistas clássicas dominadas pelos homens, este papel é um papel masculino, e não apenas no sentido estatístico relativamente superficial. Há um sentido muito profundo de que a identidade masculina nessas sociedades está ligada ao papel do provedor. A masculinidade é, em grande parte, uma questão de sair de casa todos os dias para um local de trabalho remunerado e regressar com um salário que sustente os dependentes. É esta relação interna entre ser homem e ser provedor que explica por que, nas sociedades capitalistas, o desemprego pode ser tão devastador para os homens, tanto psicológica como economicamente. Também lança luz sobre a centralidade da luta por um salário familiar na história dos movimentos operários e sindicais dos séculos XIX e XX. Tratou-se de uma luta por um salário concebido não como um pagamento a um indivíduo sem gênero pela utilização da força de trabalho, mas antes como um pagamento a um homem pelo sustento de sua esposa e seus filhos economicamente dependentes. Esta concepção legitimou, evidentemente, a prática de pagar menos às mulheres por trabalho igual ou comparável.

O subtexto masculino do papel do trabalhador é confirmado pelo caráter incômodo e tenso da relação das mulheres com o trabalho remunerado no capitalismo clássico dominado pelos homens. Como afirma Carole Pateman, não é que as mulheres estejam ausentes do local de trabalho remunerado; o que acontece é que estão presentes de forma diferente[25] – por exemplo, como trabalhadoras de "serviços" feminizados e por vezes sexualizados (secretárias, empregadas domésticas, vendedoras, prostitutas e comissárias de bordo); como membros das "profissões de ajuda" que utilizam competências maternais (enfermeiras, assistentes sociais, cuidadoras de crianças, professoras do ensino primário); como alvos de assédio sexual; como trabalhadoras mal remuneradas, pouco qualificadas e de baixo *status* em profissões segregadas por sexo; como trabalhadoras em tempo parcial; como trabalhadoras de jornada dupla (tanto trabalho doméstico não remunerado como trabalho remunerado); como "esposas trabalhadoras" e "mães trabalhadoras", isto é, acima de tudo esposas e mães que por acaso, secundariamente, "saem para trabalhar"; como

---

[24] O enfoque do subtexto de gênero masculino do papel do trabalhador que apresento a seguir baseia-se em Carole Pateman, "The Personal and the Political: Can Citizenship Be Democratic?", terceira palestra de sua série "Women and Democratic Citizenship" para The Jefferson Memorial Lectures, proferida na Universidade da Califórnia, Berkeley, fev. 1985.

[25] Ibidem, p. 5.

"assalariadas suplementares". Essas diferenças na qualidade da presença das mulheres no local de trabalho remunerado testemunham a dissonância conceitual entre a feminilidade e o papel do trabalhador no capitalismo clássico. E isto, por sua vez, confirma o subtexto masculino desse papel. Confirma que o papel do trabalhador, que liga a economia privada (oficial) à família privada nas sociedades capitalistas dominadas pelos homens, é um papel masculino. Contrariamente aos termos de Habermas, a ligação que isso estabelece é elaborada tanto no *medium* da identidade de gênero masculina como no *medium*, neutro em termos de gênero, do dinheiro.

Por outro lado, o outro papel que liga a economia oficial e a família no esquema de Habermas tem um subtexto feminino. Afinal, o consumidor é o companheiro e ajudante do trabalhador no capitalismo clássico, pois a divisão sexual do trabalho doméstico atribui às mulheres o trabalho – e é de fato trabalho, embora não remunerado e normalmente não reconhecido – de comprar e preparar bens e serviços para consumo doméstico. Você pode confirmar isso ainda hoje visitando qualquer supermercado ou loja de departamentos. Ou observando a história da publicidade de bens de consumo. Essa publicidade quase sempre interpelou seu sujeito, o consumidor, como feminino. Ela realmente elaborou toda uma fantasmática do desejo baseada na feminilidade do sujeito do consumo. Foi apenas há relativamente pouco tempo, e com alguma dificuldade, que os anunciantes criaram formas de interpelar um sujeito masculino de consumo. O truque era encontrar meios de posicionar um consumidor masculino sem com isso o feminizar, emascular ou o afeminar. Em *The Hearts of Men* [Os corações dos homens], Barbara Ehrenreich atribui muito astutamente à revista *Playboy* o pioneirismo nesses meios[26]. Mas a dificuldade e a demora do projeto confirmam o caráter marcado pelo gênero do papel do consumidor no capitalismo clássico. Os homens ocupam-no com tensão conceitual e dissonância cognitiva, de forma semelhante à das mulheres quando ocupam o papel de trabalhadoras. Portanto, o papel do consumidor que liga a família à economia oficial é um papel feminino. Contrariamente aos termos de Habermas, isso estabelece a ligação tanto no *medium* da identidade de gênero feminina como no *medium* do dinheiro, aparentemente neutro em termos de gênero.

Além disso, a explicação de Habermas sobre os papéis que ligam a família e a economia (oficial) sofre de uma omissão significativa. Não há menção em seu esquema a qualquer papel de criação de filhos, embora o material claramente exija tal papel. Pois quem mais realiza o trabalho não remunerado de supervisionar a

---

[26] Barbara Ehrenreich, *The Hearts of Men: American Dreams and the Flight from Commitment* (Garden City, NY, Anchor Books, 1984).

produção da "força de trabalho adequadamente socializada", a qual a família troca por salários? É claro que o papel da criação dos filhos no capitalismo clássico (como em outros lugares) é manifestamente um papel feminino. Sua omissão aqui é uma marca do androcentrismo e acarreta algumas consequências significativas. Uma consideração do papel de quem forma crianças nesse contexto poderia muito bem ter apontado para a relevância central do gênero para a estrutura institucional do capitalismo clássico. E isto, por sua vez, poderia ter levado à revelação do subtexto de gênero dos outros papéis e da importância da identidade de gênero como um "*medium* de troca".

O que dizer, então, do outro conjunto de papéis e ligações identificados por Habermas? O que dizer do papel do cidadão, que ele afirma conectar o sistema público do Estado administrativo com a esfera da opinião política e da formação da vontade no mundo da vida público? Esse papel também é um papel marcado pelo gênero no capitalismo clássico, aliás, um papel masculino[27]. E não simplesmente no sentido de que as mulheres não ganharam o voto, por exemplo, nos Estados Unidos e na Grã-Bretanha até o século XX. Ao contrário, a demora e a dificuldade dessas vitórias são sintomáticas de tensões mais profundas. Tal como Habermas entende, o cidadão é um participante central no debate político e na formação da opinião pública. Isso significa que a cidadania, na opinião dele, depende crucialmente das capacidades de consentimento e de expressão, da capacidade de participar no diálogo em pé de igualdade com os demais. Mas essas capacidades estão ligadas à masculinidade no capitalismo clássico dominado pelos homens. São capacidades negadas às mulheres de inúmeras maneiras e consideradas opostas à feminilidade. Já citei estudos sobre os efeitos da dominação masculina e da subordinação feminina na dinâmica do diálogo. Agora considere que ainda hoje, na maioria das jurisdições, não existe a ideia de estupro conjugal. Isto é, a esposa está legalmente sujeita ao marido; ela não é um indivíduo que pode dar ou negar consentimento às exigências de acesso sexual dele. Considere também que, mesmo fora do casamento, a prova legal da violação muitas vezes resume-se a saber se um "homem razoável" teria presumido que a mulher havia consentido. Considere o que isso significa quando tanto a opinião popular como a jurídica defendem amplamente que, quando uma mulher diz "não", ela quer dizer "sim". Significa, diz Carole Pateman, que "as mulheres encontram sua fala [...] persistente e sistematicamente invalidada na questão crucial do consentimento, uma questão que é

---

[27] O enfoque do subtexto de gênero masculino do papel de cidadão que apresento a seguir baseia-se em Carole Pateman, "The Personal and the Political", cit.

fundamental para a democracia. [Mas] se as palavras das mulheres sobre o consentimento forem consistentemente reinterpretadas, como poderão elas participar no debate entre cidadãos?"[28].

Geralmente, então, existe uma dissonância conceitual entre a feminilidade e as capacidades dialógicas centrais na concepção de cidadania de Habermas. E há outro aspecto da cidadania, não discutido por ele, que está ainda mais obviamente ligado à masculinidade. Refiro-me ao aspecto soldadesco da cidadania, à concepção do cidadão como defensor da entidade política e protetor daqueles – mulheres, crianças, idosos – que supostamente não conseguem proteger-se. Conforme argumentou Judith Stiehm, essa divisão entre protetores masculinos e protegidas femininas introduz ainda mais dissonância na relação das mulheres com a cidadania[29]. Confirma o subtexto de gênero do papel de cidadão. E a percepção das mulheres como necessitadas da proteção dos homens "subjaz ao acesso não apenas aos meios de destruição, mas também [aos] meios de produção – como comprova toda a legislação 'protetora' que tem rodeado o acesso das mulheres ao local de trabalho – e [aos] meios de reprodução [...] [como comprova] o *status* das mulheres como esposas e parceiras sexuais"[30].

Assim, o papel do cidadão no capitalismo clássico dominado pelos homens é um papel masculino. Ele liga o Estado e a esfera pública, como afirma Habermas. Mas também os liga à economia oficial e à família. Em todos os casos, as ligações são forjadas no *medium* da identidade de gênero masculina e não, como diz Habermas, no *medium* de um poder neutro em termos de gênero. Ou, se o *medium* de troca aqui é o poder, então o poder em questão é o poder do gênero, o poder da dominação masculina.

Dessa forma, existem algumas lacunas importantes no modelo, de resto poderoso e sofisticado, que Habermas concebeu para as relações entre instituições públicas e privadas no capitalismo clássico. A cegueira de gênero do modelo oculta características importantes dos arranjos que ele quer compreender. Ao omitir qualquer menção ao papel de criação dos filhos, e ao não tematizar o subtexto de gênero subjacente aos papéis de trabalhador e consumidor, Habermas deixa de compreender justamente como o local de trabalho capitalista se vincula à família nuclear moderna, restrita e de chefia masculina. Igualmente, ao não tematizar o subtexto

---

[28] Ibidem, p. 8.
[29] Judith Hicks Stiehm, "The Protected, the Protector, the Defender", em Judith Hicks Stiehm (org.), *Women and Men's Wars* (Nova York, Pergamon, 1983).
[30] Carole Pateman, "The Personal and the Political", cit, p. 10.

masculino do papel de cidadão, ele não vê o significado completo da forma como o Estado está ligado à esfera pública do discurso político. Além disso, Habermas não vê importantes ligações cruzadas entre os quatro elementos de seus dois esquemas público/privado. Ele não vê, por exemplo, a forma como o papel masculino do cidadão-soldado-protetor liga o Estado e a esfera pública não apenas um ao outro, mas também à família e ao local de trabalho remunerado – isto é, a forma como os pressupostos da capacidade que o homem tem de proteger e da necessidade que a mulher tem da proteção do homem permeiam todos eles. Ele não vê, também, a forma como o papel masculino de cidadão-orador liga o Estado e a esfera pública não apenas um ao outro, mas também à família e à economia oficial – isto é, a forma como os pressupostos da capacidade do homem para falar e consentir e da incapacidade da mulher para tanto percorrem todos eles. Ele não vê, também, a forma como o papel masculino do trabalhador-provedor liga a família e a economia oficial não só uma à outra, mas também ao Estado e à esfera pública política – isto é, a forma como os pressupostos do estatuto do homem como provedor e do estatuto da mulher como dependente estão presentes em todos eles, de modo que mesmo a moeda em que os salários e os impostos capitalistas clássicos são pagos não é neutra em termos de gênero. E ele não vê, finalmente, a forma como o papel feminino de criação dos filhos liga todas as quatro instituições entre si, supervisionando a construção dos sujeitos de gênero masculino e feminino necessários para preencher todos os papéis no capitalismo clássico.

Contudo, uma vez ultrapassada a cegueira de gênero do modelo de Habermas, todas essas ligações tornam-se visíveis. Fica claro, então, que as identidades de gênero feminina e masculina percorrem, como fios cor-de-rosa e azuis, os domínios do trabalho remunerado, da administração estatal e da cidadania, bem como o domínio das relações familiares e sexuais. Vivenciada em todas as áreas da vida, a identidade de gênero é um (se não o) "*medium* de troca" entre todas elas, um elemento básico da cola social que as une.

Além disso, uma leitura com sensibilidade de gênero dessas ligações tem algumas implicações teóricas importantes. Revela que a dominação masculina é intrínseca e não acidental ao capitalismo clássico. Afinal, a estrutura institucional dessa formação social é realizada através de papéis de gênero. Segue-se que as formas de dominação masculina aqui em questão não são adequadamente compreendidas como formas persistentes de desigualdade de *status* pré-moderna. São, antes, intrinsecamente modernas no sentido de Habermas, porque têm como premissa a separação do trabalho assalariado e do Estado da criação dos filhos pelas mulheres e do lar. Segue-se também que uma teoria social crítica das sociedades capitalistas precisa de categorias sensíveis ao gênero. A análise anterior mostra que, contrariamente à compreensão androcêntrica habitual, os conceitos relevantes de trabalhador, consumidor e salário não são, de fato, conceitos estritamente econômicos. Na realidade, têm um subtexto de gênero implícito e, portanto, são conceitos "econômicos de gênero". Da mesma forma, o conceito relevante de cidadania não é um conceito estritamente político; tem um subtexto de gênero implícito e, portanto, é um conceito "político de gênero". Assim, esta análise revela a inadequação das teorias críticas que tratam o gênero como incidental à política e à economia política. Ela destaca a necessidade de um quadro categorial teórico-crítico no qual o gênero, a política e a economia política estejam integrados internamente[31].

Além disso, uma leitura desses arranjos que seja sensível ao gênero revela o caráter completamente multidirecional da movimentação social e da influência causal no capitalismo clássico. Ou seja, revela a inadequação do pressuposto marxista ortodoxo de que toda ou a maior parte da influência causal significativa vai da economia (oficial) para a família e não vice-versa. Mostra que a identidade de gênero estrutura o trabalho remunerado, a administração estatal e a participação política. Assim, justifica a afirmação de Habermas de que no capitalismo clássico a economia (oficial) não é todo-poderosa, mas está, em medida significativa, inscrita nas normas e nos significados da vida cotidiana e sujeita a eles. Evidentemente, Habermas presumiu, ao fazer esta afirmação, que dizia algo mais ou menos positivo. As normas e os significados que ele tinha em mente não eram os que venho discutindo. Ainda assim, o ponto é válido. Resta saber, porém, se isso também é válido para o capitalismo tardio do Estado de bem-estar, como acredito; ou se deixa de ser válido, como afirma Habermas.

Finalmente, essa reconstrução do subtexto de gênero do modelo de Habermas tem implicações políticas normativas. Sugere que uma transformação emancipatória das sociedades capitalistas, antigas e tardias, dominadas pelos homens requer uma transformação desses papéis de gênero e das instituições que eles medeiam. Enquanto os papéis de trabalhador e de responsável pela criação de filhos forem

---

[31] Por desenvolver categorias nas quais o gênero e a economia política estão internamente integrados, a análise apresentada do subtexto de gênero na teoria do papel de Habermas representa uma contribuição para a superação da "teoria dos sistemas duais" (ver nota 7 deste texto). É também uma contribuição para o desenvolvimento de uma forma de vincular abordagens estruturais (no sentido da objetivação) e interpretativas ao estudo das sociedades que seja mais satisfatória que a proposta por Habermas. Pois o que sugiro aqui é que a esfera doméstica tem uma dimensão estrutural e também interpretativa, e que as esferas econômica oficial e estatal têm uma dimensão interpretativa e também estrutural.

fundamentalmente incompatíveis entre si, não será possível universalizar nenhum dos dois para incluir ambos os gêneros. Assim, é necessária alguma forma de desdiferenciação entre a criação não remunerada dos filhos e outros trabalhos. Da mesma forma, enquanto o papel do cidadão for definido para abranger o serviço militar mortífero, mas não a criação de filhos promotora da vida, enquanto estiver ligado a modos de diálogo dominados pelos homens, então também permanecerá incapaz de incluir plenamente as mulheres. Assim, são necessárias mudanças nos próprios conceitos de cidadania, criação dos filhos e trabalho remunerado, assim como mudanças nas relações entre as esferas doméstica, econômica oficial, estatal e pública política.

3. Dinâmica do capitalismo de Estado de bem-estar: uma crítica feminista

Deixe-me voltar, então, à explicação de Habermas sobre o capitalismo tardio do Estado de bem-estar. Ao contrário de sua descrição do capitalismo clássico, seu potencial crítico não pode ser libertado simplesmente pela reconstrução do subtexto de gênero não tematizado. Aqui, as características problemáticas do seu referencial teórico-social tendem a inflectir a análise como um todo e a diminuir sua capacidade de iluminar as lutas e os desejos das mulheres contemporâneas. Para mostrar como isso acontece, apresentarei a perspectiva de Habermas na forma de seis teses.

1) O capitalismo do Estado de bem-estar emerge como resultado e em resposta a instabilidades ou tendências de crise inerentes ao capitalismo clássico. Ele realinha as relações entre a economia (oficial) e o Estado, isto é, entre os sistemas privado e público. Estes tornam-se mais profundamente interligados à medida que o Estado assume ativamente a tarefa da gestão de crise. O capitalismo de Estado de bem-estar tenta evitar ou gerir crises econômicas por meio de estratégias keynesianas de substituição do mercado que criam um "setor público". E tenta evitar ou gerir crises sociais e políticas com medidas compensatórias de mercado, incluindo concessões sociais a sindicatos e movimentos sociais. Assim, o capitalismo do Estado de bem-estar supera parcialmente a separação entre o público e o privado no nível dos sistemas[32].

2) O realinhamento das relações economia (oficial)-Estado é acompanhado por uma mudança nas relações desses sistemas com as esferas pública e privada

---

[32] Jürgen Habermas, *TCA II*, cit., p. 505 e seg.; idem, *Legitimation Crisis*, cit., p. 33-6, 53-5; Thomas McCarthy, "Translator's Introduction", cit., p. xxxiii.

do mundo da vida. Primeiro, no que diz respeito à esfera privada, há um grande aumento na importância do papel do consumidor, uma vez que as insatisfações relacionadas com o trabalho remunerado são compensadas pelo crescimento do consumo de mercadorias. Em segundo lugar, no que diz respeito à esfera pública, há um grande declínio na importância do papel do cidadão, à medida que o jornalismo se torna um meio de comunicação de massa, os partidos políticos são burocratizados e a participação é reduzida a votações ocasionais. Em vez disso, a relação com o Estado é cada vez mais canalizada por um novo papel: o cliente da assistência social[33].

3) Esses desenvolvimentos são "ambivalentes". Por um lado, há ganhos de liberdade com a instituição de novos direitos sociais que limitam o poder até então irrestrito do capital no local de trabalho (pago) e do *pater familias* na família burguesa; e os programas de seguridade social representam um claro avanço em relação ao paternalismo da assistência aos pobres. Por outro lado, os meios utilizados para concretizar esses novos direitos sociais tendem perversamente a pôr a liberdade em perigo. Esses meios são o procedimento burocrático e a forma dinheiro, que estruturam os direitos, os benefícios e os serviços sociais do sistema de bem-estar social. No processo, enfraquecem os clientes, tornando-os dependentes de burocracias e terapeutocracias, e esvaziando suas capacidades de interpretar suas próprias necessidades, experiências e problemas de vida[34].

4) As medidas de bem-estar mais ambivalentes são aquelas relacionadas com questões como assistência à saúde, assistência aos idosos, educação e direito da família. Afinal, quando os *media* burocráticos e monetários estruturam essas coisas, eles invadem os "domínios centrais" do mundo da vida. Eles transferem funções de reprodução simbólica, como a socialização e a formação de solidariedade, para mecanismos de integração ao sistema que posicionam as pessoas como mônadas interessadas que agem estrategicamente. Mas, dado o caráter inerentemente simbólico dessas funções, e dada sua relação interna com a integração social, os resultados são, necessariamente, "patológicos". Assim, tais medidas são mais ambivalentes que, por exemplo, reformas do local de trabalho remunerado. Estas últimas dizem respeito a um domínio que já está integrado ao sistema por meio do dinheiro e do poder e que está a serviço de funções de reprodução material em oposição a funções

---

[33] Jürgen Habermas, *TCA II*, cit., p. 522-4; idem, *Legitimation Crisis*, cit., p. 36-7; Thomas McCarthy, "Translator's Introduction", cit., p. xxxiii.

[34] Jürgen Habermas, *TCA II*, cit., 530-40; Thomas McCarthy, "Translator's Introduction", cit., p. xxxiii–xxxiv.

simbólicas. Assim, as reformas no local de trabalho remunerado – ao contrário, por exemplo, das reformas do direito da família – não necessariamente geram efeitos colaterais "patológicos"[35].

5) O capitalismo do Estado de bem-estar social dá, assim, origem a uma "colonização interna do mundo da vida". O dinheiro e o poder deixam de ser meros *media* de troca entre o sistema e o mundo da vida. Em vez disso, tendem cada vez mais a penetrar a dinâmica interna do mundo da vida. As esferas privada e pública deixam de subordinar os sistemas econômico (oficial) e administrativo às normas, valores e interpretações da vida cotidiana. Ao contrário, estes últimos se tornam cada vez mais subordinados aos imperativos da economia (oficial) e da administração. Os papéis de trabalhador e cidadão deixam de canalizar a influência do mundo da vida para os sistemas. Em vez disso, os recém-inflacionados papéis de consumidor e de cliente canalizam a influência do sistema para o mundo da vida. Além disso, a intrusão de mecanismos de integração a sistemas em domínios que exigem inerentemente integração social dá origem a "fenômenos de reificação". Os domínios afetados estão separados não apenas do consenso tradicional e normativamente garantido mas também das "orientações de valor em si". O resultado é a "desidratação dos contextos comunicativos" e o "esgotamento dos recursos culturais não renováveis" necessários para manter a identidade pessoal e coletiva. Assim, a reprodução simbólica é desestabilizada, as identidades, ameaçadas, e desenvolvem-se tendências de crise social[36].

6) A colonização do mundo da vida desencadeia novas formas de conflito social específicas ao capitalismo do Estado de bem-estar. "Novos movimentos sociais" emergem numa "nova zona de conflito" na "costura do sistema com o mundo da vida". Eles respondem às ameaças de identidade induzidas pelo sistema, contestando os papéis que as transmitem. Contestam a instrumentalização do trabalho profissional e a performatização da educação transmitida por meio do papel de trabalhador; a monetarização das relações e dos estilos de vida transmitida pelo papel inflado do consumidor; a burocratização dos serviços e dos problemas de vida transmitidos pelo papel do cliente; e as regras e rotinas das políticas de interesse transmitidas pelo papel do cidadão empobrecido. Assim, os conflitos na vanguarda

---

[35] Jürgen Habermas, *TCA II*, cit., 540-7; Thomas McCarthy, "Translator's Introduction", cit., p. xxxi.

[36] Jürgen Habermas, *TCA II*, cit., p. 275-7, 452, 480, 522-4; idem, "A Reply to my Critics", cit., p. 226, 280-1; idem, *Observations on "The Spiritual Situation of the Age"*, cit, p. 11-2, 16-20; Thomas McCarthy, "Translator's Introduction", cit., p. xxxi-xxxii; John B. Thompson, "Rationality and Social Rationalisation", cit., p. 286, 288.

da evolução do capitalismo de bem-estar diferem tanto das lutas de classes como das lutas de liberação burguesas. Eles respondem às tendências de crise na reprodução simbólica, em oposição à reprodução material, e contestam a reificação e "a gramática das formas de vida", em oposição à injustiça distributiva ou à desigualdade de *status*[37].

Os vários novos movimentos sociais podem ser classificados quanto a seu potencial emancipatório. O critério é até que ponto avançam uma resolução genuinamente emancipatória da crise do capitalismo de bem-estar, qual seja, a "descolonização do mundo da vida". A descolonização abrange três coisas: primeiro, a remoção dos mecanismos de integração a sistemas que estão presentes nas esferas de reprodução simbólica; segundo, a substituição de (alguns) contextos normativamente garantidos por outros alcançados comunicativamente; e terceiro, o desenvolvimento de novas instituições democráticas capazes de afirmar o controle do mundo da vida sobre os sistemas estatal e econômico (oficial). Assim, aqueles movimentos, como o fundamentalismo religioso, que procuram defender as normas tradicionais do mundo da vida contra intrusões do sistema não são genuinamente emancipatórios; opõem-se ativamente ao segundo elemento da descolonização e não adotam o terceiro. Movimentos como o pacifista e o ecologista são melhores; visam tanto resistir às intrusões do sistema como estabelecer zonas de interação novas, reformadas e alcançadas comunicativamente. Mas mesmo estes são "ambíguos", na medida em que tendem a "se retirar" para comunidades alternativas e identidades "particularistas", renunciando assim efetivamente ao terceiro elemento da descolonização e deixando sem controle os sistemas econômico (oficial) e estatal. Neste aspecto, são mais sintomáticos que emancipatórios, pois expressam as perturbações de identidade causadas pela colonização. O movimento feminista, por outro lado, representa uma espécie de anomalia. Pois só ele é "ofensivo", visando "conquistar novos territórios"; e só ele mantém ligações com movimentos de libertação históricos. Em princípio, então, o feminismo permanece enraizado na "moralidade universalista". No entanto, está ligado aos movimentos de resistência por um elemento de "particularismo". E tende, por vezes, a "se retirar" para identidades e comunidades organizadas em torno da categoria natural do sexo biológico[38].

---

[37] Jürgen Habermas, *TCA II*, cit., p. 581-3; idem, *Observations on "The Spiritual Situation of the Age"*, cit., p. 18-9, 27-8.

[38] Idem, *TCA II*, cit., p. 581-3; *Observations on "The Spiritual Situation of the Age"*, cit., p. 16-7, 27-8.

Quais são as percepções críticas e os pontos cegos dessa explicação da dinâmica do capitalismo do Estado de bem-estar? Até que ponto serve para o autoesclarecimento das lutas e desejos das mulheres contemporâneas? Retomarei as seis teses, uma a uma.

1) A primeira tese de Habermas é direta e inquestionável. É evidente que o Estado de bem-estar se envolve na gestão de crises e ultrapassa parcialmente a separação entre o público e o privado no nível dos sistemas.

2) A segunda tese de Habermas contém alguns *insights* importantes. É evidente que o capitalismo do Estado de bem-estar infla o papel do consumidor e esvazia o papel do cidadão, reduzindo este último essencialmente ao voto – e, deveríamos acrescentar, à conscrição. Além disso, o Estado social posiciona cada vez mais seus sujeitos como clientes. Contudo, Habermas novamente não consegue ver o subtexto de gênero destes desenvolvimentos. Ele não consegue ver que o novo papel de cliente tem um gênero, que é um papel paradigmaticamente feminino. Ele ignora a realidade de que os clientes do Estado de bem-estar são esmagadoramente as mulheres: especialmente as mulheres mais velhas, as mulheres pobres e as mulheres solteiras com filhos. Ele ignora, além disso, o fato de muitos sistemas de seguridade social serem internamente dualizados e marcados por gênero. Incluem dois tipos básicos de programas: os programas "masculinos", vinculados à participação primária na força de trabalho e concebidos para beneficiar os principais provedores da família; e os "femininos", orientados para o que se entende como "fracassos" domésticos, ou seja, para famílias sem provedores masculinos. Não é de surpreender que esses dois subsistemas de bem-estar social sejam separados e desiguais. Os clientes de programas femininos – quase exclusivamente mulheres e seus filhos – são posicionados de uma forma específica e feminilizante como os "negativos dos indivíduos possessivos": são largamente excluídos do mercado, tanto como trabalhadores quanto como consumidores, e são familiarizados, isto é, obrigados a reivindicar benefícios não como indivíduos, mas como membros de famílias "defeituosas". São também estigmatizados, têm direitos negados, ficam sujeitos à vigilância e ao assédio administrativo e acabam, geralmente, transformados em dependentes abjetos das burocracias estatais[39]. Mas isso significa que a ascensão

---

[39] Para o sistema de bem-estar social dos Estados Unidos, ver a análise das taxas de participação masculina e feminina e o relato do caráter de gênero dos dois subsistemas em Nancy Fraser, "Women, Welfare and the Politics of Need Interpretation", *Hypatia: A Journal of Feminist Philosophy*, v. 2, n. 1, 1987, p. 103-21. Ver também Barbara J. Nelson, "Women's Poverty and Women's Citizenship: Some Political Consequences of Economic Marginality", *Signs: Journal of Women in Culture and Society*, v. 10, n. 2, 1985, p. 209-23; Steven P. Erie, Martin Rein e Barbara

do papel do cliente no capitalismo do Estado de bem-estar tem um significado mais complexo que aquele propiciado por Habermas. Não se trata apenas de uma mudança na ligação entre as instituições do sistema e as do mundo da vida. É também uma mudança no caráter da dominação masculina, uma mudança, nas palavras de Carol Brown, "do patriarcado privado para o patriarcado público"[40].

3) Isso dá uma reviravolta bastante diferente ao significado da terceira tese de Habermas. Sugere que ele está certo sobre a "ambivalência" do capitalismo do Estado de bem-estar, mas não exatamente e não apenas na forma como ele pensava. Sugere que as medidas de bem-estar têm um lado positivo, na medida em que reduzem a dependência das mulheres de um chefe de família masculino. Mas também têm um lado negativo, na medida em que a substituem pela dependência de uma burocracia estatal patriarcal e androcêntrica. Os benefícios proporcionados estão, como diz Habermas, "em conformidade com o sistema". Mas o sistema ao qual se conformam não é adequadamente caracterizado como o sistema da economia capitalista oficial regulada pelo Estado. É também o sistema da dominação masculina, que se estende até ao mundo da vida sociocultural. Por outras palavras, a ambivalência aqui não decorre apenas, como Habermas sugere, do fato de o papel de cliente acarretar efeitos de "reificação". Decorre também do fato de este papel, por ser um papel feminino, perpetuar numa nova forma, digamos modernizada e

---

Wiget, "Women and the Reagan Revolution: Thermidor for the Social Welfare Economy", em Irene Diamond (org.), *Families, Politics and Public Policies: A Feminist Dialogue on Women and the State* (Nova York, Longman, 1983), p. 94-122; Diana Pearce, "Women, Work and Welfare: The Feminization of Poverty", em Karen Wolk Feinstein (org.), *Working Women and Families* (Beverly Hills, Sage, 1979); idem, "Toil and Trouble: Women Workers and Unemployment Compensation", *Signs: Journal of Women in Culture and Society*, v. 10, n. 3, 1985, p. 439-59; e Barbara Ehrenreich e Frances Fox Piven, "The Feminization of Poverty", *Dissent*, primavera 1984, p. 162-70. Para uma análise do caráter de gênero do sistema de bem-estar social britânico, ver Hilary Land, "Who Cares for the Family?", *Journal of Social Policy*, v. 7, n. 3, 1978, p. 257-84. Para a Noruega, ver Harriet Holter (org.), *Patriarchy in a Welfare Society* (Oslo, Universitetsforlaget, 1984). Ver também dois estudos comparativos: Mary Ruggie, *The State and Working Women: A Comparative Study of Britain and Sweden* (Princeton, Princeton University Press, 1984); e Birte Siim, "Women and the Welfare State: Between Private and Public Dependence" (manuscrito não publicado) [posteriormente publicado em Clare Ungerson (org.), *Gender and Caring: Work and Welfare in Britain and Scandinavia* (Hemel Hempstead, Harvester Wheatsheaf, 1990), p. 80-109 – N. E.].

[40] Carol Brown, "Mothers, Fathers and Children: From Private to Public Patriarchy", em Lydia Sargent (org.), *Women and Revolution*, cit. Na verdade, creio que a formulação de Brown é teoricamente inadequada, uma vez que pressupõe uma concepção simples e dualista de público e privado. No entanto, a frase "do patriarcado privado para o público" evoca, de uma forma grosseira mas sugestiva, os fenômenos de que uma teoria crítica socialista-feminista do Estado de bem-estar social precisaria dar conta.

racionalizada, a subordinação das mulheres. Ou então a terceira tese de Habermas poderia ser reescrita numa teoria crítica feminista – sem, é claro, abandonar suas percepções sobre as maneiras pelas quais as burocracias do bem-estar social e as terapeutocracias enfraquecem os clientes ao se antecipar a suas capacidades de interpretar suas próprias necessidades, experiências e questões da vida.

4) A quarta tese de Habermas, pelo contrário, não é tão facilmente reescrita. Essa tese afirma que as reformas do bem-estar realizadas, por exemplo, na esfera doméstica são mais ambivalentes que as reformas do local de trabalho remunerado. Isto é verdade empiricamente no sentido que acabei de descrever. Mas se deve ao caráter patriarcal dos sistemas de bem-estar social, e não ao caráter inerentemente simbólico das instituições do mundo da vida, como afirma Habermas. Sua afirmação depende de duas suposições que já contestei. Em primeiro lugar, depende da interpretação dos tipos naturais quanto à distinção entre atividades de reprodução simbólica e material, isto é, da falsa suposição de que a criação dos filhos é inerentemente mais simbólica e menos material que outros trabalhos. E, em segundo lugar, depende da interpretação das diferenças absolutas quanto à distinção entre sistema e contextos socialmente integrados, ou seja, da falsa suposição de que o dinheiro e o poder ainda não estão enraizados na dinâmica interna da família. Uma vez que repudiamos esses pressupostos, contudo, não há base categorial, em oposição à empírica, para avaliar diferencialmente os dois tipos de reformas. Se é basicamente algo progressista que os trabalhadores remunerados adquiram os meios para confrontar estrategicamente seus empregadores e equiparar poder contra poder, direito contra direito, então deve ser tão basicamente progressista, em princípio, que as mulheres adquiram meios semelhantes para fins semelhantes nas políticas da vida familiar e pessoal. E se é "patológico" que, no processo de alcançar um melhor equilíbrio de poder na vida familiar e pessoal, as mulheres se tornem clientes das burocracias estatais, então deve ser tão "patológico", em princípio, que, na busca de alcançar um fim semelhante no trabalho remunerado, os trabalhadores remunerados também se tornem clientes, o que não altera o fato de que, na realidade, eles se tornam dois tipos diferentes de clientes. Mas é claro que a verdadeira questão é que o termo "patológico" é mal utilizado aqui, na medida em que supõe a premissa insustentável de que a criação dos filhos e outros trabalhos são assimétricos no que diz respeito à integração ao sistema.

5) Isto também lança uma nova luz sobre a quinta tese de Habermas, que afirma que o capitalismo do Estado de bem-estar inaugura uma colonização interna do mundo da vida pelos sistemas. Essa afirmação depende de três pressuposições. As duas primeiras são as duas que acabaram de ser rejeitadas, a saber, a interpretação

dos tipos naturais da distinção entre atividades de reprodução simbólica e de reprodução material e a presumida virgindade da esfera doméstica no que diz respeito ao dinheiro e ao poder. A terceira suposição é a de que o vetor básico de movimento na sociedade capitalista tardia é da economia regulada pelo Estado para o mundo da vida, e não vice-versa. Mas o subtexto de gênero feminino do papel de cliente contradiz esta suposição. Sugere que, mesmo no capitalismo tardio, as normas e significados da identidade de gênero continuam a canalizar a influência do mundo da vida para os sistemas. Essas normas continuam a estruturar a economia regulada pelo Estado, como mostra a persistência, ou mesmo a exacerbação, da segmentação da força de trabalho de acordo com o sexo[41]. E essas normas também estruturam a administração estatal, como mostra a segmentação de gênero dos sistemas de bem-estar social dos Estados Unidos e da Europa[42]. Assim, não é verdade que no capitalismo tardio as "intrusões do sistema" separem os contextos de vida das "orientações de valor em si". Ao contrário, o capitalismo de bem-estar simplesmente utiliza outros meios para defender o familiar "consenso normativamente garantido" relativamente à dominação masculina e à subordinação feminina. Mas a teoria de Habermas ignora esse movimento contrário que vai do mundo da vida para o sistema. Assim, postula o mal do capitalismo do Estado de mal-estar como uma reificação geral e indiscriminada. Ao fazê-lo, não leva em conta que são as mulheres que sofrem desproporcionalmente os efeitos da burocratização e da monetarização – e que, vistas estruturalmente, a burocratização e a monetarização são, entre outras coisas, instrumentos de subordinação das mulheres.

---

[41] Na altura em que este ensaio foi escrito, os dados dos Estados Unidos indicavam que a segmentação sexual no trabalho remunerado estava aumentando, apesar da entrada de mulheres em profissões como o direito e a medicina. Mesmo quando os ganhos obtidos por essas mulheres foram tidos em conta, não houve qualquer melhoria global na posição econômica comparativa agregada das trabalhadoras remuneradas perante os trabalhadores masculinos. Os salários das mulheres permaneceram inferiores a 60% dos salários dos homens. Tampouco houve qualquer melhoria global na distribuição ocupacional por sexo. Em vez disso, a guetização das mulheres em profissões de "colarinho rosa", com salários baixos e baixo *status*, estava aumentando. Por exemplo, nos Estados Unidos, em 1973, as mulheres ocupavam 96% de todos os empregos remunerados de cuidados infantis, 81% de todos os empregos de professores no ensino primário, 72% de todos os empregos de técnicos de saúde, 98% de todos os empregos de enfermeiros registradas, 83% de todos os empregos de bibliotecário, 99% de todos os empregos de secretário e 92% de todos os empregos de garçom. Os números para 1983 foram, respectivamente, 97%, 83%, 84%, 96%, 87%, 99% e 88% (dados da Secretaria de Estatísticas de Trabalho dos Estados Unidos citados por Drew Christie, "Comparable Worth and Distributive Justice", artigo lido nas reuniões da American Philosophical Association, Divisão Ocidental, abr. 1985).

[42] Ver nota 39 deste ensaio.

6) Isto implica também a revisão da sexta tese de Habermas, relativa às causas, ao caráter e ao potencial emancipatório dos movimentos sociais, incluindo o feminismo, nas sociedades do capitalismo tardio. Dada a centralidade dessas questões para as preocupações deste artigo, elas merecem uma discussão mais detida.

Habermas explica a existência e o caráter dos novos movimentos sociais, incluindo o feminismo, em termos de colonização – isto é, em termos da intrusão de mecanismos de integração ao sistema nas esferas da reprodução simbólica, e da consequente erosão e desidratação de contextos de interpretação e comunicação. No entanto, dada a multidirecionalidade da influência causal no capitalismo de bem-estar, os termos "colonização", "intrusão", "erosão" e "desidratação" são demasiado negativos e unilaterais para dar conta das mudanças de identidade manifestadas nos movimentos sociais. Deixe-me tentar uma explicação alternativa, ao menos para as mulheres, regressando à importante percepção de Habermas de que grande parte da contestação contemporânea envolve os papéis de mediação institucional do trabalhador, do consumidor, do cidadão e do cliente. Permitam-me acrescentar a estes o papel de quem cria filhos e o fato de todos eles serem papéis marcados pelo gênero. Consideremos agora, sob esta luz, o significado da experiência de milhões de mulheres, especialmente mulheres casadas e mulheres com filhos, que no período pós-guerra se tornaram trabalhadoras remuneradas e/ou clientes da assistência social. Já indiquei que esta tem sido uma experiência de formas novas e agudas de dominação. Mas também tem sido uma experiência em que as mulheres puderam, com frequência pela primeira vez, experimentar as possibilidades de uma medida de relativa independência econômica, de uma identidade fora da esfera doméstica e de uma participação política alargada. Acima de tudo, tem sido uma experiência de conflito e contradição, na medida em que as mulheres tentam fazer o impossível, a saber, conciliar simultaneamente os papéis existentes de criadora de filhos e trabalhadora, de cliente e cidadã. As influências cruzadas desses papéis mutuamente incompatíveis têm sido dolorosas e ameaçadoras da identidade, mas não simplesmente negativas[43]. Interpeladas simultaneamente de maneiras contraditórias, as mulheres tornaram-se sujeitos divididos; e, como resultado, os próprios papéis, antes protegidos em suas esferas separadas, foram subitamente abertos à contestação. Deveríamos, como Habermas, falar aqui de uma "crise na reprodução

---

[43] Ver Zillah Eisenstein, *The Radical Future of Liberal Feminism* (Boston, Northeastern University Press, 1981), especialmente o capítulo 9. O que se segue tem algumas afinidades com a perspectiva de Ernesto Laclau e Chantal Mouffe em *Hegemony and Socialist Strategy* (Nova York, Verso, 1985) [ed. bras.: *Hegemonia e estratégia socialista: por uma política democrática radical*, trad. Joanildo A. Burity, Josias de Paula Jr. e Aécio Amaral, São Paulo, Intermeios, 2015].

simbólica"? É certo que não, se isso significar a desidratação de significado e valores provocada pela intrusão do dinheiro e do poder organizacional na vida das mulheres. Enfaticamente sim, se isso significar, na realidade, a emergência para a visibilidade e a contestabilidade de problemas e possibilidades que não podem ser resolvidos ou realizados dentro do quadro estabelecido de papéis e instituições marcados pelo gênero.

Se a colonização não é uma explicação adequada do feminismo contemporâneo (e de outros novos movimentos sociais), então a descolonização não pode ser uma concepção adequada de uma solução emancipatória. Visto da perspectiva que venho esboçando, o primeiro elemento da descolonização, qual seja, a remoção dos mecanismos de integração ao sistema das esferas de reprodução simbólica, é conceitual e empiricamente distorcido em relação às questões reais. Se a verdadeira questão é a superioridade moral das interações cooperativas e igualitárias sobre as estratégicas e hierárquicas, então a questão é mistificada a fim de destacar as instituições do mundo da vida – a questão deveria ser válida para o trabalho remunerado e a administração política, bem como para a vida doméstica. Da mesma forma, o terceiro elemento da descolonização, qual seja, a inversão da direção da influência e do controle do sistema para o mundo da vida, necessita de modificação. Uma vez que os significados sociais do gênero ainda estruturam o sistemas estatal e econômico oficial no capitalismo tardio, a questão não é se as normas do mundo da vida serão decisivas, mas sim quais normas do mundo da vida o serão.

Isso implica que a chave para um resultado emancipatório reside no segundo elemento da concepção de descolonização de Habermas, a saber, a substituição de contextos de interação normativamente garantidos por contextos comunicativamente alcançados. A centralidade desse elemento fica evidente quando consideramos que este processo ocorre simultaneamente em duas frentes. Primeiro, nas lutas dos movimentos sociais com o Estado e as instituições do sistema econômico oficial; tais lutas não são travadas apenas em torno dos *media* de sistemas, são também travadas em torno dos significados e normas incorporados e promulgados nas políticas governamentais e empresariais. Em segundo lugar, este processo ocorre num fenômeno não tematizado por Habermas: nas lutas entre movimentos sociais opostos, com interpretações conflitantes das necessidades sociais. Ambos os tipos de luta envolvem confrontos entre ações normativamente garantidas e ações comunicativamente alcançadas. Ambos envolvem a disputa pela hegemonia sobre os "meios de interpretação e comunicação" socioculturais. Por exemplo, em muitas sociedades do capitalismo tardio, a experiência contraditória e autodivisiva das mulheres de tentarem ser ao mesmo tempo trabalhadoras e mães, clientes e cidadãs, deu origem não a um, mas a dois movimentos de mulheres, um feminista e um antifeminista. Esses movimentos, juntamente com seus respectivos aliados, estão envolvidos em lutas entre si e com instituições estatais e corporativas sobre os significados sociais de "mulher" e "homem", "feminilidade" e "masculinidade", sobre a interpretação das necessidades das mulheres, sobre a interpretação e construção social dos corpos das mulheres, e sobre as normas de gênero que moldam os principais papéis sociais de mediação institucional. É claro que os meios de interpretação e comunicação em cujos termos os significados sociais dessas coisas são elaborados sempre foram controlados por homens. Portanto, as mulheres feministas estão efetivamente lutando para redistribuir e democratizar o acesso e o controle sobre os meios de interpretação e comunicação. Estamos, portanto, lutando pela autonomia das mulheres no seguinte sentido especial: uma medida de controle coletivo sobre os meios de interpretação e comunicação que seja suficiente para nos permitir participar em pé de igualdade com os homens em todos os tipos de interação social, incluindo a deliberação política e a tomada de decisão[44].

O que acabou de ser dito sugere que é necessário ter cautela em relação ao uso dos termos "particularismo" e "universalismo". Lembremos que a sexta tese de Habermas enfatizou as ligações do feminismo com os movimentos históricos de liberação e suas raízes na moralidade universalista. Lembremos que ele criticou aquelas tendências dentro do feminismo, e nos movimentos de resistência em geral, que tentam resolver a problemática da identidade recorrendo ao particularismo, isto é, retirando-se das arenas da luta política para comunidades alternativas delimitadas com base em categorias naturais, como o sexo biológico. Quero sugerir que há realmente três questões aqui e que elas precisam ser desagregadas uma das outras. Uma é a questão do envolvimento político *versus* atividade contracultural apolítica. Na medida em que se trata de uma crítica ao feminismo cultural, o argumento de Habermas é bem recebido em princípio, embora necessite das seguintes qualificações: o separatismo cultural, por mais inadequado que seja como estratégia política de longo prazo, é em muitos casos uma necessidade de curto prazo para a sobrevivência física, psicológica e moral das mulheres; e as comunidades separatistas têm sido a fonte de numerosas reinterpretações da experiência das mulheres que se revelaram politicamente frutíferas na contestação dos meios de interpretação e

---

[44] Desenvolvo esta noção de "meios socioculturais de interpretação e comunicação" e a concepção associada de autonomia em "Toward a Discourse Ethic of Solidarity", *Praxis International*, v. 5, n. 4, 1986, p. 425-9. Ambas as noções são extensões e modificações da concepção de "ética comunicativa" de Habermas.

comunicação. A segunda questão é o estatuto da biologia das mulheres na elaboração de novas identidades sociais. Na medida em que se trata de uma crítica ao biologismo reducionista, o argumento de Habermas é bem aceito. Mas isso não significa que se possa ignorar os fatos de que a biologia das mulheres tem sido quase sempre interpretada pelos homens e que a luta das mulheres pela autonomia envolve, necessária e adequadamente, entre outras coisas, a reinterpretação dos significados sociais de nossos corpos. A terceira questão é a difícil e complexa questão do universalismo *versus* particularismo. Na medida em que o endosso do universalismo por Habermas se refere ao metanível de acesso e controle sobre os meios de interpretação e comunicação, ele é bem recebido. Nesse nível, a luta das mulheres pela autonomia pode ser entendida em termos de uma concepção universalista de justiça distributiva. Mas isso não quer dizer que o conteúdo substantivo que é fruto dessa luta, a saber, os novos significados sociais que atribuímos a nossas necessidades e nossos corpos, nossas novas identidades sociais e concepções de feminilidade, possam ser descartados como lapsos particularistas do universalismo. Afinal, eles não são mais específicos que os significados e normas sexistas e androcêntricas que deveriam substituir. De forma mais geral, no nível do conteúdo substantivo, em oposição à forma dialógica, o contraste entre universalismo e particularismo está deslocado. Os significados e normas sociais substantivos são sempre necessariamente cultural e historicamente específicos; eles sempre expressam formas de vida específicas e compartilhadas, mas não universais. Os significados e normas feministas não serão exceção. Mas nem por isso serão particularistas em qualquer sentido pejorativo. Digamos simplesmente que serão diferentes.

Tenho defendido que as lutas dos movimentos sociais pelos meios de interpretação e comunicação são centrais para uma resolução emancipatória das tendências de crise no capitalismo do Estado de bem-estar. Agora deixe-me esclarecer sua relação com a mudança institucional. Tais lutas, para mim, levantam implícita e explicitamente os seguintes tipos de questão. Os papéis de trabalhador, cuidador de crianças, cidadão e cliente deveriam ser totalmente desgenerificados? Eles podem ser? Ou necessitamos, antes, de disposições que permitam às mulheres serem trabalhadoras e cidadãs *como mulheres*, tal como os homens sempre foram trabalhadores e cidadãos como homens? E o que isso pode significar? Em todo caso, um resultado emancipatório não exige uma transformação profunda dos atuais papéis de gênero na base da organização social contemporânea? E isso não exige, por sua vez, uma transformação fundamental do conteúdo, do caráter, dos limites e das relações das esferas da vida mediadas por esses papéis? Como devem ser definidos o caráter e a posição do trabalho remunerado, da criação dos filhos e da cidadania um em relação aos outros? O trabalho democrático-socialista-feminista, autogerido e remunerado deveria abranger a criação dos filhos? Ou seria, antes, a criação dos filhos que deveria substituir a conscrição como componente de uma cidadania transformada, democrático-socialista-feminista e participativa? Que outras possibilidades são concebíveis?

Deixe-me concluir esta discussão das seis teses reafirmando os pontos críticos mais importantes. Em primeiro lugar, a explicação de Habermas não consegue teorizar o caráter patriarcal e mediado por normas dos sistemas econômico oficial e administrativo do capitalismo tardio. Da mesma forma, não consegue teorizar o caráter sistêmico, mediado pelo dinheiro e pelo poder, da dominação masculina na esfera doméstica do mundo da vida do capitalismo tardio. Consequentemente, sua tese da colonização não consegue apreender que os canais de influência entre as instituições do sistema e as do mundo da vida são multidirecionais. E tende a replicar, em vez de problematizar, um importante apoio institucional à subordinação das mulheres no capitalismo tardio, qual seja, a separação, baseada no gênero, entre a economia (regulada pelo Estado) do trabalho remunerado e do bem-estar social segmentados por sexo e a esfera pública dominada pelos homens, de um lado, e a criação privatizada das crianças pelas mulheres, de outro. Assim, embora Habermas queira criticar a dominação masculina, suas categorias diagnósticas desviam a atenção para outro lado, para o problema alegadamente predominante da reificação neutra em termos de gênero. Como resultado, sua concepção programática de descolonização ignora questões feministas fundamentais; não aborda como reestruturar a relação da criação dos filhos com o trabalho remunerado e a cidadania. Finalmente, as categorias de Habermas tendem a deturpar as causas e a subestimar o alcance do desafio feminista ao capitalismo do Estado de bem-estar. Em suma, as lutas e os desejos das mulheres contemporâneas não são adequadamente esclarecidos por uma teoria que traça a linha de batalha básica entre as instituições do sistema e as do mundo da vida. De uma perspectiva feminista, existe uma linha de batalha mais básica entre as formas de dominação masculina que ligam o "sistema" ao "mundo da vida" e nós.

Conclusão

Em geral, então, os principais pontos cegos da teoria de Habermas no que diz respeito ao gênero podem ser atribuídos à sua oposição categorial entre as instituições do sistema e as do mundo da vida, e às duas oposições mais elementares a partir das quais ela é composta: a que diz respeito às funções de reprodução e a que diz respeito aos tipos de integração de ações. Ou melhor, os pontos cegos podem ser atribuídos à maneira como essas oposições, interpretadas de forma ideológica e androcêntrica, tendem a anular e eclipsar outros elementos potencialmente mais críticos do referencial de Habermas – elementos tais como a distinção entre contextos de ação normativamente garantida e comunicativamente alcançada, e o modelo de quatro termos das relações público/privado.

Os pontos cegos de Habermas são instrutivos, penso eu. Eles nos permitem concluir algo sobre como deveria ser a estrutura categorial de uma teoria crítica socialista-feminista do capitalismo do Estado de bem-estar. Um requisito crucial é que essa estrutura não seja tal que ponha a família nuclear de chefia masculina e a economia oficial regulada pelo Estado em dois lados opostos da principal divisão categorial. Exigimos, antes, um referencial sensível às semelhanças entre elas, que as coloque do mesmo lado das instituições que impõem, embora de maneiras diferentes, a subordinação das mulheres, uma vez que tanto a família como a economia oficial se apropriam de nosso trabalho, causam um curto-circuito em nossa participação na interpretação de nossas necessidades e protegem da contestação política as interpretações de necessidades normativamente garantidas. Um segundo requisito crucial é que esse referencial não contenha pressupostos *a priori* sobre a unidirecionalidade da movimentação social e da influência causal, e que seja sensível às formas como instituições e normas supostamente desaparecidas persistem na estruturação da realidade social. Um terceiro requisito crucial, e o último que mencionarei aqui, é que essa estrutura não postule que o mal do capitalismo do Estado de bem-estar é, exclusiva ou principalmente, o mal da reificação. Deve também ser capaz de colocar em primeiro plano o mal da dominação e da subordinação[45].

---

[45] Meu trabalho recente tenta construir uma estrutura conceitual para uma teoria crítica socialista-feminista do Estado de bem-estar que satisfaça esses requisitos. Ver "Women, Welfare and the Politics of Need Interpretation", cit., "Toward a Discourse Ethic of Solidarity", *Praxis International*, v. 5, n. 4, jan. 1986, p. 425-9 e, especialmente, "Luta pelas necessidades" (capítulo 2 deste volume). Cada um desses ensaios baseia-se fortemente nos aspectos do pensamento de Habermas que considero inequivocamente positivos e úteis, especialmente sua concepção do caráter irredutivelmente sociocultural e interpretativo das necessidades humanas, e seu contraste entre processos dialógicos e monológicos de interpretação das necessidades. O presente capítulo, por outro lado, centra-se principalmente nos aspectos do pensamento de Habermas que considero problemáticos ou inúteis e, por isso, não transmite todo o alcance de sua obra nem de minhas opiniões sobre ela. Os leitores estão avisados, portanto, de que a conclusão não é a de que Habermas tem pouco ou nada de positivo para contribuir para uma teoria crítica socialista-feminista do Estado de bem-estar. Eles são instados, em vez disso, a consultar os ensaios citados para conhecer o outro lado da história.

2. Luta pelas necessidades: esboço de uma teoria crítica socialista-feminista da cultura política do capitalismo tardio[1]

> *A necessidade é também um instrumento político, cuidadosamente organizado, calculado e utilizado.*
> Michel Foucault[2]

Nas sociedades do capitalismo tardio e do Estado de bem-estar, falar sobre as necessidades das pessoas é uma espécie importante de discurso político. Nos Estados Unidos, discutimos, por exemplo, se o governo deveria satisfazer as necessidades dos cidadãos. Assim, as feministas afirmam que o Estado deve satisfazer as necessidades de creche dos pais, enquanto os conservadores sociais insistem que as crianças precisam dos cuidados de suas mães e os conservadores econômicos afirmam que o mercado, e não o governo, é a melhor instituição para satisfazer necessidades. Os estadunidenses também discutem se os programas de assistência social existentes realmente satisfazem as necessidades que pretendem satisfazer ou se tais programas as interpretam mal. Por exemplo, os críticos de direita afirmam que os programas de apoio incondicional à renda destroem o incentivo ao trabalho e minam a família. Os críticos de esquerda, ao contrário, opõem-se às propostas de *workfare**, considerando-as coercitivas e punitivas, enquanto muitas mulheres pobres com filhos pequenos dizem querer trabalhar em empregos bem remunerados. Todos esses casos envolvem disputas sobre o que exatamente variados grupos de

---

[1] Sou grata pelos comentários úteis de Sandra Bartky, Linda Gordon, Paul Mattick Jr., Frank Michelman, Martha Minow, Linda Nicholson e Iris Young. O Instituto Mary Ingraham Bunting da Faculdade Radcliffe forneceu generoso apoio à pesquisa e uma situação de trabalho utópica.

[2] Michel Foucault, *Discipline and Punish: The Birth of the Prison* (Nova York, Vintage, 1979), p. 26 [ed. bras.: *Vigiar e punir: nascimento da prisão*, trad. Raquel Ramalhete, Petrópolis, Vozes, 2013, p. 29].

* *Workfare* é um plano governamental no qual os beneficiários do bem-estar são obrigados a aceitar empregos no serviço público ou a participar de treinamento profissional. (N. T.)

pessoas realmente necessitam e sobre quem deve ter a última palavra em tais assuntos. Além disso, em todos esses casos, a conversa sobre necessidades é um *medium* para realizar e contestar reivindicações políticas, uma linguagem na qual o conflito político é representado e as desigualdades, simbolicamente elaboradas e desafiadas.

Falar sobre necessidades nem sempre foi algo central na cultura política ocidental; tem sido frequentemente considerado algo antitético à política e relegado às margens. Contudo, nas sociedades do Estado de bem-estar, a discussão sobre necessidades foi institucionalizada como uma linguagem importante do discurso político. Coexiste, embora muitas vezes de forma desconfortável, com discussões sobre direitos e interesses que estão no centro da vida política. Na verdade, essa justaposição peculiar de um discurso sobre necessidades a discursos sobre direitos e interesses é uma das marcas características da cultura política do capitalismo tardio.

As feministas (e outros) que pretendem intervir nessa cultura poderiam se beneficiar se colocassem as seguintes questões: por que o debate sobre necessidades se tornou tão proeminente na cultura política das sociedades do Estado de bem-estar? Qual é a relação entre este desenvolvimento e as mudanças na estrutura social do capitalismo tardio? O que se pode inferir da emergência da linguagem das necessidades com relação às mudanças nas fronteiras entre as esferas de vida "política", "econômica" e "doméstica"? Será que isso indica uma extensão da esfera política ou, antes, uma colonização desse domínio por novos modos de poder e controle social? Quais são as principais variedades de discussão sobre necessidades e como elas interagem polemicamente uma com as outras? Que oportunidades e/ou obstáculos a linguagem das necessidades representa para movimentos como o feminismo, que buscam uma transformação social de longo alcance?

A seguir, delineio uma abordagem para pensar a respeito dessas questões, em vez de propor respostas definitivas para elas. O que tenho a dizer se divide em cinco partes. Na primeira seção, rompo com as abordagens teóricas padrão ao mudar o foco de investigação das necessidades para os discursos sobre as necessidades, da distribuição da satisfação das necessidades para a "política de interpretação das necessidades". Proponho também um modelo de discurso social concebido para realçar o caráter controverso da discussão sobre necessidades nas sociedades do Estado de bem-estar. Na segunda seção, relaciono esse modelo de discurso com considerações socioestruturais, especialmente com mudanças nas fronteiras entre as esferas da vida "política", "econômica" e "doméstica". Na terceira seção, identifico três vertentes principais das discussões sobre necessidades na cultura política do capitalismo tardio e mapeio algumas das formas pelas quais elas competem por potenciais aderentes. Na quarta seção, aplico o modelo a alguns casos concretos de políticas contemporâneas de necessidades nos Estados Unidos. Finalmente, na seção final, considero algumas questões morais e epistemológicas levantadas pelo fenômeno da discussão sobre necessidades.

1. Política de interpretação das necessidades: um modelo de discurso

Deixe-me começar explicando algumas das peculiaridades da abordagem que proponho. Na minha abordagem, o foco da investigação não são as necessidades, e sim os *discursos* sobre as necessidades. A questão é mudar nosso ângulo de visão sobre a política das necessidades. Normalmente, entende-se a política de necessidades como relativa à distribuição de satisfações. Na minha abordagem, ao contrário, o foco é a *política de interpretação das necessidades*.

Concentro-me nos discursos e na interpretação para trazer à luz o caráter contextual e controverso das reivindicações de necessidades. Como muitos teóricos notaram, as reivindicações de necessidades têm uma estrutura relacional; implícita ou explicitamente, elas têm a forma "A precisa de X a fim de Y". Esta estrutura "a-fim-de", como a chamarei, não apresenta problemas especiais quando consideramos necessidades gerais muito básicas, como alimentação ou abrigo *simpliciter*. Assim, podemos afirmar de forma incontroversa que os sem-teto, como todas as outras pessoas em climas não tropicais, precisam de abrigo para viver. E muitas pessoas inferirão que os governos, como garantes da vida e da liberdade, têm a responsabilidade de satisfazer essa necessidade em última instância. Contudo, assim que descemos para níveis menores de generalidade, as reivindicações sobre necessidades tornam-se muito mais controversas. De que, mais "elaboradamente", os sem-teto precisam *a fim de* se protegerem dos elementos da natureza? Que formas específicas de provisão estão implícitas quando reconhecemos sua necessidade muito geral e básica? Será que os sem-teto precisam da boa vontade da sociedade para lhes permitir dormir tranquilamente perto de uma saída de ar quente numa esquina? Um canto em um túnel de metrô ou em um terminal de ônibus? Uma cama num abrigo temporário? Uma casa permanente? Vamos supor que digamos a última opção. De que tipo de habitação permanente necessitam os sem-teto? Unidades de aluguel em arranha-céus nos centros das cidades que estão distantes de boas escolas, do comércio popular e de oportunidades de emprego? Casas unifamiliares projetadas para famílias monoparentais ou com dois pais? E do que mais os sem-teto precisam para ter moradia permanente? Subsídios de aluguel? Apoio à renda? Empregos? Qualificação profissional e educação? Creche? Finalmente, o que é necessário, no nível da política habitacional, para garantir uma oferta adequada de habitação a preços acessíveis? Incentivos fiscais para encorajar o investimento privado em habitações de baixa renda? Projetos de habitação pública concentrados ou dispersos num ambiente habitacional geralmente mercantilizado? Controle de aluguéis? Desmercantilização da habitação urbana[3]?

Poderíamos continuar a proliferar questões como essas indefinidamente. E estaríamos, ao mesmo tempo, proliferando controvérsias. É precisamente esse o ponto sobre as reivindicações de necessidades. Essas reivindicações tendem a ser aninhadas, conectadas umas às outras em cadeias ramificadas de relações a-fim-de: A não apenas precisa de X a fim de Y; ela também precisa de P a fim de X, de Q a fim de P e assim por diante. Além disso, quando essas cadeias a-fim-de são desemaranhadas no decurso de disputas políticas, geralmente os desacordos se aprofundam em vez de diminuir. A forma precisa como essas cadeias são desemaranhadas depende de que pressupostos de fundo os interlocutores partilham. Será desnecessário dizer que a política concebida para lidar com os sem-teto não deve desafiar a propriedade básica e a estrutura de investimento do mercado imobiliário urbano? Ou será este um ponto em que os pressupostos e os compromissos das pessoas divergem?

São essas redes de relações a-fim-de em disputa que pretendo destacar quando proponho focar na política de interpretação das necessidades. Teorias das necessidades que são básicas e não se comprometem a explorar tais redes não podem lançar muita luz sobre a política das necessidades nas sociedades contemporâneas. Tais teorias presumem que a política das necessidades diz respeito apenas à satisfação ou não de várias necessidades predefinidas. Como resultado, desviam a atenção de uma série de questões políticas importantes[4]. Primeiro, consideram a *interpretação* das necessidades das pessoas algo simples e sem dificuldades; assim, ocultam a dimensão interpretativa da política das necessidades, o fato de que não apenas a satisfação mas também as *interpretações das necessidades* são politicamente disputadas. Supõem, em segundo lugar, que não importa quem interpreta as necessidades em questão nem a partir de que perspectiva ou à luz de que interesses o faz; ignoram, assim, o fato de que é, em si, um interesse político a seleção de *quem* consegue estabelecer definições

---

[3] A desmercantilização da habitação poderia significar propriedade socializada ou, alternativamente, propriedade dos ocupantes combinada com um mecanismo não mercantil para determinar valores durante as transferências (por exemplo, controles de preços).

[4] Um exemplo do tipo de teoria que tenho em mente é David Braybrooke, *Meeting Needs* (Princeton, Princeton University Press, 1987). Braybrooke afirma que um conceito básico de necessidade "pode dar uma contribuição substancial para a definição de políticas sem ter que descer ao corpo a corpo" (p. 68). Portanto, ele não aborda nenhuma das questões que vou enumerar.

elaboradas e autorizadas das necessidades das pessoas. Em terceiro lugar, dão por certo que as formas de discurso público socialmente autorizadas e disponíveis para interpretar as necessidades das pessoas são adequadas e justas; negligenciam, assim, a questão de saber se essas formas de discurso público são distorcidas em favor das autointerpretações e dos interesses dos grupos sociais dominantes, e, portanto, se funcionam em desvantagem dos grupos subordinados ou de oposição – por outras palavras, ocultam o fato de que os próprios sentidos do discurso público podem estar em questão na política das necessidades. Quarto, tais teorias não conseguem problematizar a lógica social e institucional dos processos de interpretação das necessidades; negligenciam, assim, questões políticas importantes como: onde na sociedade, em que instituições, são desenvolvidas interpretações autorizadas das necessidades? E que tipos de relações sociais vigoram entre os interlocutores ou cointérpretes?

Para remediar estes pontos cegos, proponho uma alternativa mais politicamente crítica e orientada para o discurso. Considero que a interpretação da política da necessidade compreende três momentos analiticamente distintos, mas inter-relacionados na prática. O primeiro é a luta para estabelecer ou negar o estatuto político de determinada necessidade, a luta para validar a necessidade como uma questão de preocupação política legítima ou para isolá-la como uma questão não política. O segundo é a luta pela interpretação da necessidade, a luta pelo poder para defini-la e, assim, determinar o que a satisfaria. O terceiro momento é a luta pela satisfação da necessidade, a luta para garantir ou negar a provisão.

Um foco na política de interpretação das necessidades requer um modelo de discurso social. O modelo que proponho destaca o caráter multivalente e disputado da discussão sobre necessidades, o fato de nas sociedades do Estado de bem-estar encontrarmos uma pluralidade de formas concorrentes de falar sobre as necessidades das pessoas. O modelo teoriza o que chamo de "meios socioculturais de interpretação e comunicação" (MIC). Com isso quero dizer o conjunto histórica e culturalmente específico de recursos discursivos à disposição dos membros de determinada coletividade social para que façam reivindicações uns contra os outros. Esses recursos incluem:

1. As linguagens oficialmente reconhecidas nas quais se pode fazer reivindicações; por exemplo, discussão sobre necessidades, discussão sobre direitos, discussão sobre interesses.

2. Os vocabulários concretos disponíveis para fazer afirmações nessas linguagens reconhecidas: no caso da discussão sobre necessidades, por exemplo, vocabulários terapêuticos, vocabulários administrativos, vocabulários religiosos, vocabulários feministas, vocabulários socialistas.

3. Os paradigmas de argumentação aceitos como autorizados na decisão de reivindicações contraditórias: os conflitos sobre a interpretação das necessidades podem ser resolvidos, por exemplo, recorrendo a especialistas científicos? Por compromissos intermediados? Votando de acordo com a regra da maioria? Privilegiando as interpretações daqueles cujas necessidades estão em causa?

4. As convenções narrativas disponíveis para a construção das histórias individuais e coletivas que são constitutivas das identidades sociais das pessoas.

5. Os modos de subjetivação: as maneiras pelas quais os discursos posicionam os interlocutores como tipos específicos de sujeitos dotados de tipos específicos de capacidades de ação – por exemplo, como "normais" ou como "desviantes", como causalmente condicionados ou como livremente autodeterminados, como vítimas ou como potenciais ativistas, como indivíduos únicos ou como membros de grupos sociais[5].

Todos esses elementos constituem os MIC nas sociedades de Estado de bem-estar do capitalismo tardio. Para compreender sua função, é preciso lembrar que tais sociedades abrigam uma pluralidade de formas de associação, papéis, grupos, instituições e discursos. Assim, os meios de interpretação e comunicação não tem todos a mesma natureza. Longe de constituir uma teia coerente e monolítica, formam um campo heterogêneo de possibilidades, com múltiplas linguagens e alternativas diversas. Além disso, nas sociedades do Estado de bem-estar, os discursos sobre necessidades fazem tipicamente referência, ao menos implícita, a interpretações alternativas. Reivindicações específicas sobre necessidades são "dialogizadas internamente", ressoando implícita ou explicitamente com interpretações concorrentes de necessidades[6]. Elas aludem, por outras palavras, a um conflito de interpretações.

---

[5] A expressão "modo de subjetivação" é inspirada em Foucault, embora seu termo seja "modo de sujeição" e seu uso seja um pouco diferente do meu. Ver Michel Foucault, "On the Genealogy of Ethics: An Overview of Work in Progress", em *The Foucault Reader* (org. Paul Rabinow, Nova York, Pantheon, 1984), p. 340-73. Para outra explicação dessa ideia dos meios socioculturais de interpretação e comunicação, ver Nancy Fraser, "Toward a Discourse Ethic of Solidarity", *Praxis International*, v. 5, n. 4, jan. 1986, p. 425-9.

[6] A expressão "dialogizado internamente" vem de Mikhail Bakhtin. Considero sua noção de uma "heteroglossia dialógica" (ou um campo de significações multivocal e multirreferencial) mais adequada para caracterizar os MIC nas sociedades do capitalismo tardio e do Estado de bem-estar social que a ideia lacaniana mais monolítica do simbólico. A esse respeito, contudo, discordo da opinião do próprio Bakhtin de que essas concepções encontraram sua expressão mais robusta na cultura "carnavalesca" da Europa medieval tardia e que a história subsequente das sociedades ocidentais trouxe um achatamento da linguagem e uma restrição da heteroglossia dialógica ao domínio especializado e esotérico do "literário". Isto parece-me errado, dado que o caráter dialógico e polêmico do discurso está relacionado com a disponibilidade, numa cultura, de uma pluralidade

Por exemplo, grupos que procuram restringir ou proibir o aborto contrapõem "a santidade da vida" à mera "conveniência" das "mulheres que têm uma carreira"; assim, enunciam suas reivindicações em termos que se referem, ainda que depreciativamente, às interpretações feministas das necessidades reprodutivas[7].

Por outro lado, as sociedades do capitalismo tardio não são simplesmente pluralistas. Em vez disso, são estratificadas, diferenciadas em grupos sociais com desiguais *status*, poder e acesso a recursos, atravessadas por eixos generalizados de desigualdade de classe, gênero, raça, etnia e idade. Os MIC nessas sociedades também são estratificados, organizando-se de forma congruente com os padrões sociais de dominação e subordinação.

Segue-se que devemos distinguir os elementos dos MIC que são hegemônicos, autorizados e oficialmente sancionados, por um lado, daqueles que são não hegemônicos, desqualificados e desconsiderados, por outro. Algumas formas de falar sobre necessidades são institucionalizadas nas arenas discursivas centrais das sociedades do capitalismo tardio: parlamentos, o meio acadêmico, tribunais e meios de comunicação de massa. Outras formas de falar sobre necessidades são isoladas como subdialetos socialmente marcados e normalmente excluídos das arenas discursivas centrais[8]. Até recentemente, por exemplo, discursos moralistas e científicos

---

de discursos concorrentes e de posições de sujeito a partir das quais eles são articulados. Assim, conceitualmente, seria de esperar o que, presumo, é de fato o caso: que o discurso em sociedades complexas e diferenciadas seria especialmente adequado para análise em termos dessas categorias bakhtinianas. Para as concepções bakhtinianas de heteroglossia e dialogização interna, ver Mikhail Bakhtin, "Discourse in the Novel", em *The Dialogic Imagination: Four Essays* (Austin, University of Texas Press, 1981), p. 259-422 [ed. bras.: "O discurso no romance", em *Questões de literatura e de estética: a teoria do romance*, trad. Aurora Fornoni Bernardini et al., São Paulo, Hucitec, 1988, p. 429-39]. Para um argumento a favor da superioridade da concepção bakhtiniana de discurso em relação à lacaniana para teorizar questões de interesse feminista, ver o capítulo 5 deste volume, "Contra o simbolicismo".

[7] Sobre o discurso antiaborto, ver Kristin Luker, *Abortion and the Politics of Motherhood* (Berkeley, University of California Press, 1984).

[8] Se o ponto anterior foi bakhtiniano, este poderia ser considerado bourdieusiano. Provavelmente não há nenhum teórico social contemporâneo que tenha trabalhado de forma mais frutífera que Bourdieu na compreensão da disputa cultural em relação à desigualdade social. Veja seus *Outline of a Theory of Practice* (Cambridge, Cambridge University Press, 1977) [ed. bras.: "Esboço de uma teoria da prática", trad. Paula Montero, em Renato Ortiz (org.), *Pierre Bourdieu: sociologia*, São Paulo, Ática, 1994, p. 46-81]; e *Distinction: A Social Critique of the Judgment of Pure Taste* (Cambridge, MA, Harvard University Press, 1979) [ed. bras.: *A distinção: crítica social do julgamento*, trad. Daniela Kern e Guilherme J. F. Teixeira, São Paulo/Porto Alegre, Edusp/Zouk, 2007]. Para um relato da relevância duradoura de Bourdieu, consulte Nancy Fraser, "Bourdieu: Une réflexion pour l'ère postindustrielle", *Le Monde*, 24 jan. 2012.

sobre as necessidades das pessoas com aids, e das pessoas com risco de contrair aids, estavam bem representados nas comissões governamentais, enquanto as interpretações dos ativistas dos direitos de gays e lésbicas eram largamente excluídas. Para mudar essa distribuição do poder discursivo, foi necessário travar uma luta política.

Nesta perspectiva, a discussão sobre necessidades surge como um local de luta onde grupos com recursos discursivos (e extradiscursivos) desiguais competem para estabelecer como hegemônicas suas respectivas interpretações de necessidades sociais legítimas. Os grupos dominantes articulam interpretações de necessidades destinadas a excluir, neutralizar e/ou cooptar contrainterpretações. Os grupos subordinados ou de oposição, em contrapartida, articulam interpretações de necessidades destinadas a desafiar, deslocar e/ou modificar as interpretações dominantes. Em nenhum dos casos as interpretações são simplesmente "representações". Em ambos os casos, trata-se, antes, de atos e intervenções[9].

2. Necessidades isoladas e fugidias: sobre o "político", o "econômico" e o "doméstico"

Deixe-me agora situar o modelo de discurso que acabei de esboçar em relação a algumas características socioestruturais das sociedades do capitalismo tardio. Aqui, procuro relacionar a ascensão da discussão politizada sobre necessidades com mudanças nas fronteiras que separam as dimensões "política", "econômica" e "doméstica" da vida. Contudo, diferentemente de muitos teóricos sociais, tratarei os termos "político", "econômico" e "doméstico" como classificações culturais e rótulos ideológicos, e não como designações de estruturas, esferas ou coisas[10].

Começo por observar que os termos "política" e "político" são altamente disputados e possuem vários sentidos diferentes[11]. No presente contexto, os dois sentidos mais importantes são os seguintes. Existe, em primeiro lugar, um sentido institucional, no qual uma questão é considerada "política" se for tratada diretamente nas instituições do sistema governamental oficial, incluindo parlamentos, aparelhos administrativos e similares. Nesse sentido, o que é político – chamemos-lhe

---

[9] Aqui o modelo pretende juntar Bakhtin com Bourdieu.
[10] Devo esta formulação a Paul Mattick Jr. Para uma discussão cuidadosa das vantagens desse tipo de abordagem, ver seu "On Feminism as Critique" (manuscrito não publicado).
[11] Incluídos entre os sentidos que não discutirei estão (1) o sentido coloquial pejorativo segundo o qual uma decisão é política quando a disputa pessoal pelo poder prevalece sobre considerações substantivas pertinentes; e (2) o sentido político-teórico radical segundo o qual todas as interações atravessadas por relações de poder e desigualdade são políticas.

"político-oficial" – contrasta com o que é tratado em instituições como "a família" e "a economia", que são definidas como localizadas fora do sistema político-oficial, embora sejam, na verdade, apoiadas e reguladas por ele. Além disso, existe, em segundo lugar, um sentido discursivo do termo "político" no qual algo é "político" se for disputado numa ampla gama de diferentes arenas discursivas e entre uma vasta gama de públicos diferentes. Nesse sentido, o que é político – chamemos-lhe "político-discursivo" ou "politizado" – contrasta tanto com o que não é de modo algum disputado em público como também com o que é disputado apenas por e dentro de organizações relativamente especializadas, isoladas e/ou segmentadas. Esses dois sentidos não são independentes. Na teoria democrática, mesmo que nem sempre na prática, uma questão torna-se sujeita à intervenção legítima do Estado apenas depois de ter sido debatida numa vasta gama de públicos discursivos.

Em geral, não existem restrições *a priori* que determinem que algumas questões são intrinsecamente políticas e outras são intrinsecamente não políticas. Na verdade, essas fronteiras são traçadas de forma diferente de cultura para cultura e de período histórico para período histórico. Por exemplo, a reprodução tornou-se uma questão intensamente política na década de 1890 nos Estados Unidos, em meio ao pânico quanto ao "suicídio racial"*. Na década de 1940, contudo, presumia-se amplamente que o controle da natalidade era um assunto "privado". Finalmente, com o surgimento do movimento de mulheres na década de 1960, a reprodução foi repolitizada[12].

No entanto, seria enganador sugerir que, para qualquer sociedade, em qualquer período, a fronteira entre o que é político e o que não é permanece simplesmente fixa. Ao contrário, essa fronteira pode ser ela própria um objeto de conflito. Por exemplo, as lutas pela "reforma" da Lei dos Pobres na Inglaterra do século XIX também eram conflitos sobre o âmbito do que é político. E, como defenderei em breve, uma das principais questões em jogo no conflito social nas sociedades do capitalismo tardio é precisamente onde serão traçados os limites do político.

Deixe-me explicar alguns dos pressupostos e implicações do sentido discursivo da "política". Lembre-se de que este sentido estipula que uma questão é "política" se for disputada numa série de diferentes arenas discursivas e entre uma série de diferentes públicos discursivos. Note-se, portanto, que depende da ideia de

---

* Teoria de caráter eugenista da passagem do século XIX para o XX segundo a qual a diminuição da natalidade entre estadunidenses de origem anglo-saxônica seria um risco diante da fecundidade mais elevada da população imigrante, como italianos e irlandeses. (N. E.)

[12] Linda Gordon, *Woman's Body, Woman's Right* (Nova York, Viking, 1976).

publicidade discursiva. Porém, nesta concepção, a publicidade não é entendida de forma simples e unitária como o oposto indiferenciado da privacidade discursiva. A publicidade é entendida, isso sim, como diferenciada com base no pressuposto de que é possível identificar uma pluralidade de públicos discursivos distintos e teorizar as relações entre eles.

Claramente, os públicos podem ser distinguidos ao longo de vários eixos diferentes, por exemplo: por ideologia (os leitores de *The Nation versus* os leitores de *The Public Interest*), por eixos de estratificação como o gênero (os espectadores de *Cagney and Lacey versus* os espectadores do *Monday Night Football*) ou classe (os leitores do *The New York Times versus* os do *The New York Post*), por profissão (os membros da Câmara de Comércio *versus* os da Associação Médica Americana), pela questão mobilizadora central (o movimento pelo congelamento das armas nucleares *versus* o movimento pró-vida).

Os públicos também podem ser distinguidos em termos de poder relativo. Alguns são grandes, avalizados e capazes de definir os termos do debate para muitos dos demais. Outros, ao contrário, são pequenos, fechados em si mesmos e isolados, incapazes de deixar uma marca para além de suas próprias fronteiras. Os públicos do primeiro tipo são muitas vezes capazes de assumir a liderança na formação de blocos hegemônicos: concatenações de diferentes públicos, que juntos constroem "o senso comum" do momento. Como resultado, esses públicos principais geralmente têm uma mão pesada na definição do que é "político" no sentido discursivo. Eles podem politizar uma questão simplesmente acolhendo a disputa a respeito dela, uma vez que tal disputa será transmitida naturalmente através de outros públicos aliados e oponentes. Os públicos menores e contra-hegemônicos, ao contrário, geralmente não têm o poder de politizar as questões dessa forma. Quando conseguem fomentar uma disputa generalizada sobre o que anteriormente era "apolítico", normalmente o fazem por meios muito mais lentos e trabalhosos. Em geral, é o poder relativo dos vários públicos que determina o resultado das lutas sobre as fronteiras do político.

Como, então, deveríamos conceituar a politização das necessidades nas sociedades do capitalismo tardio? O que deve ser captado aqui são os processos pelos quais alguns assuntos saem das zonas de privacidade discursiva e dos públicos especializados ou isolados, de modo a se tornarem focos de disputa generalizada. Quando isso acontece, as interpretações anteriormente dadas de antemão a essas questões são postas em causa, e as cadeias naturalizadas de relações "a-fim-de" tornam-se sujeitas a disputa.

Quais são, então, as zonas de privacidade e os públicos especializados que anteriormente cercavam as novas necessidades politizadas nas sociedades do capitalismo tardio? Que instituições protegeram essas necessidades da disputa, naturalizando suas interpretações em redes de relações "a-fim-de" que eram dadas de antemão? Nas sociedades capitalistas, dominadas pelos homens, o que é "político" é normalmente definido em contraste com o que é "econômico" e "doméstico" ou "pessoal". Aqui, portanto, encontramos dois conjuntos principais de instituições que despolitizam as necessidades sociais: em primeiro lugar, as instituições domésticas, especialmente a forma doméstica normativa, qual seja, a família nuclear moderna de chefia masculina; e, em segundo, as instituições econômicas oficiais do sistema capitalista, especialmente locais de trabalho remunerados, mercados, mecanismos de crédito e empresas e corporações "privadas"[13]. As instituições nacionais despolitizam certas questões, personalizando-as e/ou familiarizando-as; apresentam-nas como assuntos privados/domésticos ou pessoais/familiares, em contraposição aos assuntos públicos e políticos. As instituições econômicas oficiais do sistema capitalista despolitizam certos assuntos, tornando-os econômicos; os assuntos aqui em questão são apresentados como imperativos do mercado impessoal ou como prerrogativas de propriedade "privada" ou como problemas técnicos para gestores e planejadores, tudo em contraposição a questões políticas. Em ambos os casos, o resultado é um encurtamento das cadeias de relações "a-fim-de" que interpretam as necessidades das pessoas; cadeias interpretativas são truncadas e impedidas de extravasar as fronteiras que separam "o doméstico" e "o econômico" do "político".

É evidente que as instituições domésticas e as do sistema econômico oficial diferem em muitos aspectos importantes. Contudo, *nestes* aspectos elas são exatamente equivalentes: ambas isolam certos assuntos em arenas discursivas especializadas; ambas protegem tais questões, com isso, da disputa generalizada e de conflitos de interpretação amplamente disseminados. Como resultado, ambas consolidam como autorizadas certas interpretações específicas das necessidades, incorporando-as em certas cadeias específicas, mas em grande parte inquestionadas, de relações "a-fim-de".

Uma vez que tanto as instituições domésticas como as do sistema econômico oficial apoiam relações de dominação e subordinação, as interpretações específicas que elas naturalizam normalmente tendem a beneficiar grupos e indivíduos dominantes e a prejudicar seus subordinados. Se a violência doméstica, por exemplo, for isolada como um assunto "pessoal" ou "doméstico" no interior das famílias

---

[13] Ao longo deste capítulo, refiro-me a locais de trabalho remunerado, mercados, sistemas de crédito etc. como "instituições do sistema econômico *oficial*", a fim de evitar a implicação androcêntrica de que as instituições domésticas não são também "econômicas". Para uma discussão dessa questão, ver o capítulo 1 deste volume, "O que há de crítico na teoria crítica?".

nucleares chefiadas por homens; e se o discurso público sobre esse fenômeno for canalizado para públicos especializados associados, digamos, ao direito de família, ao serviço social e à sociologia e à psicologia do "desvio"; então isto serve para reproduzir a subordinação das mulheres aos homens. Da mesma forma, se as questões da democracia no local de trabalho forem isoladas como problemas "econômicos" ou "de gestão" em locais de trabalho remunerado orientados para o lucro e geridos hierarquicamente; e se o discurso sobre essas questões for desviado para públicos especializados associados, digamos, à sociologia das "relações industriais", ao direito do trabalho e à "ciência da gestão"; então isto serve para perpetuar a exploração e a dominação de classe (e geralmente também de gênero e de raça).

Como resultado desses processos, os membros de grupos subordinados com frequência internalizam interpretações das necessidades que funcionam em seu próprio prejuízo. Às vezes, porém, interpretações culturalmente dominantes das necessidades são sobrepostas a interpretações de oposição latentes ou embrionárias. Isso é mais provável de ocorrer onde persistem, embora de forma fragmentada, tradições de resistência transmitidas subculturalmente, como em alguns setores do movimento operário dos Estados Unidos e na memória histórica coletiva de muitos afro-americanos. Além disso, em circunstâncias especiais, os processos de despolitização são interrompidos. Quando isso ocorre, as classificações dominantes das necessidades como "econômicas" ou "domésticas", em vez de "políticas", perdem sua aura de autoevidência, e interpretações alternativas, oposicionistas e *politizadas* emergem em seu lugar[14].

De todo modo, nas sociedades do capitalismo tardio, a família e a economia oficial são os principais enclaves despolitizantes que as necessidades devem ultrapassar

---

[14] A dificuldade em especificar teoricamente as condições sob as quais os processos de despolitização são interrompidos decorre da dificuldade de relacionar o que normalmente são considerados "fatores" "econômicos" e "culturais". Na minha opinião, os modelos de escolha racional erram ao dar peso excessivo ao "econômico" em detrimento dos determinantes "culturais", como na previsão (nem sempre acertada) de que interpretações de necessidades culturalmente dominantes, mas em última análise desvantajosas, perdem seu poder quando a prosperidade econômica anuncia a redução da desigualdade e promove "expectativas crescentes". Ver Jon Elster, "Sour Grapes: Utilitarianism and the Genesis of Wants", em Amartya Sen e Bernard Williams (orgs.), *Utilitarianism and Beyond* (Cambridge, Cambridge University Press, 1982), p. 219-38. Um modelo alternativo desenvolvido por Jane Jenson enfatiza a lente cultural-ideológica através da qual os efeitos "econômicos" são filtrados. Jenson relaciona "crises no modo de regulação" com mudanças nos "paradigmas" culturais que põem em relevo elementos já presentes, mas não enfatizados, das identidades sociais das pessoas. Ver Jane Jenson, "Paradigms and Political Discourse: Labour and Social Policy in the USA and France before 1914", *Working Paper Series*, Center for European Studies, Harvard University, inverno 1989.

para se tornarem políticas no sentido discursivo. Assim, a emergência da discussão sobre necessidades como linguagem política nessas sociedades é o outro lado do aumento da permeabilidade das instituições domésticas e econômicas oficiais, de sua crescente incapacidade de despolitizar certas questões por completo. As necessidades politizadas em questão nas sociedades do capitalismo tardio são, portanto, necessidades *vazantes* ou *fugidias*, que surgiram dos enclaves discursivos construídos dentro e em torno das instituições domésticas e econômicas oficiais.

As necessidades fugidias são uma espécie de *excesso* em relação às instituições domésticas e econômicas normativas modernas. Ao menos de início, elas carregam a marca dessas instituições, permanecendo inseridas em cadeias convencionais de relações "a-fim-de". Por exemplo, muitas necessidades fugidias são influenciadas pelo pressuposto de que "o doméstico" deve ser separado do "econômico" nas sociedades capitalistas dominadas pelos homens. Assim, ao longo da maior parte da história dos Estados Unidos, os cuidados infantis foram apresentados como uma necessidade "doméstica", e não "econômica"; foram interpretados como a necessidade que as crianças têm do cuidado de suas mães em tempo integral, e não como a necessidade que os trabalhadores têm de passar algum tempo longe de seus filhos; e sua satisfação tem sido interpretada no sentido das "pensões para mães", e não da creche[15]. Aqui, a suposição de esferas separadas trunca possíveis cadeias de relações "a-fim-de" que produziriam interpretações alternativas das necessidades sociais.

Para onde, então, correm as necessidades fugidias quando escapam dos enclaves domésticos ou econômicos oficiais? Proponho que as necessidades fugidias entrem numa arena historicamente específica e relativamente nova da sociedade. Na esteira de Hannah Arendt, chamo essa arena de "o social", a fim de marcar sua não coincidência com a família, a economia oficial ou o Estado[16]. Como um local de disputa do discurso sobre necessidades fugidias, "o social" atravessa essas divisões

---

[15] Ver Sonya Michel, "American Women and the Discourse of the Democratic Family in World War II", em Sonya Michel et al. (orgs.), *Behind the Lines: Gender and the Two World Wars* (New Haven, Yale University Press, 1987); idem, "Children's Interests/Mothers' Rights: A History of Public Child Care in the United States" (manuscrito não publicado).

[16] Hannah Arendt, *The Human Condition* (Chicago, University of Chicago Press, 1958), especialmente capítulo 2, p. 22-78 [ed. bras.: "As esferas pública e privada", em *A condição humana*, trad. Roberto Raposo, Rio de Janeiro, Forense Universitária, 2007, p. 31-88]. Contudo, deve-se notar que a minha visão do "social" difere significativamente da de Arendt. Enquanto ela vê o social como um espaço unidimensional sob total domínio da administração e da razão instrumental, eu o vejo como multivalente e disputado. Logo, minha visão incorpora algumas características da concepção gramsciana de "sociedade civil".

tradicionais. É uma arena de conflito entre interpretações rivais de necessidades inseridas em cadeias rivais de relações do tipo "a-fim-de"[17].

Em minha concepção, o social é um ponto de mudança para o embate de concorrentes heterogêneos associados a uma ampla gama de públicos diferentes. Esses concorrentes vão desde proponentes da politização até defensores da (re)despolitização, desde movimentos sociais pouco organizados até membros de públicos especializados e especialistas dentro e em torno do Estado social. Além disso, eles variam muito em poder relativo. Alguns estão associados a públicos de liderança capazes de definir os termos do debate político; outros estão ligados, ao contrário, a públicos isolados e acabam por oscilar entre a marginalização e a cooptação.

O social é também o local onde necessidades fugidias politizadas com sucesso são traduzidas em reivindicações de prestação estatal. Aqui, interpretações rivais de necessidades são elaboradas em concepções programáticas rivais; alianças rivais são forjadas em torno de propostas políticas rivais; e grupos desigualmente dotados competem para moldar a agenda formal de políticas. Por exemplo, nos Estados Unidos da década de 1990, vários grupos de interesse, movimentos, associações profissionais e partidos lutaram por formulações em torno das quais pudessem construir alianças suficientemente poderosas para ditar a forma da iminente "reforma do bem-estar".

Eventualmente, se e quando tais disputas forem resolvidas (ao menos temporariamente), necessidades fugidias podem tornar-se objeto de intervenção estatal. Nessa altura, tornam-se alvos e alavancas para diversas estratégias de gestão de crises, ao mesmo tempo que fornecem justificações para a proliferação de novas agências estatais. Tais agências, que constituem o "Estado social", estão empenhadas em regular e/ou financiar e/ou proporcionar a satisfação das necessidades sociais[18].

---

[17] Em alguns tempos e lugares, a ideia do "social" foi elaborada explicitamente como uma alternativa ao "político". Por exemplo, na Inglaterra do século XIX, "o social" era entendido como a esfera na qual as supostas virtudes domésticas características das mulheres (de classe média) poderiam ser difundidas em prol do bem coletivo mais amplo, sem sofrer a "degradação" da participação no mundo competitivo da "política". Assim, o trabalho "social", apresentado como "maternidade municipal", foi anunciado como uma alternativa ao sufrágio. Ver Denise Riley, *"Am I That Name?" Feminism and the Category of "Women" in History* (Minneapolis, University of Minnesota Press, 2003). Da mesma forma, a invenção da sociologia exigiu a conceituação de uma ordem de interação "social" distinta da "política". Ver Jacques Donzelot, *The Policing of Families* (Nova York, Pantheon, 1979) [ed. bras.: *A polícia das famílias*, trad. M. T. da Costa Albuquerque, Rio de Janeiro, Graal, 1980].

[18] O Estado social não é uma entidade unitária, mas um complexo multiforme e diferenciado de agências e aparelhos. Nos Estados Unidos, compreende a confusão de agências que compõem especialmente os departamentos do Trabalho e de Saúde e Serviços Humanos.

Elas não apenas satisfazem, mas também interpretam as necessidades em questão. Por exemplo, o sistema de assistência social dos Estados Unidos se divide em dois subsistemas desiguais, que são codificados por gênero e raça: um subsistema de seguridade social implicitamente "masculino" ligado à participação da força de trabalho "primária" e historicamente orientado para (homens brancos) "chefes de família"; e um subsistema de auxílio implicitamente "feminino", ligado ao rendimento familiar e orientado para mães donas de casa e suas famílias "defeituosas" (chefiadas por mulheres), originalmente restrito às mulheres brancas, mas posteriormente racializado. Com a suposição subjacente (mas contrafactual) de "esferas separadas", os dois subsistemas diferem marcadamente no grau de autonomia, direitos e presunção de merecimento que concedem aos beneficiários, assim como em sua base de financiamento, seu modo de administração e caráter, e seu nível de benefícios[19]. Logo, as diversas agências que compõem o sistema de assistência social fornecem mais que ajuda material. Eles também fornecem aos clientes, e ao público em geral, um mapa interpretativo tácito, mas poderoso, de papéis de gênero e necessidades marcadas por gênero que são normativos e diferenciados. Portanto, os diferentes ramos do Estado social também são atores na política de interpretação das necessidades[20].

Resumindo: nas sociedades do capitalismo tardio, as necessidades fugidias que surgiram dos enclaves domésticos ou econômicos oficiais entram naquele espaço discursivo híbrido que Hannah Arendt chamou de "o social". Podem então tornar-se focos de intervenção estatal orientada para a gestão de crises. Tais necessidades são, portanto, marcadores de grandes mudanças socioestruturais nas fronteiras que separam o que se classifica como esferas das vidas "política", "econômica" e "doméstica" ou "pessoal".

---

[19] Para uma análise da estrutura de gênero do sistema de assistência social dos Estados Unidos, ver Nancy Fraser, "Women, Welfare and the Politics of Need Interpretation", *Hypatia: A Journal of Feminist Philosophy*, v. 2, n. 1, 1987, p. 103-21; Barbara J. Nelson, "Women's Poverty and Women's Citizenship: Some Political Consequences of Economic Marginality", *Signs: Journal of Women in Culture and Society*, v. 10, n. 2, 1984, p. 209-31; e Diana Pearce, "Women, Work and Welfare: The Feminization of Poverty", em Karen Wolk Feinstein (org.), *Working Women and Families* (Beverly Hills, Sage, 1979).

[20] Para uma análise das agências de assistência social dos Estados Unidos como fornecedoras e aplicadoras de interpretações de necessidades, ver Nancy Fraser, "Women, Welfare and the Politics of Need Interpretation", cit.

3. Interpretações de necessidades conflitantes: sobre os discursos oposicionista, reprivatizante e especializado

Deixe-me agora propor um esquema para classificar as muitas variedades de discussão sobre necessidades nas sociedades do capitalismo tardio. Meu objetivo é identificar alguns tipos distintos de discurso e mapear as linhas ao longo das quais eles competem. O resultado deve ser uma explicação de alguns eixos básicos da política de necessidades nas sociedades do Estado de bem-estar.

Começo por distinguir três tipos principais de discursos sobre necessidades nas sociedades do capitalismo tardio. Chamarei o primeiro de formas "oposicionistas" de discussão sobre necessidades, que surgem quando as necessidades são politizadas "a partir de baixo". Estas contribuem para a cristalização de novas identidades sociais por parte de grupos sociais subordinados. Chamo o segundo tipo de discursos de "reprivatização", que emerge em resposta ao primeiro. Este articula interpretações enraizadas de necessidades que antes podiam passar despercebidas. Finalmente, há o que chamarei de discursos de necessidades "especializado", que ligam os movimentos populares ao Estado. Podem ser melhor compreendidos no contexto da "resolução de problemas sociais", da construção de instituições e da formação de classes profissionais. Em geral, é a interação em disputa entre essas três vertentes da discussão sobre necessidades que estrutura a política de necessidades nas sociedades do capitalismo tardio[21].

Vejamos primeiro a politização de necessidades fugidias através de *discursos oposicionistas*. Aqui, as necessidades tornam-se *politizadas* quando, por exemplo, mulheres, trabalhadores e/ou pessoas de cor contestam as identidades e os papéis subordinados, as interpretações tradicionais, reificadas e desvantajosas de necessidades anteriormente atribuídas a eles e/ou por eles abraçadas. Ao insistirem em falar publicamente sobre necessidades até então despolitizadas, ao reivindicarem para essas necessidades o estatuto de questões políticas legítimas, essas pessoas e grupos fazem várias coisas simultaneamente. Primeiro, contestam as fronteiras estabelecidas que separam a "política" da "economia" e do "doméstico". Em segundo lugar, oferecem interpretações alternativas de suas necessidades inseridas em cadeias alternativas de relações "a-fim-de". Terceiro, criam novos públicos discursivos

---

[21] Esta imagem contradiz a que está implícita nos escritos de Foucault. A meu ver, Foucault concentra-se excessivamente nos discursos de especialistas em detrimento dos discursos de oposição e de reprivatização. Consequentemente, não vê a disputa entre discursos concorrentes e o fato de que qualquer resultado decorre dessa disputa. Com isso, apesar de toda a sua fala teórica sobre o poder sem sujeito, a prática histórica de Foucault é surpreendentemente tradicional ao tratar os especialistas dos serviços sociais como os únicos sujeitos históricos.

a partir dos quais tentam disseminar suas interpretações de suas necessidades através de uma ampla gama de diferentes públicos discursivos. Finalmente, desafiam, modificam e/ou deslocam elementos hegemônicos dos meios de interpretação e comunicação à medida que inventam novas formas de discurso para interpretar suas necessidades.

Nos discursos oposicionistas, o debate sobre necessidades é um momento na autoconstituição de novos agentes coletivos ou movimentos sociais. Por exemplo, na atual onda de ebulição feminista, grupos de mulheres politizaram e reinterpretaram diversas necessidades, instituíram novos vocabulários e formas de tratamento e, assim, tornaram-se "mulheres" num sentido diferente, embora não indisputado ou unívoco. Ao falar publicamente do que até então era indizível, ao cunhar termos como "sexismo", "assédio sexual", "estupro conjugal, em encontro ou por alguém conhecido", "segregação sexual na força de trabalho", "jornada dupla", "violência doméstica" etc., as mulheres feministas tornaram-se "mulheres" no sentido de uma coletividade política discursivamente autoconstituída, embora muito heterogênea e fraturada[22].

É claro que a politização das necessidades nos discursos de oposição não permanece incontestada. Um tipo de resistência envolve a defesa, através de *discursos de reprivatização*, das fronteiras estabelecidas que separam as esferas "política", "econômica" e "doméstica". Institucionalmente, a reprivatização designa iniciativas que visam desmantelar ou reduzir os serviços de bem-estar social, vender ativos nacionalizados e/ou desregulamentar a iniciativa "privada"; discursivamente, significa despolitização. Assim, nos discursos de reprivatização, os oradores opõem-se à provisão estatal de necessidades fugidias e procuram conter formas de discussão sobre necessidades que ameaçam espalhar-se por uma vasta gama de públicos discursivos. Os reprivatizadores podem insistir, por exemplo, que a violência doméstica não é um tema legítimo do discurso político, mas uma questão familiar ou religiosa, ou, para dar um exemplo diferente, que o fechamento de uma fábrica não é uma questão política, mas uma prerrogativa incontestável dos proprietários privados ou um imperativo indiscutível de um mecanismo de mercado impessoal. Em ambos

---

[22] A questão poderia ser reformulada com maior ceticismo da seguinte forma: as feministas moldaram discursos que incorporam a reivindicação de falar pelas "mulheres". Na verdade, essa questão de "falar pelas 'mulheres'" tem sido um tema candente dentro do movimento feminista. Para uma visão interessante sobre isso, ver Denise Riley, *"Am I That Name?"*, cit. Para uma discussão cuidadosa do problema geral da constituição e representação (em ambos os sentidos) dos grupos sociais como classes sociológicas e como agentes coletivos, ver Pierre Bourdieu, "The Social Space and the Genesis of Groups", *Social Science Information*, n. 24, 1985, p. 195-220.

os casos, quem fala contesta o surgimento de necessidades fugidias e tenta (re)despolitizá-las.

Curiosamente, os discursos de reprivatização misturam o velho e o novo. Por um lado, parecem apenas tornar explícitas interpretações de necessidades que anteriormente não precisavam ser ditas. Mas, por outro lado, pelo próprio ato de articular tais interpretações, eles simultaneamente as modificam. Como os discursos de reprivatização respondem a interpretações concorrentes e oposicionistas, eles são dialogizados internamente, incorporando referências às alternativas às quais resistem ao mesmo tempo que as rejeitam. Por exemplo, embora os discursos "pró-família" da Nova Direita social sejam explicitamente antifeministas, alguns deles incorporam, numa forma despolitizada, motivos de inspiração feminista que sugerem o direito das mulheres ao prazer sexual e ao apoio emocional de seus maridos[23].

Ao defender a divisão social estabelecida dos discursos, os discursos de reprivatização negam as reivindicações dos movimentos de oposição pela legitimidade do estatuto político das necessidades fugidias. Contudo, ao fazê-lo, tendem a politizar ainda mais essas necessidades, no sentido de aumentarem a energia nelas investida como focos de contestação. Além disso, em alguns casos, os discursos de reprivatização também se tornam veículos para mobilizar movimentos sociais e remodelar identidades sociais. Um exemplo é o thatcherismo na Grã-Bretanha, em que um conjunto de discursos de reprivatização articulados no sotaque do populismo autoritário remodelou as subjetividades de uma vasta gama de círculos eleitorais insatisfeitos e uniu-os numa coligação poderosa[24].

Juntos, os discursos oposicionistas e os discursos de reprivatização definem um eixo de luta por necessidades nas sociedades do capitalismo tardio. Mas há ainda um segundo eixo de conflito, bastante diferente. Aqui, a questão central já não é politização *versus* despolitização, mas o conteúdo interpretado das necessidades disputadas, uma vez que seu estatuto político foi assegurado com sucesso. E os

---

[23] Ver o capítulo "Fundamentalist Sex: Hitting Below the Bible Belt", em Barbara Ehrenreich, Elizabeth Hess e Gloria Jacobs, *Re-making Love: The Feminization of Sex* (Nova York, Anchor, 1987). Para um relato fascinante sobre "mulheres pós-feministas" que incorporam motivos feministas no cristianismo renascido, ver Judith Stacey, "Sexism by a Subtler Name? Postindustrial Conditions and Postfeminist Consciousness in the Silicon Valley", *Socialist Review*, v. 17, n. 6, 1987, p. 7-28.

[24] Ver Stuart Hall, "Moving Right", *Socialist Review*, n. 55, jan.-fev. 1981, p. 113-37. Para um relato dos discursos de reprivatização da Nova Direita nos Estados Unidos, ver Barbara Ehrenreich, "The New Right Attack on Social Welfare", em Barbara Ehrenreich et al., *The Mean Season: The Attack on the Welfare State* (Nova York, Pantheon, 1987), p. 161-95.

principais concorrentes são os movimentos sociais de oposição e os interesses organizados, como os empresariais, que procuram influenciar as políticas públicas.

Considere um exemplo dos Estados Unidos. À medida que as creches ganharam maior legitimidade como questão política, assistimos a uma proliferação de interpretações e concepções programáticas concorrentes. Para alguns, a creche serviria às necessidades das crianças pobres em termos de "enriquecimento" e/ou supervisão moral. Para uma segunda mirada, serviria à necessidade dos contribuintes da classe média de retirar da lista os beneficiários da assistência social. Uma terceira interpretação colocaria a creche como uma medida para aumentar a produtividade e a competitividade das empresas estadunidenses, enquanto uma quarta iria tratá-la como parte de um pacote de políticas destinadas a redistribuir renda e recursos às mulheres. Cada uma dessas interpretações carrega uma orientação programática distinta no que diz respeito ao financiamento, localização e controle institucional, concepção de serviços e elegibilidade. Quando colidem, vemos uma luta para moldar a compreensão hegemônica da creche, que poderá eventualmente fazer parte da agenda política formal. Claramente, não apenas os grupos feministas mas também os interesses empresariais, os sindicatos, os defensores dos direitos das crianças e os educadores são concorrentes nessa luta. Não é preciso dizer que eles trazem consigo enormes diferenças de poder.

A luta pelas interpretações das necessidades hegemônicas normalmente aponta para o futuro envolvimento do Estado. Assim, antecipa ainda um terceiro eixo de luta por necessidades nas sociedades do capitalismo tardio. Aqui, uma questão fundamental é a política *versus* administração, e os principais concorrentes são os movimentos sociais de oposição, de um lado, e os "especialistas" em serviços sociais, de outro.

Lembremos que "o social" é um local onde necessidades fugidias, que foram politizadas no sentido discursivo, tornam-se candidatas à provisão organizada pelo Estado. Consequentemente, essas necessidades tornam-se objeto de ainda outro grupo de discursos: o complexo de *discursos especialistas* sobre políticas públicas, que encontram sua base institucional nas agências e nos círculos profissionais de serviço social.

Os discursos especializados sobre necessidades são os veículos para traduzir em objetos de potencial intervenção estatal as necessidades fugidias já suficientemente politizadas. Intimamente ligados às instituições de produção e utilização do conhecimento, incluem discursos sociocientíficos qualitativos e principalmente quantitativos gerados em universidades e "*thinktanks*"; discursos jurídicos gerados em instituições judiciais e suas faculdades-satélite, periódicos e associações profissionais; discursos administrativos que circularam em diversos órgãos do Estado social; e discursos terapêuticos que circularam em agências médicas e de serviço social públicas e privadas.[25]

Como a expressão sugere, os discursos especializados tendem a ficar restritos a públicos especializados. Associados à formação de classes profissionais, servem para construir instituições e "resolver problemas sociais". Mas em alguns casos, como no direito e na psicoterapia, vocabulários e retóricas especializados são disseminados a um espectro mais amplo de leigos instruídos, alguns dos quais participam em movimentos sociais. Além disso, os movimentos sociais conseguem por vezes cooptar ou criar segmentos críticos e oposicionistas a partir de públicos de discurso especializado. Por todas essas razões, os públicos do discurso especializado adquirem por vezes certa porosidade. E os discursos dos especialistas tornam-se os discursos-*ponte* que ligam os movimentos sociais fracamente organizados ao Estado social.

Em razão desse papel de ponte, a retórica dos discursos das necessidades elaborados pelos especialistas tende a ser administrativa. Tais discursos consistem numa série de operações de reescrita, procedimentos para traduzir necessidades politizadas em necessidades administráveis. Tipicamente, a necessidade politizada é redefinida como o correlato de uma satisfação burocraticamente administrável, um "serviço social". É especificada em termos de um estado de coisas ostensivamente geral que poderia, em princípio, acontecer a qualquer pessoa – por exemplo, desemprego, invalidez, morte ou abandono de um cônjuge[26]. Como resultado, a necessidade é descontextualizada e recontextualizada: por um lado, é representada em abstração em relação à sua especificidade de classe, raça e gênero e a quaisquer significados oposicionistas que possa ter adquirido no decurso de sua politização; por outro lado, é expressa em termos que pressupõem tacitamente instituições

---

[25] Em *Vigiar e punir*, Foucault fornece uma descrição útil de alguns elementos dos aparelhos de produção de conhecimento que contribuem para redefinições administrativas de necessidades politizadas. No entanto, Foucault ignora o papel dos movimentos sociais na politização das necessidades e os conflitos de interpretação que surgem entre tais movimentos e o Estado social. Sua explicação sugere, de forma incorreta, que os discursos sobre políticas públicas emanam unidirecionalmente de instituições especializadas, governamentais ou quase governamentais; assim, deixa de ver a interação contestatória entre interpretações hegemônicas e não hegemônicas, institucionalmente vinculadas e institucionalmente não vinculadas.

[26] Ver a discussão da lógica administrativa da definição de necessidade em Jürgen Habermas, *Theorie des kommunikativen Handelns*, v. II, *Zur Kritik der funktionalistischen Vernunft* (Frankfurt am Main, Surhkamp, 1981), p. 522-47 [ed. bras.: *Teoria da ação comunicativa*, v. 2: *Para a crítica da razão funcionalista*, trad. Luiz Repa, São Paulo, Editora da Unesp, 2022]. Ver também minha crítica a Habermas no capítulo 1 deste volume, "O que há de crítico na teoria crítica?".

específicas e enraizadas tais como o trabalho assalariado ("primário" *versus* "secundário"), a educação infantil privatizada e sua separação baseada no gênero.

Como resultado dessas redefinições por especialistas, as pessoas cujas necessidades estão em questão são reposicionadas. Tornam-se "casos" individuais em vez de membros de grupos sociais ou participantes de movimentos políticos. Além disso, tornam-se passivas, posicionadas como potenciais destinatários de serviços predefinidos, em vez de agentes envolvidos na interpretação de suas necessidades e na configuração de suas condições de vida.

Em virtude dessa retórica administrativa, os discursos dos especialistas sobre necessidades também tendem a ser despolitizantes. Eles analisam as pessoas simultaneamente como maximizadores racionais de utilidade e como objetos causalmente condicionados, previsíveis e manipuláveis, excluindo assim as dimensões da agência humana que envolvem a construção e desconstrução de significados sociais.

Quando os discursos dos especialistas sobre necessidades são institucionalizados nos aparelhos estatais, eles tendem a se tornar normalizadores, visando "reformar", se não estigmatizar, o "desvio"[27]. Isso por vezes torna-se explícito quando os serviços incorporam uma dimensão terapêutica concebida para preencher a lacuna entre as autointerpretações recalcitrantes dos clientes e as interpretações incorporadas na política administrativa[28]. Agora o maximizador de utilidade racional e objeto causalmente condicionado torna-se, ademais, um eu profundo a ser desvendado terapeuticamente[29].

Resumindo: quando os movimentos sociais conseguem politizar necessidades antes despolitizadas, eles entram no terreno do social, onde dois outros tipos de lutas os aguardam. Primeiro, têm de contestar poderosos interesses organizados empenhados em moldar interpretações das necessidades hegemônicas que sejam conformes a seus próprios fins. Segundo, eles encontram discursos especializados sobre necessidades dentro e em torno do Estado social. Esses embates definem dois

---

[27] Ver Michel Foucault, *Vigiar e punir*, cit., para uma explicação das dimensões normalizadoras das ciências sociais e dos serviços sociais institucionalizados.

[28] Jürgen Habermas discute a dimensão terapêutica dos serviços sociais do Estado de bem-estar social em *Theorie des kommunikativen Handelns*, v. II, cit., p. 522-47. Mas, novamente, ver minha crítica no capítulo 1.

[29] Em *Vigiar e punir*, Foucault discute a tendência dos procedimentos administrativos social e cientificamente informados de postularem um eu profundo. Em sua *História da sexualidade*, v. 1: *A vontade de saber*, Foucault discute a postulação de um eu profundo pelos discursos psiquiátricos terapêuticos; ver *The History of Sexuality*, v. I: *An Introduction* (Nova York, Vintage, 1990) [ed. bras.: trad. Maria Thereza da Costa Albuquerque e J. A. Guilhon Albuquerque, Rio de Janeiro, Paz e Terra, 2020].

eixos adicionais de luta pelas necessidades nas sociedades do capitalismo tardio. São lutas altamente complexas, uma vez que o típico dos movimentos sociais é procurar a provisão estatal de suas necessidades fugidias, mesmo quando tendem a se opor às interpretações administrativas e terapêuticas de necessidades. Assim, esses eixos também envolvem conflitos entre interpretações rivais das necessidades sociais e entre construções rivais da identidade social.

4. Lutas exemplares por necessidades: da política à administração e vice-versa

Deixe-me agora aplicar o modelo que venho desenvolvendo a alguns casos concretos de conflitos de interpretação de necessidade. O primeiro exemplo que quero discutir serve para identificar a tendência, nas sociedades do Estado de bem-estar, a transformar a política de interpretação das necessidades na gestão da satisfação das necessidades. Um segundo grupo de exemplos serve para traçar um contramovimento da administração para a resistência e potencialmente de regresso à política[30].

Consideremos, em primeiro lugar, a política de necessidades que envolve o abuso de mulheres. Até a década de 1970, a expressão *wife-battering** não existia. Quando mencionado publicamente, esse fenômeno era chamado de *wife-beating* [espancamento de esposa] e era muitas vezes tratado de forma cômica, como em "Já parou de espancar sua mulher?". Classificado linguisticamente ao lado do disciplinamento de crianças e empregados, foi apresentado como uma questão "doméstica", em vez de uma questão "política". Então, ativistas feministas renomearam a prática com um termo extraído do direito penal e criaram um novo tipo de discurso público. Alegaram que a agressão não era um problema pessoal e doméstico, e sim sistêmico e político; sua etiologia não devia ser atribuída aos problemas emocionais individuais das mulheres ou dos homens, e sim à forma como esses problemas refratavam as relações sociais de dominação masculina e de subordinação feminina generalizadas.

Neste caso, como em tantos outros, as ativistas feministas contestaram as fronteiras discursivas estabelecidas e politizaram o que anteriormente tinha sido um

---

[30] Para simplificar, restringirei os exemplos tratados aos casos de disputa entre apenas duas forças, em que um dos concorrentes é uma agência do Estado social. Assim, não considerarei exemplos de disputa entre três lados nem exemplos de disputa bilateral entre movimentos sociais concorrentes.

* Em tradução literal, "agressão de esposa". Expressão que se refere aos atos violentos – agressão psicológica, sexual e/ou física – cometidos por alguém contra sua esposa e/ou parceira com a intenção de controlá-la, induzindo ao medo e à dor. (N. T.)

fenômeno despolitizado. Além disso, reinterpretaram a experiência da agressão e postularam um conjunto de necessidades associadas. Aqui, situaram as necessidades das mulheres vítimas de agressão numa longa cadeia de relações "a-fim-de" que atravessaram separações convencionais de "esferas"; alegaram que, para se libertar da dependência dos agressores, as mulheres agredidas precisavam não apenas de abrigo temporário mas também de empregos que pagassem um "salário familiar", de creches e de habitação permanente a preços acessíveis. Além disso, as feministas criaram novos públicos discursivos, novos espaços e instituições nos quais tais interpretações oposicionistas de necessidades poderiam ser desenvolvidas e a partir dos quais poderiam ser disseminadas para públicos mais amplos. Finalmente, as feministas modificaram elementos dos meios autorizados de interpretação e comunicação; cunharam novos termos de descrição e análise e conceberam novas formas de abordar assuntos femininos. Em seu discurso, as mulheres vítimas de agressão não foram tratadas como vítimas individuais, mas como potenciais ativistas feministas, membros de uma coletividade politicamente constituída.

Essa intervenção discursiva foi acompanhada por esforços feministas para satisfazer algumas das necessidades por elas politizadas e reinterpretadas. As ativistas organizaram abrigos para mulheres vítimas de agressão, locais de refúgio e de sensibilização. A organização desses abrigos não era hierárquica; não havia linhas claras entre a equipe e as usuárias. Muitas das conselheiras e organizadoras foram elas próprias agredidas, e uma elevada percentagem das mulheres que utilizaram os abrigos aconselharam outras mulheres agredidas e tornaram-se ativistas do movimento. Concomitantemente, essas mulheres passaram a adotar novas autodescrições. Embora originalmente a maioria delas tivesse culpado a si mesmas e defendido seus agressores, muitas acabaram por rejeitar essa interpretação em favor de uma visão politizada que lhes oferecia novos modelos de agência. Além disso, essas mulheres modificaram suas afiliações e identificações sociais. Embora a maioria tivesse, no passado, se identificado com seus agressores, muitas acabaram por se afiliar a outras mulheres.

Essa organização acabou tendo um impacto em públicos discursivos mais amplos. No fim da década de 1970, as feministas haviam conseguido, em grande parte, estabelecer a violência doméstica contra as mulheres como uma questão política genuína. Conseguiram, em alguns casos, mudar atitudes e políticas da polícia e dos tribunais, e conquistaram um lugar para essa questão na agenda política informal. Agora as necessidades das mulheres agredidas estavam politizadas o suficiente para se tornarem candidatas à satisfação organizada publicamente. Por fim, em vários municípios e localidades, os abrigos do movimento começaram a receber financiamento do governo local.

Do ponto de vista feminista, isso representou uma vitória significativa, mas não foi sem custos. O financiamento municipal trouxe consigo uma série de novas restrições administrativas, que vão desde procedimentos contabilísticos até requisitos de regulamentação, certificação e profissionalização. Como consequência, os abrigos financiados publicamente passaram por uma transformação. Suas equipes se tornaram cada vez mais compostas por assistentes sociais profissionais, muitas das quais não tinham sofrido agressão. Assim, uma divisão entre profissional e cliente suplantou o *continuum* de relações mais fluido que caracterizava os primeiros abrigos. Além disso, uma vez que muitas equipes de serviço social haviam sido treinadas para enquadrar problemas numa perspectiva quase psiquiátrica, tal perspectiva estrutura as práticas de muitos abrigos com financiamento público, apesar das intenções das próprias funcionárias, muitas das quais são feministas politicamente comprometidas. Como consequência, as práticas de tais abrigos tornaram-se mais individualizadas e menos politizadas. As mulheres agredidas tendem agora a ser posicionadas como clientes. Elas são cada vez mais psiquiatrizadas, tratadas como vítimas com um eu profundo e complicado. Raramente são tratadas como potenciais ativistas feministas. Cada vez mais, o jogo de linguagem da terapia tem suplantado o da conscientização. E a linguagem científica neutra do "abuso conjugal" suplantou a fala mais política da "violência masculina contra as mulheres". Por fim, as necessidades das mulheres vítimas de agressão foram substancialmente reinterpretadas. As reivindicações de longo alcance que antes existiam quanto aos pré-requisitos sociais e econômicos da independência tenderam a dar lugar a um enfoque mais restrito nos problemas individuais de "baixa autoestima" da mulher[31].

O caso do abrigo para mulheres agredidas exemplifica uma tendência da política de necessidades nas sociedades do capitalismo tardio: a tendência de que a política de interpretação de necessidades se transforme na administração da satisfação de necessidades. Contudo, existe também uma contratendência que vai da administração em direção à resistência de clientes e, potencialmente, de volta à política. Eu gostaria de documentar agora esta contratendência discutindo quatro exemplos de resistência de clientes, exemplos que vão desde o individual, cultural e informal até o coletivo, político e formalmente organizado.

Primeiro, os indivíduos podem encontrar algum espaço de manobra dentro da estrutura administrativa de uma agência governamental. Podem deslocar e/ou

---

[31] Para um relato da história dos abrigos para mulheres agredidas, ver Susan Schechter, *Women and Male Violence: The Visions and Struggles of the Battered Women's Movement* (Boston, South End, 1982).

modificar as interpretações oficiais de uma agência sobre suas necessidades, mesmo sem constituir com isso um desafio aberto. A historiadora Linda Gordon descobriu exemplos deste tipo de resistência nos registros das agências de proteção da criança durante a Era Progressista[32]. Gordon cita casos nos quais mulheres que haviam sido espancadas pelos maridos apresentaram queixas alegando abuso infantil. Tendo envolvido os assistentes sociais em suas situações ao valer-se de uma necessidade interpretada que foi reconhecida como legítima e dentro da jurisdição da agência, conseguiram despertar o interesse dos assistentes sociais numa necessidade que não era tão reconhecida. Em alguns casos, essas mulheres conseguiram garantir, sob a rubrica de abuso infantil, uma intervenção que lhes proporcionou algum alívio da agressão doméstica. Assim, ampliaram informalmente a jurisdição da agência para incluir, indiretamente, uma necessidade até então excluída. Ao mesmo tempo que citavam a definição oficial do Estado social para suas necessidades, deslocaram essa definição e aproximaram-na de suas próprias interpretações.

Em segundo lugar, grupos organizados informalmente podem desenvolver práticas e afiliações que estão em desacordo com seu posicionamento como clientes por parte do Estado social. Ao fazê-lo, podem alterar os usos e significados dos benefícios fornecidos pelas agências governamentais, mesmo sem os questionar explicitamente. A antropóloga Carol Stack documentou exemplos desse tipo de resistência em seu estudo sobre "redes de parentesco domésticas" entre beneficiários negros pobres do Auxílio às Famílias com Crianças Dependentes (AFDC*) em uma cidade do Meio-Oeste estadunidense, no fim da década de 1960[33]. Stack descreve elaborados arranjos de parentesco que organizam trocas atrasadas ou "presentes"/ "dádivas" [*gifts*] de refeições prontas, auxílio-alimentação, preparo de comida, compras, mantimentos, espaço para dormir, dinheiro (incluindo salários e pagamentos do AFDC), transporte, roupas, cuidados infantis e até crianças. É significativo que essas redes domésticas de parentesco abranjam várias unidades domiciliares fisicamente separadas. Isso significa que os beneficiários do AFDC utilizam seus benefícios para além dos limites da principal categoria administrativa dos programas de

---

[32] Linda Gordon, *Heroes of Their Own Lives: The Politics and History of Family Violence*, Boston 1880- -1960 (Nova York, Viking, 1988).

* Na sigla em inglês. O Aid to Families with Dependent Children foi estabelecida pela Lei da Seguridade Social de 1935 como um programa de assistência social via pagamentos em dinheiro para crianças que foram privadas de apoio ou cuidados parentais por motivo de ausência, incapacidade, morte ou desemprego do pai e/ou da mãe. (N. T.)

[33] Carol B. Stack, *All Our Kin: Strategies for Survival in a Black Community* (Nova York, Harper & Row, 1974).

auxílio governamental, a saber, "a unidade domiciliar". Consequentemente, esses clientes contornam os procedimentos de familiarização nuclear promovidos pela administração do bem-estar social. Ao utilizar benefícios para além dos limites de um "lar", alteram os significados definidos pelo Estado para esses benefícios e, portanto, para as necessidades que pretendem satisfazer. Ao mesmo tempo, contestam indiretamente a forma como o Estado os posiciona como sujeitos. Embora o AFDC as trate como mães biológicas que pertencem a famílias nucleares desviantes destituídas de provedores masculinos, elas duplicam essa posição de sujeito com outra, qual seja, a de membros de redes de parentesco constituídas socialmente, em vez de biologicamente, as quais cooperam no enfrentamento da pobreza extrema.

Terceiro, indivíduos e/ou grupos podem resistir às iniciativas terapêuticas do Estado social e ao mesmo tempo aceitar ajuda material. Podem rejeitar construções terapêuticas patrocinadas pelo Estado sobre suas histórias de vida e capacidades de agência e, no lugar delas, insistir em narrativas e concepções de identidade alternativas. A socióloga Prudence Rains documentou um exemplo deste tipo de resistência em seu estudo comparativo das "carreiras morais" de adolescentes grávidas negras e brancas no fim da década de 1960[34].

Rains contrasta as formas como os dois grupos de jovens se relacionaram com as construções terapêuticas de sua experiência em dois ambientes institucionais diferentes. As jovens brancas de classe média estavam em instalações residenciais privadas e caras. Essas unidades combinavam serviços tradicionais, como reclusão e cobertura para "boas moças que cometeram um erro", com serviços terapêuticos mais atualizados, incluindo sessões obrigatórias de aconselhamento individual e em grupo com assistentes sociais psiquiátricos. Nessas sessões, as jovens foram tratadas como eus profundos e complicados. Elas foram encorajadas a considerar suas gravidezes não como simples "erros", mas como atos significativos e motivados inconscientemente que expressam problemas emocionais latentes. O que se queria dizer é que uma moça deveria interpretar sua gravidez (e o sexo que era sua causa superficial) como uma forma de *acting out* – digamos, uma recusa da autoridade parental ou uma exigência de amor parental. Ela era avisada de que, a menos que entendesse e reconhecesse esses motivos profundos e ocultos, provavelmente não conseguiria evitar "erros" futuros.

---

[34] Prudence Mors Rains, *Becoming an Unwed Mother: A Sociological Account* (Chicago, Aldine Atherton, Inc., 1971). Todas as citações a seguir são dessa edição, e os números das páginas são referenciados no texto após as citações. Devo a Kathryn Pyne Addelson por chamar minha atenção para o trabalho de Rains.

Rains documenta o processo pelo qual a maioria das jovens brancas dessa unidade internalizaram essa perspectiva e se reescreveram na linguagem psiquiátrica. Ela registra as narrativas que elas criaram ao reescrever suas "carreiras morais". Por exemplo:

> Quando cheguei aqui pela primeira vez, eu tinha muito certo em minha cabeça que Tom [...] meio que tinha me convencido e eu cedi. Eu meio que coloquei tudo nele. Eu realmente não aceitei minha parte nisso [...]. [A]qui eles enfatizaram muito que, se você não perceber por que está aqui ou por que acabou aqui, e as razões emocionais por trás disso, tudo isso acontecerá novamente [...]. Sinto agora que compreendo muito bem por que acabei aqui e que houve uma razão emocional para isso. E eu aceito melhor minha parte nisso. Não foi só ele. (p. 93)

Esta narrativa é interessante em vários aspectos. Como observa Rains, a troca de uma perspectiva do passado como "erro" por uma perspectiva psiquiátrica proporcionou certos confortos: a nova interpretação "não se limitou a deixar de lado o passado, mas o considerou, e o considerou de maneiras que permitiram às meninas acreditar que elas agiriam de maneira diferente no futuro" (p. 94). Assim, a perspectiva psiquiátrica oferece à adolescente grávida um modelo de agência que parece aumentar sua capacidade de autodeterminação individual. Por outro lado, a narrativa é altamente seletiva, reconhecendo alguns aspectos do passado e rejeitando outros. Ela minimiza a sexualidade da narradora, ao tratar seu comportamento e seus desejos sexuais como "manifestações epifenomenais de outros problemas e necessidades emocionais, mais profundos e não sexuais" (p. 93). Além disso, neutraliza a questão potencialmente explosiva do consentimento *versus* coerção no meio adolescente heterossexual, ao desculpar Tom e revisar a sensação anterior da menina de que a relação sexual não havia sido totalmente consensual. Além disso, a narrativa exclui qualquer questão quanto à legitimidade do "sexo antes do casamento", presumindo que, ao menos para uma mulher, tal sexo é moralmente errado. Por fim, à luz das declarações das meninas de que não precisarão de contraceptivos quando retornarem para casa e voltarem a namorar, a narrativa tem ainda outro significado. Encapsulando uma nova consciência de problemas emocionais profundos, torna-se um escudo contra futuras gestações, um profilático. Dadas essas elisões na história, um cético poderia muito bem concluir que a promessa psiquiátrica de maior autodeterminação é em grande parte ilusória.

A relativa facilidade com que as adolescentes brancas de Rains internalizaram a interpretação terapêutica de sua situação contrasta fortemente com a resistência oferecida pelas sujeitas negras da pesquisa. As jovens negras do estudo eram clientes de uma unidade municipal não residencial que prestava cuidados pré-natais, ensino escolar e sessões de aconselhamento com uma assistente social psiquiátrica. As sessões de aconselhamento foram semelhantes em intenção e formato às das instalações residenciais privadas; as jovens foram encorajadas a falar sobre seus sentimentos e investigar as supostas causas emocionais profundas de suas gravidezes. No entanto, essa abordagem terapêutica teve muito menos sucesso nas instalações públicas. As jovens resistiram aos termos do discurso psiquiátrico e ao jogo de linguagem de perguntas e respostas empregado nas sessões de aconselhamento. Elas não gostaram da postura de não direcionamento e neutralidade moral da assistente social – sua relutância em dizer o que *ela* pensava –, e se ressentiam do que consideravam ser perguntas inoportunas e excessivamente pessoais. Essas jovens não reconheciam o direito dela de questioná-las dessa forma, uma vez que elas não podiam, por sua vez, fazer-lhe perguntas "pessoais". Em vez disso, interpretavam o "questionamento pessoal" como um privilégio reservado a amigos próximos e pessoas íntimas sob condições de reciprocidade.

Rains documenta diversas dimensões da resistência das jovens negras aos aspectos de "saúde mental" do programa. Em alguns casos, desafiaram abertamente as regras do jogo de linguagem terapêutico. Em outros, resistiram indiretamente através do humor, interpretando mal, de forma quase deliberada, as perguntas vagas e não direcionadas, mas "pessoais", da assistente social. Por exemplo, uma menina considerou estúpida a pergunta "Como você engravidou?" e respondeu: "Você não deveria saber?" (p. 136).

Algumas outras submeteram a constante terapêutica "Como você se sentiu?" a uma operação que só pode ser chamada de "carnavalesca". A ocasião foi uma sessão de aconselhamento em grupo para a qual a assistente social se atrasou. As jovens reunidas para a reunião começaram a especular sobre o paradeiro dela. Uma delas mencionou que a senhora Eckerd tinha ido consultar um médico. A conversa continuou:

> "Para ver se ela está grávida."
> "Ela provavelmente pensa que é onde você consegue bebês."
> "Talvez o médico lhe dê um filho" [...]
> Bernice então começou a imitar uma entrevista, fingindo ser uma assistente social que fazia perguntas a uma pretensamente grávida senhora Eckerd: "Diga-me, como você se sentiu? Você gostou?".
> Isso provocou uma tempestade de risadas, e todas começaram a imitar as perguntas que supostamente lhes haviam sido feitas. Alguém disse: "Ela me perguntou se eu queria colocar meu bebê para adoção, e como me sentia?"

Quando a senhora Eckerd finalmente chegou, May disse: "Por que as assistentes sociais fazem tantas perguntas?".
A senhora Eckerd disse: "De que tipo de perguntas você quer dizer, May?"
Berenice [...] disse: "Tipo 'Como você se sentiu?'".
Houve um alvoroço por causa disso [...] (p. 137).

Em geral, então, as sujeitas negras de Rains conceberam um repertório variado de estratégias para resistir às construções especializadas e terapêuticas de suas histórias de vida e capacidades de agência. Elas estavam profundamente conscientes do subtexto de poder subjacente a suas interações com a assistente social e da dimensão normalizadora da iniciativa terapêutica. Com efeito, essas jovens refutaram os esforços para inculcar nelas normas de individualidade e afetividade brancas e de classe média. Elas recusaram os incentivos da assistente social para que se reescrevessem como eus psicologizados, ao mesmo tempo que aproveitaram os serviços de saúde da unidade. Assim, utilizaram os aspectos do programa da agência que consideraram adequados a suas necessidades autointerpretadas, e ignoraram ou evitaram os outros.

Em quarto lugar, além das formas de resistência informais, *ad hoc*, estratégicas e/ou culturais, existem também tipos de resistência com organização mais formal, tipos estes explicitamente políticos e organizados. Os clientes de programas de assistência social podem unir-se *como clientes* para desafiar as interpretações administrativas de suas necessidades. Eles podem apoderar-se das identidades passivas, normalizadas e individualizadas ou familiarizadas moldadas para eles em discursos de especialistas e transformá-las numa base para a ação política coletiva. Frances Fox Piven e Richard A. Cloward documentaram um exemplo desse tipo de resistência em seu relato do processo pelo qual beneficiárias do AFDC organizaram o movimento pelos direitos sociais da década de 1960[35]. Apesar das dimensões atomizadoras e despolitizadoras da administração do AFDC, essas mulheres foram reunidas em salas de espera da assistência social. Foi então, como resultado de sua participação como clientes, que elas passaram a articular queixas comuns e a agir

---

[35] Frances Fox Piven e Richard A. Cloward, *Regulating the Poor: The Functions of Public Welfare* (Nova York, Vintage Books, 1971), p. 285-340; idem, *Poor People's Movements* (Nova York, Vintage, 1979). Infelizmente, o relato de Piven e Cloward é cego em termos de gênero e, como consequência, androcêntrico. Para uma crítica feminista, ver Linda Gordon, "What Does Welfare Regulate?", *Social Research*, v. 55, n. 4, 1988, p. 609-30. Para um relato mais sensível ao gênero da história da Organização Nacional pelos Direitos do Bem-Estar Social (NWRO, na sigla em inglês), ver Guida West, *The National Welfare Rights Movement: The Social Protest of Poor Women* (Nova York, Praeger, 1981).

em conjunto. Assim, as mesmas práticas de bem-estar social que deram origem a essas queixas criaram as condições favoráveis para a organização coletiva para combatê-las. Como afirmou Piven: "A própria estrutura do Estado de bem-estar ajudou a criar novas solidariedades e a gerar as questões políticas que continuam a cimentá-las e a galvanizá-las"[36].

5. Conclusão: necessidades, direitos e justificativa

Permita-me concluir assinalando algumas questões que são centrais a este projeto, mas que ainda não discuti aqui. Neste ensaio, concentrei-me em questões teórico-sociais em detrimento de questões morais e epistemológicas. Contudo, estas últimas são muito importantes para um projeto como o meu, que aspira a ser uma teoria social *crítica*.

Minha análise do diálogo sobre necessidades levanta duas questões filosóficas muito óbvias e prementes. Uma delas é a questão de saber se e como é possível distinguir entre as melhores e as piores interpretações das necessidades das pessoas. A outra é a questão da relação entre as reivindicações de necessidades e os direitos. Embora não possa oferecer aqui respostas completas a essas questões, gostaria de sinalizar algo sobre como as abordaria. Quero também situar meus pontos de vista em relação aos debates contemporâneos entre teóricas feministas.

As acadêmicas feministas demonstraram repetidas vezes que as opiniões autorizadas que se pretendem neutras e desinteressadas expressam, na verdade, as perspectivas parciais e interessadas dos grupos sociais dominantes. Além disso, muitas teóricas feministas fizeram uso de abordagens pós-estruturalistas que negam a possibilidade de distinguir entre reivindicações justificadas e jogos de poder. Como resultado, existe agora uma vertente significativa de sentimento relativista nas fileiras feministas. Ao mesmo tempo, muitas outras feministas temem que esse relativismo solape a possibilidade de compromisso político. Afinal, como é que alguém pode argumentar contra a possibilidade de reivindicações justificadas enquanto faz afirmações como "o sexismo existe e é injusto"[37]?

---

[36] Frances Fox Piven, "Women and the State: Ideology, Power and the Welfare State", *Socialist Review*, n. 74, mar.-abr. 1984, p. 11-9.

[37] Para o ponto de vista de que a objetividade é apenas a máscara da dominação, ver Catharine A. MacKinnon, "Feminism, Marxism, Method, and the State: An Agenda for Theory", *Signs: Journal of Women in Culture and Society*, v. 7, n. 3, 1982, p. 515-44. Para o ponto de vista de que o relativismo solapa o feminismo, ver Nancy Hartsock, "Rethinking Modernism: Minority vs. Majority Theories", *Cultural Critique*, n. 7, 1987, p. 187-206. Para uma boa discussão (que, no entanto,

Esse problema do relativismo surge aqui sob a forma de uma questão: podemos distinguir entre as melhores e as piores interpretações das necessidades das pessoas? Ou, uma vez que todas as interpretações de necessidades emanam de locais específicos e interessados na sociedade, estarão todas elas igualmente comprometidas?

Afirmo que *podemos* distinguir entre interpretações melhores e piores das necessidades das pessoas. Dizer que as necessidades são culturalmente construídas e discursivamente interpretadas não significa dizer que qualquer interpretação de necessidade seja tão boa quanto outra qualquer. Ao contrário, é sublinhar a importância de uma explicação da justificação interpretativa. Contudo, não penso que a justificação possa ser entendida em termos objetivistas tradicionais tais como correspondência, como se se tratasse de encontrar a interpretação que corresponde à verdadeira natureza da necessidade tal como ela realmente é em si, independentemente de qualquer interpretação[38]. Tampouco penso que a justificação possa se basear num ponto preestabelecido de superioridade epistêmica, como se se tratasse de encontrar aquele grupo na sociedade que tem o "ponto de vista" privilegiado[39].

Então, em que *deveria* consistir uma explicação da justificação interpretativa? Na minha opinião, tal explicação deveria abranger e equilibrar ao menos dois tipos distintos de considerações. Primeiro, existem considerações processuais relativas aos processos sociais por meio dos quais são geradas várias interpretações concorrentes das necessidades. Por exemplo, quão exclusivos ou inclusivos são os variados discursos rivais sobre necessidades? Quão hierárquicas ou igualitárias são as relações entre os interlocutores? Em geral, as considerações processuais determinam que, se todo o resto for igual, as melhores interpretações das necessidades são

---

     não oferece uma resolução persuasiva) das tensões entre as teóricas feministas sobre esta questão, ver Sandra Harding, "The Instability of the Analytical Categories of Feminist Theory", *Signs: Journal of Women in Culture and Society*, v. 11, n. 4, 1986, p. 645-64. Para uma discussão de questões relacionadas que foram levantadas pelo fenômeno do pós-modernismo, ver Nancy Fraser e Linda Nicholson, "Social Criticism without Philosophy: An Encounter between Feminism and Postmodernism", *Theory, Culture & Society*, v. 5, n. 2-3, 1988, p. 373-94.

[38] Para uma crítica do modelo de correspondência da verdade, ver Richard Rorty, *Philosophy and the Mirror of Nature* (Princeton, Princeton University Press, 1979) [ed. bras.: *A filosofia e o espelho da natureza*, trad. Antonio Trânsito, Rio de Janeiro, Relume-Dumará, 1995].

[39] A abordagem do "ponto de vista" [*standpoint*] foi desenvolvida por Nancy Hartsock. Ver *Money, Sex and Power: Toward a Feminist Historical Materialism* (Nova York, Longman, 1983). Para uma crítica da posição de Hartsock, ver Sandra Harding, "The Instability of the Analytical Categories of Feminist Theory", cit.

aquelas alcançadas por meio dos processos comunicativos que mais se aproximam dos ideais de democracia, igualdade e justiça[40].

Além disso, considerações sobre consequências são relevantes para justificar interpretações de necessidades. Isso significa comparar resultados distributivos alternativos de interpretações rivais. Por exemplo, será que a aceitação generalizada de determinada interpretação de uma necessidade social prejudicaria alguns grupos de pessoas em relação a outros? A interpretação está em conformidade com os padrões sociais de dominação e subordinação, em vez de desafiá-los? As cadeias rivais de relações a-fim-de às quais pertencem interpretações de necessidades concorrentes são mais ou menos respeitosas, em vez de transgressivas, das fronteiras ideológicas que delimitam "esferas separadas" e, com isso, racionalizam a desigualdade? Em geral, as considerações consequencialistas ditam que, se todo o resto for igual, as melhores interpretações de necessidades são aquelas que não prejudicam alguns grupos de pessoas em relação a outros.

Em suma, justificar algumas interpretações das necessidades sociais como melhores que outras envolve equilibrar considerações procedimentais e consequencialistas. Posto de maneira mais simples, envolve equilibrar democracia e igualdade.

O que dizer então da relação entre necessidades e direitos? Esta também é uma questão controversa na teoria contemporânea. Os teóricos jurídicos críticos têm defendido que as reivindicações de direitos funcionam contra a transformação social radical, ao consagrar princípios do individualismo burguês[41]. Ao mesmo tempo, algumas teóricas morais feministas sugerem que uma orientação para as responsabilidades é preferível a uma orientação para os direitos[42]. Juntas, essas opi-

---

[40] Em seu conteúdo normativo de primeira ordem, esta formulação é habermasiana. Contudo, não desejo seguir Habermas e dar a essa formulação uma metainterpretação transcendental ou quase transcendental. Assim, enquanto Habermas pretende fundamentar a "ética comunicativa" nas condições de possibilidade da expressão entendidas universalista e a-historicamente, eu a considero uma possibilidade historicamente específica, evoluída contingentemente. Ver Jürgen Habermas, *The Theory of Communicative Action*, v. I, *Reason and the Rationalization of Society* (Boston, Beacon, 1984) [ed. bras.: *Teoria da ação comunicativa*, v. 1: *Racionalidade da ação e racionalização social*, trad. Luiz Repa, São Paulo, Editora da Unesp, 2022]; idem, *Communication and the Evolution of Society* (Boston, Beacon, 1979); idem, *Moralbewusstsein und kommunikatives Handeln* (Frankfurt, Suhrkamp, 1983) [ed. bras.: *Consciência moral e ação comunicativa*, trad. Rúrion Melo, São Paulo, Editora da Unesp, 2023].

[41] Elizabeth M. Schneider, "The Dialectic of Rights and Politics: Perspectives from the Women's Movement", em Linda Gordon (org.), *Women, the State, and Welfare* (Madison, University of Wisconsin Press, 1990).

[42] Para argumentos a favor e contra este ponto de vista, ver os ensaios em Eva Feder Kittay e Diana T. Meyers (orgs.), *Women and Moral Theory* (Totowa, Rowman & Littlefield, 1987).

niões podem induzir alguns a pensar na discussão sobre necessidades como uma alternativa à discussão sobre direitos. Por outro lado, muitas feministas preocupam-se com a possibilidade de que as críticas de esquerda aos direitos beneficiem nossos oponentes políticos. Afinal de contas, os conservadores tradicionalmente preferem distribuir ajuda como uma questão de necessidade *em vez* de direito, precisamente para evitar uma pressuposição de direitos que poderia ter implicações igualitárias. Por essas razões, algumas ativistas e juristas feministas têm procurado desenvolver e defender entendimentos alternativos de direitos[43]. Sua abordagem seria capaz de acarretar que reivindicações de direitos e reivindicações de necessidades adequadamente reconstruídas poderiam ser mutuamente compatíveis, até mesmo intertraduzíveis[44].

Para dizer muito brevemente, alinho-me com quem defende a tradução de reivindicações justificadas de necessidades em direitos sociais. Tal como muitos críticos radicais dos programas de assistência social existentes, estou empenhada em opor-me às formas de paternalismo que surgem quando as reivindicações de necessidades estão divorciadas das reivindicações de direitos. E, ao contrário de alguns críticos comunitaristas, socialistas e feministas, não acredito que a discussão sobre direitos seja inerentemente individualista, burguesa-liberal e androcêntrica; isso só acontece quando as sociedades estabelecem os direitos *errados*, como quando se permite que o (suposto) direito à propriedade privada supere *outros* direitos, incluindo os direitos sociais.

Além disso, tratar as reivindicações justificadas de necessidades como base para novos direitos sociais é começar a superar obstáculos ao exercício efetivo de alguns direitos existentes. É verdade, como afirmam os marxistas e outros, que os direitos liberais clássicos à liberdade de expressão, de reunião e similares são "meramente formais". Mas isso diz mais sobre o contexto social em que estão atualmente inseridos que sobre seu caráter "intrínseco", pois, num contexto desprovido de pobreza, desigualdade e opressão, os direitos liberais formais poderiam ser alargados e transformados em direitos substantivos, por exemplo, à autodeterminação coletiva.

Por último, devo enfatizar que este trabalho é motivado pela convicção de que, por enquanto, o debate sobre necessidades está conosco para o bem ou para o mal.

---

[43] Além de Elizabeth M. Schneider, "The Dialectic of Rights and Politics", cit., ver Martha Minow, "Interpreting Rights: An Essay for Robert Cover", *The Yale Law Journal*, v. 96, n. 8, jul. 1987, p. 860-915; e Patricia J. Williams, "Alchemical Notes: Reconstructed Ideals from Deconstructed Rights", *Harvard Civil Rights-Civil Liberties Law Review*, v. 22, n. 2, 1987, p. 401-33.

[44] Devo esta formulação a Martha Minow (comunicação pessoal).

Até onde se pode ver, os agentes políticos, incluindo as feministas, terão de operar num terreno onde a moeda discursiva vigente é o debate sobre necessidades. Mas, como tentei mostrar, essa linguagem não é inerentemente emancipatória nem inerentemente repressiva. Ao contrário, é multivalente e disputada. O objetivo mais amplo do meu projeto é ajudar a clarificar as perspectivas de mudança social democrática e igualitária, separando aquilo que é emancipatório das possibilidades repressivas do debate sobre necessidades.

3. Uma genealogia da "dependência": investigando uma palavra-chave do Estado de bem-estar social nos Estados Unidos[1]

(coautoria de Linda Gordon)

Dependência tornou-se uma palavra-chave da política dos Estados Unidos. Políticos de diversas opiniões criticam regularmente o que chamam de *dependência da assistência social*. O juiz da Suprema Corte Clarence Thomas falou em nome de muitos conservadores em 1980, quando difamou a própria irmã: "Ela fica brava quando o carteiro se atrasa com o cheque do benefício social. Esse é o tanto que ela é dependente. O pior é que agora os filhos dela sentem que também têm direito ao cheque. Não têm motivação para melhorar ou sair dessa situação"[2]. Os liberais são geralmente menos propensos a culpar a vítima, mas também criticam a dependência da assistência social. O senador democrata Daniel P. Moynihan prefigurou o discurso de hoje quando abriu seu livro de 1973 afirmando que

> o problema da assistência social é o problema da dependência. É diferente da pobreza. Ser pobre é uma condição objetiva; ser dependente é, ainda, uma condição subjetiva

---

[1] Nancy Fraser agradece o apoio à pesquisa do Centro de Assuntos Urbanos da Universidade Northwestern; à Biblioteca Newberry/Fundo Nacional para as Humanidades; e ao Conselho Americano de Sociedades Científicas. Ela também agradece a Linda Gordon pela permissão para reeditar este capítulo no presente volume. Linda Gordon agradece à Escola de Pós-Graduação da Universidade de Wisconsin, ao Vilas Trust e ao Instituto de Pesquisa sobre Pobreza. Ambas agradecemos ao Centro de Pesquisa e Estudo da Fundação Rockefeller, em Bellagio, Itália. Também somos gratas pelos comentários úteis de Lisa Brush, Robert Entman, Joel Handler, Dirk Hartog, Barbara Hobson, Allen Hunter, Eva Kittay, Felicia Kornbluh, Jenny Mansbridge, Linda Nicholson, Erik Wright, Eli Zaretsky e dos pareceristas e editores da *Signs: Journal of Women in Culture and Society*.

[2] Clarence Thomas, citado em Karen Tumulty, "Sister of High Court Nominee Traveled Different Road", *Los Angeles Times*, 5 jul. 1991, A4.

[...]. O pobre está frequentemente associado a qualidades pessoais consideráveis; o dependente, raramente. [A dependência] é um estado de vida incompleto: normal na criança, anormal no adulto. Num mundo em que homens e mulheres completos se sustentam por conta própria, pessoas dependentes – como denota o imaginário encoberto da palavra – se penduram.[3]

Hoje, "especialistas em políticas públicas" de ambos os principais partidos estadunidenses concordam "que a dependência [da assistência social] é má para as pessoas, que mina sua motivação para se sustentarem e isola e estigmatiza os beneficiários da assistência social de uma forma que, durante um longo período, alimenta e acentua a mentalidade e a condição da classe inferior"[4].

Se nos afastarmos desse discurso, contudo, poderemos interrogar alguns de seus pressupostos subjacentes. Por que é que os debates sobre a pobreza e a desigualdade nos Estados Unidos agora têm sido enquadrados em termos de dependência do bem-estar social? Como é que o recebimento de assistência pública foi associado à dependência e por que é que as conotações dessa palavra neste contexto são tão negativas? Quais são os subtextos raciais e de gênero desse discurso e que pressupostos tácitos lhe são subjacentes?

Propomos lançar alguma luz sobre essas questões examinando os significados da palavra *dependência* relacionados ao bem-estar social[5]. Analisaremos a *dependência* como uma palavra-chave do Estado de bem-estar social dos Estados Unidos e reconstruiremos sua genealogia[6]. Ao mapear algumas das principais mudanças históricas no uso dessa palavra, escavaremos alguns pressupostos tácitos e conotações que ela carrega ainda hoje, mas que geralmente passam batido.

---

[3] Daniel P. Moynihan, *The Politics of a Guaranteed Income: The Nixon Administration and the Family Assistance Plan* (Nova York, Random House, 1973), p. 17.

[4] Richard P. Nathan, citado em William Julius Wilson, "Social Policy and Minority Groups: What Might Have Been and What Might We See in the Future", em Gary D. Sandefur e Marta Tienda (orgs.), *Divided Opportunities: Minorities, Poverty, and Social Policy*, (Nova York, Plenum, 1986), p. 248.

[5] Outra parte da história diz respeito, claro, à expressão "bem-estar", mas não temos espaço para considerá-la aqui em sua inteireza. Para uma discussão mais completa, ver Nancy Fraser e Linda Gordon, "Contract Versus Charity: Why Is There No Social Citizenship in the United States?", *Socialist Review*, v. 22, n. 3, 1992, p. 45-68.

[6] Nosso foco é a cultura política dos Estados Unidos e, portanto, o uso do inglês da América do Norte. Contudo, nossas descobertas devem ser de interesse mais geral, uma vez que algumas outras línguas têm significados semelhantes incorporados em palavras análogas. Neste ensaio tivemos de utilizar fontes britânicas para os primeiros estágios de nossa genealogia, que abrange os séculos XVI e XVII. Consideramos que esses significados de "dependência" foram trazidos para "o Novo Mundo" e foram formativos das fases iniciais da cultura política dos Estados Unidos.

Nossa abordagem é inspirada em parte pelo crítico cultural-materialista inglês Raymond Williams[7]. Concordando com Williams e outros, consideramos que os termos usados para descrever a vida social são também forças ativas que a moldam[8]. Um elemento crucial da política, portanto, é a luta para definir a realidade social e interpretar as aspirações e necessidades inarticuladas das pessoas[9]. Palavras e expressões específicas muitas vezes tornam-se centrais nessas lutas, funcionando como palavras-chave, locais em que o significado da experiência social é negociado e disputado[10]. As palavras-chave normalmente carregam pressupostos tácitos e conotações que podem ter uma influência poderosa sobre os discursos que permeiam – em parte, constituindo uma *doxa*, ou crença de senso comum dada de antemão que escapa ao escrutínio crítico[11].

Procuramos dissipar a *doxa* que rodeia as atuais discussões sobre dependência nos Estados Unidos por meio da reconstrução da genealogia desse termo. Modificando uma abordagem associada a Michel Foucault[12], desenterraremos amplas mudanças históricas no uso linguístico, que raramente podem ser atribuídas a agentes específicos. Nós *não* apresentamos uma análise causal. Em vez disso, ao contrastar os significados presentes de dependência com os significados passados, pretendemos desfamiliarizar as crenças tidas como certas, a fim de torná-las suscetíveis de crítica e de iluminar os conflitos atuais.

---

[7] Raymond Williams, *Keywords: A Vocabulary of Culture and Society* (Oxford, Oxford University Press, 1976) [ed. bras.: *Palavras-chave: um vocabulário de cultura e sociedade*, trad. Sandra G. Vasconcelos, São Paulo, Boitempo, 2007].

[8] Esta ênfase na dimensão performativa da linguagem, em oposição à dimensão representacional, é uma marca registrada da tradição pragmática na filosofia da linguagem. Tem sido proveitosamente adaptada para a análise sociocultural por vários autores além de Williams. Ver, por exemplo, Pierre Bourdieu, *Outline of a Theory of Practice* (Cambridge, Cambridge University Press, 1977) [ed. bras.: "Esboço de uma teoria da prática", trad. Paula Montero, em Renato Ortiz (org.), *Pierre Bourdieu: sociologia*, São Paulo, Ática, 1994, p. 46-81]; Judith Butler, *Gender Trouble: Feminism and the Subversion of Identity* (Nova York, Routledge, 1990) [ed. bras.: *Problemas de gênero: feminismo e subversão da identidade*, trad. Renato Aguiar, Rio de Janeiro, Civilização Brasileira, 2003]; e Joan Wallach Scott, *Gender and the Politics of History* (Nova York, Columbia University Press, 1988). Para uma discussão mais completa das vantagens da abordagem pragmática, ver o capítulo 5 deste volume, "Contra o simbolicismo".

[9] Ver o capítulo 2 deste volume, "Luta pelas necessidades".

[10] Raymond Williams, *Keywords*, cit.

[11] Pierre Bourdieu, *Outline of a Theory of Practice*, cit.

[12] Michel Foucault, "Nietzsche, Genealogy, History", em *The Foucault Reader* (org. Paul Rabinow, Nova York, Pantheon, 1984), p. 76-100 [ed. bras.: "Nietzsche, a genealogia e a história", em *Microfísica do poder*, trad. Roberto Machado, Rio de Janeiro, Graal, 1982].

Nossa abordagem difere da de Foucault, no entanto, em dois aspectos cruciais: procuramos contextualizar as mudanças discursivas em relação a amplas mudanças institucionais e socioestruturais, e acolhemos de bom grado a reflexão política normativa[13]. Este artigo é uma colaboração entre uma filósofa e uma historiadora. Combinamos a análise histórica das mudanças linguísticas e socioestruturais com a análise conceitual da construção discursiva dos problemas sociais, e fermentamos a mistura com um interesse feminista em imaginar alternativas emancipatórias.

A seguir, então, fornecemos uma genealogia da *dependência*. Esboçamos a história desse termo e explicamos os pressupostos e conotações que ele carrega hoje nos debates estadunidenses sobre bem-estar social – especialmente pressupostos sobre a natureza humana, os papéis de gênero, as causas da pobreza, a natureza da cidadania, as fontes dos direitos e o que conta como trabalho e como contribuição para a sociedade. Afirmamos que os usos irrefletidos dessa palavra-chave servem para consagrar certas interpretações da vida social como autorizadas e para deslegitimar ou obscurecer outras, geralmente em benefício dos grupos dominantes na sociedade e em prejuízo dos subordinados. No todo, oferecemos uma crítica da ideologia na forma de uma semântica política crítica.

Dependência, para nós, é um termo ideológico. No atual discurso de políticas públicas dos Estados Unidos, geralmente refere-se à condição das mulheres pobres com filhos que mantêm suas famílias sem dispor de um provedor masculino nem de um salário adequado e que dependem do apoio econômico de um programa governamental mesquinho e politicamente impopular chamado Auxílio às Famílias com Crianças Dependentes (AFDC). A participação nesse programa altamente

---

[13] A literatura crítica sobre Foucault é enorme. Para avaliações feministas, ver Linda Alcoff, "Feminist Politics and Foucault: The Limits to a Collaboration", em Arlene Dallery e Charles Scott (orgs.), *Crisis in Continental Philosophy*, (Albany, SUNY Press, 1990); Judith Butler, "Variations on Sex and Gender: Beauvoir, Wittig and Foucault", em Seyla Benhabib e Drucilla Cornell (orgs.), *Feminism as Critique* (Minneapolis, University of Minnesota Press, 1987, p. 128-42 [ed. bras.: "Variações sobre sexo e gênero: Beauvoir, Wittig e Foucault", em Seyla Benhabib e Druscilla Cornell (orgs.), *Feminismo como crítica da modernidade*, trad. Nathanael da Costa Ceixeiro, Rio de Janeiro, Rosa dos Tempos, 1991]; Nancy Hartsock, "Foucault on Power: A Theory for Women?", em Linda J. Nicholson (org.), *Feminism/Postmodernism* (Nova York, Routledge, 1990), p. 157-75; Chris Weedon, *Feminist Practice and Poststructuralist Theory* (Oxford, Basil Blackwell, 1987); e os ensaios em Irene Diamond e Lee Quinby (orgs.), *Foucault and Feminism: Reflections on Resistance* (Boston, Northeastern University Press, 1988). Para discussões equilibradas sobre os pontos fortes e fracos de Foucault, ver Nancy Fraser, *Unruly Practices: Power, Discourse, and Gender in Contemporary Social Theory* (Minneapolis, University of Minnesota Press, 1989); Axel Honneth, *The Critique of Power: Reflective Stages in a Critical Social Theory* (Cambridge, MA, MIT Press, 1992); e Thomas McCarthy, *Ideals and Illusions: On Reconstruction and Deconstruction in Contemporary Critical Theory* (Cambridge, MA, MIT Press, 1991).

estigmatizado pode ser desmoralizante em muitos casos, embora permita que mulheres abandonem relações abusivas ou insatisfatórias sem terem de desistir dos filhos. Ainda assim, chamar de *dependência* os problemas das famílias pobres e de mães solo tende a fazê-los parecer problemas individuais, tanto do ponto de vista moral ou psicológico como do econômico. O termo carrega fortes associações emotivas e visuais e uma poderosa carga pejorativa. Nos debates atuais, a expressão *dependência da assistência social* evoca a imagem da "mãe da assistência social" [*welfare mother*], muitas vezes representada como uma mulher negra jovem e solteira (talvez até uma adolescente) sem controle sobre sua sexualidade. Defendemos que o poder dessa imagem é sobredeterminado, pois condensa significados de dependência que são múltiplos e muitas vezes contraditórios. Somente ao desagregar essas diferentes vertentes, ao desvendar os pressupostos tácitos e as conotações avaliativas que lhes são subjacentes, é que poderemos começar a compreender e a desalojar a força do estereótipo.

1. Registros de significado

Em sua raiz, o verbo "depender" refere-se a uma relação física em que uma coisa pende de outra. Os significados mais abstratos – social, econômico, psicológico e político – eram originalmente metafóricos. No uso corrente, encontramos quatro registros nos quais os significados de dependência reverberam. O primeiro é um registro econômico, no qual a pessoa depende de outra(s) pessoa(s) ou de uma instituição para a própria subsistência. Num segundo registro, o termo denota um estatuto sociojurídico, a falta de uma identidade jurídica ou pública própria, como no estatuto que a *coverture** criava para as mulheres casadas. O terceiro registro é político: aqui, dependência significa sujeição a um poder governante externo e pode ser atribuída a uma colônia ou a uma casta subordinada de residentes não cidadãos. O quarto registro é o que chamamos de moral/psicológico; a dependência, nesse sentido, é um traço de caráter individual, como a falta de força de vontade ou a carência emocional excessiva.

É verdade que nem todo uso de *dependência* se ajusta perfeitamente a um e apenas um desses registros. Ainda assim, ao distingui-los analiticamente, apresentamos uma matriz sobre a qual podemos indicar as aventuras históricas do termo.

---

* Doutrina do direito consuetudinário inglês segundo a qual a existência jurídica de uma mulher casada era considerada fundida com a de seu marido, de modo que ela não tinha existência jurídica independente. (N. T.)

A seguir, traçaremos a passagem de um uso patriarcal pré-industrial, no qual as mulheres, embora subordinadas, compartilhavam uma condição de dependência com muitos homens, para um uso moderno, industrial e de supremacia masculina que construiu um sentido de dependência especificamente feminino. Afirmamos que esse uso agora dá lugar a um uso pós-industrial, no qual um número crescente de mulheres relativamente prósperas reivindica o mesmo tipo de independência dos homens, enquanto um sentido de dependência mais estigmatizado, mas ainda feminizado, se liga a grupos considerados desviantes e supérfluos. Não só o gênero mas também as práticas racializantes desempenham um papel fundamental nessas transformações, bem como as mudanças na organização e no significado do trabalho.

2. A "DEPENDÊNCIA" PRÉ-INDUSTRIAL

No uso do inglês pré-industrial, o significado mais comum de *dependência* era subordinação. Os registros econômico, sociojurídico e político eram relativamente indiferenciados, refletindo a fusão de várias formas de hierarquia no Estado e na sociedade, e o uso moral/psicológico do termo quase não existia. A definição social mais antiga do verbo *to depend (on)* [depender (de)] no *Oxford English Dictionary* é "estar conectado a, em relação de subordinação". Um *dependent* [dependente], desde ao menos 1588, era aquele "que depende de outro para sustento, posição etc.; um criado, assistido, subordinado, servo". Uma *dependency* [dependência] era um séquito ou corpo de servos, ou uma possessão territorial estrangeira ou colônia. Essa família de termos aplicava-se amplamente num contexto social hierárquico em que quase todos eram subordinados a alguém, mas não acarretava qualquer estigma individual como resultado[14].

Podemos avaliar até que ponto a dependência era comum na sociedade pré-industrial examinando seu oposto. No início, o termo *independency* [independência] aplicava-se principalmente a entidades agregadas, não a indivíduos; assim, no século XVII, uma nação ou uma congregação eclesial poderia ser independente. No século XVIII, contudo, era possível dizer que um indivíduo tinha uma *independência*, o que significava um domínio de propriedade, uma fortuna que tornava possível viver sem trabalhar. (Este sentido do termo, que hoje chamaríamos de econômico, sobrevive em nossas expressões *to be independently wealthy* e *a person of*

---

[14] Joan R. Gundersen, "Independence, Citizenship, and the American Revolution", *Signals: Journal of Women in Culture and Society*, v. 13, n. 1, 1987, p. 59-77.

independent means*.) Ser dependente, ao contrário, era ganhar a vida trabalhando para outra pessoa. É claro que esta era a condição da maioria das pessoas, tanto dos trabalhadores assalariados como dos servos e escravizados, da maioria dos homens e também da maioria das mulheres[15].

A dependência, portanto, era uma condição normal, e não uma condição desviante, uma relação social, e não uma característica individual. Assim, não carregava nenhum opróbrio moral. Nem os dicionários ingleses nem os estadunidenses relatam quaisquer usos pejorativos do termo antes do início do século XX. Na verdade, algumas das principais definições pré-industriais eram explicitamente positivas, implicando confiar, contar com o outro – os antecessores do *dependable* [*confiável*] de hoje.

No entanto, *dependência* significava inferioridade de *status* e a *coverture* jurídica significava fazer parte de uma unidade chefiada por outra pessoa, esta sim dotada de capacidade jurídica. Num mundo de hierarquias de *status* dominado por grandes proprietários de terras e seu séquito, todos os membros de uma residência, exceto seu "chefe", eram dependentes, tal como o eram os camponeses livres ou servis numa propriedade. Eles estavam, como disse Peter Laslett, "presos, por assim dizer, 'subsumidos' [...] nas personalidades de seus pais e senhores"[16].

A dependência também teve o que hoje chamaríamos de consequências políticas. Embora o termo não significasse exatamente *não livre*, seu contexto era uma ordem social em que a norma era a sujeição, e não a cidadania. A *independência* conotava privilégio e superioridade incomuns, como em estar livre do trabalho. Assim, durante a maior parte do desenvolvimento do governo representativo na Europa, a independência no sentido de possuir propriedade foi um pré-requisito para os direitos políticos. Quando os dependentes começaram a reivindicar direitos e liberdade, tornaram-se forçosamente revolucionários.

---

* Estas expressões, cujas traduções literais seriam, respectivamente, "ser independentemente rico" e "uma pessoa de meios independentes", não têm equivalentes em português que envolvam a palavra *independência*. (N. E.)

[15] Além disso, na sociedade pré-industrial, a dependência inversa do senhor em relação a seus homens era amplamente reconhecida. O historiador Christopher Hill evocou esse entendimento quando caracterizou a "essência" da sociedade feudal como "o vínculo de lealdade e dependência entre o senhor e o homem". Aqui, "dependência" significa interdependência. Christopher Hill, *The World Turned Upside Down: Radical Ideas During the English Revolution* (Nova York, Viking, 1972), p. 32 [ed. bras.: *O mundo de ponta-cabeça: ideias radicais durante a Revolução Inglesa de 1640*, trad. Renato Janine Ribeiro, São Paulo, Companhia das Letras, 1987].

[16] Peter Laslett, *The World We Have Lost: England Before the Industrial Age* (Nova York, Charles Scribner, 1971), p. 21 [ed. port.: *O mundo que nós perdemos*, trad. Alexandre Torres Pinheiro e Hermes Serrão, Lisboa, Cosmos, 1976].

Dependência não se aplicava então exclusivamente para caracterizar a relação da esposa com o marido. A dependência das mulheres, tal como a das crianças, significava estar num degrau inferior numa longa escala social; seus maridos e pais estavam acima delas, mas abaixo de outros. Além disso, para a maioria agrária, não havia qualquer implicação de dependência econômica unilateral das mulheres, porque seu trabalho, tal como o das crianças, era reconhecido como essencial para a economia familiar; as mulheres eram dependentes economicamente apenas no sentido de que os homens de sua classe também o eram. Em geral, a dependência das mulheres na sociedade pré-industrial era menos específica quanto ao gênero do que se tornou mais tarde; era semelhante em espécie à dos homens subordinados, apenas multiplicada. Mas também nas vidas das crianças, dos empregados e dos idosos sobrepunham-se múltiplas camadas de dependência.

Na prática, é claro, esses arranjos pré-industriais nem sempre garantiam de modo satisfatório o sustento dos pobres. No século XIV, novos Estados, mais fortes, começaram a limitar a liberdade de circulação dos desamparados e a codificar distinções mais antigas e informais entre aqueles que merecem e os que não merecem assistência. Quando a Lei dos Pobres inglesa de 1601 confirmou esta última distinção, já era vergonhoso pedir ajuda pública. Mas a cultura não desaprovava a dependência nem valorizava a independência individual. Ao contrário, o objetivo desse conjunto de leis era devolver os pobres perambulantes, desenraizados e excessivamente "independentes" a suas paróquias ou comunidades locais e, portanto, assegurar suas dependências tradicionais.

No entanto, a dependência não foi universalmente aprovada nem estava imune a constestações. Tornou-se, na realidade, sujeita a desafios de princípio ao menos a partir do século XVII, quando os argumentos políticos liberais-individualistas se tornaram comuns. Os termos *dependência* e *independência* figuraram muitas vezes de forma central nos debates políticos desse período, como aconteceu, por exemplo, nos Debates de Putney durante a Guerra Civil Inglesa. Às vezes, eles até se tornaram significantes-chave da crise social, como na controvérsia inglesa do século XVII sobre os servos "de fora", ajudantes que não residiam nas casas de seus senhores e que não estavam vinculados por contratos ou entendimentos jurídicos semelhantes. No discurso da época, a "independência" anômala desses homens serviu como uma imagem geral para a desordem social, um para-raios para angústias culturais difusas – tal como a "dependência" anômala das "mães da assistência social" faz hoje.

3. A "DEPENDÊNCIA" INDUSTRIAL: O TRABALHADOR E SEUS NEGATIVOS

Com a ascensão do capitalismo industrial, a geografia semântica da dependência mudou significativamente. Nos séculos XVIII e XIX, a *independência*, e não a *dependência*, ocupou um lugar central no discurso político e econômico, e seus significados foram radicalmente democratizados. No entanto, se lermos cuidadosamente o discurso sobre a independência, veremos a sombra de uma poderosa angústia em relação à dependência.

Uma condição que na sociedade pré-industrial era normal e não estigmatizada tornou-se desviante e estigmatizada. Mais precisamente, certas dependências tornaram-se vergonhosas, enquanto outras foram consideradas naturais e adequadas. Em particular, à medida que a cultura política dos séculos XVIII e XIX intensificou a diferença entre gêneros, surgiram novos sentidos de *dependência* explicitamente marcados pelo gênero – estados considerados adequados para as mulheres, mas degradantes para os homens. Da mesma forma, as construções raciais emergentes tornaram algumas formas de dependência apropriadas para as "raças escuras", mas intoleráveis para os "brancos". Essas valorações diferenciadas tornaram-se possíveis conforme a unidade pré-industrial do termo se fraturou. Deixando de designar apenas a subordinação generalizada, a *dependência* na era industrial poderia ser sociojurídica, política ou econômica. Com essas distinções, veio outra grande mudança semântica: agora a *dependência* nem sempre precisa se referir a uma relação social; também poderia designar um traço de caráter individual. Nasceu, assim, o registro moral/psicológico.

Essas redefinições foram grandemente influenciadas pelo protestantismo radical, que elaborou uma nova imagem positiva da independência individual e uma crítica da dependência sociojurídica e política. Nas tradições católica e protestante pioneiras, a dependência de um mestre havia sido modelada com base na dependência de Deus. Para os radicais da Guerra Civil Inglesa, ou para os puritanos, quakers e congregacionistas nos Estados Unidos, em contraste, rejeitar a dependência em relação a um senhor era semelhante a rejeitar a blasfêmia e os falsos deuses[17]. Nesta perspectiva, as hierarquias de *status* não mais pareciam naturais ou justas. A sujeição política e a subsunção sociojurídica eram ofensas à dignidade humana, defensáveis apenas sob condições especiais, se é que poderiam ser aceitas. Essas crenças informaram uma variedade de movimentos radicais ao longo da era

---

[17] Christopher Hill, *The Century of Revolution 1603-1714* (Nova York, W.W. Norton & Company, 1961) [ed. bras.: *O século das revoluções: 1603-1714*, trad. Alzira Vieira Allegro, São Paulo, Editora da Unesp, 2012].

industrial, incluindo o abolicionismo, o feminismo e a organização dos trabalhadores, com sucessos substanciais. No século XIX, esses movimentos aboliram a escravatura e algumas das limitações legais das mulheres. Vitórias mais completas foram conquistadas por trabalhadores brancos do sexo masculino, que, nos séculos XVIII e XIX, libertaram-se de sua dependência sociojurídica e política e conquistaram direitos civis e eleitorais. Na era das revoluções democráticas, o novo conceito de cidadania em desenvolvimento baseava-se na independência; a dependência foi considerada antitética à cidadania.

As transformações na paisagem civil e política de dependência e independência foram acompanhadas por mudanças ainda mais dramáticas no registro econômico. Quando os trabalhadores brancos exigiram direitos civis e eleitorais, alegaram ser independentes. Isso implicou reinterpretar o significado do trabalho assalariado, de modo a despojá-lo da associação com a dependência. Isso, por sua vez, exigiu uma mudança de enfoque – da experiência ou dos meios de trabalho (por exemplo, propriedade de ferramentas ou terras, controle de competências e organização do trabalho) para a remuneração por ele e a forma como esta era gasta. Os trabalhadores radicais, que anteriormente haviam rejeitado o trabalho assalariado como "escravidão assalariada", reivindicaram dentro dele uma nova forma de independência máscula. Seu orgulho coletivo baseava-se em outro aspecto do protestantismo: sua ética de trabalho, que valorizava a disciplina e o labor. Os trabalhadores procuraram recuperar esses valores dentro do vitorioso sistema de trabalho assalariado; muitos deles – tanto mulheres como homens – criaram e exerceram um novo tipo de independência em sua militância e ousadia perante os empregadores. Por meio de suas lutas, a independência econômica acabou por abranger o ideal de ganhar um salário familiar, um salário suficiente para manter um lar e sustentar uma esposa e filhos dependentes. Assim, os trabalhadores expandiram o significado de independência econômica a fim de incluir, para além da propriedade e do trabalho por conta própria, uma forma de trabalho assalariado[18].

---

[18] Poderíamos dizer que esta redefinição colocou o trabalho assalariado em primeiro plano *como* uma nova forma de propriedade, qual seja, a propriedade da própria força de trabalho. Essa concepção baseava-se no que C. B. Macpherson chamou de "individualismo possessivo", a suposição da propriedade de um indivíduo na própria pessoa dele (sic). Ver C. B. Macpherson, *The Political Theory of Possessive Individualism: Hobbes to Locke* (Oxford, Oxford University Press, 1962) [ed. bras.: *A teoria política do individualismo possessivo de Hobbes até Locke*, trad. Nelson Dantas, Rio de Janeiro, Paz e Terra, 1979]. Conduzindo à construção dos salários como um direito conquistado, essa abordagem era esmagadoramente masculina. Allen Hunter (em comunicação pessoal) descreve-a como uma perda de crítica sistêmica, um sentido de independência obtido ao estreitar o foco no trabalhador individual e deixar para trás as aspirações de independência coletiva em relação ao capital.

Essa mudança no significado da independência também transformou os significados da dependência. À medida que o trabalho assalariado se tornou cada vez mais normativo – e cada vez mais definidor da independência –, foram precisamente os excluídos do trabalho assalariado que pareciam personificar a dependência. Na nova semântica industrial, surgiram três ícones principais de dependência, todos efetivamente negativos da imagem dominante do "trabalhador", e cada um dos quais incorporando um aspecto diferente de não independência.

O primeiro ícone da dependência industrial foi o "*pauper*" ou indigente, que vivia não de salários, mas de assistência aos pobres[19]. Na nova e extenuante cultura do capitalismo emergente, a figura do indigente era como um duplo negativo do trabalhador íntegro, que o ameaçava caso este ficasse para trás. A imagem do indigente foi elaborada, em grande parte, num novo registro emergente do discurso da dependência – o registro moral/psicológico. Os indigentes não eram simplesmente pobres, mas degradados, com o caráter corrompido e a vontade minada pela dependência da caridade. É certo que a condição moral/psicológica do pauperismo era relacionada com a condição econômica da pobreza, mas a relação não era simples, e sim complexa. Embora os especialistas em caridade do século XIX reconhecessem que a pobreza poderia contribuir para a pauperização, também sustentavam que defeitos de caráter poderiam causar pobreza[20]. No final do século, à medida que ideias (eugenistas) sobre hereditariedade se difundiam, os defeitos de caráter do indigente ganharam uma base na biologia. A dependência do indigente era considerada diferente da do servo, na medida em que era unilateral e não recíproca. Ser indigente não significava estar subordinado a um sistema de trabalho produtivo; era estar totalmente fora de tal sistema.

Um segundo ícone da dependência industrial foi corporificado alternadamente nas figuras do "nativo colonial" e do "escravo". Eles, é claro, estavam completamente inseridos no sistema econômico, pois seu trabalho era muitas vezes fundamental para o desenvolvimento do capital e da indústria. Enquanto o indigente representava a destilação caracterológica da dependência econômica, os nativos e os

---

[19] No século XVI, o termo "indigente" significava apenas uma pessoa pobre e, segundo a lei, alguém que tinha permissão para processar ou se defender num tribunal sem pagar custas (*Oxford English Dictionary*). Dois séculos mais tarde, assumiu uma definição mais restrita, denotando uma nova classe de pessoas que subsistiam com assistência aos pobres em vez de salários e que eram consideradas desviantes e culpáveis.

[20] Linda Gordon, "Social Insurance and Public Assistance: The Influence of Gender in Welfare Thought in the United States, 1890-1935", *American Historical Review*, v. 97, n. 1, 1992, p. 19-54.

escravos personificavam a sujeição política[21]. A imagem deles como "selvagens", "infantis" e "submissos" tornou-se saliente à medida que o antigo sentido territorial de dependência, entendido como colônia, se entrelaçou com um novo discurso, racista, desenvolvido para justificar o colonialismo e a escravatura[22]. Houve uma guinada de um sentido mais antigo de dependência como uma relação de sujeição imposta por um poder imperial a uma população indígena para um sentido mais recente de dependência como uma propriedade ou um traço de caráter das pessoas assim submetidas. No uso anterior, os colonizados eram dependentes porque haviam sido conquistados; na cultura imperialista do século XIX, foram conquistados porque eram dependentes. Nessa nova concepção, foi a dependência intrínseca e essencial dos nativos e dos escravos que justificou sua colonização e escravização.

A dependência do nativo e do escravo, assim como a do indigente, foi elaborada em grande parte no registro moral/psicológico. Os traços de caráter apresentados para justificar o imperialismo e a escravatura, no entanto, surgiram menos do temperamento individual que da suposta natureza dos grupos humanos. O pensamento racialista foi o eixo desse raciocínio. Ao autorizar uma visão "do *negro*"* como fundamentalmente *outro*, esta forma de pensar proporcionou o extraordinário poder de justificação necessário para racionalizar a sujeição numa época em que a liberdade e a igualdade eram proclamadas "direitos do homem" inalienáveis – a exemplo daquela rejeição clássica do estatuto colonial, a Declaração de Independência dos Estados Unidos. Assim, o racismo ajudou a transformar a dependência como sujeição política em dependência como psicologia e forjou ligações duradouras entre o discurso da dependência e a opressão racial.

---

[21] Na verdade, existem muitas variantes dentro da família de imagens que personificam a sujeição política na era industrial. Entre elas estão os estereótipos relacionados, mas não idênticos, do servo russo, do escravo caribenho, do escravo nos Estados Unidos e do índio estadunidense. Além disso, existem estereótipos masculinos e femininos distintos dentro de cada uma dessas categorias. Simplificamos aqui a fim de destacar as características comuns a todas essas imagens, notadamente a ideia de sujeição natural enraizada na raça. Concentramo-nos especialmente nos estereótipos que retratam os afro-estadunidenses como personificações da dependência, em razão de sua importância histórica e ressonância contemporânea na linguagem estadunidense do bem-estar social.

[22] A evolução do termo "nativo" encapsula perfeitamente esse processo. Seu significado original em inglês, datado de cerca de 1450, estava ligado à dependência: "aquele que nasceu em cativeiro; um escravo nato", mas sem significado racial. Dois séculos depois, carregava o significado adicional de pessoa de cor ou preto (*Oxford English Dictionary*).

* No original, "*the Negro*". (N. T.)

Tal como o indigente, o nativo e o escravo foram excluídos do trabalho assalariado e, portanto, eram negativos da imagem do trabalhador. Partilhavam essa característica, e não muito mais, com o terceiro grande ícone da dependência na era industrial: a recém-inventada figura da "dona de casa". Como vimos, a independência do trabalhador branco pressupunha o ideal do salário familiar, um salário suficiente para manter um lar e sustentar uma esposa e filhos sem emprego. Assim, para que o trabalho assalariado criasse a independência (do homem branco), era necessária a dependência econômica da mulher (branca). As mulheres foram, assim, transformadas "de parceiras em parasitas"[23]. Mas essa transformação não foi de forma alguma universal. Nos Estados Unidos, por exemplo, o ideal do salário familiar tinha maior influência entre os brancos que entre os negros, e estava em desacordo com a prática real de todos os pobres e da classe trabalhadora. Além disso, tanto as esposas empregadas como as sem emprego continuaram a realizar trabalhos que antes eram considerados cruciais para uma economia familiar. Como poucos maridos conseguiam efetivamente sustentar uma família sozinhos, a maioria das famílias continuava a depender do trabalho das mulheres e das crianças. No entanto, a norma salarial familiar mereceu grande lealdade nos Estados Unidos, em parte porque foi utilizada pela classe trabalhadora organizada como argumento a favor de salários mais elevados[24].

Vários e distintos registros da dependência convergiram na figura da dona de casa. Essa figura fundiu a dependência sociojurídica e política tradicional da mulher com sua dependência econômica mais recente, estabelecida na ordem industrial. Em continuidade com o uso pré-industrial estava a suposição de que os pais chefiavam os lares e que outros membros da família eram representados por eles, conforme codificado na doutrina jurídica da *coverture*. A dependência sociojurídica e política das esposas assegurou sua nova dependência econômica, uma vez que, sob a *coverture*, mesmo as mulheres casadas que eram trabalhadoras assalariadas não podiam legalmente controlar seus salários. Mas as conotações da dependência feminina foram alteradas. Embora os homens brancos anteriormente dependentes tenham conquistado direitos políticos, a maioria das mulheres brancas permaneceu

---

[23] Hilary Land, "The Family Wage", *Feminist Review*, v. 6, n. 1, 1980, p. 57; Jeanne Boydston, *Home and Work: Housework, Wages, and the Ideology of Labor in the Early Republic* (Nova York, Oxford University Press, 1991).

[24] Gwendolyn S. Hughes, *Mothers in Industry* (Nova York, New Republic, 1925); Sophonisba P. Breckinridge, "The Home Responsibilities of Women Workers and the 'Equal Wage'", *Journal of Political Economy*, v. 31, 1928, p. 521-43; Lorine Pruette (org.), *Women Workers Through the Depression: A Study of White Collar Employment Made by the American Woman's Association* (Nova York, Macmillan, 1934); e Linda Gordon, "Social Insurance and Public Assistance", cit.

jurídica e politicamente dependente. O resultado foi feminizar – e estigmatizar – a dependência sociojurídica e política, fazendo com que a *coverture* parecesse cada vez mais detestável e estimulando a agitação pelos estatutos e decisões judiciais que, posteriormente, a desmantelariam.

Juntas, então, uma série de novas personificações da dependência combinaram-se para constituir o lado encoberto da independência do trabalhador. Doravante, aqueles que aspirassem à plena aceitação da sociedade teriam de distinguir-se do indigente, do nativo, do escravo e da dona de casa para construir sua independência. Numa ordem social em que o trabalho assalariado se tornava hegemônico, foi possível encapsular todas essas distinções simultaneamente no ideal do salário familiar. Por um lado, e mais abertamente, o ideal do salário familiar assentava a independência do trabalhador branco na subordinação e dependência econômica de sua esposa. Mas, por outro, contrastava simultaneamente com contraimagens de homens dependentes – primeiro com homens indigentes degradados, que viviam de caridade, e mais tarde com estereótipos racistas de homens negros incapazes de dominar as mulheres negras. O salário familiar, portanto, foi um veículo para a elaboração de significados de dependência e independência que eram profundamente influenciados por gênero, raça e classe.

Nessa nova semântica industrial, os trabalhadores brancos pareciam ser economicamente independentes, mas sua independência era em grande medida ilusória e ideológica. Como poucos ganhavam realmente o suficiente para sustentar sozinhos uma família, a maioria dependia de fato – ainda que não em palavras – das contribuições de suas esposas e filhos. Igualmente importante, a linguagem do trabalho assalariado no capitalismo negava aos trabalhadores a dependência em relação a seus empregadores, velando assim seu estatuto de subordinados numa unidade chefiada por outra pessoa. Assim, a hierarquia que tinha sido relativamente explícita e visível na relação camponês-proprietário de terras foi mistificada na relação entre operário da fábrica e proprietário da fábrica. Em certo sentido, então, a dependência econômica do trabalhador branco foi eliminada por uma prestidigitação linguística – algo como reduzir o número de pessoas pobres através da redução da linha oficial de demarcação da pobreza.

Por definição, então, a desigualdade econômica entre os homens brancos já não criava dependência. Mas a hierarquia não econômica entre os homens brancos foi considerada inaceitável nos Estados Unidos. Assim, a *dependência* foi redefinida para se referir exclusivamente às relações não econômicas de subordinação consideradas adequadas apenas para pessoas não brancas e para mulheres brancas. O resultado foi diferenciar dimensões da dependência que estiveram fundidas no uso pré-industrial. Enquanto antes todas as relações de subordinação contavam como relações de dependência, agora as relações capital-trabalho estavam isentas. A hierarquia sociojurídica e política parecia divergir da hierarquia econômica, e apenas as primeiras pareciam incompatíveis com as visões hegemônicas da sociedade. Além disso, parece decorrer disso que, se a dependência sociojurídica e a dependência política fossem formalmente abolidas, não subsistiria nenhuma dependência socioestrutural. Qualquer dependência que persistisse só poderia ser moral ou psicológica.

4. A "DEPENDÊNCIA DO BEM-ESTAR" ESTADUNIDENSE: 1890-1945

Informado por essas características gerais da semântica da era industrial, desenvolveu-se nos Estados Unidos um uso específico da *dependência*, relacionado ao bem-estar. Com origem no discurso do pauperismo do final do século XIX, modificado na Era Progressista e estabilizado no período do New Deal, este uso do termo era fundamentalmente ambíguo, deslizando fácil e repetidamente de um significado econômico para um significado moral/psicológico.

Os Estados Unidos eram um lugar especialmente favorável para a elaboração da dependência como um defeito de caráter individual. Como o país carecia de um forte legado de feudalismo ou de aristocracia e, portanto, de um forte sentimento popular de obrigações recíprocas entre senhor e homem, os significados mais antigos e pré-industriais de dependência – como uma condição comum e majoritária – eram fracos, e os significados pejorativos, mais fortes. No período colonial, a dependência era vista principalmente como uma condição voluntária, como na servidão por contrato. Mas a Revolução Americana valorizou tanto a independência que despojou a dependência de seu voluntarismo, enfatizou sua impotência e a imbuiu de estigma. Como um dos resultados, mudou o significado da dependência social e jurídica das mulheres, tornando-a claramente inferior[25].

O longo caso de amor estadunidense com a independência teve, politicamente, dois gumes. Por um lado, ajudou a nutrir poderosos movimentos de trabalhadores e de mulheres. Por outro, a ausência de uma tradição social hierárquica em que a subordinação fosse entendida como estrutural, e não relacionada ao caráter, facilitou a hostilidade ao auxílio público aos pobres. Também influente foi a própria natureza do Estado americano, fraco e descentralizado em comparação com os Estados europeus ao longo do século XIX. Em suma, os Estados Unidos revelaram-se um solo fértil para o discurso moral/psicológico da dependência.

---

[25] Joan R. Gundersen, "Independence, Citizenship, and the American Revolution", cit.

Tal como discutido anteriormente, a definição mais geral de dependência econômica nessa época era simplesmente o não assalariamento. No final do século XIX, contudo, essa definição tinha-se dividido em duas: uma "boa" dependência doméstica, atribuída a filhos e esposas, e uma dependência "má" (ou ao menos duvidosa), associada à caridade e atribuída a beneficiários de auxílios. Ambos os sentidos tinham como referência o ideal do salário familiar e ambos acabaram por ser incorporados no discurso do Estado nacional. O sentido bom, doméstico, foi elaborado via censo[26] e pela Receita Federal, que estabeleceu a categoria de dependente como norma para as esposas. O já problemático sentido de caridade tornou-se ainda mais pejorativo com o desenvolvimento da assistência pública. A velha distinção entre pobres merecedores e indignos intensificou-se na Era Dourada do final do século XIX. Teoricamente, os indignos não deveriam receber ajuda, mas era necessária uma vigilância constante para garantir que não se esgueirassem, disfarçados de merecedores. A dependência da assistência tornou-se cada vez mais estigmatizada, e era cada vez mais difícil contar com ajuda sem ser considerado indigente.

Ironicamente, os reformadores da década de 1890 introduziram a palavra *dependente* no discurso da assistência como um substituto para *indigente* com o exato objetivo de desestigmatizar o recebimento de ajuda. Primeiro, aplicaram a palavra às crianças, as vítimas paradigmaticamente "inocentes" da pobreza[27]. Depois, no início do século XX, os reformadores da Era Progressista começaram a aplicar o termo aos adultos, mais uma vez para livrá-los do estigma. Só depois da Segunda Guerra Mundial é que *dependente* se tornou a palavra hegemônica para designar um beneficiário de auxílio[28]. Nessa altura, porém, as conotações pejorativas do termo estavam fixadas.

---

[26] Nancy Folbre, "The Unproductive Housewife: Her Evolution in Nineteenth-Century Economic Thought", *Signs: Journal of Women in Culture and Society*, v. 16, n. 3, 1991, p. 463-84.

[27] Por exemplo, Amos Griswold Warner [et al.] usa "dependente" apenas para crianças em *American Charities and Social Work* (Nova York, Thomas Y. Crowell, 1894-1930). O mesmo se aplica a Edith Abbott e Sophonisba P. Breckinridge, *The Administration of the Aid-to-Mothers Law in Illinois* (Washington, US Children's Bureau, n. 82, 1921), p. 7; e os *Proceedings* da Conferência Nacional de Caridades e Correção (1890 a 1920). Esse uso produziu alguns efeitos curiosos por sua intersecção com a dependência produzida pela família normativa. Por exemplo, especialistas em caridade debateram a conveniência de "manter as crianças dependentes em suas próprias casas". As crianças em questão foram consideradas dependentes porque seus pais não podiam sustentá-las; no entanto, outras crianças foram consideradas dependentes precisamente porque seus pais as sustentavam.

[28] Os estudos sobre assistência social realizados na década de 1940 ainda usavam a palavra "dependentes" apenas no sentido de quem era sustentado pelos chefes de família; ver, por exemplo, Josephine Chapin Brown, *Public Relief 1929-1939* (Nova York, Henry Holt, 1940); Donald S.

A tentativa de se livrar do estigma substituindo o *pauperismo* pela *dependência* fracassou. O debate sobre dependência econômica deslizou repetidamente para a condenação da dependência moral/psicológica. Mesmo durante a Grande Depressão da década de 1930, os especialistas temiam que o recebimento de auxílio pudesse criar "hábitos de dependência", incluindo, como disse uma figura proeminente ligada à caridade, "uma dependência beligerante, uma atitude de ter direito e título à assistência"[29]. Como os tempos difíceis duraram tanto e criaram tantos novos pobres, houve uma ligeira melhoria na situação dos beneficiários da assistência. Mas os ataques às "falcatruas" e à "corrupção" continuaram a embaraçar aqueles que recebiam assistência, e muitos dos beneficiários mais necessitados da assistência social só aceitaram a ajuda pública depois de muita hesitação e com grande vergonha, tamanho era o estigma da dependência[30].

Mais importante ainda, o New Deal intensificou a desonra de receber ajuda ao consolidar um sistema de seguridade social de duas linhas. Os programas de primeira linha, como o seguro-desemprego e a pensão por velhice, ofereciam auxílio como um direito, sem estigma ou supervisão e, portanto, sem dependência. Tais programas foram construídos para criar a aparência enganosa de que os beneficiários meramente recebiam de volta o que investiram. Eles construíram um estatuto honroso para os beneficiários e ainda hoje não são chamados de "assistenciais". Destinados a substituir, ao menos parcialmente, o salário familiar do trabalhador branco, os programas de primeira linha excluíam a maioria das minorias e das mulheres brancas. Em contraste, os programas de assistência pública de segunda linha, entre os quais o Auxílio a Crianças Dependentes (ADC), mais tarde Auxílio às Famílias com Crianças Dependentes (AFDC), tornaram-se os maiores e mais conhecidos, e deram continuidade à tradição de caridade privada de procurar os pouco merecedores dentre os muitos vigaristas. Financiados por receitas fiscais gerais, em vez de descontos salariais destinados, esses programas criaram a aparência

---

Howard, *The WPA and Federal Relief Policy* (Nova York, Russell Sage, 1943); e Frank J. Bruno, *Trends in Social Work, As Reflected in the Proceedings of the National Conference of Social Work, 1874-1946* (Nova York, Columbia University Press, 1948).

[29] Lilian Brandt, *An Impressionistic View of the Winter of 1930-31 in New York City* (Nova York, Conselho de Bem-Estar da Cidade de Nova York, 1932), p. 23-4. Ver também Gertrude Vaile, sem título, em Herbert Elmer Mills (org.), *College Women and the Social Sciences* (Nova York, John Day, 1934), p. 26; e Mary L. Gibbons, "Family Life Today and Tomorrow", *Proceedings*, Conferência Nacional de Caridades Católicas, v. 19, 1933, p. 133-68.

[30] E. Wight Bakke, *Citizens Without Work: A Study of the Effects of Unemployment Upon Workers' Social Relations and Practices* (New Haven, Yale University Press, 1940); idem, *The Unemployed Worker: A Study of the Task of Making a Living Without a Job* (New Haven, Yale University Press, 1940).

de que os requerentes recebiam algo sem fazer nada[31]. Estabeleciam condições completamente diferentes para receber ajuda: teste de meios, testes de moral, supervisão moral, visitas domiciliares, valores extremamente baixos – em suma, todas as condições associadas à dependência da assistência social hoje[32].

As exclusões raciais e sexuais dos programas de primeira linha não foram acidentais. Foram concebidas para ganhar o apoio dos legisladores do Sul que queriam manter os negros dependentes num outro sentido, a saber, de baixos salários ou de parcerias rurais[33]. Igualmente deliberada foi a construção do diferencial de legitimidade entre as duas linhas do sistema de assistência social. O Conselho de Seguridade Social fez propaganda do Seguro da Previdência Social para Idosos (o programa hoje chamado apenas de "Previdência Social") precisamente porque, à primeira vista, ele não parecia mais merecido ou mais digno que a assistência pública. Para tornar a Previdência Social mais aceitável, o Conselho trabalhou para estigmatizar a assistência pública, chegando a pressionar os estados para que mantivessem baixo o valor dos benefícios[34].

A maioria dos estadunidenses de hoje ainda distingue entre formas de provisão pública de "assistência social" e "fora da assistência social" e vê apenas as primeiras como geradoras de dependência. Os pressupostos subjacentes a essas distinções, contudo, tiveram de ser construídos politicamente. Os idosos apenas se tornaram beneficiários privilegiados (fora da assistência social) após décadas de organização militante e pressão social. Todos os programas de provisão pública, sejam eles chamados de "assistência social" ou não, reforçam algumas dependências

---

[31] Nancy Fraser e Linda Gordon, "Contract Versus Charity", cit.

[32] Nancy Fraser, "Women, Welfare and the Politics of Need Interpretation", em Nancy Fraser, *Unruly Practices*, cit.; Linda Gordon, "The New Feminist Scholarship on the Welfare State", em Linda Gordon (org.) *Women, the State, and Welfare* (Madison, University of Wisconsin Press, 1990), p. 9-35; e Barbara J. Nelson, "The Origins of the Two-Channel Welfare State: Workmen's Compensation and Mothers' Aid", em Linda Gordon (org.), *Women, the State, and Welfare*, cit., p. 123-51. A partir da década de 1960, um número crescente de mulheres negras pôde reivindicar o AFDC, mas antes disso elas eram em grande parte excluídas. No início, a linguagem do New Deal seguiu o precedente dos programas anteriores ao aplicar o termo "dependente" às crianças. As beneficiárias de fato do ADC, porém, eram quase que exclusivamente mães solo. Entre as décadas de 1940 e 1960, a referência do termo mudou gradualmente dos filhos para as mães.

[33] Jill Quadagno, "From Old-Age Assistance to Supplemental Social Security Income: The Political Economy of Relief in the South, 1935-1972", em Margaret Weir, Ann Shola Orloff e Theda Skocpol (orgs.), *The Politics of Social Policy in the United States* (Princeton, Princeton University Press, 1988), p. 235-63.

[34] Jerry R. Cates, *Insuring Inequality: Administrative Leadership in Social Security, 1935-54* (Ann Arbor, University of Michigan Press, 1983).

e desencorajam outras. A Previdência Social subverteu o sentido de responsabilidade dos adultos para com seus pais, por exemplo. Os programas de assistência pública, ao contrário, visavam reforçar a dependência das minorias em relação ao trabalho mal remunerado, das esposas em relação aos maridos, dos filhos em relação aos pais.

As condições da assistência de segunda linha fizeram com que os beneficiários considerassem sua dependência da assistência pública como algo inferior à suposta independência do trabalho assalariado[35]. O trabalho assalariado, entretanto, tornou-se tão naturalizado que sua própria supervisão inerente poderia ser ignorada; assim, uma beneficiária do ADC queixou-se: "A vida com a assistência social é uma experiência difícil [...]. Quando você trabalha, você não precisa se reportar a ninguém"[36]. No entanto, inicialmente os formuladores do ADC não pretendiam levar as mães solo brancas a empregos remunerados. Em vez disso, queriam proteger a norma do salário familiar, fazendo com que a dependência de um homem provedor continuasse a parecer preferível à dependência do Estado[37]. O ADC ocupou o espaço semântico estratégico em que o sentido familiar, bom, de dependência e o sentido assistencial de dependência, mau, se cruzavam. Reforçou ao mesmo tempo as conotações positivas do primeiro e as conotações negativas do segundo.

Assim, a mãe pobre solo foi consagrada como a quintessência da *dependente social*[38]. Essa designação tornou-se assim significativa não só pelo que inclui, mas também pelo que exclui. Embora pareça significar uma dependência do apoio econômico do governo, nem todos os beneficiários de fundos públicos são considerados igualmente dependentes. Quase ninguém hoje chama os beneficiários de aposentadoria da Previdência Social de *dependentes*. Da mesma forma, as pessoas que recebem seguro-desemprego, empréstimos agrícolas e assistência hipotecária à habitação estão excluídas dessa categorização, tal como o estão, de fato, os fornecedores do setor estatal de defesa e os beneficiários de socorro financeiro a empresas e de impostos regressivos.

---

[35] Jacqueline Pope, *Biting the Hand that Feeds Them: Organizing Women on Welfare at the Grass Roots Level* (Nova York, Praeger, 1989), p. 73, 144; Guida West, *The National Welfare Rights Movement: The Social Protest of Poor Women* (Nova York, Praeger, 1981); e Milwaukee County Welfare Rights Organization, *Welfare Mothers Speak Out* (Nova York, W.W. Norton & Company, 1972).

[36] Annie S. Barnes, *Single Parents in Black America: A Study in Culture and Legitimacy* (Bristol, CT, Wyndham Hall, 1987), p. vi.

[37] Linda Gordon, "Social Insurance and Public Assistance", cit.

[38] Homens em programas de "assistência geral" às vezes também são incluídos nessa designação; o tratamento que recebem do sistema de seguridade social é geralmente tão ruim ou pior.

5. A SOCIEDADE PÓS-INDUSTRIAL E O DESAPARECIMENTO DA "BOA" DEPENDÊNCIA

Com a transição para uma fase pós-industrial do capitalismo, o mapa semântico da dependência está sendo novamente redesenhado. Enquanto o uso industrial apresentou algumas formas de dependência como naturais e adequadas, o uso pós-industrial representa todas as formas como evitáveis e culpáveis. Deixando de ser moderadas por quaisquer contracorrentes positivas, as conotações pejorativas do termo estão sendo reforçadas. O uso industrial havia reconhecido que algumas formas de dependência estavam enraizadas em relações de subordinação; o uso pós-industrial, em contraste, concentra-se mais intensamente nas características dos indivíduos. O registro moral/psicológico está, portanto, em expansão, e seu caráter qualitativo, em mudança, com novas expressões psicológicas e terapêuticas substituindo as expressões explicitamente racistas e misóginas da era industrial. No entanto, a dependência permanece feminizada e racializada; os novos significados psicológicos têm fortes associações femininas, enquanto correntes antes associadas ao nativo e ao escravo têm uma inflexão cada vez maior sobre o discurso sobre o bem-estar social.

Uma grande influência aqui é a abolição formal de grande parte da dependência jurídica e política que era endêmica à sociedade industrial. As donas de casa, os indigentes, os indígenas e os descendentes de escravizados já não estão formalmente excluídos da maioria dos direitos civis e políticos; nem sua subsunção nem sua sujeição são vistas como legítimas. Assim, as principais formas de dependência tidas como adequadas no período industrial são agora consideradas questionáveis, e os usos pós-industriais do termo carregam uma carga negativa mais forte.

Uma segunda grande mudança na geografia da dependência pós-industrial está afetando o registro econômico. Trata-se da perda de centralidade do ideal do salário familiar, que tinha sido o centro gravitacional do uso industrial. A relativa desindustrialização dos Estados Unidos está reestruturando a economia política, tornando a família com uma única fonte de rendimentos muito menos viável. Enquanto isso, a perda de empregos "masculinos" mais bem pagos na indústria de transformação e a entrada massiva de mulheres em empregos de serviços com baixos salários estão alterando a composição de gênero do emprego[39]. Ao mesmo tempo, o divórcio é comum e, em grande parte graças aos movimentos feministas e de liberação de gays e lésbicas, a mudança nas normas de gênero tem ajudado na

---

[39] Joan Smith, "The Paradox of Women's Poverty: Wage-Earning Women and Economic Transformation", *Signs: Journal of Women in Culture and Society*, v. 10, n. 2, 1984, p. 291-310.

proliferação de novas formas de família, tornando o modelo provedor masculino/ dona de casa menos atraente para muitas pessoas[40]. Assim, o ideal do salário familiar já não é hegemônico, mas compete com normas de gênero, formas familiares e arranjos econômicos alternativos. Já não é dado de antemão que uma mulher deve contar com um homem para o sustento econômico, nem que as mães não devem também ser "trabalhadoras". Assim, outra forma importante de dependência que tinha uma inflexão positiva na semântica industrial tornou-se contestada, se não simplesmente negativa.

O resultado combinado desses desenvolvimentos é o aumento do estigma da dependência. Com toda a dependência jurídica e política agora tornada ilegítima, e com a dependência econômica das esposas agora contestada, já não existe qualquer dependência adulta evidentemente "boa" na sociedade pós-industrial. Ao contrário, toda dependência é suspeita, e a independência é imposta a todos. A independência, contudo, permanece identificada com o trabalho assalariado. Essa identificação parece até aumentar num contexto em que já não existe qualquer "boa" personificação adulta da dependência que possa ser contraposta ao "trabalhador". Neste contexto, o trabalhador tende a tornar-se o sujeito social universal: espera-se que todos "trabalhem" e sejam "autossustentáveis". Qualquer adulto que não seja visto como trabalhador carrega consigo um fardo mais pesado de autojustificação. Assim, uma norma anteriormente restrita aos trabalhadores brancos aplica-se cada vez mais a todos. No entanto, essa norma ainda carrega um subtexto racial e de gênero, uma vez que pressupõe que o trabalhador tem acesso a um emprego que pague um salário digno e não é também o principal responsável pela criação dos filhos.

Se um dos resultados dessas transformações é o aumento das conotações negativas da dependência, outro é o aumento de sua individualização. Como vimos, falar da dependência como um traço de caráter dos indivíduos já era algo generalizado no período industrial, de modo a diminuir a ênfase pré-industrial nas relações de subordinação. A importância da dependência individualizada tende a aumentar, no entanto, uma vez que a dependência sociojurídica e a dependência política terminaram oficialmente. Na ausência da *coverture* e da segregação racial, tornou-se possível afirmar que existe igualdade de oportunidades e que o mérito individual determina os resultados. Como vimos, a base para essa opinião foi

---

[40] Judith Stacey, "Sexism By a Subtler Name? Postindustrial Conditions and Postfeminist Consciousness in the Silicon Valley", *Socialist Review*, n. 96, 1987, p. 7-28; e Kath Weston, *Families We Choose: Lesbians, Gays, Kinship* (Nova York, Columbia University Press, 1991).

lançada pelo uso industrial, que redefiniu a dependência de modo a excluir as relações capitalistas de subordinação. Com a dependência econômica capitalista já abolida por definição, e com as dependências jurídica e política agora abolidas por lei, a sociedade pós-industrial parece, para alguns conservadores e liberais, ter eliminado todas as bases socioestruturais da dependência. Qualquer dependência que reste, portanto, pode ser interpretada como culpa dos indivíduos. Essa interpretação não passa incontestada, é certo, mas o peso do argumento mudou. Agora, aqueles que negarem que a culpa reside em si mesmos devem nadar a montante, contra as correntes semânticas prevalecentes. A dependência pós-industrial é, portanto, cada vez mais individualizada.

6. A "DEPENDÊNCIA DA ASSISTÊNCIA SOCIAL" COMO PATOLOGIA PÓS-INDUSTRIAL

A piora nas conotações de *dependência da assistência social* tem sido alimentada por diversas correntes externas ao domínio da assistência social. Novos discursos médicos e psicológicos pós-industriais associaram a dependência à patologia. Na década de 1980, em artigos com títulos como "Pharmacist Involvement in a Chemical-Dependency Rehabilitation Program" [Envolvimento farmacêutico em um programa de reabilitação da dependência química], os cientistas sociais começaram a escrever sobre *dependência química, de álcool* e *de drogas*, todos eufemismos para vício[41]. Como os requerentes de assistência social são muitas vezes – falsamente – presumidos como viciados, as conotações patológicas da *dependência de drogas* tendem também a infectar a *dependência da assistência social*, aumentando a estigmatização.

Uma segunda corrente pós-industrial importante é o surgimento de novos significados psicológicos de dependência fortemente associados ao feminino. Na década de 1950, assistentes sociais influenciados pela psiquiatria começaram a diagnosticar a dependência como uma forma de imaturidade comum entre as mulheres, particularmente entre as mães solo (que eram com frequência, claro, requerentes de assistência social). "Dependentes, irresponsáveis e instáveis, elas respondem como criancinhas ao momento imediato", declarou a autora de um texto de 1954 sobre a gravidez fora do casamento[42]. O problema era que as mulheres deveriam ser apenas suficientemente dependentes, e era fácil cair em excesso em qualquer direção. Além

---

[41] Michaelene Haynes, "Pharmacist Involvement in a Chemical-Dependency Rehabilitation Program", *American Journal of Hospital Pharmacy*, v. 45, n. 10, 1988, p. 2.099-101.

[42] Leontine Young, *Out of Wedlock* (Nova York, McGraw Hill, 1954), p. 87.

disso, a norma era racialmente marcada, uma vez que geralmente se retratava o erro das mulheres brancas pelo lado da dependência excessiva, enquanto as mulheres negras eram tipicamente acusadas de independência excessiva.

A dependência psicologizada tornou-se o alvo de algumas das primeiras autoras da segunda onda do feminismo. O clássico de 1963 de Betty Friedan, *A mística feminina*, forneceu um relato fenomenológico da dependência psicológica da dona de casa e extraiu dele uma crítica política de sua subordinação social[43]. Mais recentemente, porém, uma crescente literatura cultural-feminista, pós-feminista e antifeminista de autoajuda e de psicologia pop ofuscou a ligação entre o psicológico e o político. No livro de Colette Dowling, *Complexo de Cinderela*, de 1981, a dependência das mulheres foi hipostasiada como uma estrutura de gênero psicológica profunda: "o medo feminino inconsciente da independência" ou o "desejo de serem salvas"[44]. No final da década de 1980, assistiu-se a uma enxurrada de livros sobre "codependência", uma síndrome suposta e prototipicamente feminina de apoio ou "propensão" à dependência em relação a outra pessoa. Numa metáfora que reflete a histeria das drogas da época, também aqui a dependência é um vício. Aparentemente, mesmo que uma mulher consiga escapar à predileção de seu gênero pela dependência, ela ainda é suscetível de incorrer na culpa por facilitar a dependência de seu marido ou seus filhos. Isso completa o círculo vicioso: a crescente e generalizada estigmatização da dependência na cultura também aprofundou o desprezo por aqueles que cuidam de dependentes, reforçando o estatuto tradicionalmente inferior das profissões femininas de auxílio, como a enfermagem e o serviço social[45].

A década de 1980 assistiu a um pânico cultural em relação à dependência. Em 1980, a Associação Americana de Psiquiatria codificou o "Transtorno de Personalidade Dependente" (TPD) como uma psicopatologia oficial. De acordo com a edição de 1987 do Manual Diagnóstico e Estatístico de Transtornos Mentais (DSM-III-R, na sigla em inglês),

a característica essencial deste transtorno é um padrão generalizado de comportamento dependente e submisso que começa na primeira infância [...]. As pessoas com essa per-

---

[43] Betty Friedan, *The Feminine Mystique* (Nova York, W.W. Norton & Company, 1963) [ed. bras.: *A mística feminina*, trad. Carla Bitelli et al., Rio de Janeiro, Rosa dos Tempos, 2020].

[44] Colette Dowling, *The Cinderella Complex: Women's Hidden Fear of Independence* (Nova York, Summit, 1981) [ed. bras.: *Complexo de Cinderela: desvendando o medo inconsciente da independência feminina*, trad. Amarylis Eugenia F. Miazzi, São Paulo, Melhoramentos, 2022].

[45] Virginia Sapiro, "The Gender Basis of American Social Policy", em Linda Gordon (org.) *Women, the State, and Welfare*, cit., p. 36-54.

turbação são incapazes de tomar decisões cotidianas sem uma quantidade excessiva de conselhos e validações dos outros, e até permitirão que outros tomem a maior parte de suas decisões importantes [...]. O distúrbio é aparentemente comum e é diagnosticado com mais frequência em mulheres.[46]

A codificação do TPD como psicopatologia oficial representa uma nova etapa na história do registro moral/psicológico. Aqui as relações sociais de dependência desaparecem inteiramente na personalidade do dependente. O moralismo manifesto também desaparece na formulação aparentemente neutra, científica e medicalizada. Assim, embora os traços definidores da personalidade dependente correspondam ponto por ponto aos traços tradicionalmente atribuídos às donas de casa, aos indigentes, aos indígenas e aos escravizados, todas as ligações com a subordinação desapareceram. O único vestígio remanescente desses temas é a observação rasa, categórica e desprovida de interpretação de que a DPD é "diagnosticada com mais frequência em mulheres"[47].

Se o discurso psicológico feminizou e individualizou ainda mais a dependência, outros desenvolvimentos pós-industriais racializaram-na ainda mais. O aumento da estigmatização da dependência da assistência social veio após um aumento geral na provisão pública nos Estados Unidos, a remoção de algumas práticas discriminatórias que anteriormente excluíam as mulheres pertencentes a minorias da participação na AFDC, em especial no Sul, e a transferência de muitas mulheres brancas para programas de primeira linha, à medida que a cobertura do seguro social se expandia. Na década de 1970, a figura da mãe solo negra tornou-se o epítome da dependência da assistência social. Como resultado, o novo discurso sobre a assistência social baseia-se em correntes simbólicas mais antigas que ligavam a dependência a ideologias racistas.

O terreno foi preparado por um longo e algo contraditório fluxo de discurso sobre a "família negra", no qual as relações de gênero e de parentesco afro-estadunidenses eram avaliadas em relação às normas da classe média branca e consideradas patológicas. Um elemento supostamente patológico era "a independência excessiva" das mulheres negras, uma alusão ideologicamente distorcida a longas tradições de trabalho assalariado, sucesso escolar e ativismo comunitário. O discurso das décadas de 1960 e 1970 sobre a pobreza recapitulou tradições de misoginia em relação às mulheres afro-estadunidenses; no diagnóstico de Daniel Moynihan,

---

[46] Associação Americana de Psiquiatria, *Diagnostic and Statistical Manual of Mental Disorders* (3. ed. rev., Washington, American Psychiatric Association, 1987), p. 353-4.

[47] Ibidem.

por exemplo, as famílias "matriarcais" tinham "emasculado" os homens negros e criado uma "cultura de pobreza" baseada num "emaranhado de patologias [familiares]"[48]. Esse discurso colocou as requerentes negras do AFDC em uma situação de duplo vínculo [*double-bind*]: elas eram patologicamente independentes em relação aos homens e patologicamente dependentes em relação ao governo.

Na década de 1980, porém, o imaginário racial da dependência mudou. A mãe negra da assistência social que assombrava a imaginação branca deixou de ser a matriarca poderosa. Agora, o estereótipo proeminente é o da mãe adolescente solteira, presa na "armadilha do bem-estar social" e tornada passiva e zangada. Este novo ícone da dependência da assistência social é mais jovem e mais fraco que a matriarca. Ele é frequentemente evocado na expressão *crianças tendo crianças*, que pode expressar compaixão feminista ou desprezo antifeminista, apelos negros ao controle parental ou angústias brancas eugênicas e racistas.

Muitos desses discursos pós-industriais fundiram-se no início da década de 1990. O então vice-presidente Dan Quayle reuniu as correntes patologizadas, feminizadas e racializadas em seu comentário sobre o motim de maio de 1992 em Los Angeles: "As regiões centrais de nossas cidades estão cheias de crianças que têm crianças [...] com pessoas que são dependentes de drogas e do narcótico da assistência social"[49].

Assim, a cultura pós-industrial convocou uma nova personificação da dependência: a mãe negra, solteira, adolescente e dependente da assistência social. Essa imagem usurpou o espaço simbólico anteriormente ocupado pela dona de casa, pelo indigente, pelo indígena e pelo escravizado, ao mesmo tempo que absorveu e condensou suas conotações. Negra, mulher, indigente, não trabalhadora, dona de casa e mãe, mas praticamente uma criança – o novo estereótipo mobiliza virtualmente todos os atributos historicamente codificados como antitéticos à independência. Condensando múltiplos e muitas vezes contraditórios significados de dependência, é um poderoso motivo ideológico que organiza ansiedades culturais difusas ao mesmo tempo que dissimula suas bases sociais.

---

[48] Lee Rainwater e William L. Yancey, *The Moynihan Report and the Politics of Controversy* (Cambridge, MA, MIT Press, 1967).

[49] Dan Quayle, "Excerpts From Vice President's Speech on Cities and Poverty", *The New York Times*, 20 maio 1992, A11.

7. Política pública pós-industrial e a política da dependência

Apesar da deterioração das perspectivas econômicas para muitos estadunidenses nas últimas décadas, não houve nenhuma reavaliação cultural do bem-estar social. Famílias trabalhando mais por menos dinheiro com frequência se ressentem de quem lhes parece não estar trabalhando. Estão aparentemente perdidas, ao menos por ora, as lutas da década de 1960 que visavam reformular o AFDC como um direito, a fim de promover a independência dos beneficiários. Em vez disso, o termo honorífico *independente* permanece firmemente centrado no trabalho assalariado, não importando o grau de pobreza do trabalhador. A *dependência da assistência social*, em contraste, foi inflada até se tornar uma síndrome comportamental e parecer mais desprezível.

O discurso político contemporâneo sobre a dependência da assistência social é completamente influenciado por esses pressupostos. Ele se divide em duas correntes principais. A primeira continua a retórica da indigência, do pauperismo e da cultura da pobreza. É usada tanto de forma conservadora quanto liberal, culpando ou não a vítima, a depender da estrutura causal do argumento. A alegação é de que há algo errado com as pessoas pobres e dependentes, para além da falta de dinheiro. As falhas podem se localizar na biologia, na psicologia, na criação, na influência da vizinhança; podem ser apresentadas como causa ou como efeito da pobreza, ou mesmo como ambos simultaneamente. Os conservadores, como George Gilder e Lawrence Mead, argumentam que o bem-estar social causa dependência moral/psicológica[50]. Os liberais, como William Julius Wilson e Christopher Jencks, culpam as influências sociais e econômicas, mas concordam que a cultura e o comportamento dos requerentes são problemáticos[51].

Uma segunda corrente de pensamento parte de premissas econômicas neoclássicas. Pressupõe um "homem racional" que enfrenta escolhas nas quais tanto a assistência social como o trabalho são opções. Para esses analistas de políticas, os significados morais/psicológicos da dependência estão presentes, mas não são interrogados, sendo considerados indesejáveis. Os liberais dessa escola, como muitos dos cientistas sociais associados ao Instituto de Pesquisa sobre a Pobreza da Universidade de Wisconsin, admitem que a assistência social tem inevitavelmente alguns efeitos ruins e criadores de dependência, mas afirmam que estes são

---

[50] George Gilder, *Wealth and Poverty* (Nova York, Basic, 1981); e Lawrence Mead, *Beyond Entitlement: The Social Obligations of Citizenship* (Nova York, Free Press, 1986).

[51] William Julius Wilson, *The Truly Disadvantaged: The Inner City, the Underclass, and Public Policy* (Chicago, University of Chicago Press, 1987); e Christopher Jencks, *Rethinking Social Policy: Race, Poverty, and the Underclass* (Cambridge, MA, Harvard University Press, 1992).

compensados por outros que são bons, como melhores condições para as crianças, maior estabilidade da sociedade e alívio do sofrimento. Os conservadores dessa escola, como Charles Murray, discordam[52]. Os dois campos discutem sobretudo sobre a questão dos incentivos. Os benefícios do AFDC incentivam as mulheres a ter mais filhos fora do casamento? Eles as desencorajam a aceitar empregos? A redução ou negação de benefícios pode servir para encorajar os beneficiários a permanecer na escola, manter os filhos na escola e se casar?

Certamente, existem diferenças reais e significativas aqui, mas também existem semelhanças importantes. Liberais e conservadores de ambas as escolas raramente situam a noção de dependência em seu contexto histórico ou econômico; tampouco questionam seus pressupostos. Nenhum dos grupos questiona a presunção de que a independência é um bem absoluto ou sua identificação com o trabalho assalariado. Muitos analistas da pobreza e da assistência social são intencionalmente ambíguos entre uma posição oficial de que a *dependência* é um termo de valor neutro para o recebimento (ou a necessidade) de assistência social e um uso que a torna sinônimo de *indigência*.

Essas suposições permeiam a esfera pública. Na atual rodada de alarmes sobre a dependência da assistência social, alega-se cada vez mais que "as mães que recebem assistência social devem trabalhar", um uso que tacitamente define o trabalho como assalariado e a criação dos filhos como um não trabalho. Aqui deparamos com contradições no discurso da dependência: quando o assunto em questão é a gravidez na adolescência, essas mães são tratadas como crianças; quando o assunto é assistência, elas se tornam adultos que deveriam se sustentar por conta própria. Foi apenas na última década que os especialistas em assistência social chegaram a um consenso em torno da opinião de que os beneficiários do AFDC deveriam ser empregados. A opinião mais antiga, subjacente à ideia do ADC, ancestral do atual programa, era a de que as crianças precisam de uma mãe em casa – embora na prática sempre tenha havido um duplo padrão de classe, uma vez que a domesticidade materna em tempo integral era um privilégio a ser adquirido, e não um direito que as mulheres pobres poderiam reivindicar. Contudo, à medida que o trabalho remunerado entre mães de crianças pequenas se tornou mais difundido e normativo, os últimos defensores de um programa de bem-estar social que permitisse aos beneficiários concentrarem-se em tempo integral na criação dos filhos foram silenciados.

É claro que nenhuma das imagens negativas sobre a dependência da assistência social permaneceu sem resposta. Da década de 1950 até a de 1970, muitos desses

---

[52] Charles Murray, *Losing Ground: American Social Policy, 1950-1980* (Nova York, Basic, 1984).

pressupostos foram desafiados, mais diretamente em meados dos anos 1960, por uma organização de mulheres requerentes de assistência social, a Organização Nacional pelos Direitos do Bem-Estar Social [*National Welfare Rights Organization* – NWRO]. As mulheres da NWRO consideravam sua relação com o sistema de bem-estar social mais ativa que passiva, uma questão de reivindicação de direitos e não de recebimento de caridade. Insistiam também que seu trabalho doméstico era socialmente necessário e louvável. Sua perspectiva ajudou a reconstruir os argumentos a favor do bem-estar social, estimulando os advogados dos pobres e os intelectuais radicais a desenvolver uma base jurídica e político-teórica para o bem-estar como uma titularidade e um direito. Edward Sparer, um estrategista jurídico do movimento pelos direitos do bem-estar social, desafiou a compreensão habitual da dependência:

> A acusação dos políticos antiassistência é que a assistência social torna o beneficiário "dependente". O que isso significa é que o beneficiário depende do cheque da assistência social para a subsistência material dele [sic] em vez de qualquer outra fonte [...] se isso é bom ou ruim, depende da disponibilidade de uma melhor fonte de renda [...]. O verdadeiro problema [...] é algo totalmente diferente. O beneficiário e o requerente têm tradicionalmente dependido do capricho do assistente social.[53]

A cura para a dependência da assistência social, então, eram os direitos do bem-estar social. Se a NWRO não tivesse sido grandemente enfraquecida no final da década de 1970, o discurso revivido da indigência na década de 1980 não poderia ter-se tornado hegemônico.

Mesmo na ausência de uma Organização Nacional pelos Direitos do Bem-Estar Social poderosa, muitas beneficiárias do AFDC mantiveram sua própria interpretação de oposição à ideia de dependência da assistência social. Queixavam-se não só da mesquinhez dos benefícios mas também da infantilização decorrente da supervisão, da perda de privacidade e de um labirinto de regras burocráticas que restringiam suas decisões sobre habitação, empregos e até mesmo (até a década de 1960) relações sexuais. Na opinião das requerentes, a dependência da assistência social é uma condição social e não um estado psicológico, uma condição que analisam em termos de relações de poder. É o que um dicionário inglês de esquerda sobre bem-estar social chama de *dependência forçada*, "a criação de uma classe dependente" como resultado da "dependência forçada [...] dos recursos psicológicos ou materiais necessários"[54].

---

[53] Edward V. Sparer, "The Right to Welfare", em Norman Dorsen (org.), *The Rights of Americans: What They Are – What They Should Be* (Nova York, Pantheon, 1971), p. 71.

[54] Noel Timms e Rita Timms, *Dictionary of Social Welfare* (Londres, Routledge & Kegan Paul, 1982), p. 55-6.

Essa ideia de dependência forçada foi central para outro desafio ao discurso dominante, similar ao anterior. Durante o período em que o ativismo da NWRO esteve no auge, os historiadores revisionistas da Nova Esquerda desenvolveram uma interpretação do Estado de bem-estar social como um aparelho de controle social. Eles argumentaram que aquilo que os apologistas retratavam como práticas de ajuda eram, na verdade, modos de dominação que criavam dependência forçada. A crítica da Nova Esquerda guardava alguma semelhança com a crítica da NWRO, mas a sobreposição era apenas parcial. Os historiadores do controle social contaram sua história principalmente a partir da perspectiva de quem fornecia a assistência e apresentaram os beneficiários como quase inteiramente passivos. Dessa forma, ocultaram a agência de reais ou potenciais requerentes de assistência social na articulação de necessidades, na exigência de direitos e na apresentação de reivindicações[55].

Outro desafio contemporâneo aos usos convencionais da *dependência* surgiu de uma escola de economia política internacional da Nova Esquerda. O contexto foi a constatação, após os inebriantes primeiros dias da descolonização do pós--guerra, de que as antigas colônias politicamente independentes permaneciam economicamente dependentes. Na *teoria da dependência*, os teóricos radicais do "subdesenvolvimento" usaram o conceito de dependência para analisar a ordem econômica neocolonial global a partir de uma perspectiva antirracista e anti-imperialista. Ao fazê-lo, ressuscitaram o antigo significado pré-industrial de dependência como um território subjugado, procurando assim despojar o termo de seus mais recentes acréscimos morais/psicológicos e recuperar as dimensões ocultas da sujeição e da subordinação. Este uso permanece forte na América Latina, bem como na literatura científico-social dos Estados Unidos, onde encontramos artigos como "Institutionalizing Dependency: The Impact of Two Decades of Planned Agricultural Modernization" [Institucionalizando a dependência: o impacto de duas décadas de modernização agrícola planejada][56].

O que todos esses discursos de oposição partilham é uma rejeição da ênfase dominante na dependência como uma característica individual. Eles procuram devolver o foco para as relações sociais de subordinação. No entanto, não têm hoje

---

[55] Para uma discussão mais completa da crítica ao controle social, ver Linda Gordon, "The New Feminist Scholarship on the Welfare State", cit. Sobre as reivindicações de necessidades, ver o capítulo 2 deste volume, "Luta pelas necessidades" e Barbara J. Nelson, "The Origins of the Two-Channel Welfare State", cit.

[56] Marilyn Gates, "Institutionalizing Dependency: The Impact of Two Decades of Planned Agricultural Modernization on Peasants in the Mexican State of Campeche", *Journal of Developing Areas*, v. 22, n. 3, 1988, p. 293-320.

muito impacto no debate dominante sobre o bem-estar social nos Estados Unidos. Ao contrário, como agora a dependência econômica é um sinônimo de pobreza, e a dependência moral/psicológica, um transtorno de personalidade, falar de dependência como uma relação social de subordinação tornou-se cada vez mais raro. O poder e a dominação tendem a desaparecer[57].

8. Conclusão

Dependência, outrora um termo de uso geral para todas as relações sociais de subordinação, é agora diferenciada em vários registros analiticamente distintos. No registro econômico, seu significado passou do ganhar a vida trabalhando para outra pessoa à dependência de apoio da caridade ou da assistência social; o trabalho assalariado agora confere independência. No registro sociojurídico, o significado de dependência como subsunção permanece inalterado, mas seu âmbito de referência e suas conotações alteraram-se: outrora uma condição majoritária socialmente aprovada, tornou-se primeiro um estatuto de grupo, considerado adequado para algumas classes de pessoas, mas não para outras, e depois mudou novamente para designar (exceto no caso das crianças) um estatuto anômalo e altamente estigmatizado de indivíduos desviantes e incompetentes. Da mesma forma, no registro político, o significado da dependência como sujeição a um poder governante externo permaneceu relativamente constante, mas suas conotações avaliativas pioraram à medida que os direitos políticos individuais e a soberania nacional se tornaram normativos. Enquanto isso, com a emergência de um novo registro moral/psicológico, as propriedades antes atribuídas às relações sociais passaram a ser postas como traços de caráter inerentes a indivíduos ou grupos, e também nisso as conotações pioraram. Este último registro reivindica agora uma proporção cada vez maior do discurso, como se as relações sociais de dependência estivessem sendo absorvidas pela personalidade. Sintomaticamente, os antigos entendimentos relacionais foram hipostasiados numa verdadeira galeria de retratos de personalidades dependentes: no início, donas de casa, indigentes, indígenas e escravizados; depois, mães adolescentes solo negras e pobres.

Essas mudanças na semântica da dependência refletem alguns desenvolvimentos sócio-históricos importantes. Um deles é a diferenciação progressiva da economia

---

[57] Para uma descrição da maior individualização da dependência no discurso neoliberal subsequente, ver Nancy Fraser, "Clintonism, Welfare, and the Antisocial Wage: The Emergence of a Neoliberal Political Imaginary", *Rethinking Marxism*, v. 6, n. 1, 1993, p. 1-15.

oficial – aquela que é contabilizada no Produto Nacional Bruto (PNB) – como um sistema aparentemente autônomo que domina a vida social. Antes da ascensão do capitalismo, todas as formas de trabalho estavam entrelaçadas numa rede de dependências que constituía um tecido único e contínuo de hierarquias sociais. Todo o conjunto de relações era limitado por entendimentos morais, como na ideia pré-industrial de uma economia moral. Nas famílias e comunidades patriarcais que caracterizaram o período pré-industrial, as mulheres eram subordinadas, e seu trabalho, frequentemente controlado por outros, mas era um trabalho visível, compreendido e valorizado. Com a emergência do individualismo religioso e secular, por um lado, e do capitalismo industrial, por outro, construiu-se uma nova e nítida dicotomia, na qual a dependência econômica e a independência econômica eram inalteravelmente opostas uma à outra. Um corolário crucial dessa dicotomia dependência/independência, e da hegemonia do trabalho assalariado em geral, foi a oclusão e a desvalorização do trabalho doméstico e parental não remunerado das mulheres.

A genealogia da dependência também expressa a ênfase moderna na personalidade individual. Este é o significado mais profundo da espetacular ascensão do registro moral/psicológico, que constrói mais uma versão da dicotomia independência/dependência. Na versão moral/psicológica, as relações sociais são hipostasiadas como propriedades de indivíduos ou grupos. O medo da dependência, tanto explícita quanto implícita, postula uma personalidade ideal e independente, em contraste com a qual aqueles considerados dependentes são desviantes. Tal contraste apresenta traços de uma divisão sexual do trabalho que atribui aos homens a responsabilidade primária como provedores ou chefes de família e às mulheres a responsabilidade primária como cuidadoras e educadoras, e depois trata os padrões de personalidade disso derivados como fundamentais. É como se os provedores do sexo masculino absorvessem em suas personalidades a independência associada ao papel econômico que lhes é ideologicamente interpretado, enquanto o lado pessoal das mulheres que cuidam ficava saturado com a dependência daqueles de quem cuidam. Dessa forma, a oposição entre a personalidade independente e a personalidade dependente converge com toda uma série de oposições hierárquicas e dicotomias que são centrais na cultura capitalista moderna: masculino/feminino, público/privado, trabalho/cuidado, sucesso/amor, indivíduo/comunidade, economia/família e competição/abnegação.

Uma genealogia não pode nos dizer como responder politicamente ao discurso atual sobre a dependência da assistência social. Sugere, no entanto, os limites de qualquer resposta que pressuponha a definição do problema que está implícita nessa expressão, em vez de desafiá-la. Uma resposta adequada teria de questionar nossas avaliações e definições recebidas de dependência e independência, a fim de permitir o surgimento de novas visões sociais emancipatórias. Alguns ativistas contemporâneos dos direitos do bem-estar social adotam essa estratégia, continuando a tradição da NWRO. Pat Gowens, por exemplo, elabora uma reinterpretação feminista da dependência:

> A grande maioria das mães de *todas as classes e todos os* níveis de escolaridade "depende" de outra fonte de renda. Pode vir da pensão alimentícia [...] ou de um marido que ganha US$ 20 mil enquanto ela ganha em média US$ 7 mil. Mas "dependência" define com mais precisão os pais que contam com o trabalho não remunerado das mulheres para criar os filhos e cuidar da casa. Certamente, "dependência" não define a mãe solteira que faz tudo: cria os filhos, cuida da casa e traz dinheiro (de uma forma ou de outra). Quando a prestação de cuidados for valorizada e paga, quando a dependência não for um palavrão e a interdependência for a norma – só então conseguiremos reduzir a pobreza.[58]

---

[58] Pat Gowens, "Welfare, Learnfare – Unfair! A Letter to My Governor", *Ms. Magazine*, set.-out. 1991, p. 90-1.

4. Depois do salário familiar: um experimento de pensamento pós-industrial[1]

A atual crise do Estado de bem-estar tem muitas raízes – tendências econômicas globais, deslocamentos em massa de refugiados e imigrantes, hostilidade popular aos impostos, o enfraquecimento dos sindicatos e dos partidos trabalhistas, a ascensão de antagonismos nacionais e étnico-"raciais", o declínio de ideologias de solidariedade e o colapso do socialismo de Estado. Um fator absolutamente crucial, contudo, é o desmoronamento da antiga ordem de gênero. Os Estados de bem-estar existentes baseiam-se em pressupostos sobre o gênero que estão cada vez mais defasados em relação à vida e à compreensão de si de muitas pessoas. Como resultado, não proporcionam proteções sociais adequadas, especialmente a mulheres e crianças.

A ordem de gênero que está desaparecendo agora descende da era industrial do capitalismo e reflete o mundo social de sua origem. Estava centrada no ideal do *salário familiar*. Nesse mundo, esperava-se das pessoas que se organizassem em famílias nucleares heterossexuais, de chefia masculina, que viviam principalmente dos rendimentos obtidos pelo homem no mercado de trabalho. O homem chefe de família receberia um salário familiar, suficiente para sustentar os filhos e a esposa-e-mãe, que realizava o trabalho doméstico sem remuneração por isso. É claro

---

[1] A pesquisa para este ensaio foi apoiada pelo Centro de Assuntos Urbanos e Pesquisa de Políticas Públicas, da Universidade Northwestern. Pelos comentários úteis, agradeço a Rebecca Blank, Joshua Cohen, Fay Cook, Barbara Hobson, Axel Honneth, Jenny Mansbridge, Linda Nicholson, Ann Shola Orloff, John Roemer, Ian Shapiro, Tracy Strong, Peter Taylor-Gooby, Judy Wittner, Eli Zaretsky e os membros do Grupo de Trabalho Feminista de Políticas Públicas do Centro de Assuntos Urbanos e Pesquisa de Políticas da Universidade Northwestern.

que inúmeras vidas nunca se enquadraram nesse padrão. Ainda assim, ele fornecia o quadro normativo de uma família adequada.

O ideal do salário familiar estava inscrito na estrutura da maioria dos Estados de bem-estar da era industrial². Essa estrutura tinha três níveis, com os programas de seguridade social ocupando o nível mais elevado. Concebidos para proteger as pessoas dos caprichos do mercado de trabalho (e para proteger a economia da escassez de demanda), esses programas substituíam o salário do provedor da família em caso de doença, invalidez, desemprego ou velhice. Muitos países também dispunham de um segundo nível de programas, que davam apoio direto às mulheres que cuidavam de casa e dos filhos em tempo integral. Uma terceira camada servia ao "resíduo". Em grande medida um resquício do auxílio aos pobres tradicional, os programas de assistência pública forneciam, mediante comprovação de necessidade, ajuda insignificante e estigmatizada a pessoas necessitadas que não tinham direito a apoio honroso porque não se enquadravam no cenário do salário familiar³.

Hoje, porém, o pressuposto do salário familiar já não se sustenta – nem empírica nem normativamente. Estamos vivendo os estertores da velha ordem industrial

---

[2] Mimi Abramovitz, *Regulating the Lives of Women: Social Welfare Policy from Colonial Times to the Present* (Boston, South End Press, 1988); Nancy Fraser, "Women, Welfare, and the Politics of Need Interpretation", em *Unruly Practices: Power, Discourse, and Gender in Contemporary Social Theory* (Minneapolis, University of Minnesota Press, 1989); Linda Gordon, "What Does Welfare Regulate?", *Social Research*, v. 55, n. 4, 1988, p. 609-30; Hilary Land, "Who Cares for the Family?", *Journal of Social Policy*, v. 7, n. 3, jul. 1978, p. 257-84. Uma exceção ao pressuposto incorporado do salário familiar é a França, que desde cedo aceitou níveis elevados de trabalho remunerado feminino. Ver Jane Jenson, "Representations of Gender: Policies to 'Protect' Women Workers and Infants in France and the United States before 1914", em Linda Gordon (org.), *Women, the State, and Welfare* (Madison, University of Wisconsin Press, 1990).

[3] Esta explicação da estrutura tripartite do Estado de bem-estar social representa uma modificação da explicação que propus em "Women, Welfare, and the Politics of Need Interpretation", cit. Ali, segui Barbara Nelson ao postular uma estrutura de dois níveis, com programas de seguridade social ideal-tipicamente "masculinos" e programas de apoio familiar ideal-tipicamente "femininos"; ver Barbara J. Nelson, "Women's Poverty and Women's Citizenship: Some Political Consequences of Economic Marginality", *Signs: Journal of Women in Culture and Society*, v. 10, n. 2, 1984, p. 209-31; idem, "The Origins of the Two-Channel Welfare State: Workmen's Compensation and Mothers' Aid", em Linda Gordon (org.), *Women, the State, and Welfare*, cit. Embora essa perspectiva fizesse uma imagem relativamente precisa do sistema de bem-estar social dos Estados Unidos, agora a considero analiticamente enganosa. Os Estados Unidos são atípicos porque o segundo e o terceiro níveis se confundem um com o outro. O que foi durante muitas décadas o principal programa de assistência aos pobres que comprovassem sua necessidade – o Auxílio às Famílias com Crianças Dependentes (AFDC) – foi também o principal programa de apoio à criação dos filhos das mulheres. Analiticamente, contudo, é melhor que se compreenda estes como dois níveis distintos de bem-estar social. Quando a seguridade social é adicionada, temos um Estado de bem-estar social de três níveis.

de gênero, com a transição para uma nova fase, *pós-industrial*, do capitalismo. A crise do Estado de bem-estar está ligada a essas mudanças de época. Suas raízes estão, em parte, no colapso do mundo do salário familiar e em seus pressupostos centrais sobre os mercados de trabalho e as famílias.

Nos mercados de trabalho do capitalismo pós-industrial, poucos empregos pagam salários suficientes para que alguém sustente sozinho uma família; muitos, de fato, são temporários ou em tempo parcial e não proporcionam benefícios trabalhistas[4]. Além disso, a contratação de mulheres é cada vez mais comum – embora com remuneração muito menor que a dos homens[5]. As famílias pós-industriais, por sua vez, são menos convencionais e mais diversificadas[6]. Os heterossexuais casam-se cada vez menos e mais tarde, e divorciam-se cada vez mais cedo, enquanto os gays e as lésbicas abrem caminho para novos tipos de arranjos domésticos[7]. As normas de gênero e as formas familiares são altamente contestadas. Graças, em parte, aos movimentos feministas e de liberação de gays e lésbicas, muitas pessoas já não preferem o modelo de homem provedor/mulher dona de casa. Um resultado dessas tendências é um aumento acentuado na quantidade de famílias com mães solo: um número crescente de mulheres, sejam elas divorciadas sejam nunca casadas, lutam para sustentar a si mesmas e suas famílias sem acesso a um salário do homem provedor da família. Suas famílias apresentam altas taxas de pobreza.

Em suma, emerge um novo mundo de produção econômica e de reprodução social – um mundo de emprego menos estável e de famílias mais diversificadas. Embora ninguém possa ter a certeza sobre sua forma final, uma coisa parece clara: o mundo emergente, não menos que o mundo do salário familiar, exigirá um Estado de bem-estar que proteja as pessoas das incertezas de maneira eficaz. É também claro que as antigas formas do Estado de bem-estar, assentadas nos pressupostos de famílias chefiadas por homens e empregos relativamente estáveis, já não são

---

[4] David Harvey, *The Condition of Postmodernity: An Inquiry into the Origins of Cultural Change* (Oxford, Blackwell, 1989) [ed. bras.: *A condição pós-moderna: uma pesquisa sobre as origens da mudança cultural*, trad. Adail Ubirajara Sobral e Maria Stela Gonçalves, São Paulo, Loyola, 1992]; Scott Lash e John Urry, *The End of Organized Capitalism* (Cambridge, Polity, 1987); Robert Reich, *The Work of Nations: Preparing Ourselves for 21st Century Capitalism* (Nova York, Knopf, 1991).

[5] Joan Smith, "The Paradox of Women's Poverty: Wage-earning Women and Economic Transformation", *Signs: Journal of Women in Culture and Society*, v. 9, n. 2, 1984, p. 291-310.

[6] Judith Stacey, "Sexism by a Subtler Name? Postindustrial Conditions and Postfeminist Consciousness in the Silicon Valley", *Socialist Review*, n. 96, 1987, p. 7-28.

[7] Kath Weston, *Families We Choose: Lesbians, Gays, Kinship* (Nova York, Columbia University Press, 1991).

adequadas para proporcionar essa proteção. Precisamos de algo novo, um Estado de bem-estar social pós-industrial adequado a condições radicalmente novas de emprego e reprodução.

Como deveria ser, então, um Estado de bem-estar social pós-industrial? Ultimamente, os conservadores têm tido muito a dizer sobre a "reestruturação do Estado de bem-estar", mas sua visão é contraditória e contra-histórica; eles procuram restabelecer a família homem provedor/mulher dona de casa para a classe média, enquanto exigem que as mães solteiras pobres "trabalhem". Propostas neoliberais surgiram recentemente nos Estados Unidos, mas também são inadequadas no contexto atual. Punitivas, androcêntricas e obcecadas por emprego, apesar da falta de boas vagas de trabalho, são incapazes de proporcionar segurança num mundo pós-industrial[8]. Ambas as abordagens ignoram uma coisa crucial: um Estado de bem-estar social pós-industrial, tal como seu antecessor industrial, tem de manter uma ordem de gênero. Mas o único tipo de ordem de gênero aceitável hoje é aquela baseada na *justiça de gênero*.

As feministas, portanto, estão numa boa posição para criar uma visão emancipatória para o período que se avizinha. Elas, mais que qualquer um, entendem a importância das relações de gênero para a atual crise do Estado de bem-estar industrial e a centralidade da justiça de gênero para qualquer resolução satisfatória. As feministas também entendem a importância do trabalho de cuidado para o bem-estar humano e os efeitos de sua organização social na posição das mulheres. Finalmente, estão sintonizadas com potenciais conflitos de interesses no interior das famílias e com a inadequação das definições androcêntricas de trabalho.

Até o momento, contudo, as feministas tenderam a evitar um pensamento reconstrutivo sistemático sobre o Estado de bem-estar social. Nem sequer desenvolvemos uma descrição satisfatória da justiça de gênero que possa informar uma visão emancipatória. Precisamos agora levar adiante esse pensamento. Deveríamos perguntar: que nova ordem de gênero pós-industrial deveria substituir o salário familiar? E que tipo de Estado de bem-estar pode melhor apoiar essa nova ordem de gênero? Que definição de justiça de gênero melhor capta nossas mais elevadas aspirações? E que visão de bem-estar social mais se aproxima de encarná-la?

Penso que atualmente são concebíveis dois tipos diferentes de resposta, ambos qualificados como feministas. Chamo o primeiro de modelo do *sustento universal*. Implícita na prática política atual da maioria das feministas e dos liberais dos

---

[8] Nancy Fraser, "Clintonism, Welfare, and the Antisocial Wage: The Emergence of a Neoliberal Political Imaginary", *Rethinking Marxism*, v. 6, n. 1, 1993, p. 9-23.

Estados Unidos, esta abordagem visa promover a justiça de gênero através da promoção do emprego das mulheres; seu elemento central é a prestação estatal de serviços que viabilizem o emprego, como creches. A segunda resposta possível é o que chamo de modelo de *paridade no cuidado*. Implícita na prática política atual da maioria das feministas e sociais-democratas da Europa ocidental, esta abordagem visa promover a justiça de gênero principalmente através do apoio ao trabalho informal de cuidado; seu elemento central é a provisão estatal de subsídios para cuidadores.

Qual dessas duas abordagens deveria nos fazer cerrar fileiras no período vindouro? Qual expressa a visão mais atraente de uma ordem de gênero pós-industrial? Qual incorpora melhor o ideal de justiça de gênero? Neste capítulo, esboço um referencial para pensar sistematicamente a respeito dessas questões. Analiso versões altamente idealizadas do sustento universal e da paridade no cuidado na forma de um experimento de pensamento. Postulo, contrariamente à realidade, um mundo em que ambos os modelos sejam viáveis, na medida em que estejam presentes suas precondições econômicas e políticas. Pressupondo condições muito favoráveis, avalio então os respectivos pontos fortes e fracos.

O resultado não é uma análise convencional de política pública, pois nem o sustento universal nem a paridade no cuidado serão de fato concretizados num futuro próximo, e minha discussão não se dirige prioritariamente às elites formuladoras de políticas públicas. Minha intenção, antes, é teórica e política num sentido mais amplo. Pretendo, em primeiro lugar, esclarecer alguns dilemas em torno da "igualdade" e da "diferença", reconsiderando o que se entende por justiça de gênero. Ao fazê-lo, pretendo também estimular uma maior reflexão sobre estratégias e objetivos feministas, explicitando alguns pressupostos que estão implícitos na prática atual e submetendo-os a um escrutínio crítico.

Minha discussão se desenvolve em quatro partes. Na primeira seção, proponho uma análise da justiça de gênero que gera um conjunto de padrões de avaliação. Depois, na segunda e na terceira seções, aplico esses padrões ao sustento universal e à paridade no cuidado, respectivamente. Concluo, na quarta seção, que nenhuma dessas abordagens, mesmo numa forma idealizada, pode proporcionar plena justiça de gênero. Para podermos conseguir *isso*, afirmo que precisamos desenvolver uma nova visão de um Estado de bem-estar pós-industrial, a qual desmantele efetivamente a divisão do trabalho por gênero.

1. Justiça de gênero: uma concepção complexa

Para avaliar visões alternativas de um Estado de bem-estar social pós-industrial, precisamos de alguns critérios normativos. A justiça de gênero, como já afirmei, é um padrão indispensável. Mas em que ela consiste precisamente?

Até agora, as feministas associaram a justiça de gênero ou à igualdade ou à diferença, sendo que "igualdade" significa tratar as mulheres exatamente como os homens e "diferença" significa tratar as mulheres de forma diferente na medida em que elas diferem dos homens. As teóricas têm debatido os méritos relativos dessas duas abordagens como se elas representassem polos antitéticos de uma dicotomia absoluta. Essas discussões geralmente terminaram em impasse. As defensoras da "diferença" demonstraram com sucesso que as estratégias de igualdade pressupõem tipicamente "o homem como norma", de modo que põem as mulheres em desvantagem e impõem um padrão distorcido a todos. Contudo, as igualitaristas argumentaram de forma igualmente convincente que as abordagens da diferença costumam se basear em noções essencialistas de feminilidade, reforçando assim os estereótipos existentes e confinando as mulheres às divisões de gênero existentes[9]. Nem a igualdade nem a diferença são, portanto, concepções viáveis de justiça de gênero.

As feministas responderam a esse impasse de diversas maneiras diferentes. Algumas tentaram resolver o dilema reconcebendo os defeitos de uma ou da outra noção; elas reinterpretaram a diferença ou a igualdade no que consideram uma forma mais defensável. Outros concluíram que era como estar "entre a cruz e a caldeirinha" e procuraram algum terceiro princípio normativo totalmente diferente. Outras ainda tentaram encampar o dilema como um paradoxo facilitador, um recurso a ser valorizado e não um impasse a ser contornado. Muitas feministas, por fim, recuaram completamente da teorização normativa – para o positivismo cultural, o reformismo fragmentário ou o antinomianismo pós-moderno.

Nenhuma dessas respostas é satisfatória. A teorização normativa continua a ser um empreendimento intelectual indispensável para o feminismo, na verdade, para todos os movimentos sociais emancipatórios. Precisamos de uma visão ou imagem de onde pretendemos chegar, bem como de um conjunto de padrões para avaliar diversas propostas sobre como poderíamos chegar lá. Além disso, o impasse igualdade/diferença é real e não pode ser simplesmente evitado ou encampado. Tampouco existe qualquer terceiro termo "totalmente outro" que possa nos

---

[9] Algumas das discussões mais sofisticadas são encontradas em Katharine T. Bartlett e Rosanne Kennedy (orgs.), *Feminist Legal Theory: Readings in Law and Gender* (Boulder, Westview, 1991).

catapultar magicamente para além desse impasse. O que, então, as teóricas feministas deveriam fazer?

Proponho que reconcebamos a justiça de gênero como uma ideia complexa, e não simples. Isto significa romper com o pressuposto de que a justiça de gênero pode ser identificada com qualquer valor ou norma única, seja ela a igualdade, a diferença ou qualquer outra coisa. Em vez disso, deveríamos tratá-la como uma noção complexa que compreende uma pluralidade de princípios normativos distintos. A pluralidade incluirá algumas noções associadas ao lado da igualdade, bem como algumas associadas ao lado da diferença. Abrangerá, ainda, outras ideias normativas a que nenhum dos lados conferiu a devida importância. Seja qual for sua origem, no entanto, o ponto importante é este: cada uma das diversas normas distintas deve ser respeitada simultaneamente para que a justiça de gênero seja alcançada. O não cumprimento de qualquer uma delas significa a incapacidade de compreender o significado pleno da justiça de gênero.

Nos parágrafos que se seguem, presumo que a justiça de gênero é complexa nesse sentido. E proponho uma definição que se destina ao objetivo específico de avaliar imagens alternativas de um Estado de bem-estar pós-industrial. Para outras questões que não o bem-estar, talvez seja necessário um pacote de normas um tanto diferente. No entanto, acredito que a ideia geral de tratar a justiça de gênero como uma concepção complexa é amplamente aplicável. A análise aqui realizada pode servir como um caso paradigmático que demonstra a utilidade desta abordagem.

Em qualquer caso, para este experimento de pensamento específico, desdobro a ideia de justiça de gênero como um conjunto de sete princípios normativos distintos. Deixe-me enumerá-los um por um:

1. *O princípio antipobreza*: o primeiro e mais óbvio objetivo da prestação de assistência social é prevenir a pobreza. Prevenir a pobreza é crucial para alcançar a justiça de gênero hoje, depois do salário familiar, dados as elevadas taxas de pobreza entre as famílias de mães solo e o enorme aumento da probabilidade de que as mulheres e crianças dos Estados Unidos vivam nessas famílias[10]. Mesmo que não consiga realizar mais nada, um Estado de bem-estar social deveria ao menos aliviar o sofrimento, satisfazendo necessidades básicas que de outra forma não seriam satisfeitas. Arranjos que deixam mulheres, crianças e homens na pobreza, tais como os que existem nos Estados Unidos, são inaceitáveis de acordo com este critério. Qualquer Estado de bem-estar social pós-industrial que evitasse tal pobreza constituiria um grande avanço. Até agora, porém, não dissemos muita coisa. O princípio

---

[10] David T. Ellwood, *Poor Support: Poverty in the American Family* (Nova York, Basic Books, 1988).

antipobreza pode ser satisfeito de diversas maneiras, nem todas aceitáveis. Algumas formas, como a prestação de assistência aos pobres focalizada, isoladora e estigmatizada para famílias de mães solo, não respeitam vários dos princípios normativos seguintes, que também são essenciais para a justiça de gênero no bem-estar social.

2. *O princípio antiexploração*: medidas antipobreza são importantes não só por si mesmas mas também como um meio para outro objetivo básico: prevenir a exploração de pessoas vulneráveis[11]. Este princípio também é central para alcançar a justiça de gênero depois do salário familiar. As mulheres que passam por necessidades e não têm outra forma de alimentarem a si próprias e a seus filhos, por exemplo, estão sujeitas à exploração – por maridos abusivos, por capatazes de fábricas e por cafetões. Ao garantir o alívio da pobreza, portanto, a prestação de assistência social também deve ter como objetivo mitigar a dependência explorável[12]. A disponibilidade de uma fonte alternativa de rendimento melhora a posição de negociação dos subordinados em relações desiguais. A esposa sem emprego que sabe que pode sustentar a si mesma e a seus filhos fora do casamento tem mais influência dentro dele; sua "voz" ganha força à medida que aumentam suas possibilidades de "saída"[13]. O mesmo se aplica à atendente mal remunerada da casa de repouso em relação a seu patrão[14]. Para que as medidas de bem-estar tenham esse efeito, no entanto, o apoio deve ser fornecido como uma questão de direito. Quando o recebimento da ajuda é altamente estigmatizado ou discricionário, o princípio antiexploração não é satisfeito[15]. Na melhor das hipóteses, o requerente trocaria a dependência explorável de um marido ou chefe pela dependência explorável dos

---

[11] Robert Goodin, *Reasons for Welfare: The Political Theory of the Welfare State* (Princeton, Princeton University Press, 1988).

[12] Nem todas as dependências são exploráveis. Robert Goodin especifica as seguintes quatro condições para que uma dependência seja explorável: 1) o relacionamento deve ser assimétrico; 2) a parte subordinada deve necessitar do recurso fornecido pelo superior; 3) a parte subordinada deve depender de algum superior específico para o fornecimento dos recursos necessários; 4) a parte superior deve gozar de controle discricionário sobre os recursos para os quais a parte subordinada necessita dela. Ver Robert Goodin, *Reasons for Welfare*, cit., p. 175-6.

[13] Albert O. Hirschman, *Exit, Voice, and Loyalty: Responses to Decline in Firms, Organizations, and States* (Cambridge, MA, Harvard University Press, 1970); Susan Moller Okin, *Justice, Gender, and the Family* (Nova York, Basic Books, 1989); Barbara Hobson, "No Exit, No Voice: Women's Economic Dependency and the Welfare State", *Acta Sociologica*, v. 33, n. 3, 1990, p. 235-50.

[14] Frances Fox Piven e Richard A. Cloward, *Regulating the Poor: The Functions of Public Welfare* (Nova York, Random House, 1971); Gøsta Esping-Andersen, *The Three Worlds of Welfare Capitalism* (Princeton, Princeton University Press, 1990).

[15] Robert Goodin, *Reasons for Welfare*, cit.

caprichos de um assistente social[16]. O objetivo deveria ser prevenir no mínimo três tipos de dependências exploráveis: dependência explorável de um membro individual da família, como um marido ou um filho adulto; dependência explorável de empregadores e supervisores; e dependência explorável dos caprichos pessoais dos funcionários do Estado. Em vez de deslocar as pessoas entre essas dependências exploráveis, uma abordagem adequada deve evitar todas as três simultaneamente[17]. Este princípio exclui arranjos que canalizem os benefícios de uma dona de casa para seu marido. É igualmente incompatível com arranjos que forneçam bens essenciais, como seguro-saúde, apenas em caso de escassez de empregos. Qualquer Estado de bem-estar social pós-industrial que satisfizesse o princípio antiexploração representaria uma grande melhoria em relação aos atuais arranjos dos Estados Unidos. Mas mesmo isso pode não ser satisfatório. Algumas formas de satisfazer este princípio não respeitariam vários dos princípios normativos seguintes, que também são essenciais para a justiça de gênero no bem-estar social.

Os três princípios da igualdade: um Estado de bem-estar pós-industrial poderia evitar a pobreza e a exploração das mulheres e ainda assim tolerar a grave desigualdade de gênero. Tal Estado de bem-estar social não é satisfatório. Outra dimensão da justiça de gênero na prestação social é a redistribuição, a redução da desigualdade entre mulheres e homens. Como vimos, algumas feministas criticaram a igualdade. Elas argumentaram que isso implica tratar as mulheres exatamente como os homens, de acordo com padrões definidos pelos homens, o que necessariamente prejudicaria as mulheres. Esse argumento expressa uma preocupação legítima, que abordarei em outro tópico adiante. Mas não compromete o ideal de igualdade *per se*. A preocupação diz respeito apenas a certas formas inadequadas de conceber a igualdade, que não estão pressupostas aqui. Ao menos três concepções distintas de igualdade escapam a essa objeção. Elas são essenciais para a justiça de gênero no bem-estar social.

3. *Igualdade de renda*: uma forma de igualdade crucial para a justiça de gênero diz respeito à distribuição da renda *per capita* real. Este tipo de igualdade é muito

---

[16] Edward V. Sparer, "The Right to Welfare", em Norman Dorsen (org.), *The Rights of Americans: What They are – What They Should Be* (Nova York, Pantheon, 1971).

[17] Ann Shola Orloff, "Gender and the Social Rights of Citizenship: The Comparative Analysis of Gender Relations and Welfare States", *The American Sociological Review*, v. 58, n. 3, jun. 1993, p. 303-28. O objetivo antiexploração não deve ser confundido com os atuais ataques vistos nos Estados Unidos à "dependência do bem-estar social", que são altamente ideológicos. Estes ataques definem "dependência" exclusivamente como a recepção de assistência pública. Ignoram as formas pelas quais esse recebimento pode promover a independência das requerentes, evitando a dependência explorável de maridos e empregadores. Para uma crítica de tais pontos de vista, ver o capítulo 3 deste volume.

premente agora, depois do salário familiar, quando os rendimentos das mulheres estadunidenses são aproximadamente 70% daqueles dos homens, quando grande parte do trabalho das mulheres não tem qualquer compensação e quando muitas mulheres sofrem de "pobreza invisível", devida à distribuição desigual dentro das famílias[18]. A meu ver, o princípio da igualdade de renda não exige um nivelamento absoluto. Mas exclui arranjos que reduzem a renda das mulheres quase pela metade após o divórcio, enquanto a renda dos homens quase duplica[19]. Exclui igualmente salários desiguais para trabalho igual e a subvalorização generalizada do trabalho e das competências das mulheres. O princípio da igualdade de renda exige uma redução substancial da grande discrepância entre a renda dos homens e a das mulheres. Quando isso ocorre, a tendência é também de ajudar a igualar as oportunidades de vida das crianças, uma vez que a maioria das crianças dos Estados Unidos provavelmente viverá em algum momento em famílias com mães solo[20].

4. *Igualdade de tempo de lazer*: outro tipo de igualdade crucial para a justiça de gênero diz respeito à distribuição do tempo de lazer. Este tipo de igualdade é muito premente agora, depois do salário familiar, quando muitas mulheres, mas relativamente poucos homens, realizam tanto trabalho remunerado como trabalho de cuidado primário não remunerado, e quando as mulheres sofrem desproporcionalmente de "pobreza de tempo"[21]. Um estudo britânico recente descobriu que 52% das mulheres entrevistadas, em comparação com 21% dos homens, afirmaram "se sentir cansadas a maior parte do tempo"[22]. O princípio da igualdade no tempo de lazer exclui arranjos de bem-estar social que equalizariam os rendimentos ao passo que exigiriam uma dupla jornada de trabalho das mulheres, mas apenas uma única dos homens. Também exclui arranjos que exigiriam que as mulheres, mas não os homens, fizessem o "trabalho de reivindicação" ou a demandante "colcha

---

[18] Ruth Lister, "Women, Economic Dependency and Citizenship", *Journal of Social Policy*, v. 19, n. 4, 1990, p. 445-67; Amartya Sen, "More Than 100 Million Women Are Missing", *The New York Review of Books*, v. 37, n. 20, 20 dez. 1990, p. 61-6.

[19] Lenore Weitzman, *The Divorce Revolution: The Unexpected Social and Economic Consequences for Women and Children in America* (Nova York, Free Press, 1985).

[20] David T. Ellwood, *Poor Support*, cit., p. 45.

[21] Lois Bryson, "Citizenship, Caring and Commodification", artigo não publicado apresentado na conferência Crossing Borders: International Dialogues on Gender, Social Politics and Citizenship, Estocolmo, 27-29 maio 1994; Arlie Hochschild e Anne Machung, *The Second Shift: Working Parents and the Revolution at Home* (Nova York, Viking, 1989); Juliet Schor, *The Overworked American: The Unexpected Decline of Leisure* (Nova York, Basic Books, 1991).

[22] Ruth Lister, "Women, Economic Dependency, and Citizenship", cit.

de retalhos" de juntar rendimentos de diversas fontes e de coordenar serviços de diferentes agências e associações[23].

5. *Igualdade de respeito*: a igualdade de respeito também é crucial para a justiça de gênero. Este tipo de igualdade é especialmente premente agora, depois do salário familiar, quando a cultura pós-industrial rotineiramente representa as mulheres como objetos sexuais para o prazer dos sujeitos masculinos. O princípio da igualdade de respeito exclui arranjos sociais que objetificam e depreciam as mulheres – mesmo que esses arranjos evitem a pobreza e a exploração, e mesmo que, além disso, equalizem a renda e o tempo de lazer. Ele é incompatível com programas de bem-estar que banalizam as atividades das mulheres e ignoram as contribuições das mulheres – portanto, com as "reformas de bem-estar" nos Estados Unidos que presumem que as requerentes do AFDC não "trabalham". A igualdade de respeito requer o reconhecimento da personalidade das mulheres e do trabalho das mulheres.

Um Estado de bem-estar social pós-industrial deveria promover a igualdade em todas essas três dimensões. Tal Estado constituiria um enorme avanço em relação às disposições atuais, mas mesmo assim poderia não ir suficientemente longe. Algumas formas de satisfazer os princípios da igualdade não respeitariam o princípio seguinte, que também é essencial para a justiça de gênero no bem-estar social.

6. *O princípio antimarginalização*: um Estado de bem-estar social poderia satisfazer todos os princípios anteriores e ainda operar de modo a marginalizar mulheres. Ao limitar o apoio a dar pensões generosas às mães, por exemplo, poderia tornar as mulheres independentes, bem providas, bem descansadas e respeitadas, mas isoladas numa esfera doméstica separada, afastadas da vida da sociedade em geral. Tal Estado de bem-estar social seria inaceitável. A política pública social deve promover a plena participação das mulheres, em pé de igualdade com os homens, em todas as áreas da vida social – no emprego, na política, na vida associativa da sociedade civil. O princípio antimarginalização exige a disponibilidade das condições necessárias para a participação das mulheres, incluindo creches, cuidados aos idosos e condições para amamentação em público. Requer também o desmantelamento de culturas de trabalho masculinistas e de ambientes políticos hostis às mulheres. Qualquer Estado de bem-estar social pós-industrial que fornecesse essas coisas representaria uma grande melhoria em relação aos atuais formatos. No entanto, mesmo isso pode deixar algo a desejar. Algumas formas de satisfazer o

---

[23] Laura Balbo, "Crazy Quilts: Rethinking the Welfare State from a Woman's Point of View", em Ann Showstack Sassoon (org.), *Women and the State* (Londres, Hutchinson, 1987).

princípio antimarginalização não respeitariam o último princípio, que também é essencial para a justiça de gênero no bem-estar social.

7. *O princípio antiandrocentrismo*: um Estado de bem-estar social que satisfizesse muitos dos princípios anteriores ainda poderia reforçar algumas normas de gênero execráveis. Poderia partir da visão androcêntrica de que os atuais padrões de vida dos homens representam a norma humana e que as mulheres deveriam assimilá-los. (Esta é a verdadeira questão por trás da preocupação anteriormente mencionada com a igualdade.) Tal Estado de bem-estar social é inaceitável. A política pública social não deveria exigir que as mulheres se tornem como homens nem que se adequem a instituições concebidas para os homens, a fim de desfrutar de níveis comparáveis de bem-estar. Em vez disso, a política deveria ter como objetivo reestruturar as instituições androcêntricas de modo a acolher seres humanos que podem dar à luz e que muitas vezes cuidam de familiares e amigos, tratando-os não como exceções, mas como participantes típico-ideais. O princípio antiandrocentrismo exige o descentramento das normas masculinistas – em parte através da revalorização de práticas e características que são atualmente subvalorizadas porque estão associadas às mulheres. Implica mudar os homens e também mudar as mulheres.

Eis, então, uma análise da justiça de gênero no bem-estar social. Nesta perspectiva, a justiça de gênero é uma ideia complexa que compreende sete princípios normativos distintos, cada um dos quais é necessário e essencial. Nenhum Estado de bem-estar pós-industrial pode concretizar a justiça de gênero a menos que satisfaça a todos esses princípios.

Como, então, os princípios se inter-relacionam? Aqui, tudo depende do contexto. Alguns arranjos institucionais permitem a satisfação simultânea de vários princípios com um mínimo de interferência mútua; outros arranjos, em contraste, estabelecem situações de soma zero, nas quais as tentativas de satisfazer um princípio interferem nas tentativas de satisfazer outro. Promover a justiça de gênero depois do salário familiar significa, portanto, atender a múltiplos objetivos potencialmente conflitantes. O objetivo deveria ser encontrar abordagens que evitem concessões e maximizem as perspectivas de satisfação de todos os sete princípios – ou ao menos da maior parte deles.

Nas seções seguintes, utilizo essa abordagem para avaliar dois modelos alternativos de um Estado de bem-estar pós-industrial. Primeiro, porém, quero assinalar quatro conjuntos de questões relevantes. Um diz respeito à organização social do trabalho de cuidado. A forma precisa de organizar esse trabalho é crucial para o bem-estar humano em geral e para a posição social das mulheres em particular. Na era do salário familiar, o trabalho de cuidado era tratado como responsabilidade privativa de cada mulher. Hoje, porém, não pode mais ser tratado dessa forma. É preciso ter alguma outra forma de organização, mas vários cenários diferentes são concebíveis. Ao avaliar os modelos de Estado de bem-estar pós-industrial, devemos então perguntar: como é que a responsabilidade pelo trabalho de cuidado é distribuída entre instituições como a família, o mercado, a sociedade civil e o Estado? E como é atribuída a responsabilidade por esse trabalho dentro de tais instituições – por gênero? Por classe? Por "raça"/etnia? Por idade?

Um segundo conjunto de questões diz respeito às bases do direito à provisão estatal. Cada Estado de bem-estar social atribui seus benefícios de acordo com uma combinação específica de princípios distributivos, que define sua qualidade moral básica. Essa mistura, em cada caso, precisa ser examinada. Em geral, contém proporções variadas de três princípios básicos de direitos: necessidade, merecimento e cidadania. A provisão baseada nas necessidades é a mais redistributiva, mas traz o risco de isolar e estigmatizar os necessitados; tem sido a base da ajuda tradicional aos pobres e da assistência pública moderna, as formas menos honrosas de prestação. O mais honroso, em contraste, é o direito baseado no merecimento, mas este tende a ser anti-igualitário e excludente. Aqui, cada um recebe benefícios de acordo com suas "contribuições", geralmente pagamentos de impostos, trabalho e serviços – no caso, "pagamentos de impostos" significa descontos salariais depositados em um fundo especial, "trabalho" significa emprego na força de trabalho primária, e "serviço" significa as Forças Armadas, todas interpretações desses termos que prejudicam as mulheres. O merecimento costuma ser visto como a principal base da seguridade social ligada aos rendimentos no Estado de bem-estar social industrial[24]. O terceiro princípio, cidadania, distribui a provisão com base no pertencimento à sociedade. É honroso, igualitário e universalista, mas excludente em relação aos imigrantes não cidadãos e aos que não têm documentos. É também caro e, portanto, difícil de sustentar com elevados níveis de qualidade e generosidade; alguns teóricos também se preocupam com o fato de encorajar o comportamento de carona, definido por

---

[24] Na verdade, há uma forte componente ideológica na visão habitual de que a assistência pública se baseia na necessidade, enquanto a seguridade social se baseia no merecimento. Os níveis de benefícios na seguridade social não refletem estritamente as "contribuições". Além disso, todos os programas governamentais são financiados por "contribuições", sob a forma de impostos. Os programas de assistência pública são financiados por receitas gerais, tanto federais como estaduais. Os beneficiários da assistência social, como outros, "contribuem" para esses fundos, por exemplo, através do pagamento de impostos sobre bens de consumo e serviços. Ver Nancy Fraser e Linda Gordon, "Contract versus Charity: Why Is There No Social Citizenship in the United States?", *Socialist Review*, v. 22, n. 3, jul.-set. 1992, p. 45-68.

eles, no entanto, de forma androcêntrica[25]. Os direitos baseados na cidadania são mais frequentemente encontrados em países social-democratas, onde podem incluir sistemas universais de saúde com financiador único e benefícios de prestação universais à família ou por filhos; eles são virtualmente desconhecidos nos Estados Unidos – exceto na educação pública. Ao examinar modelos de Estado de bem-estar social pós-industrial, deve-se, portanto, olhar atentamente para a construção de direitos. Faz uma diferença considerável para o bem-estar das mulheres e das crianças, por exemplo, se as vagas em creches são distribuídas como direitos de cidadania ou como direitos baseados no merecimento, ou seja, se estão ou não condicionadas a emprego anterior. Da mesma forma, é importante saber, para dar outro exemplo, se o trabalho de cuidado é subsidiado com base na necessidade, na forma de um benefício para os pobres condicionado a avaliação de rendimentos, ou se é sustentado com base no merecimento, como retorno pelo "trabalho" ou "serviço", agora interpretado de forma não androcêntrica, ou se, finalmente, é sustentado com base na cidadania, sob um esquema de renda básica universal.

Um terceiro conjunto de questões diz respeito às diferenças entre as mulheres. O gênero é o foco principal deste capítulo, sem dúvida, mas não pode ser tratado em bloco. As vidas de mulheres e homens são atravessadas por várias outras divisões sociais salientes, incluindo classe, "raça"/etnia, sexualidade e idade. Os modelos de Estado de bem-estar pós-industrial não afetarão, portanto, todas as mulheres – nem todos os homens – da mesma forma; eles gerarão resultados diferentes para pessoas em situações diferentes. Por exemplo, algumas políticas afetarão as mulheres que têm filhos de forma diferente daquelas que não os têm; algumas, da mesma forma, afetarão as mulheres que têm acesso a uma segunda fonte de renda de forma diferente daquelas que não o têm; e algumas, finalmente, afetarão as mulheres empregadas em tempo integral de forma diferente das que trabalham em meio período, e de forma ainda mais diferente das que não estão empregadas. Para cada modelo, então, devemos perguntar: quais grupos de mulheres seriam favorecidos e quais seriam desfavorecidos?

Um quarto conjunto de questões diz respeito a desideratos para Estados de bem-estar social pós-industriais que não sejam a justiça de gênero. Afinal, a justiça de

---

[25] A preocupação com o parasitismo, mais conhecida como "o problema do carona", é geralmente apresentada androcentricamente como uma preocupação com a evitação do emprego remunerado. Em contraste, pouca atenção é dada a um problema muito mais generalizado, a saber, o parasitismo ou "carona" dos homens no trabalho doméstico não remunerado das mulheres. Uma exceção bem-vinda é Peter Taylor-Gooby, "Scrounging, Moral Hazard, and Unwaged Work: Citizenship and Human Need", texto datilografado não publicado, 1993.

gênero não é o único objetivo do bem-estar social. Também são importantes os objetivos não relacionados à justiça, como eficiência, comunidade e liberdade individual. Além disso, ainda há outros objetivos de justiça, tais como a justiça "racial"/étnica, a justiça geracional, a justiça de classe e a justiça entre as nações. Todas essas questões estão necessariamente em segundo plano aqui. Algumas delas, no entanto, como a justiça "racial"/étnica, poderiam ser tratadas através de experimentos de pensamento paralelos: seria possível definir a justiça "racial"/étnica como uma ideia complexa, de forma análoga à como a justiça de gênero é tratada aqui, e então usá-la também para avaliar visões concorrentes de um Estado de bem-estar social pós-industrial.

Com essas considerações em mente, examinemos agora duas visões feministas notavelmente diferentes de um Estado de bem-estar social pós-industrial. E perguntemo-nos: qual delas mais se aproxima de alcançar a justiça de gênero no sentido que elaborei aqui?

2. O MODELO DO SUSTENTO UNIVERSAL

Em uma projeção da sociedade pós-industrial, a era do salário familiar daria lugar à era do *sustento universal*. Esta é a visão implícita na prática política atual da maioria das feministas e liberais dos Estados Unidos. (Também foi presumida nos antigos países comunistas!) Visa alcançar a justiça de gênero principalmente através da promoção do emprego das mulheres. O objetivo é permitir que as mulheres possam sustentar-se a si próprias e a suas famílias com seu próprio salário. Em suma, o papel do provedor deve ser universalizado, para que as mulheres também possam ser cidadãs trabalhadoras.

O modelo do sustento universal é um cenário pós-industrial muito ambicioso, que exige programas e políticas novos e importantes. Um elemento crucial é um conjunto de serviços que viabilizem o emprego, tais como creches e cuidados a idosos, destinados a libertar as mulheres de responsabilidades não remuneradas para que elas possam ter um emprego em tempo integral em condições comparáveis às dos homens[26]. Outro elemento essencial é um conjunto de reformas do local de

---

[26] Os serviços que viabilizam o emprego poderiam ser distribuídos de acordo com a necessidade, o mérito ou a cidadania, mas a cidadania corresponde melhor ao espírito do modelo. As creches destinadas aos pobres comprovadamente sem recursos só podem significar um fracasso na obtenção de um verdadeiro estatuto de provedor; e as creches baseadas no merecimento criam um obstáculo: é preciso já estar empregado para conseguir o que é necessário para o emprego. Os direitos baseados na cidadania são então os melhores, mas devem disponibilizar serviços a todos, incluindo os imigrantes. Isto exclui arranjos como o sueco, que não garantem vagas suficientes em

trabalho voltadas a remover obstáculos à igualdade de oportunidades, tais como a discriminação de sexo e o assédio sexual. No entanto, a reforma do local de trabalho exige a reforma da cultura – eliminar os estereótipos sexistas e romper com a associação cultural entre o papel de provedor e a masculinidade. Também são necessárias políticas que ajudem a transformar a socialização, para que, em primeiro lugar, as aspirações das mulheres sejam reorientadas para longe da vida doméstica e em direção ao emprego e, em segundo lugar, as expectativas dos homens sejam reorientadas no sentido da aceitação do novo papel das mulheres. Contudo, nada disso funcionaria sem um ingrediente adicional: políticas macroeconômicas para criar empregos permanentes, em tempo integral e com altos salários para as mulheres[27]. Eles precisariam ser verdadeiros empregos de sustento da família na força de trabalho primária, proporcionando direitos de seguridade social completos e de primeira classe. A seguridade social é, enfim, fundamental para o modelo do sustento universal. O objetivo aqui é levar as mulheres à paridade com os homens numa instituição que tradicionalmente as tem colocado em desvantagem.

Como esse modelo organizaria o trabalho de cuidado? A maior parte desse trabalho seria transferido da família para o mercado e para o Estado, onde seria executado por empregados remunerados[28]. Quem provavelmente serão, então, esses empregados? Hoje em dia, em muitos países, incluindo os Estados Unidos, o trabalho de assistência institucional pago é mal remunerado, feminizado e em grande parte racializado e/ou realizado por imigrantes[29]. Mas tais configurações

---

creches e geram longas filas. Para o problema sueco, ver Barbara Hobson, "Economic Dependency and Women's Social Citizenship: Some Thoughts on Esping-Andersen's Welfare State Regimes", texto datilografado não publicado, 1993.

[27] Isso, aliás, representaria uma ruptura decisiva para a política dos Estados Unidos, que pressupõe, desde o New Deal, que a criação de emprego se destina principalmente para os homens. Nesse sentido, as propostas da campanha de Bill Clinton em 1992 para políticas "industriais" e de "investimento em infraestruturas" não foram exceção. Ver Nancy Fraser, "Clintonism, Welfare, and the Antisocial Wage", cit.

[28] O próprio governo poderia fornecer serviços de assistência sob a forma de bens públicos ou poderia financiar a prestação mercantilizada através de um sistema de *vouchers*. Alternativamente, os empregadores poderiam ser obrigados a fornecer serviços que viabilizem o emprego de seus funcionários, quer através de vouchers quer de arranjos internos. A opção estatal significa impostos mais elevados, claro, mas pode ser preferível mesmo assim. A obrigatoriedade da responsabilidade do empregador cria um desincentivo à contratação de trabalhadores com dependentes, para provável desvantagem das mulheres.

[29] Evelyn Nakano Glenn, "From Servitude to Service Work: Historical Continuities in the Racial Division of Paid Reproductive Labor", *Signs: Journal of Women in Culture and Society*, v. 18, n. 1, 1992, p. 1-43.

estão excluídas deste modelo. Se tiver sucesso em permitir que *todas* as mulheres sejam o provedor da família, o modelo deve melhorar o *status* e a remuneração associados ao emprego de cuidado, transformando-o, também, no trabalho da força de trabalho primária. O sustento universal, então, está necessariamente comprometido com uma política do "valor comparável"; deve corrigir a subvalorização generalizada de competências e empregos atualmente codificados como femininos e/ou "não brancos", e deve remunerar esses empregos com salários equivalentes ao de um provedor.

O sustento universal vincularia muitos benefícios ao emprego e os distribuiria através da seguridade social, com níveis variáveis conforme os rendimentos. Nesse aspecto, o modelo assemelha-se ao Estado de bem-estar da era industrial[30]. A diferença é que muito mais mulheres seriam cobertas com base em seus próprios registros de emprego. E muito mais registros de emprego de mulheres seriam consideravelmente mais parecidos com os dos homens.

Nem todos os adultos podem ser empregados, no entanto. Alguns ficarão impossibilitados de trabalhar por motivos médicos, incluindo alguns que já não estavam empregados. Outros não conseguirão emprego. Alguns, finalmente, terão responsabilidades de cuidados que não podem ou não querem transferir para outrem. A maioria destes últimos serão mulheres. Para sustentar essas pessoas, o sustento universal deve incluir um patamar residual de bem-estar social que proporcione substituições ao salário baseadas nas necessidades aferidas individualmente[31].

O sustento universal está muito distante da realidade atual. Exige a criação massiva de empregos na força de trabalho primária – empregos com remuneração suficiente para que alguém sustente sozinho uma família. Isto, claro, é totalmente diferente das atuais tendências pós-industriais, que geram empregos não para

---

[30] Também condiciona o direito ao mérito e define "contribuição" em termos androcêntricos tradicionais, como emprego e descontos salariais.

[31] O que mais exatamente deve ser fornecido pelo sistema residual dependerá do equilíbrio dos direitos fora dele. Se o seguro-saúde for fornecido universalmente como um benefício do cidadão, por exemplo, então não será necessário existir um sistema de saúde para os não empregados sujeito a suas condições de recursos. Se, no entanto, o seguro-saúde convencional estiver ligado ao emprego, então será necessário um sistema de saúde residual. O mesmo vale para seguro-desemprego, aposentadoria e pensão por invalidez. Em geral, quanto mais for fornecido com base na cidadania, e não no merecimento, menos terá de ser fornecido com base na necessidade. Poderíamos até dizer que os direitos baseados no merecimento criam a necessidade de uma provisão baseada na necessidade; assim, a seguridade social ligada ao emprego cria a necessidade de assistência pública sujeita a condições de recursos.

provedores, mas para "trabalhadores descartáveis"[32]. Suponhamos, no entanto, para o bem do experimento de pensamento, que suas condições de possibilidade possam ser atendidas. E vejamos se o Estado de bem-estar social pós-industrial resultante poderia reivindicar a qualidade de justiça de gênero.

Antipobreza: podemos reconhecer imediatamente que o sustento universal faria um bom trabalho na prevenção da pobreza. Uma política que criasse empregos seguros e de qualidade de sustento familiar para todas as mulheres e homens empregáveis – e ao mesmo tempo providenciasse os serviços que permitiriam às mulheres aceitar esses empregos – manteria a maioria das famílias fora da pobreza. Níveis generosos de apoio residual manteriam as famílias restantes fora da pobreza através de transferências[33].

Antiexploração: o modelo também deverá conseguir prevenir a dependência explorável para a maioria das mulheres. As mulheres com empregos seguros de provedoras têm condições de sair de relações insatisfatórias com os homens. E aquelas que não têm esses empregos, mas sabem que podem obtê-los, também serão menos vulneráveis à exploração. Caso contrário, o sistema residual de apoio à renda proporciona uma proteção suplementar contra a dependência explorável – tomando de partida que ele é generoso, não discricionário e digno[34].

Igualdade de rendimentos: o sustento universal é apenas modesto, no entanto, no que diz respeito a alcançar a igualdade de renda. É certo que empregos garantidos e seguros para as mulheres – além dos serviços que permitiriam a elas aceitá-los – reduziriam a disparidade salarial entre homens e mulheres[35]. A redução da desigualdade de renda, além disso, traduz-se numa redução da desigualdade nos benefícios de seguridade social. E a disponibilidade de opções de saída do casamento deverá encorajar uma distribuição de recursos mais equitativa dentro dele. Mas o modelo não é igualitário. Contém uma clivagem social básica que separa os

---

[32] Peter Kilborn, "New Jobs Lack the Old Security in Time of 'Disposable Workers'", *The New York Times*, 15 mar. 1993, p. A1, A6.

[33] Caso contrário, no entanto, vários grupos tornam-se especialmente vulneráveis à pobreza neste modelo: quem não pode trabalhar; quem – desproporcionalmente mulheres e/ou pessoas não brancas – não consegue obter empregos seguros, permanentes, em tempo integral e bem remunerados; e quem – desproporcionalmente mulheres – tem responsabilidades de cuidados pesadas, difíceis de transferir a terceiros e não remuneradas.

[34] No entanto, caso contrário, os grupos mencionados na nota anterior permanecem especialmente vulneráveis à exploração – por homens abusivos, por empregadores injustos ou predatórios, por servidores públicos caprichosos.

[35] Quanto exatamente subsiste vai depender do sucesso do governo na eliminação da discriminação e na implementação do valor comparável.

chefes de família dos outros, para considerável desvantagem destes – a maioria dos quais seriam mulheres. Além disso, apesar do valor comparável, não reduz a desigualdade salarial entre os diferentes empregos de provedores. É certo que o modelo reduz o peso do gênero na desigualdade verificada na remuneração de empregos de provedor; mas isso acaba por aumentar o peso de outras variáveis, presumivelmente classe, escolaridade, "raça"/etnia e idade. As mulheres – e os homens – que estão em desvantagem em relação a esses eixos de diferenciação social ganharão menos que aqueles que não o estão.

Igualdade no tempo de lazer: ademais, o modelo é bastante insatisfatório no que diz respeito à igualdade no tempo de lazer, como sabemos pela experiência comunista. Ele pressupõe que todas as atuais responsabilidades domésticas e de cuidado das mulheres podem ser transferidas para o mercado e/ou para o Estado. Mas essa suposição é claramente irrealista. Algumas coisas, como a procriação, a assistência a emergências familiares e muito do trabalho parental, não podem ser transferidas – a não ser por meio da barriga de aluguel universal e de outros acordos presumivelmente indesejáveis. Outras coisas, como cozinhar e (algumas) tarefas domésticas, poderiam ser transferidas – desde que estivéssemos preparados para aceitar arranjos de vida coletivos ou elevados níveis de mercantilização. Por fim, mesmo as tarefas que são transferidas não desaparecem do mapa, mas dão origem a novas e pesadas tarefas de coordenação. As oportunidades de igualdade de lazer para as mulheres dependem, portanto, de saber se os homens podem ser induzidos a fazer sua parte neste trabalho. Nesse aspecto, o modelo não inspira confiança. Não só não oferece desincentivos ao comportaento de carona como, ao valorizar o trabalho remunerado, rebaixa implicitamente o trabalho não remunerado, alimentando assim a motivação para se esquivar dele[36]. As mulheres sem parceiros estariam, de todo modo, sozinhas. E aquelas que vivem em unidades familiares de mais baixa renda teriam menos condições de adquirir serviços de substituição. As mulheres empregadas teriam então uma segunda jornada nesse modelo, embora menos fatigante que a que algumas têm agora; e haveria muito mais mulheres empregadas em tempo integral. Em suma, o sustento universal, dificilmente proporcionará lazer igual. Qualquer pessoa que não seja um "carona" nesse possível mundo pós-industrial provavelmente ficará aflita e cansada.

---

[36] O provedor universal presumivelmente depende da persuasão para induzir os homens a fazerem sua parte justa no trabalho não remunerado. As probabilidades de isso funcionar seriam maiores se o modelo conseguisse promover a mudança cultural e reforçar a voz das mulheres no casamento. Mas é duvidoso que isto por si só seja suficiente, como sugere a experiência comunista.

Igualdade de respeito: O modelo, além disso, é apenas modesto na entrega de igualdade de respeito. Por manter homens e mulheres no padrão único de cidadão-trabalhador, a única hipótese na qual ele eliminaria a disparidade de respeito entre gêneros seria se admitisse as mulheres nesse estatuto nas mesmas condições que os homens. Contudo, é improvável que isso ocorra. Um resultado mais provável seria que as mulheres se mantivessem mais ligadas à reprodução e à domesticidade que os homens, aparecendo assim como provedoras insuficientes. Além disso, é provável que o modelo gere outro tipo de lacuna de respeito. Ao atribuir uma elevada importância ao estatuto de provedor, ele convida ao desrespeito pelos demais. Os participantes no sistema residual cuja falta de recursos é comprovada estarão suscetíveis à estigmatização; e a maioria destes serão mulheres. Qualquer modelo centrado no emprego, mesmo um modelo feminista, tem dificuldade em construir um estatuto honroso para aqueles que ele define como "não trabalhadores".

Antimarginalização: este modelo também é apenas modesto no combate à marginalização das mulheres. É verdade que promove a participação das mulheres no emprego, mas sua definição de participação é restrita. Ao prever o emprego em tempo integral de todos os que estão aptos, o modelo pode acabar impedindo a participação na política e na sociedade civil. Certamente, não contribui em nada para promover a participação das mulheres nessas áreas. Combate, portanto, a marginalização das mulheres de uma forma unilateral e "obreirista".

Antiandrocentrismo: por último, o modelo tem um fraco desempenho na superação do androcentrismo. Valoriza a esfera tradicional dos homens – o emprego – e meramente tenta ajudar as mulheres a enquadrar-se. O cuidado, tarefa tradicionalmente feminina, é, ao contrário, tratado de forma instrumental; é o que deve ser descartado para se tornar um provedor. Não lhe é atribuído valor social. O tipo ideal de cidadão aqui é o provedor, agora nominalmente neutro em termos de gênero. Mas o conteúdo do *status* é implicitamente masculino; é a metade masculina do antigo casal provedor/dona de casa, hoje universalizada e exigida de todos. A metade feminina do casal simplesmente desapareceu. Nenhuma de suas virtudes e capacidades distintivas foi preservada para as mulheres, muito menos universalizada para os homens. O modelo é androcêntrico.

Não é de surpreender que o sustento universal proporcione os melhores resultados às mulheres cujas vidas mais se assemelham à metade masculina do antigo casal ideal com salário familiar. É especialmente bom para as mulheres sem filhos e para as mulheres sem outras responsabilidades domésticas importantes que não possam ser facilmente transferidas para os serviços sociais. Mas para essas mulheres, bem como para outras, fica aquém da plena justiça de gênero.

3. O modelo de paridade no cuidado

Numa segunda perspectiva da sociedade pós-industrial, a era do salário familiar daria lugar à era da paridade no cuidado. Esta é a imagem implícita na prática política da maioria das feministas e social-democratas da Europa ocidental. Ela busca promover a justiça de gênero principalmente através do apoio ao trabalho informal de cuidado. O objetivo é permitir às mulheres com responsabilidades domésticas significativas que sustentem a si próprias e a suas famílias, seja apenas por meio do trabalho de cuidado, seja por meio do trabalho de cuidado mais emprego em meio período. (As mulheres sem responsabilidades domésticas significativas presumivelmente tirariam seu sustento do emprego.) O objetivo não é tornar a vida das mulheres igual à dos homens, e sim "tornar a diferença sem custos"[37]. Assim, a procriação, a criação dos filhos e o trabalho doméstico informal devem ser elevados à paridade com o trabalho formal remunerado. O papel de cuidador deve ser equiparado ao papel de provedor – para que mulheres e homens possam desfrutar de níveis equivalentes de dignidade e bem-estar.

A paridade no cuidado também é extremamente ambiciosa. Neste modelo, muitas mulheres (embora não todas) seguirão a atual prática feminina nos Estados Unidos de alternar períodos de emprego em tempo integral, períodos de atividades de cuidado em tempo integral e períodos que combinam jornadas parciais de cuidado e de emprego. O objetivo é tornar esse padrão de vida sem custos. Para este fim, são necessários vários novos programas importantes. Um deles é um programa de benefícios para quem cuida que compense a gestação e o parto, a criação dos filhos, o trabalho doméstico e outras formas de trabalho doméstico socialmente necessário; os benefícios de prestação devem ser suficientemente generosos, equivalentes ao índice de tempo integral para sustentar uma família – portanto, equivalentes ao salário de provedor[38]. Também é necessário um programa de reformas no local de

---

[37] Christine A. Littleton, "Reconstructing Sexual Equality", em Katharine T. Bartlett e Rosanne Kennedy (orgs.), *Feminist Legal Theory*, cit.

[38] Os benefícios pagos a cuidadoras e cuidadores poderiam ser distribuídos com base na necessidade, como um benefício para os pobres mediante comprovação de renda insuficiente – como sempre aconteceu nos Estados Unidos. No entanto, isso contrariaria o espírito da paridade no cuidado. Não se pode afirmar consistentemente que a vida de cuidador é equivalente em dignidade à vida de provedor quando aquela somente recebe apoio como um último recurso paliativo contra a pobreza. (Essa contradição sempre atormentou as pensões para as mães – e mais tarde o Auxílio às Crianças Dependentes – nos Estados Unidos. Embora alguns defensores pretendessem que esses programas exaltassem a maternidade, a mensagem passada era contraditória, dado que dependiam de teste de meios e de padrões morais.) Além disso, os benefícios sujeitos a teste de meios impediriam transições suaves entre o emprego e o trabalho de cuidado. Dado que o objetivo é tornar a

trabalho. Estas devem facilitar a possibilidade de combinar o trabalho subsidiado de cuidado com o emprego em meio período e também a de fazer transições entre diferentes estados da vida. A chave aqui é a flexibilidade. Uma necessidade óbvia é um programa generoso de licença-gestação e licença-família obrigatórias, para que quem cuida possa sair e entrar no emprego sem perder segurança ou senioridade. Outra é um programa de reciclagem e procura de emprego para quem não regressa aos antigos empregos. Também é essencial a obrigatoriedade de horários flexíveis para que quem cuida possa mudar seu horário a fim de acomodar as responsabilidades de cuidado, incluindo mudanças de jornada do emprego, entre tempo integral e meio período. Finalmente, na esteira de toda essa flexibilidade, devem existir programas que garantam a continuidade de todos os benefícios básicos de seguridade social, incluindo seguro-saúde, seguro-desemprego, pensão por invalidez e aposentadoria.

Este modelo organiza o trabalho de cuidado de forma muito diferente do sustento universal. Enquanto aquela abordagem transferia o trabalho de cuidado para o mercado e o Estado, esta aqui mantém o cerne desse trabalho na unidade familiar e apoia-o com fundos públicos. O sistema de seguridade social da paridade no cuidado também difere bastante. Para garantir uma cobertura contínua às pessoas que alternam entre cuidados e emprego, os benefícios associados a ambos devem ser integrados num único sistema. Nesse sistema, os empregos em meio período e os cuidados subsidiados devem ser cobertos tal como os empregos em tempo integral. Assim, uma mulher que concluísse um período de trabalho de cuidados subsidiado estaria habilitada a receber benefícios de seguro-desemprego, caso não conseguisse encontrar um emprego adequado, tal como um empregado recentemente despedido. E uma cuidadora subsidiada que ficasse incapacitada receberia pensão por invalidez tal como um funcionário incapacitado. Anos de cuidados subsidiados contariam em pé de igualdade com anos de emprego na elegibilidade para a aposentadoria. Os níveis de benefícios seriam fixados de forma a tratar o trabalho de cuidado e o emprego de maneira equivalente[39].

---

prestação de cuidados tão merecedora quanto a atividade do provedor, os benefícios de prestação aos cuidadores devem basear-se no mérito. Tratados como compensação por "serviço" ou "trabalho" socialmente necessário, eles alteram o significado androcêntrico padrão desses termos.

[39] Em *Justice, Gender and the Family* [Justiça, gênero e família], Susan Okin propôs uma forma alternativa de financiar trabalhos de cuidado. Em seu esquema, os fundos viriam do que hoje são considerados os rendimentos de quem é parceiro de quem cuida. Um homem com uma esposa sem emprego, por exemplo, receberia um contracheque equivalente à metade do salário "dele"; seu empregador emitiria um segundo cheque no mesmo valor, a ser pago diretamente à esposa. Por

A paridade no cuidado também exige outra faixa residual de assistência social. Alguns adultos não poderão realizar nem trabalhos de cuidado nem trabalho assalariado, incluindo alguns sem histórico de trabalho prévio de qualquer dos dois tipos. A maioria dessas pessoas provavelmente serão homens. Para atendê-los, o modelo deve oferecer substitutos de salários e benefícios de prestação, sujeitos à verificação de insuficiência de recursos[40]. Contudo, a faixa residual da paridade no cuidado deve ser menor que a do sustento universal; quase todos os adultos devem ser cobertos pelo sistema integrado de seguridade social de provedores e cuidadores.

A paridade no cuidado também está muito distante dos atuais arranjos dos Estados Unidos. Exige grandes desembolsos de recursos públicos para pagar benefícios de prestação para cuidadores, e, portanto, uma enorme reforma fiscal estrutural e uma mudança radical na cultura política. Suponhamos, no entanto, para o bem do experimento do pensamento, que suas condições de possibilidade possam ser satisfeitas. E vejamos se o Estado de bem-estar social pós-industrial resultante poderia reivindicar a qualidade de justiça de gênero.

Antipobreza: a paridade no cuidado faria um bom trabalho na prevenção da pobreza – inclusive para as mulheres e crianças que são atualmente as mais vulneráveis. Benefícios suficientemente generosos manteriam as famílias de mães solo fora da pobreza durante os períodos de prestação de cuidados em tempo integral. E uma combinação de benefícios e salários faria o mesmo durante períodos de trabalho de cuidado subsidiado em jornada parcial e emprego de meio período[41]. Uma vez que

---

mais intrigante que seja esta ideia, podemos nos perguntar se é realmente a melhor maneira de promover a independência da esposa em relação ao marido, uma vez que liga tão diretamente o rendimento dela ao dele. Além disso, a proposta de Okin não prevê qualquer apoio às mulheres sem parceiros empregados pela prestação de cuidados. A paridade no cuidado, por outro lado, fornece apoio público a qualquer pessoa que realize trabalho de cuidado informal. Quem, então, serão seus prováveis beneficiários? Com exceção da licença-gestação, todos os benefícios do modelo são abertos a todo mundo; para que tanto homens como mulheres possam optar por uma vida "feminina". É, no entanto, consideravelmente mais provável que mulheres o façam. Embora pretenda tornar essa vida sem custos, o modelo não inclui incentivos positivos para que os homens mudem. Alguns homens, é claro, podem simplesmente preferir uma vida assim e a escolherão quando tiverem a oportunidade; a maioria não o fará, contudo, dadas a socialização e a cultura atuais. Veremos, além disso, que a paridade no cuidado contém alguns desincentivos ocultos à prestação de cuidados por parte dos homens.

[40] Neste aspecto, assemelha-se ao modelo do sustento universal: quaisquer bens essenciais adicionais normalmente oferecidos com base no mérito também devem ser oferecidos aqui com base na necessidade.

[41] Os salários do emprego em tempo integral também devem ser suficientes para sustentar uma família com dignidade.

cada uma dessas opções incluiria o pacote básico de seguridade social, ademais, as mulheres com padrões de trabalho "femininos" teriam uma segurança considerável[42].

Antiexploração: a paridade no cuidado também deve ter sucesso na prevenção da exploração para a maioria das mulheres, incluindo aquelas que são hoje as mais vulneráveis. Ao proporcionar renda diretamente às esposas não empregadas, reduz a dependência econômica delas em relação aos maridos. Também proporciona segurança econômica às mulheres solteiras com filhos, reduzindo sua propensão à exploração pelos empregadores. Como as transferências para cuidadores são dignas e não discricionárias, finalmente os beneficiários não estão sujeitos aos caprichos dos assistentes sociais[43].

Igualdade de rendimentos: contudo, a paridade no cuidado tem um desempenho bastante fraco no que diz respeito à igualdade de rendimentos, como sabemos a partir da experiência nórdica. Embora o sistema de transferências-mais-salários proporcione o equivalente a um salário básico de provedor para o sustento da família, também institui uma "pista da mamãe" no emprego – um mercado de empregos flexíveis, intermitentes, seja em tempo integral seja em meio período. A maioria desses empregos pagará consideravelmente menos, mesmo em tempo integral, que empregos comparáveis de provedor. As famílias com dois parceiros terão um incentivo econômico para manter um dos parceiros na pista do sustento da família, em vez de dividir períodos de cuidado entre eles; dados os atuais mercados de trabalho, fazer do homem o provedor será mais vantajoso para os casais heterossexuais. Além disso, dadas a cultura e a socialização atuais, é pouco provável que os homens escolham a pista da mamãe na mesma proporção que as mulheres. Assim, as duas pistas de emprego irão carregar associações tradicionais de gênero. É provável que essas associações, por sua vez, produzam discriminação contra as mulheres que seguirem a pista de provedoras. A paridade no cuidado pode fazer com que a diferença custe menos, mas não tornará a diferença sem custos.

Igualdade no tempo de lazer: contudo, a paridade no cuidado tem um desempenho um pouco melhor no que diz respeito à igualdade no tempo de lazer. Torna possível que todas as mulheres evitem a dupla jornada, se assim o desejarem, optando, em várias fases de suas vidas, por se dedicar em tempo integral ou meio período

---

[42] Os adultos sem registros de trabalhos de cuidado nem de emprego seriam mais vulneráveis à pobreza neste modelo; a maioria deles seriam homens. As crianças, ao contrário, estariam bem protegidas.

[43] Mais uma vez, neste modelo são os adultos sem registro de cuidado nem de emprego os mais vulneráveis à exploração; e a maioria deles seriam homens.

a cuidados subsidiados. (Atualmente, esta escolha só é possível para uma pequena percentagem de mulheres privilegiadas nos Estados Unidos.) Acabamos de ver, no entanto, que tal escolha não é verdadeiramente sem custos. Algumas mulheres com famílias não vão querer renunciar aos benefícios da pista de provedora e tentarão combiná-la com o trabalho de cuidado. Aquelas na pista de cuidadora que não têm parceria ficarão significativamente em desvantagem no que diz respeito ao tempo de lazer e, provavelmente, também no emprego. Os homens, ao contrário, estarão em grande parte isolados desse dilema. No que diz respeito ao tempo lazer, então, o modelo é apenas modesto.

Igualdade de respeito: a paridade no cuidado também é apenas modesta na promoção da igualdade de respeito. Ao contrário do sustento universal, ela oferece dois caminhos diferentes para esse fim. Teoricamente, os cidadãos-trabalhadores e os cidadãos-cuidadores têm estatutos de dignidade equivalente. Mas será que eles estão realmente no mesmo nível? É verdade que a prestação de cuidados é tratada com mais respeito neste modelo que na sociedade estadunidense atual, mas continua associada à feminilidade. A função de provedor também permanece associada à masculinidade. Dadas essas associações de gênero tradicionais, mais o diferencial econômico entre os dois estilos de vida, é pouco provável que a prestação de cuidados atinja uma real paridade com o provimento. Em geral, é difícil imaginar como papéis de gênero "separados, mas iguais" poderiam proporcionar hoje uma verdadeira igualdade de respeito.

Antimarginalização: além disso, a paridade no cuidado tem um desempenho fraco na prevenção da marginalização das mulheres. Ao apoiar o trabalho informal de cuidado das mulheres, reforça a visão de que se trata de um trabalho de mulher e consolida a divisão de gênero do trabalho doméstico. Ademais, ao consolidar mercados de trabalho duais para provedores e cuidadores, o modelo marginaliza as mulheres no setor do emprego. Ao reforçar a associação do trabalho de cuidado com a feminilidade, pode também impedir a participação das mulheres em outras esferas da vida, como a política e a sociedade civil.

Antiandrocentrismo: no entanto, a paridade no cuidado é melhor que o sustento universal no combate ao androcentrismo. O modelo trata a prestação de cuidados como intrinsecamente valiosa, e não como um mero obstáculo ao emprego, desafiando assim a opinião de que apenas as atividades tradicionais dos homens são plenamente humanas. Também acomoda padrões de vida "femininos", de modo a rejeitar a exigência de que as mulheres assimilem padrões "masculinos". Mas o modelo ainda deixa a desejar. A paridade no cuidado não chega a afirmar o valor universal das atividades e dos padrões de vida associados às mulheres. Não dá valor suficiente ao trabalho de cuidado para exigir que os homens também o façam; não pede aos homens que mudem. Assim, a paridade no cuidado representa apenas metade de um desafio em grande escala ao androcentrismo. Também aqui seu desempenho é apenas modesto.

Em geral, a paridade no cuidado melhora a situação das mulheres com responsabilidades significativas no trabalho de cuidado. Mas para essas mulheres, bem como para outras, não consegue proporcionar justiça de gênero plena.

4. Para um modelo de cuidado universal

Tanto o sustento universal quanto a paridade no cuidado são visões altamente utópicas de um Estado de bem-estar social pós-industrial. Qualquer um desses modelos representaria uma grande melhoria em relação aos atuais arranjos vigentes nos Estados Unidos. No entanto, é provável que nem um nem outro se concretize em breve. Ambos os modelos presumem condições flagrantemente ausentes hoje. Ambos pressupõem uma grande reestruturação político-econômica, incluindo um controle público significativo sobre as empresas, a capacidade de direcionar o investimento para criar empregos permanentes de alta qualidade e a capacidade de tributar os lucros *e a riqueza* em alíquotas suficientes para financiar programas sociais abrangentes e de alta qualidade. Ambos os modelos também pressupõem um amplo apoio popular a um Estado de bem-estar pós-industrial que esteja comprometido com a justiça de gênero.

Se ambos os modelos são utópicos neste sentido, nenhum deles é suficientemente utópico. Nem o sustento universal nem a paridade no cuidado podem realmente cumprir sua promessa de justiça de gênero – mesmo sob condições muito favoráveis. Embora ambos sejam bons na prevenção da pobreza e da exploração das mulheres, ambos são apenas modestos na correção da desigualdade de respeito: o sustento universal coloca para as mulheres o mesmo padrão vigente para os homens, ao mesmo tempo que constrói arranjos que as impedem de atingi-lo plenamente; a paridade no cuidado, ao contrário, estabelece um padrão duplo para acomodar a diferença de gênero, ao mesmo tempo que institucionaliza políticas incapazes de assegurar um respeito equivalente pelas atividades e padrões de vida "femininos". Além disso, quando nos voltamos para os princípios restantes, os pontos fortes e fracos dos dois modelos divergem. O sustento universal falha especialmente na promoção da igualdade de tempo de lazer e no combate ao androcentrismo, enquanto a paridade no cuidado falha especialmente na promoção da igualdade de renda e na prevenção da marginalização das mulheres. Além disso, nenhum dos modelos promove a plena participação das mulheres, em pé de igualdade com os homens, na política e na sociedade civil. E nenhum dos dois valoriza suficientemente as práticas associadas às mulheres a ponto de pedir aos homens que as pratiquem também; nenhum deles pede aos homens que mudem. Nenhum dos modelos, em suma, proporciona tudo o que as feministas desejam. Mesmo numa forma altamente idealizada, nenhum dos dois proporciona plena justiça de gênero.

Se estas fossem as únicas possibilidades, enfrentaríamos um conjunto muito difícil de concessões com as quais nos conformar. Suponhamos, contudo, que podemos rejeitar esta escolha de Hobson e tentar desenvolver uma terceira alternativa. O truque é imaginar um Estado de bem-estar pós-industrial que combine o melhor do sustento universal com o melhor da paridade no cuidado, ao mesmo tempo que descartamos as piores características de cada um. Qual terceira alternativa é possível?

Até agora examinamos – e consideramos insuficientes – duas abordagens inicialmente plausíveis: uma que visa tornar as mulheres mais parecidas com os homens de hoje; a outra, que deixa as posições de homens e mulheres praticamente inalteradas, ao mesmo tempo que visa tirar os custos da diferença das mulheres. Uma terceira possibilidade é *induzir os homens a se tornarem mais próximos de como a maioria das mulheres é agora* – isto é, pessoas que realizam cuidados primários.

Consideremos os efeitos dessa mudança nos modelos que acabamos de examinar. Se os homens fizessem sua parte no trabalho de cuidado, o modelo do sustento universal chegaria muito mais perto de equalizar o tempo de lazer e eliminar o androcentrismo, enquanto o modelo da paridade no cuidado faria um trabalho muito melhor na equalização da renda e na redução da marginalização das mulheres. Além disso, ambos os modelos tenderiam a promover a igualdade de respeito. Se os homens se tornassem mais próximos do que as mulheres são agora, em suma, ambos os modelos começariam a se aproximar da justiça de gênero.

A chave para alcançar a justiça de gênero em um Estado de bem-estar pós-industrial é, portanto, tornar os atuais padrões de vida das mulheres a norma para todos. As mulheres de hoje muitas vezes combinam o sustento da família e o trabalho de cuidado, embora com grandes dificuldade e tensão. Um Estado de bem-estar pós-industrial deve garantir que os homens façam o mesmo, ao mesmo tempo que redesenha as instituições de modo a eliminar a dificuldade e a tensão.

Poderíamos chamar esta visão de *cuidado universal*. Como seria, então, esse Estado de bem-estar social? Ao contrário da paridade no cuidado, seu setor de emprego não seria dividido em duas vertentes diferentes; todos os empregos seriam projetados para trabalhadores que são também cuidadores; todas as pessoas teriam uma semana de trabalho mais curta que a dos atuais empregos de tempo integral; e todas teriam o apoio de serviços que viabilizem o emprego. Ao contrário do sustento universal, no entanto, não se esperaria que os funcionários transferissem todo o trabalho de assistência para os serviços sociais. Parte dos cuidados informais teria apoio público e estaria integrada em pé de igualdade com o trabalho remunerado num único sistema de seguridade social. Parte seria realizada em lares de familiares e amigos, mas esses lares não seriam necessariamente de famílias nucleares heterossexuais. Outros trabalhos de cuidado subsidiados seriam localizados fora dos lares – na sociedade civil. Nas instituições financiadas pelo Estado, mas organizadas localmente, os adultos sem filhos, os idosos e outras pessoas sem responsabilidades relacionadas com parentes iriam se juntar às mães e aos pais e a outras pessoas em atividades de cuidado democráticas e autogeridas.

Um Estado de bem-estar social para cuidadores universais promoveria a justiça de gênero, desmantelando efetivamente a oposição de gênero entre prover o sustento e prestar cuidados. Integraria atividades que atualmente estão separadas umas das outras, eliminaria sua codificação de gênero e encorajaria os homens a realizá-las também. Isto, no entanto, equivale a uma reestruturação total da instituição do gênero. A construção do sustento da família e da prestação de cuidados como papéis separados, codificados respectivamente como masculino e feminino, é um dos principais pilares da atual ordem de gênero. Desmantelar esses papéis e sua codificação cultural é, na verdade, derrubar essa ordem. Significa subverter a atual divisão do trabalho por gênero e reduzir a relevância do gênero como um princípio estrutural da organização social[44]. No limite, sugere a desconstrução do gênero[45]. Ao desconstruir a oposição entre o sustento da família e a prestação de cuidados, o cuidado universal iria simultaneamente, ademais, desconstruir a oposição associada entre ambientes institucionais públicos e burocratizados e ambientes domésticos privados e íntimos. Tratar a sociedade civil como um local adicional para o trabalho de cuidado superaria tanto o "obreirismo" do sustento universal como o privatismo doméstico da paridade no cuidado. Assim, o cuidado universal promete novas possibilidades de expansão para enriquecer a substância da vida social e para promover a participação igualitária.

Além disso, abraçar a perspectiva do cuidado universal é a única possibilidade de mitigarmos potenciais conflitos entre nossos sete princípios componentes da

---

[44] Susan Okin, *Justice, Gender and the Family*, cit.
[45] Joan Williams, "Deconstructing Gender", em Katharine T. Bartlett e Rosanne Kennedy (org.), *Feminist Legal Theory*, cit.

justiça de gênero e minimizarmos a necessidade de concessões. Rejeitar esta abordagem, ao contrário, torna mais prováveis tais conflitos e, portanto, as concessões. *Alcançar a justiça de gênero num Estado de bem-estar social pós-industrial requer, portanto, a desconstrução do gênero.*

Ainda é preciso muito mais trabalho para desenvolver esta terceira visão – a do cuidado universal – de um Estado de bem-estar social pós-industrial. Uma chave é desenvolver políticas que desencorajem o comportamento de carona. Diferentemente do que dizem os conservadores, os verdadeiros aproveitadores do sistema atual não são mães solo pobres que fogem de ter um emprego. Em vez disso, são os homens de todas as classes que evitam o trabalho doméstico e de cuidado, bem como empresas que se aproveitam do trabalho de trabalhadoras e trabalhadores, tanto mal remunerados como não remunerados.

Um bom enunciado da perspectiva do cuidado universal vem do Ministério do Trabalho sueco: "São necessários a possibilidade de que homens e mulheres combinem a paternidade e o emprego remunerado, uma nova visão do papel masculino e uma mudança radical na organização da vida profissional"[46]. O truque é imaginar um mundo social em que a vida dos cidadãos integre o salário, a prestação de cuidados, o ativismo comunitário, a participação política e o envolvimento na vida associativa da sociedade civil – deixando também um tempinho para a diversão. É improvável que esse mundo venha a existir num futuro imediato. Mas é o único mundo pós-industrial imaginável que promete uma real justiça de gênero. E, a menos que nos orientemos por esta visão agora, nunca chegaremos mais perto de alcançá-la.

---

[46] Citado em Ruth Lister, "Women, Economic Dependency, and Citizenship", cit., p. 463.

Parte II

O feminismo domesticado: da redistribuição ao reconhecimento na era da identidade

5. Contra o simbolicismo: os usos e abusos do lacanismo na política feminista[1]

Este capítulo resulta de uma experiência de profunda perplexidade. Por muitos anos observei com crescente incompreensão um grande e influente corpo de acadêmicas feministas elaborar uma interpretação da teoria da ordem simbólica de Jacques Lacan, buscando usá-la para fins feministas. De minha parte, tenho profunda falta de afinidade com o pensamento lacaniano, tanto no plano intelectual quanto no plano político. Assim, enquanto muitas de minhas colegas feministas adaptavam ideias semilacanianas para teorizar a construção discursiva da subjetividade no cinema e na literatura, eu baseava-me em modelos alternativos para desenvolver uma explicação da linguagem que pudesse informar uma teoria social feminista[2]. Durante muito tempo, evitei qualquer discussão explícita e metateórica dessas questões. Não expliquei nem a mim mesma nem a minhas colegas por que olhei para os modelos de discurso de autores como Foucault, Bourdieu, Bakhtin, Habermas e Gramsci em vez dos de Lacan, Kristeva, Saussure e Derrida[3]. Neste ensaio, quero fornecer essa explicação. Tentarei explicar por que penso que as feministas deveriam evitar as versões da teoria do discurso que elas atribuem a Lacan e as teorias relacionadas atribuídas a Julia Kristeva. Tentarei também identificar alguns locais onde penso que podemos encontrar alternativas mais satisfatórias.

---

[1] Sou grata pelos comentários e sugestões úteis de Jonathan Arac, David Levin, Paul Mattick Jr., John McCumber, Diana T. Meyers e Eli Zaretsky.

[2] Ver capítulo 2 deste volume.

[3] Agrupo estes autores não por serem todos lacanianos – claramente apenas Kristeva e o próprio Lacan o são – mas, sim, porque, apesar das ressalvas, todos dão continuidade à redução estruturalista do discurso ao sistema simbólico. Desenvolverei esse ponto adiante neste capítulo.

1. O QUE QUEREM AS FEMINISTAS DE UMA TEORIA DO DISCURSO?

Vou começar apresentando duas questões: qual seria a contribuição de uma teoria do discurso para o feminismo? E o que, portanto, as feministas deveriam procurar numa teoria do discurso? Sugiro que uma concepção de discurso pode ajudar-nos a compreender ao menos quatro coisas, todas elas inter-relacionadas. Em primeiro lugar, pode nos ajudar a compreender como as identidades sociais das pessoas são moldadas e alteradas ao longo do tempo. Em segundo lugar, pode nos ajudar a compreender como, em condições de desigualdade, os grupos sociais, no sentido de agentes coletivos, são formados e desfeitos. Terceiro, uma concepção de discurso pode esclarecer como a hegemonia cultural dos grupos dominantes na sociedade é assegurada e contestada. Em quarto e último lugar, pode lançar luz sobre as perspectivas de mudança social e prática política emancipatórias. Deixe-me elaborar.

Primeiro, consideremos os usos de uma concepção de discurso para a compreensão de identidades sociais. A ideia básica aqui é que as identidades sociais das pessoas são complexos de significados, redes de interpretação. Ter uma identidade social, ser mulher ou homem, por exemplo, simplesmente é viver e agir sob um conjunto de descrições. Essas descrições, claro, não são simplesmente secretadas pelos corpos das pessoas; nem são simplesmente exaladas pela psique das pessoas. Na verdade, provêm da reserva de possibilidades interpretativas disponíveis aos agentes em sociedades específicas. Segue-se que, para compreender a dimensão de gênero da identidade social, não basta estudar biologia ou psicologia. Em vez disso, é preciso estudar as práticas sociais historicamente específicas através das quais as descrições culturais de gênero são produzidas e veiculadas[4].

Além disso, as identidades sociais são extremamente complexas. Elas são interligadas a partir de uma pluralidade de descrições diferentes que surgem de uma pluralidade de práticas diferentes de significação. Assim, ninguém é simplesmente mulher; uma pessoa é na verdade, por exemplo, uma mulher branca, judia, de classe média, uma filósofa, uma lésbica, uma socialista e uma mãe[5]. Além do mais, como todos agem numa pluralidade de contextos sociais, as

---

[4] Para compreender a importância da história, consideremos quão pequena é sobreposição do fundo de possibilidades interpretativas disponíveis para mim, uma estadunidense do final do século XX, ao disponível para a mulher chinesa do século XIII que posso querer imaginar como minha irmã. E, no entanto, em ambos os casos, o dela e o meu, as possibilidades interpretativas são estabelecidas no meio do discurso social. É no meio do discurso que cada um de nós encontra uma interpretação do que é ser uma pessoa, bem como um menu de descrições possíveis que especificam o tipo particular de pessoa que cada um deve ser.

[5] Ver Elizabeth V. Spelman, *Inessential Woman* (Boston, Beacon, 1988).

diferentes descrições que compõem a identidade social de cada indivíduo aparecem e desaparecem de foco. Assim, nem sempre se é mulher no mesmo grau; em alguns contextos, a feminilidade de uma pessoa figura no centro do conjunto de descrições sob as quais ela age; noutros, é periférico ou latente[6]. Finalmente, as identidades sociais das pessoas não são algo construído de uma vez por todas e definitivamente fixado. Em vez disso, alteram-se ao longo do tempo, mudando com as mudanças nas práticas e afiliações dos agentes. Até a forma como alguém é mulher mudará – como acontece, para dar um exemplo drástico, quando alguém se torna feminista. Em suma, as identidades sociais são construídas discursivamente em contextos sociais historicamente específicos; são complexas e plurais; e mudam com o tempo. Um uso de uma concepção de discurso para a teorização feminista consiste, portanto, na compreensão das identidades sociais em toda sua complexidade sociocultural, desmistificando assim visões estáticas, essencialistas e de variável única da identidade de gênero.

Um segundo uso de uma concepção de discurso para a teorização feminista está na compreensão da formação de grupos sociais. Como é que, em condições de dominação, as pessoas se reúnem, se organizam sob a bandeira das identidades *coletivas* e se constituem como agentes sociais coletivos? Como ocorre a formação de classes e, por analogia, a formação dos gêneros?

Claramente, a formação de grupos envolve mudanças nas identidades sociais das pessoas e, portanto, também em sua relação com o discurso social. Uma coisa que acontece aqui é que cadeias de identidades preexistentes adquirem um novo tipo de relevância e centralidade. Essas vertentes, antes submersas entre muitas outras, são reinscritas como o cerne de novas autodefinições e afiliações[7]. Por exemplo, na atual onda de fermentação feminista, muitas de nós que anteriormente tínhamos sido "mulheres" em alguma forma preconcebida tornamo-nos agora "mulheres" no sentido muito diferente de uma coletividade política discursivamente autoconstituída. No processo, refizemos regiões inteiras do discurso social. Inventamos novos termos para descrever a realidade social – por exemplo, "sexismo", "assédio sexual", "estupro conjugal, em um encontro ou por alguém conhecido", "segregação sexual na força de trabalho", "dupla jornada" e "violência doméstica". Inventamos

---

[6] Ver Denise Riley, *"Am I That Name?" Feminism and the Category of "Women" in History* (Minneapolis, University of Minnesota Press, 1988).

[7] Ver Jane Jenson, "Paradigms and Political Discourse: Labor and Social Policy in the USA and France before 1914", *Working Paper Series*, Centro de Estudos Europeus, Universidade Harvard, inverno 1989.

também novos jogos de linguagem, como a conscientização feminista, e novas esferas públicas institucionalizadas, como a Associação de Mulheres na Filosofia[8]. A questão é que a formação de grupos sociais procede por meio de lutas pelo discurso social. Assim, uma concepção de discurso é útil aqui tanto para compreender a formação de grupos como para abordar a questão intimamente relacionada da hegemonia sociocultural.

"Hegemonia" é o termo usado pelo marxista italiano Antonio Gramsci para se referir à face discursiva do poder. Isso inclui o poder de estabelecer o "senso comum" ou a "*doxa*" de uma sociedade, o fundo de descrições autoevidentes da realidade social que normalmente são tidas como óbvias[9]. Isso inclui o poder de estabelecer definições autorizadas de situações e necessidades sociais, o poder de definir o universo do desacordo legítimo e o poder de moldar a agenda política. A hegemonia, então, expressa a posição privilegiada dos grupos sociais dominantes em relação ao discurso. É um conceito que nos permite reformular as questões da identidade social e dos grupos sociais à luz da desigualdade social. Como os eixos generalizados de dominação e subordinação afetam a produção e a circulação de significados sociais? Como a estratificação em termos de gênero, "raça" e classe afeta a construção discursiva de identidades sociais e a formação de grupos sociais?

A noção de hegemonia aponta para a intersecção de poder, desigualdade e discurso. Contudo, isso não implica que o conjunto de descrições que circulam na sociedade compreenda uma teia monolítica e contínua, nem que os grupos dominantes exerçam um controle absoluto, de cima para baixo, dos significados. Ao contrário, "hegemonia" designa um processo em que a autoridade cultural é negociada e disputada. Pressupõe que as sociedades contêm uma pluralidade de discursos e lugares discursivos, uma pluralidade de posições e perspectivas a partir das quais se pode falar. É claro que nem todos têm autoridade igual. No entanto, o conflito e a contestação fazem parte da história. Assim, um uso possível de uma concepção de discurso para a teorização feminista é lançar luz sobre os processos

---

[8] Ver capítulo 3 deste volume, "Luta pelas necessidades", e Denise Riley, *"Am I That Name?"*, cit. Sobre a luta para criar essas novas esferas públicas, ver Nancy Fraser, "Rethinking the Public Sphere: A Contribution to the Critique of Actually Existing Democracy", em Craig Calhoun (org.), *Habermas and the Public Sphere* (Cambridge, MA, MIT Press, 1991), p. 109-42; idem, "Tales from the Trenches: On Women Philosophers, Feminist Philosophy", *Journal of Speculative Philosophy*, v. 26, n. 2, 2012, p. 175-84.

[9] Antonio Gramsci, *Selections from the Prison Notebooks of Antonio Gramsci* (org. Quinton Hoare e Geoffrey Nowell Smith, Nova York, International Publishers, 1972) [ed. bras.: *Cadernos do cárcere*, 6 v., org. Carlos Nelson Coutinho, Luiz Sérgio Henriques e Marco Aurélio Nogueira, trad. Carlos Nelson Coutinho, Rio de Janeiro, Civilização Brasileira, 1999-2002].

por meio dos quais a hegemonia sociocultural dos grupos dominantes é alcançada e disputada. Quais são os processos pelos quais as definições e interpretações inimigas dos interesses das mulheres adquirem autoridade cultural? Quais são as perspectivas para a mobilização de definições e interpretações feministas contra-hegemônicas voltadas a criar amplos grupos e alianças oposicionistas?

A ligação entre essas questões e a prática política emancipatória é, creio, bastante óbvia. Uma concepção de discurso que nos permita examinar identidades, grupos e hegemonia nas formas que descrevi seria de considerável utilidade para a prática feminista. Valorizaria as dimensões fortalecedoras das lutas discursivas sem levar a recuos "culturalistas" em relação ao envolvimento político[10]. Além disso, o tipo certo de concepção iria se contrapor à suposição incapacitante de que as mulheres são apenas vítimas passivas da dominação masculina. Essa suposição totaliza ao extremo a dominação masculina, tratando os homens como os únicos agentes sociais e tornando inconcebível nossa própria existência como teóricas e ativistas feministas. Em contraste, o tipo de concepção que tenho proposto poderia nos ajudar a compreender como, mesmo em condições de subordinação, as mulheres participam na construção da cultura.

2. Lacanismo e os limites do estruturalismo

À luz do que foi dito até aqui, que tipo de concepção de discurso será útil para a teorização feminista? Que tipo de concepção ilumina melhor as identidades sociais, a formação de grupos, a hegemonia e a prática emancipatória?

No período pós-guerra, duas abordagens para teorizar a linguagem tornaram-se influentes entre os teóricos políticos. A primeira é o *modelo estruturalista*, que estuda a linguagem como um sistema simbólico ou código. Derivado de Saussure, esse modelo é pressuposto na versão da teoria lacaniana de que tratarei aqui; além disso, é negado de forma abstrata, mas não totalmente substituído na desconstrução e em formas relacionadas de "escrita feminina" francesa. A segunda abordagem influente para teorizar a linguagem pode ser chamada de *modelo pragmático*, que estuda a linguagem no nível dos discursos, como práticas sociais de comunicação historicamente específicas. Adotado por pensadores como Mikhail Bakhtin, Michel Foucault e Pierre Bourdieu, esse modelo é operativo em algumas, mas não

---

[10] Para uma crítica do "feminismo cultural" como um recuo da luta política, ver Alice Echols, "The New Feminism of Yin and Yang", em Ann Snitow, Christine Stansell e Sharon Thompson (orgs.), *Powers of Desire: The Politics of Sexuality* (Nova York, Monthly Review Press, 1983).

em todas as dimensões das obras de Julia Kristeva e Luce Irigaray. Na presente seção deste capítulo, defenderei que o primeiro modelo, o estruturalista, tem uma utilidade apenas limitada para a teorização feminista.

Começo chamando atenção para a existência de boas razões *prima facie* para as feministas suspeitarem do modelo estruturalista. Esse modelo constrói seu objeto de estudo a partir de uma abstração exatamente daquilo em que precisamos nos concentrar, ou seja, a prática social e o contexto social da comunicação. Na verdade, a abstração da prática e do contexto está entre os gestos fundadores da linguística saussureana. Saussure primeiro dividiu a significação em *langue*, o sistema simbólico ou código, e *parole*, os usos da linguagem pelos falantes na prática comunicativa ou na fala. Ele então fez do primeiro deles, a *langue*, o objeto próprio da nova ciência da linguística, e relegou o segundo, a *parole*, à condição de um resíduo desvalorizado[11]. Ao mesmo tempo, Saussure insistiu que o estudo da *langue* fosse sincrônico em vez de diacrônico; com isso, postulou seu objeto de estudo como estático e atemporal, abstraindo-o da mudança histórica. Finalmente, o fundador da linguística estruturalista postulou que a *langue* era de fato um sistema único; segundo ele, sua unidade e sistematicidade consistiam no suposto fato de que cada significante, cada elemento material e significativo do código, deriva seu significado posicionalmente por meio de sua diferença em relação a todos os outros.

Juntas, essas operações fundadoras fazem com que a abordagem estruturalista tenha utilidade limitada para propósitos feministas[12]. Por abstrair a *parole*, o modelo estruturalista coloca entre parênteses questões de prática, agência e do sujeito falante. Assim, não pode lançar luz sobre as práticas discursivas através das quais as identidades sociais e os grupos sociais são formados. Além disso, como essa abordagem coloca entre parênteses o diacrônico, ela nada nos dirá sobre as mudanças nas identidades e nas afiliações ao longo do tempo. Da mesma forma, por abstrair do contexto social da comunicação, o modelo coloca entre parênteses questões de poder e desigualdade. Assim, não pode lançar luz sobre os processos

---

[11] Ferdinand de Saussure, *Course in General Linguistics* (Nova York, Columbia University Press, 2011) [ed. bras.: *Curso de linguística geral*, trad. Marcos Bagno, São Paulo, Parábola, 2021]. Para uma crítica persuasiva desse movimento, ver Pierre Bourdieu, *Outline of a Theory of Practice* (Cambridge, Cambridge University Press, 1977) [ed. bras.: "Esboço de uma teoria da prática", trad. Paula Montero, em Renato Ortiz (org.), *Pierre Bourdieu: sociologia*, São Paulo, Ática, 1994, p. 46-81]. Objeções semelhantes às de Bourdieu, e que serão discutidas adiante, são encontradas em Julia Kristeva, "The System and the Speaking Subject", em *The Kristeva Reader* (org. Toril Moi, Nova York, Columbia University Press, 1986), e na crítica marxista soviética ao formalismo russo, da qual derivam as opiniões de Kristeva.

[12] Deixo aos linguistas decidir se é útil para outros fins.

por meio dos quais a hegemonia cultural é assegurada e disputada. Finalmente, por teorizar a reserva de significados linguísticos disponíveis como um sistema simbólico único, o modelo se presta a uma visão monolítica da significação que nega tensões e contradições entre significados sociais. Em suma, ao reduzir o discurso a um "sistema simbólico", o modelo estruturalista evacua a agência social, o conflito social e a prática social[13].

Deixe-me agora tentar ilustrar esses problemas por meio de uma breve discussão do lacanismo. Por "lacanismo" não me refiro ao pensamento do próprio Jacques Lacan, que é complexo demais para ser abordado aqui. Refiro-me, antes, a uma leitura neoestruturalista ideal-típica de Lacan que tem amplo reconhecimento entre as feministas de língua inglesa[14]. Ao discutir o "lacanismo", colocarei entre parênteses a questão da fidelidade dessa leitura, que poderia ser criticada por enfatizar excessivamente a influência de Saussure em detrimento de outras influências compensatórias, como a de Hegel[15]. Para meus propósitos, entretanto, essa leitura saussureana ideal-típica de Lacan é útil precisamente porque evidencia com clareza incomum as dificuldades que cercam muitas das concepções de discurso que, embora sejam amplamente consideradas "pós-estruturalistas", seguem ligadas ao estruturalismo em aspectos importantes. Dado que suas tentativas de se libertar do estruturalismo permanecem abstratas, ao fim tais concepções tendem a reciclá-lo. O lacanismo, conforme discutido aqui, é um caso paradigmático de "neoestruturalismo"[16].

À primeira vista, o lacanismo neoestruturalista parece prometer algumas vantagens para a teorização feminista. Ao unir a problemática freudiana da construção

---

[13] Estas críticas referem-se ao que podemos chamar de estruturalismos "globais", isto é, abordagens que tratam a totalidade da linguagem como um sistema simbólico único. Tais críticas não pretendem excluir a utilidade potencial de abordagens que analisam relações estruturais em sublinguagens ou discursos limitados, socialmente situados e cultural e historicamente específicos. Ao contrário, é possível que abordagens deste último tipo possam ser articuladas de forma útil com o modelo pragmático discutido a seguir.

[14] Em versões anteriores deste capítulo, não fui tão cuidadosa quanto deveria ao distinguir "lacanismo" de Lacan. Ao me esforçar mais para fazer essa distinção aqui, entretanto, não pretendo sugerir que Lacan esteja livre de dificuldades. Ao contrário, suspeito que muitos dos pontos críticos básicos aqui apresentados contra o "lacanismo" também dizem respeito a Lacan. Mas seria necessário um argumento textual muito mais longo e complexo para demonstrar isso.

[15] Para as tensões entre as dimensões hegeliana e saussuriana do pensamento de Lacan, ver Peter Dews, *Logics of Disintegration: Poststructuralist Thought and the Claims of Critical Theory* (Londres, Verso, 1987).

[16] Para a noção de "neoestruturalismo", ver Manfred Frank, *What Is Neo-Structuralism?* (Minneapolis, University of Minnesota Press, 1989).

da subjetividade ligada ao gênero ao modelo saussuriano de linguística estrutural, parece fornecer a cada um deles o corretivo necessário. A introdução da problemática freudiana promete suprir o sujeito falante que falta em Saussure e, assim, reabrir questões excluídas sobre identidade, fala e prática social. No sentido inverso, o uso do modelo saussuriano promete remediar algumas das deficiências de Freud. Ao insistir que a identidade de gênero é construída *discursivamente*, o lacanismo parece eliminar vestígios remanescentes do biologismo em Freud, tratar o gênero como sociocultural em todos os seus níveis e torná-lo, em princípio, mais aberto à mudança.

Ao se fazer uma inspeção mais detalhada, porém, as vantagens prometidas não se materializam. Em vez disso, o lacanismo começa a parecer viciosamente circular. Por um lado, pretende descrever o processo no qual os indivíduos adquirem uma subjetividade marcada pelo gênero através de seu doloroso recrutamento, quando crianças, para uma ordem simbólica falocêntrica preexistente. Aqui se presume que a estrutura da ordem simbólica determina o caráter da subjetividade individual. Mas, por outro lado, a teoria também pretende mostrar que a ordem simbólica deve necessariamente ser falocêntrica, uma vez que a obtenção da subjetividade requer submissão à "Lei do Pai". Aqui, inversamente, presume-se que a natureza da subjetividade individual, tal como ditada por uma psicologia autônoma, determina o caráter da ordem simbólica.

Um resultado desta circularidade é um determinismo aparentemente engessado. Como observou Dorothy Leland, a teoria considera os desenvolvimentos que descreve como necessários, invariantes e inalteráveis[17]. O falocentrismo, o lugar desfavorecido da mulher na ordem simbólica, a codificação da autoridade cultural como masculina, a impossibilidade de descrever uma sexualidade não fálica – em suma, uma série de armadilhas historicamente contingentes da dominação masculina – aparecem agora como características invariáveis da condição humana. A subordinação das mulheres inscreve-se, então, como o destino inevitável da civilização.

Posso identificar vários passos espúrios nesse raciocínio, alguns dos quais têm suas raízes no pressuposto do modelo estruturalista. Primeiro, na mesma medida em que conseguiu eliminar o biologismo – e isso é questionável por razões que não abordarei aqui[18] –, o lacanismo o substituiu pelo psicologismo, a visão insustentá-

---

[17] Dorothy Leland, "Lacanian Psychoanalysis and French Feminism", em Nancy Fraser e Sandra Bartky (orgs.), *Revaluing French Feminism: Critical Essays on Difference, Agency, and Culture* (Bloomington, Indiana University Press, 1991).

[18] Aqui creio que se pode falar do próprio Lacan. A pretensão de Lacan de ter superado o biologismo baseia-se em sua insistência de que o falo não é o pênis. Contudo, muitas críticas feministas demonstraram que ele não consegue evitar o colapso do significante simbólico no órgão. A indicação

vel de que imperativos psicológicos autônomos, dados independentemente da cultura e da história, podem ditar a forma como são interpretados e como se responde a eles na cultura e na história. O lacanismo é vítima do psicologismo na medida em que afirma que o falocentrismo da ordem simbólica é exigido pelas demandas de um processo de enculturação que é independente da cultura[19].

Se metade do argumento circular do lacanismo está viciada pelo psicologismo, então a outra metade está viciada pelo que chamarei de *simbolicismo*. Por simbolicismo me refiro, em primeiro lugar, à reificação homogeneizadora de diversas práticas de significação numa "ordem simbólica" monolítica e onipresente e, em segundo lugar, à postura de dotar essa ordem de um poder causal exclusivo e ilimitado para fixar as subjetividades das pessoas de uma vez por todas. O simbolicismo, então, é uma operação por meio da qual a abstração estruturalista *langue* é transformada numa quase divindade, uma "ordem simbólica" normativa cujo poder de moldar identidades diminui o das meras instituições históricas e práticas até o ponto de extinção.

Na verdade, como observou Deborah Cameron, o próprio Lacan foi ambíguo no uso da expressão "ordem simbólica"[20]. Às vezes, ele a usa de forma relativamente restrita para se referir à *langue* saussureana, a estrutura da linguagem como um sistema de signos. Nesse uso restrito, o lacanismo estaria comprometido com a visão implausível de que o sistema de signos em si determina as subjetividades dos indivíduos, independentemente do contexto social e da prática social de seus usos. Em outras vezes, Lacan usa a expressão "ordem simbólica" de forma muito mais ampla para se referir a um amálgama de estruturas linguísticas, tradições culturais e estruturas de parentesco, estas últimas erroneamente equiparadas à estrutura social em geral[21]. Nesse sentido amplo, o lacanismo misturaria a abstração estrutural a-histórica *langue* com fenômenos históricos variáveis, tais como

---

mais clara desse fracasso é sua afirmação, em "A significação do falo", de que o falo se torna o significante mestre em razão de sua "turgidez", que sugere que o "fluxo vital" se "transmite" na cópula. Ver Jacques Lacan, "The Meaning of the Phallus", em *Feminine Sexuality: Jacques Lacan and the école freudienne* (org. Juliet Mitchell e Jacqueline Rose, Nova York, W.W. Norton & Company, 1982). [ed. bras.: "A significação do falo", em *Escritos*, trad. Vera Ribeiro, Rio de Janeiro, Jorge Zahar, 1988, p. 692-703.]

[19] Uma versão deste argumento é apresentada por Dorothy Leland em "Lacanian Psychoanalysis and French Feminism", cit.

[20] Deborah Cameron, *Feminism and Linguistic Theory* (Nova York, St. Martin's Press, 1985).

[21] Para o declínio da importância do parentesco como um componente social estrutural das sociedades capitalistas modernas, ver o capítulo 7 deste volume, "Heterossexismo, falta de reconhecimento e capitalismo". Ver também Linda J. Nicholson, *Gender and History: The Limits of Social Theory in the Age of the Family* (Nova York, Columbia University Press, 1986).

formas familiares e práticas de criação de filhos; representações culturais de amor e autoridade na arte, na literatura e na filosofia; a divisão do trabalho por gênero; formas de organização política e de outras fontes institucionais de poder e *status*. O resultado seria uma concepção de "ordem simbólica" que essencializa e homogeneiza práticas e tradições históricas contingentes, apagando tensões, contradições e possibilidades de mudança. Esta seria, aliás, uma concepção tão ampla que a afirmação de que *ela* determina a estrutura da subjetividade corre o risco de desmoronar numa tautologia vazia[22].

A combinação de psicologismo e simbolicismo no lacanismo resulta numa concepção de discurso que é de utilidade limitada para a teorização feminista. É certo que tal concepção oferece uma explicação da construção discursiva da identidade social. No entanto, não se trata de uma abordagem capaz de dar sentido à complexidade e à multiplicidade das identidades sociais, às formas como elas são tecidas a partir de uma pluralidade de fios discursivos. É verdade que o lacanismo enfatiza que a aparente unidade e simplicidade da identidade do ego é imaginária, que o sujeito está irreparavelmente dividido tanto pela linguagem como pelas pulsões. Mas essa insistência na fratura não conduz a uma apreciação da diversidade das práticas discursivas socioculturais a partir das quais as identidades são tecidas. Conduz, antes, a uma visão unitária da condição humana como inerentemente trágica.

Na verdade, o lacanismo diferencia identidades apenas em termos binários, ao longo do eixo único de ter ou não ter o falo. Como mostrou Luce Irigaray, essa concepção fálica da diferença sexual não é uma base adequada para a compreensão da feminilidade[23] – nem, eu acrescentaria, da masculinidade. Menos ainda, então, para lançar luz sobre outras dimensões das identidades sociais, incluindo etnia, cor e classe social. Tampouco a teoria poderia ser alterada para incorporar esses fenômenos manifestamente históricos, dada sua postulação de uma "ordem simbólica" a-histórica e livre de tensões, equiparada ao parentesco[24].

---

[22] Na verdade, a principal função deste uso ampliado parece ser ideológica. Afinal, o lacanismo somente poderia dotar de uma enganosa aparência de plausibilidade sua afirmação sobre a inevitabilidade do falocentrismo caso reunisse numa única categoria o que é supostamente a-histórico e necessário e o que é histórico e contingente.

[23] Ver Luce Irigaray, "The Blind Spot of an Old Dream of Symmetry", em *Speculum of the Other Woman* (Ithaca, Cornell University Press, 1985). Aqui, Irigaray mostra como o uso de um padrão fálico para conceituar a diferença sexual classifica a mulher negativamente como "falta".

[24] Para uma discussão esclarecedora dessa questão tal como emerge em relação à versão muito diferente que Nancy Chodorow desenvolve da psicanálise nos Estados Unidos – a das relações objetais feministas –, ver Elizabeth V. Spelman, *Inessential Woman*, cit.

Além disso, a abordagem lacanista da construção da identidade não pode dar conta das mudanças de identidade ao longo do tempo. Está comprometida com a proposição psicanalítica geral de que a identidade de gênero (o único tipo de identidade que ela considera) é basicamente fixada de uma vez por todas com a resolução do complexo de Édipo. O lacanismo equipara essa resolução à entrada da criança numa ordem simbólica fixa, monolítica e todo-poderosa. Com isso, na verdade, aumenta o grau de fixidez de identidade encontrado na teoria freudiana clássica. É verdade, como destaca Jacqueline Rose, que a teoria sublinha que a identidade de gênero é sempre precária, que suas aparentes unidade e estabilidade são sempre ameaçadas por pulsões libidinais reprimidas[25]. Mas esta ênfase na precariedade não é uma abertura a uma verdadeira abordagem histórica sobre mudanças nas identidades sociais das pessoas. Ao contrário, é uma insistência numa condição permanente e a-histórica, uma vez que o lacanismo considera que a única alternativa à identidade de gênero fixa é a psicose.

Se o lacanismo não pode fornecer uma explicação da identidade social que seja útil para a teorização feminista, então é pouco provável que nos ajude a compreender a formação de grupos sociais. Para o lacanismo, a filiação cai sob a rubrica do imaginário. Afiliar-se a outros, alinhar-se com outros num movimento social, seria cair vítima das ilusões do ego imaginário. Seria negar a perda e a falta, procurar uma unificação e uma completude impossíveis. Assim, da perspectiva do lacanismo, os movimentos coletivos seriam, por definição, veículos de ilusão; eles não poderiam ser emancipatórios nem mesmo em princípio[26].

Além disso, na medida em que a formação de grupos depende da inovação linguística, é impossível de ser teorizada da perspectiva do lacanismo. Como o lacanismo postula um sistema simbólico fixo e monolítico e um falante que está totalmente sujeito a ele, é inconcebível que possa haver qualquer inovação linguística. Os sujeitos falantes só poderiam reproduzir a ordem simbólica existente; eles não poderiam alterá-la.

Nesta perspectiva, a questão da hegemonia cultural fica fora de vista. Não pode haver questionamentos sobre como a autoridade cultural dos grupos dominantes é estabelecida e disputada na sociedade, nem questionamentos sobre negociações

---

[25] Jacqueline Rose, "Introduction – II", em Jacques Lacan, *Feminine Sexuality*, cit.

[26] Mesmo as feministas lacanianas se envolveram ocasionalmente neste tipo de provocação ao movimento. Parece-me que, em seu capítulo introdutório a *The Daughter's Seduction* [A sedução da filha], Jane Gallop chega perigosamente perto de rejeitar como "imaginária" a política de um movimento feminista informado por compromissos éticos. Ver Jane Gallop, *The Daughter's Seduction: Feminism and Psychoanalysis* (Ithaca, Cornell University Press, 1982).

desiguais entre diferentes grupos sociais que ocupam diferentes posições discursivas. Para o lacanismo, ao contrário, existe simplesmente "*a* ordem simbólica", um universo único de discurso que é tão sistemático, tão onipresente, tão monolítico que não se pode sequer conceber coisas como perspectivas alternativas, múltiplos locais discursivos, lutas sobre significados sociais, disputas entre definições hegemônicas e contra-hegemônicas de situações sociais, conflitos de interpretação de necessidades sociais. Não se pode sequer conceber, de verdade, uma pluralidade de falantes diferentes.

Com o caminho bloqueado para uma compreensão política de identidades, grupos e hegemonia cultural, também fica bloqueado o caminho para uma compreensão da prática política. Isso porque não existe nenhum agente concebível para tal prática. O lacanismo postula uma visão da pessoa como um aglomerado não suturado de três momentos, nenhum dos quais pode ser qualificado como agente político. O sujeito falante é simplesmente o "Eu" gramatical, um índice de enunciação totalmente submetido à ordem simbólica; ele pode apenas e para sempre reproduzir essa ordem. O ego é uma projeção imaginária, iludido quanto à sua própria estabilidade e domínio de si, preso a um impossível desejo narcisista de unidade e autorrealização; portanto, só pode, e para sempre, lançar-se contra moinhos de vento. Finalmente, existe o ambíguo inconsciente, às vezes um conjunto de pulsões libidinais recalcadas, às vezes a face da linguagem como Outro, mas nunca algo que possa contar como um agente social.

Esta discussão mostra, penso eu, que o lacanismo sofre de muitas deficiências conceituais[27]. Enfatizei aquelas que têm suas raízes no pressuposto da concepção estruturalista da linguagem. Ao introduzir o conceito do sujeito falante, o lacanismo parecia prometer uma maneira de ir além do estruturalismo. Isto, por sua vez, parecia sustentar a promessa de uma forma de teorizar a prática discursiva. Contudo, como espero ter demonstrado, estas promessas seguem irrealizadas. O sujeito falante introduzido pelo lacanismo não é o agente da prática discursiva. É simplesmente um efeito da ordem simbólica conjugado com algumas pulsões

---

[27] Concentrei-me aqui em questões conceituais em oposição a questões empíricas, sem ter abordado diretamente a questão: o lacanismo é verdadeiro? No entanto, pesquisas recentes sobre o desenvolvimento da subjetividade em crianças parecem não corroborar seus pontos de vista. Ao que tudo indica, mesmo nas fases mais precoces as crianças não são passivas, tábulas rasas nas quais são inscritas estruturas simbólicas, mas antes participantes ativas nas interações que constroem sua experiência. Ver, por exemplo, Beatrice Beebe e Frank Lachmann, "Mother-Infant Mutual Influence and Precursors of Psychic Structure", em Arnold Goldberg (org.), *Frontiers in Self Psychology*: *Progress in Self Psychology*, v. 3 (Hillsdale, NJ, Analytic, 1988), p. 3-25. Sou grata a Paul Mattick Jr. por me alertar sobre esse trabalho.

libidinais reprimidas. Assim, a introdução do sujeito falante não foi capaz de desreificar a estrutura linguística. Ao contrário, uma concepção reificada da linguagem como sistema colonizou o sujeito falante.

3. Julia Kristeva entre o estruturalismo e a pragmática

Até aqui, defendi que o modelo estruturalista de linguagem tem utilidade limitada para a teorização feminista. Agora quero sugerir que o modelo pragmático é mais promissor. Na verdade, existem boas razões *prima facie* para as feministas preferirem uma abordagem pragmática do estudo da linguagem. Ao contrário da abordagem estruturalista, a perspectiva pragmática estuda a linguagem como uma prática social em um contexto social. Esse modelo toma como objeto os discursos, e não as estruturas. Os discursos são práticas historicamente específicas, socialmente situadas e produtoras de significação. São os quadros comunicativos nos quais os falantes interagem por meio da troca de atos de fala. No entanto, os próprios discursos estão inseridos em instituições sociais e contextos de ação. Assim, o conceito de discurso vincula o estudo da linguagem ao estudo da sociedade.

O modelo pragmático oferece diversas vantagens potenciais para a teorização feminista. Primeiro, trata os discursos como contingentes, postulando que eles surgem, se alteram e desaparecem com o tempo. Assim, o modelo presta-se à contextualização histórica e permite-nos tematizar a mudança. Em segundo lugar, a abordagem pragmática entende a significação como ação, e não como representação. Preocupa-se com a forma como as pessoas "fazem coisas com palavras". Assim, o modelo permite-nos ver os sujeitos falantes não apenas como efeitos de estruturas e sistemas, mas antes como agentes socialmente situados. Em terceiro lugar, o modelo pragmático trata os discursos no plural. Parte do pressuposto de que existe uma pluralidade de discursos diferentes na sociedade e, portanto, uma pluralidade de locais comunicativos a partir dos quais se pode falar. Na medida em que postula que os indivíduos assumem diferentes posições discursivas conforme se movem de um quadro discursivo para outro, esse modelo se presta a uma teorização das identidades sociais como não monolíticas. Além disso, a abordagem pragmática rejeita a suposição de que a totalidade dos significados sociais em circulação constitui um "sistema simbólico" único, coerente e autorreproduzível. Em vez disso, leva em conta conflitos entre esquemas sociais de interpretação e entre os agentes que os utilizam. Finalmente, por vincular o estudo dos discursos ao estudo da sociedade, a abordagem pragmática permite-nos focar no poder e na desigualdade. Em suma, a abordagem pragmática tem muitas das características de que necessitamos para compreender a complexidade das identidades sociais, a formação de grupos sociais, a garantia e a disputa da hegemonia cultural, e a possibilidade e atualidade da prática política.

Deixe-me ilustrar os usos do modelo pragmático para a teorização feminista considerando o caso ambíguo de Julia Kristeva. O caso de Kristeva é instrutivo porque no começo da carreira ela foi crítica do estruturalismo e proponente de uma alternativa pragmática. Contudo, tendo caído sob a influência do lacanismo, ela não manteve uma orientação consistente para a pragmática. Em vez disso, acabou por produzir uma teoria estranha e híbrida, que oscila entre o estruturalismo e a pragmática. A seguir, argumentarei que os aspectos frutíferos do pensamento de Kristeva em termos político-teóricos decorrem de suas dimensões pragmáticas, enquanto os impasses a que ela chega derivam de lapsos estruturalistas.

A intenção de Kristeva de romper com o estruturalismo é anunciada de forma mais clara e sucinta num brilhante ensaio de 1973 chamado "The System and the Speaking Subject" [O sistema e o sujeito falante][28]. Nele, Kristeva argumenta que, por conceber a linguagem como um sistema simbólico, a semiótica estruturalista é necessariamente incapaz de compreender a prática oposicionista e a mudança. Para remediar essas lacunas, ela propõe uma nova abordagem, orientada para "práticas de significação". Em sua definição, elas são governadas por normas, mas não necessariamente restritivas de forma onipotente, e se situam em "relações de produção historicamente determinadas". Como complemento a esse conceito de práticas de significação, Kristeva propõe também um conceito novo, o de "sujeito falante". Esse sujeito está situado social e historicamente, é certo, mas não está totalmente sujeito às convenções sociais e discursivas reinantes. É um sujeito, antes, capaz de uma prática inovadora.

Com algumas jogadas ousadas, então, Kristeva rejeita a exclusão do contexto, da prática, da agência e da inovação, e propõe um novo modelo de pragmática discursiva. Sua ideia geral é a de que os falantes agem em práticas de significação socialmente situadas e governadas por normas. Ao fazê-lo, por vezes transgridem as normas estabelecidas em vigor. A prática transgressora dá origem a inovações discursivas, e estas, por sua vez, podem levar a mudanças reais. A prática inovadora pode posteriormente ser normalizada na forma de normas discursivas novas ou modificadas, de modo a "renovar" as práticas de significação[29].

---

[28] Julia Kristeva, "The System and the Speaking Subject", cit.

[29] "*Renovation*" e "*renewal*" são traduções convencionais para o inglês do termo "*renouvellement*" [renovação] de Kristeva. No entanto, falta-lhes algo da força do francês. Talvez isto explique por que os leitores anglófonos nem sempre notaram o aspecto transformador de sua descrição da

Os usos deste tipo de abordagem para a teorização feminista já devem estar evidentes. No entanto, também existem alguns sinais de alerta de possíveis problemas. Primeiro, há a tendência atinômica de Kristeva – sua tendência, ao menos nessa fase inicial meio maoista de sua carreira, de valorizar a transgressão e a inovação *per se*, independentemente do conteúdo e da direção[30]. A outra face dessa atitude é uma tendência a dar à prática em conformidade com as normas uma inflexão simplesmente negativa, independentemente do conteúdo das normas. Obviamente, não se trata de uma atitude particularmente útil para a teorização feminista, que requer distinções éticas entre normas sociais opressivas e emancipatórias.

Um segundo problema potencial aqui é a tendência estetizante de Kristeva, sua associação da transgressão valorizada com a "prática poética". Kristeva tende a tratar a produção estética de vanguarda como o local privilegiado de inovação. De modo oposto, a prática comunicativa na vida cotidiana aparece pura e simplesmente como um conformismo. Essa tendência a isolar ou regionalizar práticas inovadoras não é útil para a teorização feminista. Precisamos reconhecer e avaliar o potencial emancipatório da prática oposicionista *onde quer* que ela apareça – nos quartos, nas lojas, nas convenções da Associação Filosófica Americana.

O terceiro e mais sério problema é a abordagem aditiva de Kristeva em relação à teorização. Com isto refiro-me a sua propensão para remediar problemas teóricos por meio da simples *adição* de teorias deficientes, em vez de as desfazer ou reformular. A meu ver, é assim que ela acaba lidando com certas características do estruturalismo; em vez de eliminar certas noções estruturalistas por completo, ela simplesmente acrescenta a elas outras noções antiestruturalistas.

O estilo aditivo e dualista de teorização de Kristeva é evidente na maneira como ela analisa e classifica as práticas de significação. Ela considera que tais práticas consistem em proporções variáveis de dois ingredientes básicos. Um deles é "o simbólico", um registro linguístico ligado à transmissão de conteúdo proposicional através da observância de regras gramaticais e sintáticas. O outro é "o semiótico", um registro ligado à expressão de pulsões libidinais através da entonação e do ritmo e não limitado por regras linguísticas. O simbólico, então, é o eixo da prática discursiva que ajuda a reproduzir a ordem social ao impor convenções linguísticas

---

transgressão, em vez disso tendendo a tratá-la como pura negação, sem consequências positivas. Para um exemplo dessa interpretação, ver Judith Butler, "The Body Politics of Julia Kristeva", em Nancy Fraser e Sandra Bartky (orgs.), *Revaluing French Feminism*, cit.

[30] Esta tendência desaparece nos escritos posteriores de Kristeva, nos quais é substituída por uma ênfase igualmente unilateral, indiscriminada e conservadora nos perigos "totalitários" que espreitam cada tentativa de inovação descontrolada.

aos desejos anárquicos. O semiótico, em contraste, expressa uma fonte material e corporal de negatividade revolucionária, o poder de romper com as convenções e iniciar a mudança. De acordo com Kristeva, todas as práticas de significação contêm certa medida de cada um desses dois registros de linguagem, mas, com a notável exceção da prática poética, o registro simbólico é sempre o dominante.

Em seu trabalho posterior, Kristeva fornece à sua distinção entre o simbólico e o semiótico um subtexto de gênero de base psicanalítica. Seguindo o lacanismo, ela associa o simbólico ao paterno e o descreve como uma ordem monoliticamente falocêntrica e sujeita a regras, à qual os sujeitos se submetem como o preço da sociabilidade quando resolvem o complexo de Édipo por meio da aceitação da Lei do Pai. Mas então Kristeva rompe com o lacanismo ao insistir na persistência subjacente de um elemento feminino e maternal em toda prática de significação. Ela associa o semiótico ao pré-edipiano e ao maternal, valorizando-o como um ponto de resistência à autoridade cultural codificada paternalmente, uma espécie de cabeça de praia oposicionista feminino dentro da prática discursiva.

À primeira vista, pode parecer que essa forma de analisar e classificar práticas de significação tem alguma utilidade potencial para a teorização feminista. Ela parece contestar a presunção do lacanismo de que a linguagem é monoliticamente falocêntrica e identificar um *locus* de oposição feminista ao domínio do poder masculino. Contudo, olhando mais de perto, esse aparente potencial feminista revela-se em grande parte ilusório. Na verdade, a análise das práticas de significação feita por Kristeva trai suas melhores intenções pragmáticas. A decomposição de tais práticas em constituintes simbólicos e semióticos não leva além do estruturalismo. Afinal, o "simbólico" é uma repetição da ordem simbólica reificada e falocêntrica do lacanismo. E embora o "semiótico" seja uma força que perturba momentaneamente essa ordem simbólica, ele não constitui uma alternativa a ela. Ao contrário, como mostrou Judith Butler, a disputa entre os dois modos de significação favorece o simbólico: o semiótico é, por definição, transitório e subordinado, sempre condenado de antemão a ser reabsorvido pela ordem simbólica[31]. Além disso, e mais fundamentalmente problemático, penso eu, é o fato de o semiótico ser definido de forma parasitária em relação ao simbólico como a imagem espelhada e a negação abstrata deste último. A simples soma dos dois, portanto, não pode levar e não leva à pragmática. Em vez disso, produz um amálgama de estrutura e antiestrutura. Além disso, este amálgama é, para citar Hegel, um "mau infinito", uma vez que nos

---

[31] Judith Butler, "The Body Politics of Julia Kristeva", cit.

deixa oscilando incessantemente entre um momento estruturalista e um momento antiestruturalista, sem nunca chegar a nada além disso.

Assim, ao recorrer a um modo aditivo de teorização, Kristeva entrega sua promissora concepção pragmática da prática de significação a um neoestruturalismo semilacaniano. No processo, ela acaba reproduzindo algumas das mais infelizes deficiências conceituais do lacanismo. Ela também cai no simbolicismo, tratando a ordem simbólica como um mecanismo causal todo-poderoso e confundindo estrutura linguística, estrutura de parentesco e estrutura social em geral[32]. Por outro lado, Kristeva às vezes se sai melhor que o lacanismo na apreciação da especificidade histórica e da complexidade de tradições culturais específicas, especialmente nas partes de seu trabalho que analisam representações culturais de gênero em tais tradições. Mesmo aí, porém, ela frequentemente cai no psicologismo; por exemplo, seus estudos potencialmente muito interessantes sobre representações culturais da feminilidade e da maternidade na teologia cristã e na pintura da Renascença italiana acabam prejudicados quando ela recorre a esquemas redutivos de interpretação que tratam o material histórico como reflexos de imperativos psicológicos a-históricos autônomos, como "ansiedade de castração" e "paranoia feminina"[33].

Dito isto, então, a concepção de discurso de Kristeva abre mão de muitas das vantagens potenciais da pragmática para a teorização feminista. No final, ela perde o foco pragmático na contingência e na historicidade das práticas discursivas, em sua abertura a possíveis mudanças. Em vez disso, cai numa ênfase quase estruturalista no poder de recuperação de uma ordem simbólica reificada e, assim, renuncia à possibilidade de explicar a mudança. Da mesma forma, sua teoria perde o foco pragmático na pluralidade das práticas discursivas. Em vez disso, cai numa orientação homogeneizadora e binarizante quase estruturalista que distingue as práticas ao longo do único eixo de proporção do semiótico para o simbólico, do feminino para o masculino, e, assim, renuncia ao potencial para a compreensão de identidades complexas. Para completar, Kristeva perde a ênfase pragmática no contexto social. Em vez disso, ela cai numa fusão quase estruturalista de "ordem simbólica" com contexto social e, assim, renuncia à capacidade de ligar a dominação discursiva à desigualdade social. Finalmente, sua teoria perde a ênfase pragmática na interação

---

[32] Ver, por exemplo, Julia Kristeva, *Powers of Horror: An Essay on Abjection* (Nova York, Columbia University Press, 1982).

[33] Ver idem, "Stabat Mater", em *The Kristeva Reader*, cit.; e idem, "Motherhood According to Giovanni Bellini", em *Desire in Language: A Semiotic Approach to Art and Literature* (org. Leon S. Roudiez, Nova York, Columbia University Press, 1980).

e no conflito social. Em vez disso, como Andrea Nye demonstrou, concentra-se quase exclusivamente nas tensões *intra*ssubjetivas e, portanto, renuncia à capacidade de compreender fenômenos *inter*subjetivos, incluindo a filiação, por um lado, e a luta social, por outro[34].

Este último ponto pode ser elucidado ao considerar a abordagem de Kristeva sobre o sujeito falante. Longe de ser útil para a teorização feminista, sua perspectiva reproduz muitas das características incapacitantes do lacanismo. Tal como neste último, o sujeito é dividido em duas metades, nenhuma das quais é um potencial agente político. O sujeito do simbólico é um conformista supersocializado, completamente submetido a convenções e normas simbólicas. Na verdade, seu conformismo é posto "em julgamento" pelo conjunto rebelde e desejante de pulsões corporais associadas ao semiótico. Mas, como antes, a mera adição de uma força antiestruturalista não conduz para algo realmente além do estruturalismo. Ao mesmo tempo, o "sujeito" semiótico não pode ser ele próprio um agente da prática feminista por diversas razões. Em primeiro lugar, ele está localizado abaixo, e não no interior, da cultura e da sociedade; portanto, não fica claro como sua prática poderia ser uma prática *política*[35]. Em segundo lugar, é definido exclusivamente em termos de transgressão das normas sociais; portanto, não pode se envolver no momento reconstrutivo da política feminista, um momento essencial para a transformação social. Por fim, é definido em termos da destruição da identidade social e, portanto, não pode figurar na reconstrução de novas identidades e solidariedades *coletivas* politicamente constituídas, tão essenciais para a política feminista.

Por definição, então, nenhuma das metades do sujeito dividido de Kristeva pode ser um agente político feminista. Nem, creio eu, essas duas metades podem ser unidas. Em vez disso, elas tendem simplesmente a anular-se uma à outra, uma destruindo para sempre as pretensões identitárias da outra, e esta recuperando para sempre a primeira e reconstituindo a si mesma como antes. O resultado é uma oscilação paralisante entre identidade e não identidade, sem qualquer questão prática determinada. Eis, então, outro "mau infinito", um amálgama de estruturalismo e sua negação abstrata.

Se não existem agentes individuais de prática emancipatória no universo de Kristeva, então tampouco existem agentes coletivos para esse fim. Isto pode ser

---

[34] Para uma brilhante discussão crítica da filosofia da linguagem de Kristeva, à qual o presente texto deve muito, ver Andrea Nye, "Woman Clothed with the Sun", *Signs: Journal of Women in Culture and Society*, v. 12, n. 4, 1987, p. 664-86.

[35] Judith Butler destaca isso em "The Body Politics of Julia Kristeva", cit.

visto examinando um último exemplo de seu padrão aditivo de pensamento, a saber, seu tratamento do próprio movimento feminista. Esse tópico é abordado mais diretamente em um ensaio chamado "Le Temps des femmes" [Hora das mulheres], pelo qual Kristeva é mais conhecida nos círculos feministas[36]. Aqui, ela identifica três "gerações" de movimentos feministas: primeiro, um feminismo humanista igualitário, orientado para a reforma, que visa garantir a plena participação das mulheres na esfera pública, um feminismo cuja melhor personificação talvez seja Simone de Beauvoir; segundo, um feminismo ginocêntrico, de orientação cultural, que visa promover a expressão de uma especificidade sexual e simbólica feminina não definida pelo homem, um feminismo representado pelas proponentes da *écriture féminine* e da *parler femme*; e, finalmente, o tipo autoproclamado de feminismo de Kristeva – em minha opinião, na verdade um pós-feminismo –, uma abordagem radicalmente nominalista e antiessencialista que enfatiza que "mulheres" não existem e que identidades coletivas são ficções perigosas[37].

Apesar do caráter explicitamente tripartite dessa categorização, a lógica profunda do pensamento de Kristeva sobre o feminismo está em conformidade com seu padrão dualista e aditivo. Isso porque o primeiro momento, humanista e igualitário, do feminismo sai de cena, uma vez que Kristeva presume erroneamente que seu programa já foi alcançado. No fim, portanto, ela se volta apenas para duas "gerações" de feminismo. Além disso, apesar de suas críticas explícitas ao ginocentrismo, há uma vertente do seu pensamento que dele participa implicitamente – refiro-me à identificação quase biologizante e essencializadora da feminilidade das mulheres com a maternidade. A maternidade, para Kristeva, é a forma como as mulheres, ao contrário dos homens, entram em contato com o resíduo semiótico pré-edipiano. (Os homens fazem isso escrevendo poesia de vanguarda; as mulheres fazem isso tendo bebês.) Aqui, Kristeva desistoriciza e psicologiza a maternidade, misturando concepção, gravidez, parto, amamentação e criação dos filhos, abstraindo todos eles do contexto sociopolítico e erigindo seu próprio estereótipo essencialista de feminilidade. Eis que então ela inverte a si própria e recua de sua construção, insistindo que "mulheres" não existem, que a identidade feminina é fictícia e que os

---

[36] Reimpresso em Julia Kristeva, *The Kristeva Reader*, cit.

[37] Tomo as expressões "feminismo humanista" e "feminismo ginocêntrico" de Iris Marion Young, "Humanism, Gynocentrism and Feminist Politics", em *Throwing Like a Girl and Other Essays in Feminist Philosophy and Social Theory* (Bloomington, Indiana University Press, 1990). Tomo a expressão "feminismo nominalista" de Linda Alcoff, "Cultural Feminism versus Post-structuralism: The Identity Crisis in Feminist Theory", *Signs: Journal of Women in Culture and Society*, v. 13, n. 3, 1988, p. 405-36.

movimentos feministas tendem, portanto, para o religioso e o protototalitário. O padrão geral do pensamento de Kristeva sobre o feminismo é, portanto, aditivo e dualista: ela acaba alternando momentos ginocêntricos essencialistas com momentos nominalistas antiessencialistas, momentos que consolidam uma identidade de gênero feminina materna, a-histórica e indiferenciada com momentos que repudiam todo tipo de identidade das mulheres.

No que diz respeito ao feminismo, então, Kristeva deixa-nos oscilando entre uma versão regressiva do essencialismo ginocêntrico-maternalista, por um lado, e um antiessencialismo pós-feminista, por outro. Nenhum dos dois é útil para a teorização feminista. Nos termos de Denise Riley, a primeira *superfeminiza* as mulheres ao nos definir maternalmente. O segundo nos *subfeminiza* ao afirmar que "mulheres" não existem e ao rejeitar o movimento feminista como uma ficção protototalitária[38]. Além disso, a simples junção dos dois não ultrapassa os limites de nenhum deles. Ao contrário, constitui outro "mau infinito" – outra prova da utilidade limitada, para a teorização feminista, de uma abordagem que apenas combina uma negação abstrata do estruturalismo com um modelo estruturalista que, ao fim das contas, foi deixado intacto.

4. Conclusão

Espero que o que foi dito até aqui tenha fornecido uma ilustração razoavelmente vívida e persuasiva do ponto mais geral que defendo, a saber, a utilidade superior, para a teorização feminista, da pragmática sobre as abordagens estruturalistas do estudo da linguagem. Em vez de reiterar as vantagens dos modelos pragmáticos, terminarei com um exemplo específico de seu uso na teorização feminista.

Como afirmei, os modelos pragmáticos enfatizam o contexto social e a prática social da comunicação, e estudam uma pluralidade de locais e práticas discursivas que mudam ao longo da história. Como resultado, essas abordagens oferecem-nos a possibilidade de pensar as identidades sociais como complexas, mutáveis e construídas discursivamente. Esta parece ser, a meu ver, nossa melhor esperança para evitar algumas das dificuldades de Kristeva. Identidades sociais complexas, mutáveis e discursivamente construídas proporcionam uma alternativa às concepções

---

[38] Para os termos "subfeminização" e "superfeminização", ver Denise Riley, *"Am I That Name?"*, cit. Para uma crítica útil da equiparação que Kristeva faz dos movimentos de libertação coletiva com o "totalitarismo", ver Ann Rosalind Jones, "Julia Kristeva on Femininity: The Limits of a Semiotic Politics", *Feminist Review*, v. 18, 1984, p. 56-73.

reificadas e essencialistas de identidade de gênero, por um lado, e às simples negações e dispersões de identidade, por outro. Permitem-nos, assim, navegar com segurança entre os cardumes gêmeos do essencialismo e do nominalismo, entre reificar as identidades sociais das mulheres sob estereótipos de feminilidade, de um lado, e dissolvê-las na pura nulidade e no esquecimento, de outro[39]. Afirmo, portanto, que, com a ajuda de uma concepção pragmática do discurso, podemos aceitar a crítica do essencialismo sem nos tornarmos pós-feministas. Acredito ser esta uma ajuda inestimável, pois não será hora de falar de pós-feminismo até que possamos falar legitimamente de pós-patriarcado[40].

---

[39] Sobre este ponto, ver Nancy Fraser e Linda J. Nicholson, "Social Criticism without Philosophy: An Encounter between Feminism and Postmodernism", em Linda J. Nicholson (org.), *Feminism/Postmodernism* (Nova York, Routledge, 1993).

[40] Tomei emprestada esta frase de Toril Moi, que a pronunciou em outro contexto, em sua palestra na conferência "Convergence in Crisis: Narratives of the History of Theory", Universidade Duke, 24-27 set. 1987.

6. Política feminista na era do reconhecimento: uma abordagem bidimensional para a justiça de gênero

A teoria feminista tende a seguir o *zeitgeist* [espírito do tempo]. Na década de 1970, quando a segunda onda do feminismo emergiu da Nova Esquerda, suas teorias de gênero mais significativas refletiam a influência ainda potente do marxismo. Quer fossem simpáticas quer fossem antagônicas à análise de classe, essas teorias situaram as relações de gênero no terreno da economia política, ao mesmo tempo que procuraram expandir esse terreno para abranger o trabalho doméstico, a reprodução e a sexualidade. Logo depois disso, desafiando os limites dos paradigmas centrados no trabalho, novas correntes de teorização feminista surgiram propondo um diálogo com a psicanálise. No mundo anglófono, os teóricos das relações objetais começaram a conceituar o gênero como uma "identidade". Enquanto isso, no continente europeu, os lacanianos rejeitaram a expressão "relações de gênero" por considerá-la demasiado sociológica e substituíram-na por "diferença sexual", que conceitualizaram em relação à subjetividade e à ordem simbólica. Em nenhum dos casos a intenção inicial era suplantar o marxismo *per se*; ao contrário, ambas as correntes consideravam estar enriquecendo e aprofundando paradigmas materialistas que muitas vezes descambavam para o economicismo vulgar. Na década de 1990, porém, a Nova Esquerda era apenas uma memória, e o marxismo parecia, para muitos, letra morta. Nesse contexto, linhas de pensamento que a princípio presumiam a relevância do marxismo assumiram outra valência. Juntando-se ao grande êxodo de intelectuais do marxismo, a maioria das teóricas feministas embarcou na "virada cultural". Com exceção de algumas resistentes, mesmo aquelas que rejeitavam a psicanálise passaram a compreender o gênero como uma identidade ou uma "construção cultural". Em conformidade com isso, a teoria do gênero é hoje, em grande parte, um ramo dos estudos culturais. Como tal, atenuou ainda mais, se não perdeu totalmente, suas ligações históricas com o marxismo – e a teoria social e a economia política em geral.

Como sempre, as vicissitudes da teoria seguem as da política. A transição, ao longo dos últimos trinta anos, de concepções de gênero quase marxistas e centradas no trabalho para concepções baseadas na cultura e na identidade coincide com uma transição paralela na política feminista. Enquanto a geração de 1968 esperava, entre outras coisas, reestruturar a economia política de modo a abolir a divisão do trabalho por gênero, as feministas subsequentes formularam outros objetivos, menos materiais. Algumas, por exemplo, buscaram o reconhecimento da diferença sexual, enquanto outras preferiram desconstruir a oposição categorial entre masculino e feminino. O resultado foi uma mudança no centro de gravidade da política feminista. Antes centradas no trabalho e na violência, nos últimos anos as lutas de gênero têm enfocado cada vez mais a identidade e a representação. O efeito foi o de subordinar as lutas sociais às lutas culturais, a política de redistribuição à política de reconhecimento. Essa não era, mais uma vez, a intenção original. Ao contrário, tanto as feministas culturais como as desconstrucionistas presumiam que a política cultural feminista criaria uma sinergia com as lutas pela igualdade social. Mas essa suposição também foi vítima do *zeitgeist*. Na "sociedade em rede", a virada feminista para o reconhecimento encaixou-se perfeitamente em um neoliberalismo hegemônico que não quer nada além de reprimir a memória socialista[1].

É claro que o feminismo não está sozinho nessa trajetória. Ao contrário, a história recente da teoria do gênero reflete uma mudança mais ampla na gramática da formulação de reivindicações políticas. Por um lado, as lutas pelo reconhecimento explodiram por toda parte – basta ver as batalhas em torno do multiculturalismo, dos direitos humanos e da autonomia nacional. Por outro lado, as lutas pela redistribuição igualitária estão em relativo declínio – basta ver o enfraquecimento dos sindicatos e a cooptação dos partidos trabalhistas e socialistas pela "terceira via". O resultado é uma trágica ironia histórica. A passagem da redistribuição para o reconhecimento ocorre no momento em que um capitalismo agressivamente globalizado liderado pelos Estados Unidos está exacerbando a desigualdade econômica[2].

---

[1] Para a elaboração desta afirmação, ver os capítulos 9 ("Feminismo, capitalismo e a astúcia da História") e 10 ("Entre a mercantilização e a proteção social") deste volume.

[2] Para uma discussão mais completa, ver Nancy Fraser, "From Redistribution to Recognition? Dilemmas of Justice in a 'Postsocialist' Age", *New Left Review*, v. 212, 1995, p. 68-93 [ed. bras.: "Da redistribuição ao reconhecimento? Dilemas da justiça numa era 'pós-socialista'", trad. Júlio de Assis Simões, *Cadernos de Campo*, v. 15, n. 14-15, 2006, p. 231-9]; reimpresso em idem, *Justice*

Para o feminismo, portanto, essa foi uma transição de dois gumes. Por um lado, a virada para o reconhecimento representa um alargamento da luta de gênero e uma nova compreensão da justiça de gênero. Não mais restrita a questões de distribuição, a justiça de gênero abrange agora questões de representação, identidade e diferença. O resultado é um grande avanço em relação aos paradigmas economicistas reducionistas que tinham dificuldade em conceber os danos enraizados não na divisão do trabalho, mas em padrões androcêntricos de valoração cultural. Por outro lado, já não é algo evidente que as lutas feministas por reconhecimento estejam servindo para aprofundar e enriquecer as lutas pela redistribuição igualitária. Ao contrário, no contexto de um neoliberalismo ascendente, podem estar servindo para substituir estas últimas. Nesse caso, os ganhos recentes estariam entrelaçados com uma perda trágica. Em vez de chegar a um paradigma mais amplo e rico que pudesse abranger tanto a redistribuição como o reconhecimento, teríamos trocado um paradigma truncado por outro – um economicismo truncado por um culturalismo truncado. O resultado seria um caso clássico de desenvolvimento combinado e desigual: os notáveis ganhos feministas recentes no eixo do reconhecimento coincidiriam com uma estagnação do progresso – ou mesmo perdas imediatas – no eixo da distribuição.

Ao menos, essa é a minha leitura das tendências atuais. A seguir, delinearei uma abordagem à teoria de gênero e à política feminista que responde a esse diagnóstico e visa impedir sua plena realização. O que tenho a dizer divide-se em quatro partes. Em primeiro lugar, proporei uma análise do gênero que seja suficientemente ampla para abrigar toda a gama de preocupações feministas, tanto as centrais para o antigo feminismo socialista como as enraizadas na virada cultural. Para complementar essa análise, proporei, em segundo lugar, uma concepção de justiça ampla na mesma medida, capaz de abranger tanto a distribuição como o reconhecimento, e, em terceiro lugar, uma abordagem não identitária do reconhecimento, capaz de criar sinergia com a redistribuição. Finalmente, examinarei alguns problemas práticos que surgem quando tentamos imaginar reformas institucionais que possam corrigir simultaneamente a má distribuição e o não reconhecimento. Em todas essas quatro seções, me afasto das abordagens feministas que se centram exclusivamente no gênero. Em vez disso, situo as lutas de gênero como uma vertente entre outras

---

Interruptus: Critical Reflections on the "Postsocialist" Condition (Nova York, Routledge, 1997) [ed. bras.: *Justiça interrompida: reflexões críticas sobre a condição "pós-socialista"*, trad. Ana Claudia Lopes e Nathalie Bressiani, São Paulo, Boitempo, 2022]. Ver também idem, "Social Justice in the Age of Identity Politics: Redistribution, Recognition, and Participation", em Nancy Fraser e Axel Honneth, *Redistribution or Recognition? A Political-Philosophical Exchange* (Londres, Verso, 2003).

num projeto político mais amplo, voltado a institucionalizar a justiça democrática ao longo de múltiplos eixos de diferenciação social.

1. Gênero: um conceito bidimensional

Para evitar truncar a problemática feminista e colaborar involuntariamente com o neoliberalismo, as feministas de hoje precisam revisitar o conceito de gênero. É necessária uma concepção ampla e espaçosa, que possa acomodar ao menos dois conjuntos de preocupações. Por um lado, tal concepção deve incorporar a problemática centrada no trabalho, associada ao feminismo socialista; por outro, deve também abrir espaço para a problemática centrada na cultura, associada a vertentes supostamente "pós-marxistas" da teorização feminista. Rejeitando formulações sectárias que apresentam essas duas problemáticas como antitéticas, as feministas precisam desenvolver uma explicação do gênero que englobe as preocupações de ambas. Como veremos, isso requer a teorização tanto do caráter de gênero da economia política como do androcentrismo da ordem cultural, sem reduzir nenhum deles ao outro. Ao mesmo tempo, também requer a teorização de duas dimensões analiticamente distintas do sexismo, uma centrada na distribuição e a outra, no reconhecimento. O resultado será uma *concepção bidimensional de gênero*. Somente uma concepção desse tipo pode apoiar uma política feminista viável na época atual.

A abordagem que proponho requer uma visão bifocal do gênero – simultaneamente através de duas lentes diferentes. Visto através de uma lente, o gênero tem afinidades com a classe; visto através da outra, é mais semelhante ao *status*. Cada lente enfoca um aspecto importante da subordinação das mulheres, mas nenhuma delas é suficiente por si só. Só podemos dispor de uma compreensão completa quando as duas lentes são sobrepostas. Quando isso ocorre, o gênero aparece como um eixo categorial que abrange duas dimensões da ordenação social, a dimensão da *distribuição* e a dimensão do *reconhecimento*.

Do ponto de vista da distribuição, o gênero aparece como uma diferenciação similar à de classe, enraizada na estrutura econômica da sociedade. Por ser um princípio organizador básico da divisão do trabalho, subjaz à divisão fundamental entre trabalho remunerado "produtivo" e trabalho não remunerado "reprodutivo" e doméstico, atribuindo às mulheres a responsabilidade primária por este último. O gênero também estrutura a divisão do trabalho remunerado entre ocupações industriais e profissionais mais bem remuneradas, dominadas pelos homens, e ocupações de "colarinho rosa" e de serviços domésticos mais mal remuneradas, dominadas pelas mulheres. O resultado é uma estrutura econômica que gera formas de injustiça distributiva específicas de gênero.

Do ponto de vista do reconhecimento, em contraste, o gênero aparece como uma diferenciação de *status*, enraizada na ordem de *status* da sociedade. Os códigos de gênero permeiam os padrões culturais de interpretação e avaliação, que são centrais para a ordem de *status* como um todo. Assim, uma característica fundamental da injustiça de gênero é o androcentrismo: um padrão institucionalizado de valoração cultural que privilegia características associadas à masculinidade, ao mesmo tempo que desvaloriza tudo o que é codificado como "feminino", e de modo paradigmático – mas não exclusivo – as mulheres. Padrões de valoração androcêntricos institucionalizados de forma disseminada estruturam amplas áreas de interação social. Expressamente codificados em muitas áreas do direito (incluindo o direito de família e o direito penal), eles informam as construções jurídicas de privacidade, autonomia, autodefesa e igualdade. Também estão entranhados em muitas áreas da política governamental (incluindo as políticas reprodutiva, de imigração e de asilo) e nas práticas profissionais convencionais (incluindo a medicina e a psicoterapia). Os padrões de valoração androcêntricos também permeiam a cultura popular e a interação cotidiana. Em decorrência disso, as mulheres sofrem formas de *subordinação de status* específicas de gênero, incluindo assédio sexual, agressão sexual e violência doméstica; representações estereotipadas que as banalizam, objetificam e aviltam na mídia; menosprezo na vida cotidiana; exclusão ou marginalização nas esferas públicas e nos órgãos deliberativos; e negação de plenos direitos e proteções equitativas de cidadania. Esses danos são injustiças do não reconhecimento. São relativamente independentes da economia política e não meramente "superestruturais". Assim, não podem ser superados apenas pela redistribuição, mas exigem soluções de reconhecimento adicionais e independentes.

Quando as duas perspectivas são combinadas, o gênero emerge como uma categoria bidimensional. Contém tanto uma face político-econômica, que o situa no âmbito da redistribuição, como uma face cultural-discursiva, que o situa simultaneamente no âmbito do reconhecimento. Além disso, nenhuma dessas dimensões é meramente um efeito indireto da outra. É certo que as dimensões da distribuição e do reconhecimento interagem entre si. Mas a má distribuição de gênero não é simplesmente um subproduto da hierarquia de *status*; nem a falta de reconhecimento de gênero é totalmente um subproduto da estrutura econômica. Na realidade, cada uma tem certa independência relativa. Assim, nenhuma das duas pode ser alcançada por completo de forma indireta, mediante reformas dirigidas exclusivamente à outra. É uma questão em aberto se as duas dimensões têm peso igual. Mas a reparação da injustiça de gênero, de todo modo, exige a mudança tanto da estrutura econômica como da ordem de *status* da sociedade contemporânea. Nenhuma das duas bastará por si só.

O caráter bidimensional do gênero destrói a ideia de uma escolha de tipo "ou isso ou aquilo" entre a política de redistribuição e a política de reconhecimento. Tal tipo de construção pressupõe que as mulheres são ou uma classe ou um grupo de *status*, mas não ambos; que a injustiça que sofrem é ou má distribuição ou falta de reconhecimento, mas não ambos; que a solução é ou a redistribuição ou o reconhecimento, mas não ambos. O gênero, como podemos ver agora, explode toda essa série de falsas antíteses. Aqui temos uma categoria que é composta de *status* e classe. Não só a "diferença" de gênero é construída a partir de diferenciais econômicos e, simultaneamente, de padrões institucionalizados de valor cultural como tanto a má distribuição quanto a falta de reconhecimento são fundamentais para o sexismo. A implicação disso para a política feminista é clara. Combater a subordinação das mulheres requer uma abordagem que combine uma política de redistribuição com uma política de reconhecimento[3].

2. Justiça de gênero como paridade de participação

O desenvolvimento de tal abordagem requer uma concepção de justiça tão ampla e espaçosa quanto a visão de gênero que acabamos de ver. Tal concepção também deve acomodar ao menos dois conjuntos de preocupações. Por um lado, deve abranger as preocupações tradicionais da justiça distributiva, especialmente com a pobreza, a exploração, a desigualdade e as diferenças de classe. Ao mesmo tempo, deve também abranger preocupações de reconhecimento, especialmente com o desrespeito, o imperialismo cultural e a hierarquia de *status*. Rejeitando formulações sectárias que consideram a distribuição e o reconhecimento entendimentos de justiça mutuamente incompatíveis, tal concepção deve acomodar ambos. Como veremos, isso significa tomar um padrão normativo comum como referência para

---

[3] Além disso, o que acontece neste aspecto com o gênero não é incomum. "Raça" também é uma categoria bidimensional, um composto de *status* e classe. A classe também pode ser mais bem compreendida de forma bidimensional, contrariamente ao que acreditam as teorias economicistas ortodoxas. E mesmo a sexualidade, que à primeira vista parece o caso paradigmático do puro reconhecimento, tem uma dimensão econômica inegável. Assim, é bem possível que, no fim das contas, praticamente todos os eixos de injustiça do mundo real sejam bidimensionais. Praticamente todos perpetram tanto a má distribuição como o não reconhecimento em formas tais que nenhuma dessas injustiças possa ser corrigida integralmente de forma indireta, mas cada uma delas requeira alguma atenção prática. Na prática, portanto, superar a injustiça requer, em praticamente todos os casos, redistribuição e reconhecimento. Para uma discussão mais completa, ver Nancy Fraser, "Social Justice in the Age of Identity Politics", cit.

teorizar a má distribuição e o não reconhecimento, sem reduzir um ao outro. O resultado, mais uma vez, será uma *concepção bidimensional de justiça*. Só uma concepção desse tipo pode compreender toda a magnitude da injustiça sexista.

A concepção de justiça que proponho está centrada no princípio da *paridade de participação*. De acordo com esse princípio, a justiça requer arranjos sociais que permitam a todos os membros (adultos) da sociedade interagir uns com os outros como *pares*. Para que a paridade de participação seja possível, ao menos duas condições devem ser satisfeitas. Primeiro, a distribuição dos recursos materiais deve garantir a independência e a "voz" dos participantes. Essa condição "objetiva" exclui formas e níveis de dependência e desigualdade econômica que impeçam a paridade de participação. Estão excluídos, portanto, os arranjos sociais que, ao institucionalizar a privação, a exploração e as grandes disparidades em termos de riqueza, rendimento e tempo de lazer, negam a algumas pessoas os meios e oportunidades de interagir com outras pessoas como pares. Em contraste, a segunda condição para a paridade de participação é "intersubjetiva". Requer que os padrões institucionalizados de valor cultural expressem respeito igual a todos os participantes e garantam oportunidades iguais para obter estima social. Essa condição exclui padrões de valoração institucionalizados que depreciem sistematicamente algumas categorias de pessoas e as qualidades a elas associadas. Estão excluídos, portanto, os padrões de valoração institucionalizados que negam a algumas pessoas o *status* de parceiros plenos na interação – seja ao sobrecarregá-las com um excesso de "diferença" atribuída, seja ao deixar de reconhecer sua distinção.

Ambas as condições são necessárias para a paridade de participação. Nenhuma das duas por si só é suficiente. A primeira põe em foco preocupações tradicionalmente associadas à teoria da justiça distributiva, especialmente preocupações relativas à estrutura econômica da sociedade e às diferenças de classe definidas do ponto de vista econômico. A segunda põe em foco preocupações anteriormente destacadas na filosofia do reconhecimento, em especial aquelas relativas à ordem de *status* da sociedade e às hierarquias de *status* definidas do ponto de vista cultural. No entanto, nenhuma dessas condições é meramente um efeito epifenomenal da outra. Na realidade, cada uma tem certa independência relativa. Assim, nenhuma das duas pode ser alcançada por completo de forma indireta, mediante reformas dirigidas exclusivamente à outra. O resultado é uma concepção bidimensional de justiça que abrange *tanto* a redistribuição *como* o reconhecimento, sem reduzir uma ao outro[4].

---

[4] Para um argumento mais completo, ver Nancy Fraser, "Social Justice in the Age of Identity Politics", cit.

Essa abordagem adequa-se à concepção de gênero proposta anteriormente. Ao interpretar a redistribuição e o reconhecimento como duas dimensões irredutíveis da justiça, alarga a compreensão habitual da justiça para abranger tanto os aspectos de classe como os de *status* referentes à subordinação de gênero. Além disso, ao submeter ambas as dimensões à norma abrangente da paridade de participação, fornece um padrão normativo único para avaliar a justiça da ordem de gênero. Na medida em que a estrutura econômica da sociedade negar às mulheres os recursos de que necessitam para participar plenamente na vida social, ela institucionalizará a má distribuição sexista. Da mesma forma, na medida em que a ordem de *status* da sociedade constituir as mulheres em condições inferiores às de parceiras plenas na interação, ela institucionalizará o não reconhecimento sexista. Em ambos os casos, o resultado é uma ordem de gênero moralmente indefensável.

Assim, a norma da paridade de participação serve para identificar – e condenar – a injustiça de gênero em duas dimensões. Mas a norma também se aplica a outros eixos de diferenciação social, incluindo classe, "raça", sexualidade, etnia, nacionalidade e religião. Na medida em que os arranjos sociais impedirem a paridade de participação em qualquer um destes eixos, seja através da má distribuição seja do não reconhecimento, eles violarão os requisitos da justiça. O resultado, como veremos em breve, é um padrão normativo capaz de resolver alguns dos mais difíceis dilemas políticos que as feministas enfrentam hoje. Esses dilemas surgem na intersecção de múltiplos eixos de subordinação, quando, por exemplo, os esforços para remediar o tratamento injusto de uma minoria religiosa parecem entrar em conflito frontal com os esforços para remediar o sexismo. Na seção seguinte do presente ensaio, mostrarei como o princípio da paridade de participação serve para resolver tais dilemas.

Antes, porém, permitam-me esclarecer o uso que faço do termo "paridade", uma vez que difere de usos recentes desse termo na França. Quatro pontos de divergência são especialmente dignos de nota. Primeiro, na França, a *parité* designa uma lei que determina que as mulheres ocupem metade de todas as vagas das listas eleitorais nas campanhas para assentos nas assembleias legislativas. Lá, portanto, significa estrita igualdade numérica na representação de gênero nas disputas eleitorais. Para mim, a paridade não é uma questão de número. Em vez disso, é uma condição qualitativa, a condição de ser um *par*, de estar *emparelhado* com os outros, de interagir com eles em pé de igualdade. Essa condição não é garantida por meros números, como sabemos pelo exemplo dos antigos países comunistas, alguns dos quais estiveram perto de alcançar a paridade no sentido francês, mas permaneceram muito longe de alcançá-la no meu. É certo que a grave sub-representação das mulheres nas assembleias legislativas e em outras instituições políticas formais em geral significa disparidades qualitativas de participação na vida social. Mas as cotas numéricas não são necessariamente ou sempre a melhor solução. Assim, minha concepção deliberadamente deixa em aberto (para deliberação democrática) a questão do exato grau de representação ou nível de igualdade necessário para garantir a paridade de participação.

A razão tem a ver com a segunda diferença entre minha visão de paridade e a francesa, uma diferença relativa ao escopo. Na França, o requisito da *parité* diz respeito a uma única dimensão da justiça, a saber, a dimensão do reconhecimento. Lá, portanto, aparentemente se presume que o principal obstáculo à plena participação das mulheres na vida política é uma hierarquia de valores androcêntrica na estrutura partidária e que a principal solução é a exigência constitucional de que as mulheres ocupem metade das vagas nas listas eleitorais. Para mim, em contrapartida, o requisito da paridade de participação aplica-se a ambas as dimensões da justiça social, ou seja, tanto à distribuição como ao reconhecimento. E presumo que o obstáculo à paridade pode ser (e muitas vezes é) tanto a má distribuição como o não reconhecimento. No caso da disparidade de gênero na representação política, então, presumo que é necessário não apenas desinstitucionalizar as hierarquias de valores androcêntricas mas também reestruturar a divisão do trabalho para eliminar a "dupla jornada" das mulheres, que constitui um formidável obstáculo distributivo à sua plena participação na vida política.

A terceira diferença fundamental também é uma questão de escopo, mas num sentido diferente. Na França, a *parité* aplica-se a uma única arena de interação: campanhas eleitorais para assentos em assembleias legislativas. Para mim, em contrapartida, a paridade aplica-se a toda a vida social. Assim, a justiça exige paridade de participação numa multiplicidade de arenas de interação, incluindo mercados de trabalho, relações sexuais, vida familiar, esferas públicas e associações voluntárias na sociedade civil. Em cada arena, porém, participação significa algo diferente. Por exemplo, a participação no mercado de trabalho significa algo qualitativamente diferente da participação nas relações sexuais ou na sociedade civil. Em cada arena, portanto, o significado da paridade deve ser ajustado ao tipo de participação em questão. Nenhuma fórmula única, quantitativa ou não, será suficiente para todos os casos. O que, exatamente, é necessário para alcançar a paridade de participação depende, em parte, da natureza da interação social em questão.

A quarta diferença fundamental diz respeito ao escopo em outro sentido ainda. Na França, a *parité* aplica-se a um único eixo de diferenciação social, a saber, o eixo do gênero. Assim, a lei não exige a representação proporcional de outras categorias de pessoas subordinadas, tais como minorias raciais/étnicas ou religiosas. Aparentemente, seus apoiadores tampouco estão preocupados com seu impacto nessa representação. Para mim, em contrapartida, a justiça exige paridade de participação em todos os principais eixos de diferenciação social – não apenas gênero, mas também "raça", etnia, sexualidade, religião e nacionalidade[5]. E, como explicarei na seção seguinte, isso implica que as reformas propostas sejam avaliadas a partir de múltiplas perspectivas – portanto, seus proponentes devem considerar se as medidas destinadas a corrigir um tipo de disparidade podem acabar por exacerbar outra[6].

Em geral, então, minha noção de justiça como paridade de participação é muito mais ampla que a *parité* francesa. Diferentemente desta última, fornece um padrão normativo para avaliar a justiça de *todos* os arranjos sociais ao longo de *duas* dimensões e de *múltiplos* eixos de diferenciação social. Como tal, representa uma contrapartida adequada a uma concepção de gênero que abrange não só a dimensão de reconhecimento orientada para o *status* mas também a dimensão de distribuição similar à de classe.

3. Repensando o reconhecimento: além da política de identidade

Consideremos agora as implicações dessas concepções para a política feminista, começando pela política de reconhecimento. Geralmente, esta é vista como uma política de identidade. Da perspectiva tradicional, o que requer reconhecimento é a identidade de gênero feminina. O não reconhecimento consiste na depreciação dessa identidade por uma cultura patriarcal e no consequente prejuízo ao sentido que as mulheres dão a si mesmas. Compensar esse prejuízo requer o envolvimento numa política feminista de reconhecimento. Tal política visa reparar o autodeslocamento interno, contestando imagens androcêntricas que degradam a feminilidade. As mulheres devem rejeitar tais imagens em favor de novas autorrepresentações

---

[5] Portanto, rejeito as explicações essencialistas da diferença sexual, invocadas por algumas filósofas feministas francesas para justificar a *parité*.

[6] Há ainda uma quinta diferença, que diz respeito à modalidade. A lei francesa exige *parité* de participação real. Para mim, em contrapartida, o requisito moral é que se assegure aos membros da sociedade a *possibilidade* de paridade, se e quando decidirem participar numa determinada atividade ou interação. Não há exigência de que todos de fato participem dessa atividade. Para dar um exemplo dos Estados Unidos: grupos separatistas como os amish têm todo o direito de se retirarem da participação na sociedade mais geral. O que não podem fazer, no entanto, é privar seus filhos da oportunidade de adquirir as competências sociais de que necessitariam para participar como pares, caso mais tarde decidissem sair da comunidade amish e ingressar na sociedade dominante.

criadas por elas próprias. Além disso, tendo remodelado sua identidade coletiva, devem exibi-la publicamente para ganharem o respeito e a estima da sociedade em geral. O resultado, quando bem-sucedido, é o "reconhecimento", uma relação positiva consigo mesma. No modelo de identidade, então, uma política feminista de reconhecimento significa política de identidade.

Sem dúvida, esse modelo de identidade contém alguns *insights* genuínos sobre os efeitos psicológicos do sexismo. No entanto, como argumentei em outra ocasião, ele é deficiente em ao menos dois aspectos importantes. Em primeiro lugar, tende a reificar a feminilidade e a obscurecer eixos transversais de subordinação. Como resultado, muitas vezes recicla estereótipos de gênero dominantes, ao mesmo tempo que promove o separatismo e o politicamente correto. Em segundo lugar, o modelo de identidade trata o não reconhecimento sexista como um mal cultural independente. Como resultado, obscurece as ligações deste último com a má distribuição sexista, impedindo assim os esforços para combater simultaneamente ambos os aspectos do sexismo[7]. Por essas razões, as feministas precisam de uma abordagem alternativa.

Os conceitos de gênero e justiça aqui propostos implicam uma política feminista de reconhecimento alternativa. Nessa perspectiva, o reconhecimento é uma questão de *status* social. O que requer reconhecimento não é a identidade feminina, mas o *status* das mulheres como parceiras plenas na interação social. O não reconhecimento, nesse sentido, não significa a depreciação e deformação da feminilidade. Na verdade, significa subordinação social, no sentido de ser impedida de participar em condições de igualdade na vida social. Reparar a injustiça requer uma política feminista de reconhecimento, sem dúvida, mas isso não significa política de identidade. No modelo de *status*, significa antes uma política que visa superar a subordinação ao estabelecer as mulheres como membros plenos da sociedade, capazes de participar em pé de igualdade com os homens.

A abordagem do *status* exige o exame dos efeitos dos padrões institucionalizados de valoração cultural sobre a *posição* relativa das mulheres. Se e quando tais padrões constituem as mulheres como *pares*, capazes de participar na vida social em pé de igualdade com os homens, então podemos falar de *reconhecimento recíproco* e de *igualdade de status*. Quando, ao contrário, os padrões institucionalizados de valor cultural constituem as mulheres como inferiores, excluídas, o outro absoluto ou

---

[7] Para uma crítica mais completa do modelo de identidade, ver Nancy Fraser, "Rethinking Recognition: Overcoming Displacement and Reification in Cultural Politics", *New Left Review*, n. 3, maio-jun. 2000, p. 107-20.

simplesmente invisíveis – portanto, em posição inferior à de parceiras plenas na interação social –, então devemos falar de *não reconhecimento sexista* e de *subordinação de status*. No modelo de *status*, portanto, o não reconhecimento sexista é uma relação social de subordinação transmitida através de *padrões institucionalizados de valor cultural*. Isso ocorre quando as instituições sociais regulam a interação de acordo com normas androcêntricas que impedem a paridade. Os exemplos incluem leis penais que ignoram o estupro conjugal, programas de assistência social que estigmatizam as mães solo como gatunas sexualmente irresponsáveis e políticas de asilo que consideram a mutilação genital uma "prática cultural" como qualquer outra. Em cada um desses casos, a interação é regulada por um padrão androcêntrico de valoração cultural. Em cada caso, o resultado é negar às mulheres o *status* de parceiras plenas na interação, capazes de participar em pé de igualdade com os homens.

Quando visto em termos de *status*, portanto, o não reconhecimento constitui uma violação grave da justiça. Onde e como quer que ele ocorra, faz-se necessária uma reivindicação de reconhecimento. Mas que se note precisamente o que isso significa: com o objetivo não de valorizar a feminilidade, mas de superar a subordinação, as reivindicações por reconhecimento procuram estabelecer as mulheres como parceiras plenas na vida social, capazes de interagir com os homens como pares. Em outras palavras, pretendem *desinstitucionalizar padrões androcêntricos de valor que impedem a paridade de gênero e substituí-los por padrões que a promovam*[8].

Em termos gerais, então, o modelo de *status* torna possível uma política de reconhecimento *não identitária*. Tal política aplica-se ao gênero, sem dúvida. Mas também se aplica a outros eixos de subordinação, incluindo "raça", sexualidade, etnia, nacionalidade e religião. Como resultado, permite às feministas julgar casos em que as reivindicações de reconhecimento apresentadas seguindo um eixo de subordinação se deparam com reivindicações apresentadas seguindo outro.

De especial interesse para as feministas são os casos em que as reivindicações pelo reconhecimento de práticas culturais de minorias parecem entrar em conflito com a justiça de gênero. Nesses casos, o princípio da paridade de participação deve ser aplicado duas vezes. Deve ser aplicado, uma vez, no nível *intergrupal*, para avaliar os efeitos dos padrões institucionalizados de valoração cultural na posição relativa das minorias perante as maiorias. Depois, deve ser aplicado novamente, no nível *intragrupal*, para avaliar os efeitos internos das práticas da minoria para as quais o reconhecimento é reivindicado. Tomados em conjunto, esses dois níveis

---

[8] Para uma descrição mais completa do modelo de *status*, ver Nancy Fraser, "Social Justice in the Age of Identity Politics", cit.

constituem uma dupla exigência. Os requerentes devem demonstrar, em primeiro lugar, que a institucionalização das normas culturais majoritárias lhes nega a paridade de participação e, em segundo lugar, que as próprias práticas para as quais procuram reconhecimento não negam a outros a paridade de participação, bem como a alguns de seus próprios membros.

Considere-se a controvérsia francesa sobre o *foulard* [lenço]. Aqui a questão é se as políticas que proíbem as jovens muçulmanas de cobrir a cabeça com lenços nas escolas públicas constituem um tratamento injusto de uma minoria religiosa. Nesse caso, aqueles que reivindicam o reconhecimento do *foulard* devem estabelecer dois pontos: devem mostrar, primeiro, que a proibição do lenço constitui um comunitarismo da maioria injusto, que nega a paridade educacional às jovens muçulmanas; e, segundo, que uma política alternativa que permitisse o *foulard* não exacerbaria a subordinação feminina – nas comunidades muçulmanas ou na sociedade em geral. O primeiro ponto, relativo ao comunitarismo da maioria francês, pode ser estabelecido sem dificuldade, ao que parece, uma vez que nenhuma proibição análoga veda o uso de cruzes cristãs nas escolas públicas; assim, a política atual nega igualdade de condições aos cidadãos muçulmanos. Em contrapartida, o segundo ponto, relativo à não exacerbação da subordinação feminina, revelou-se controverso, uma vez que alguns republicanos argumentaram que o *foulard* é um marcador da subordinação das mulheres e não deve, portanto, obter reconhecimento estatal. Contestando essa interpretação, no entanto, alguns multiculturalistas afirmaram que o significado do lenço é hoje altamente disputado nas comunidades muçulmanas francesas, tal como as relações de gênero de modo mais geral; assim, em vez de interpretá-lo como univocamente patriarcal, o que de fato concederia aos supremacistas masculinos autoridade exclusiva para interpretar o Islã, o Estado deveria tratar o *foulard* como um símbolo da identidade muçulmana em transição, cujo significado é disputado, tal como a própria identidade francesa o é em decorrência de interações transculturais em uma sociedade multicultural. Segundo essa perspectiva, permitir o *foulard* nas escolas públicas poderia ser um passo em direção à paridade de gênero, e não para longe dela.

Na minha opinião, os multiculturalistas têm aqui o argumento mais forte. (Esse *não* é o caso, aliás, daqueles que procuram reconhecimento para o que chamam de "circuncisão feminina" – na verdade, mutilação genital, que claramente nega às mulheres e meninas a paridade no prazer sexual e na saúde.) Mas esse não é o ponto que eu gostaria de enfatizar aqui. A questão, antes, é que o argumento é corretamente apresentado em termos de paridade de participação. É precisamente aqui que se deve entrar na controvérsia. A paridade de participação é o padrão adequado para garantir reivindicações de reconhecimento (e redistribuição). Viabiliza uma política feminista não identitária que possa julgar conflitos entre reivindicações centradas no gênero e aquelas focadas em outros eixos transversais de subordinação[9].

4. A integração da redistribuição e do reconhecimento na política feminista

Passemos agora às implicações mais amplas para a política feminista. Como vimos, uma política feminista dos tempos atuais deve ser bidimensional, combinando uma política de reconhecimento com uma política de redistribuição. Só uma política como essa pode evitar que a agenda feminista seja truncada e entre em acordo com o neoliberalismo.

No entanto, conceber tal política feminista não é tarefa fácil. Não basta proceder de forma aditiva, como se pudéssemos simplesmente acrescentar uma política de redistribuição a uma política de reconhecimento. Isso seria tratar as duas dimensões como se ocupassem duas esferas separadas. Na verdade, porém, a distribuição e o reconhecimento estão totalmente imbricados um com o outro. Nem as reivindicações de redistribuição nem as reivindicações de reconhecimento podem ser isoladas umas das outras. Ao contrário, elas têm impacto umas nas outras de formas que podem dar origem a efeitos não intencionais – e indesejados.

Consideremos, em primeiro lugar, que as reivindicações feministas por redistribuição têm impacto no reconhecimento. As políticas redistributivas destinadas a mitigar a pobreza das mulheres, por exemplo, têm implicações de *status* que podem prejudicar aquelas que se pretendia beneficiar. Por exemplo, os programas de assistência pública destinados especificamente a "famílias chefiadas por mulheres" muitas vezes insinuam o menor valor da "criação dos filhos" em relação aos "assalariados" e das "mães da assistência social" em relação aos "contribuintes"[10]. Na pior

---

[9] Esta norma não pode ser aplicada monologicamente, no entanto, na forma de um procedimento de decisão. Deve ser aplicada dialogicamente, por meio de processos democráticos de debate público. Nesses debates, os participantes discutem se os padrões institucionalizados de valoração cultural existentes impedem a paridade de participação e se as alternativas propostas a promoveriam. Assim, a paridade de participação serve como um idioma de contestação pública e deliberação sobre questões de justiça. Mais fortemente, representa o *idioma principal da razão pública*, a linguagem preferida para conduzir a argumentação política democrática sobre questões tanto de distribuição como de reconhecimento. Discuto essa questão em "Social Justice in the Age of Identity Politics", cit.

[10] Ver idem, "Clintonism, Welfare, and the Antisocial Wage: The Emergence of a Neoliberal Political Imaginary", *Rethinking Marxism*, v. 6, n. 1, 1993, p. 9-23.

das hipóteses, eles classificam as mães solo como gatunas sexualmente irresponsáveis, de modo a somar o insulto do não reconhecimento ao dano da privação. Em geral, as políticas redistributivas afetam o *status* e a identidade das mulheres, bem como sua posição econômica. Esses efeitos devem ser tematizados e examinados, para que não se acabe alimentando o não reconhecimento sexista enquanto se tenta remediar a má distribuição sexista. As políticas redistributivas têm efeitos de não reconhecimento sexista quando uma desvalorização androcêntrica culturalmente disseminada da prestação de cuidados rotula o apoio às famílias de mães solo como "conseguir algo de mão beijada"[11]. Nesse contexto, as lutas feministas por redistribuição não podem prosperar a menos que sejam unidas a lutas por mudança cultural voltadas a revalorizar a prestação de cuidados e as associações femininas que a codificam. Resumindo: *não há redistribuição sem reconhecimento*.

Contudo, o inverso é igualmente verdadeiro, uma vez que as reivindicações feministas por reconhecimento têm impacto na distribuição. As propostas para corrigir padrões de avaliação androcêntricos têm implicações econômicas que podem prejudicar algumas mulheres. Por exemplo, campanhas de cima para baixo para suprimir a mutilação genital feminina podem ter efeitos negativos na posição econômica das mulheres afetadas, tornando-as "incasáveis" ao mesmo tempo que não lhes asseguram meios alternativos de apoio. Da mesma forma, as campanhas para suprimir a prostituição e a pornografia podem ter efeitos negativos na posição econômica das trabalhadoras do sexo. Finalmente, as reformas pelo divórcio sem culpa nos Estados Unidos prejudicaram economicamente algumas mulheres divorciadas, mesmo que tenham melhorado o *status* legal das mulheres[12]. Nesses casos, as reformas destinadas a remediar o não reconhecimento sexista acabaram por alimentar a má distribuição sexista. Além disso, as reivindicações de reconhecimento estão sujeitas à acusação de serem "meramente simbólicas". Quando levadas a cabo em contextos marcados por grandes disparidades na posição econômica, as reformas destinadas a afirmar a distinção tendem a transformar-se em gestos vazios; como o

---

[11] Foi o caso do Auxílio às Famílias com Crianças Dependentes (AFDC), que era o principal programa nos Estados Unidos de assistência social sujeita a comprovação de necessidade. Solicitado esmagadoramente por famílias de mães solo que viviam abaixo da linha da pobreza, o AFDC tornou-se na década de 1990 um para-raios para sentimentos racistas e sexistas contra o bem-estar social. Em 1997, o programa foi "reformado" (vulgo abolido) de forma a eliminar os direitos federais que garantiam (algum) apoio (inadequado) à renda dos pobres.

[12] Lenore Weitzman, *The Divorce Revolution: The Unexpected Social Consequences for Women and Children in America* (Nova York, Free Press, 1985). A dimensão das perdas de renda alegadas por Weitzman tem sido contestada. Mas há poucas dúvidas de que houve algumas perdas.

tipo de reconhecimento que colocaria as mulheres num pedestal, elas escarnecem de graves prejuízos, em vez de repará-los. Em tais contextos, as reformas de reconhecimento não podem prosperar a menos que sejam acompanhadas de lutas por redistribuição. Resumindo: *não há reconhecimento sem redistribuição*.

A moral da história é a necessidade de uma visão bifocal na política feminista. Isto significa olhar ao mesmo tempo através de duas lentes analiticamente distintas de distribuição e de reconhecimento. Deixar de manter qualquer uma dessas lentes diante da vista pode acabar distorcendo o que uma vê através da outra. Somente uma perspectiva que sobreponha as duas poderá evitar a exacerbação de uma dimensão do sexismo ao tentar remediar outra.

Em todos os casos, é necessário pensar de forma integrativa, como nas campanhas por "valor comparável". Aqui, uma reivindicação de redistribuição de renda entre homens e mulheres foi expressamente integrada a uma reivindicação de mudança de padrões de valor cultural codificados pelo gênero. A premissa subjacente era a de que as injustiças de gênero na distribuição e no reconhecimento estão tão complexamente interligadas que nenhuma delas pode ser corrigida de forma totalmente independente da outra. Assim, os esforços para reduzir a disparidade salarial entre homens e mulheres não poderão prosperar por inteiro se, permanecendo totalmente "econômicos", deixarem de desafiar os significados de gênero que codificam as ocupações de serviços mal remunerados como "trabalho de mulher", em grande parte desprovido de inteligência e habilidades. Da mesma forma, os esforços para revalorizar características codificadas como femininas, tais como a sensibilidade interpessoal e o cuidado com o próximo, não poderão prosperar se, permanecendo totalmente "culturais", deixarem de desafiar as condições econômicas estruturais que ligam essas características à dependência e à impotência. Somente uma abordagem que corrija a desvalorização cultural do "feminino" justamente *dentro* da economia (e em outros lugares) pode proporcionar uma redistribuição séria e um reconhecimento genuíno.

Em outro texto, discuti outras estratégias para integrar uma política de redistribuição com uma política de reconhecimento[13]. Aqui, argumentei em termos gerais que a justiça de gênero na atualidade exige redistribuição e reconhecimento, e que nenhum deles por si só é suficiente. Com isso, refutei argumentos que consideram as preocupações do feminismo socialista incompatíveis com as dos paradigmas mais recentes, centrados no discurso e na cultura. Deixando de lado os habituais antolhos sectários, propus concepções de gênero, justiça e reconhecimento que são

---

[13] Ver especialmente Nancy Fraser, "Social Justice in the Age of Identity Politics", cit.

suficientemente amplas para abranger as preocupações de ambos os campos. Essas concepções são bidimensionais. Por abarcar tanto a distribuição como o reconhecimento, são capazes de compreender tanto os aspectos de classe como os aspectos de *status* da subordinação das mulheres.

Os conceitos aqui propostos também são informados por um diagnóstico mais amplo da atual conjuntura. Por um lado, tomei como pressuposto que o gênero cruza outros eixos de subordinação de maneiras que complicam o projeto feminista. E sugeri formas de resolver alguns dos dilemas resultantes – especialmente nos casos em que as reivindicações de reparação do não reconhecimento cultural e religioso parecem ameaçar exacerbar o sexismo. Por outro lado, situei minha abordagem à política feminista em relação com a mudança mais ampla na gramática da formulação de reivindicações "da redistribuição ao reconhecimento". Nos pontos em que essa mudança ameaça encorajar o neoliberalismo ao reprimir a problemática da justiça distributiva, propus uma orientação política bidimensional. Esta abordagem mantém vivas as contribuições do marxismo, ao mesmo tempo que aprende com a virada cultural.

De modo geral, portanto, a abordagem aqui proposta fornece alguns recursos conceituais para responder ao que considero ser a questão política chave dos nossos dias: como as feministas podem desenvolver uma perspectiva programática coerente que integre redistribuição e reconhecimento? Como podemos desenvolver um referencial que integre o que permanece convincente e insuperável na visão socialista com o que é defensável e persuasivo na visão aparentemente "pós-socialista" do multiculturalismo? Se não conseguirmos colocar essa questão; se, em vez disso, nos apegarmos a falsas antíteses e a dicotomias enganosas, perderemos a oportunidade de imaginar arranjos sociais capazes de corrigir tanto os aspectos de classe como os de *status* da subordinação das mulheres. É apenas pelo olhar para abordagens integrativas que unam redistribuição e reconhecimento que poderemos satisfazer os requisitos da justiça para todo mundo.

7. Heterossexismo, não reconhecimento e capitalismo: uma resposta a Judith Butler[1]

O ensaio "Meramente cultural", de Judith Butler, é bem-vindo em vários aspectos[2]. Ele nos leva de volta a questões profundas e importantes da teoria social que permaneceram sem discussão por muito tempo. E liga uma reflexão sobre tais questões a um diagnóstico do estado conturbado da esquerda na atual conjuntura política. O mais importante nesse ensaio, contudo, é o compromisso de Butler em identificar e recuperar os aspectos genuinamente valiosos do marxismo e do feminismo socialista da década de 1970, que as atuais modas intelectuais e políticas conspiram para reprimir. Igualmente exemplar é seu interesse em integrar as melhores contribuições desses paradigmas a vertentes defensáveis de paradigmas mais recentes – incluindo a análise do discurso, os estudos culturais e o pós-estruturalismo – a fim de compreender o capitalismo contemporâneo. Esses são compromissos que compartilho de todo o coração.

No entanto, Butler e eu discordamos. Nossas divergências mais importantes, e as mais frutíferas para discussão, giram em torno de como exatamente concretizar esse projeto partilhado de recuperação e integração. Temos opiniões divergentes sobre o que precisamente constitui o legado duradouro do marxismo e as percepções ainda relevantes do feminismo socialista. Também divergimos em nossas respectivas avaliações dos méritos das várias correntes pós-estruturalistas e nossas

---

[1] Sou grata pelos comentários úteis de Laura Kipnis e Eli Zaretsky.
[2] Judith Butler, "Merely Cultural", em Nancy Fraser, *Adding Insult to Injury: Nancy Fraser Debates Her Critics* (org. Kevin Olson, Londres, Verso, 2008), p. 42-56 [ed. bras.: "Meramente cultural", trad. Aléxia Bretas, *Ideias*, v. 7, n. 2, 2017, p. 227-48].

respectivas opiniões sobre como estas podem informar melhor uma teorização social que retenha uma dimensão materialista. Finalmente, discordamos sobre a natureza do capitalismo contemporâneo.

A fim de abrir caminho para uma discussão frutífera dessas questões, quero começar eliminando rapidamente o que considero serem pistas falsas. Butler une sua discussão do meu livro *Justiça interrompida* a uma crítica de um grupo de interlocutores não identificados a quem ela chama "marxistas neoconservadores"[3]. Sejam quais forem os méritos de sua crítica a esse grupo – uma questão à qual voltarei mais tarde –, sua estratégia de usá-la para enquadrar uma discussão do meu trabalho é lamentável. Apesar de suas afirmações em contrário, os leitores poderiam tirar a conclusão errônea de que partilho da falta de consideração "marxista neoconservadora" à opressão de gays e lésbicas como algo "meramente" cultural e, portanto, secundário, derivado ou mesmo trivial. Eles podem supor que vejo a opressão sexual como algo menos fundamental, material e real que a opressão de classe e que desejo subordinar as lutas contra o heterossexismo às lutas contra a exploração dos trabalhadores. Encontrando-me assim amontoada com marxistas "ortodoxos sexualmente conservadores", os leitores poderiam até concluir que vejo os movimentos gays e lésbicos como particularismos injustificados que dividiram a esquerda e aos quais desejo impor forçosamente a unidade de esquerda.

Eu, é claro, não acredito em nada disso. Ao contrário, em *Justiça interrompida* analisei a atual dissociação da chamada política de identidade em relação à política de classe – da esquerda cultural em relação à esquerda social – como uma característica constitutiva da condição "pós-socialista"[4]. Procurando superar essas divisões e articular a base para uma frente única de esquerda, propus um quadro teórico que evita distinções ortodoxas entre "base" e "superestrutura", opressões "primárias" e "secundárias", e que desafia a primazia do econômico. No processo, postulei tanto a irredutibilidade conceitual da opressão heterossexista como a legitimidade moral das reivindicações de gays e lésbicas.

No centro do meu referencial está uma distinção normativa entre injustiças de distribuição e injustiças de reconhecimento. Longe de derrogar estas últimas como "meramente culturais", o objetivo é conceituar dois tipos de males igualmente primários,

---

[3] Nancy Fraser, *Justice Interruptus: Critical Reflections on the "Postsocialist" Condition* (Nova York, Routledge, 1997) [ed. bras.: *Justiça interrompida: reflexões críticas sobre a condição "pós-socialista"*, trad. Ana Claudia Lopes e Nathalie Bressiani, São Paulo, Boitempo, 2022].

[4] Ver especialmente a introdução daquele livro e o capítulo 1, "Da redistribuição ao reconhecimento? Dilemas da justiça numa era 'pós-socialista'".

sérios e reais, que qualquer ordem social moralmente defensável deve erradicar. Não ter reconhecimento, a meu ver, não significa simplesmente ser malvisto, desprezado ou desvalorizado nas atitudes conscientes ou crenças mentais dos outros. Trata-se, antes, de ver-se privado do estatuto de *parceiro pleno* na interação social e de ser impedido de *participar como um igual* na vida social – não como consequência de uma desigualdade distributiva (como deixar de receber sua devida parte de recursos ou de "bens primários"), e sim como consequência de padrões *institucionalizados* de interpretação e valoração que constituem alguém como comparativamente indigno de respeito ou estima. Quando tais padrões de desrespeito e desestima são institucionalizados – por exemplo, na lei, na assistência social, na medicina e/ou na cultura popular –, eles impedem a paridade de participação, tão certamente como o fazem as desigualdades distributivas. O prejuízo resultante é, em ambos os casos, demasiado real.

Em minha concepção, portanto, o não reconhecimento é uma relação social institucionalizada, não um estado psicológico. Em essência, uma injúria de *status* é analiticamente distinta e conceitualmente irredutível à injustiça da má distribuição, embora *possa* ser acompanhada desta. Se o não reconhecimento vai se converter em má distribuição, e vice-versa, depende da natureza da formação social em questão. Nas sociedades pré-capitalistas e pré-estatais, por exemplo, nas quais o *status* é simplesmente *o* princípio abrangente da distribuição, e a ordem do *status* e a hierarquia de classes estão, portanto, fundidas, o não reconhecimento simplesmente implica a má distribuição. Nas sociedades capitalistas, ao contrário, nas quais a institucionalização das relações econômicas especializadas permite a relativa dissociação da distribuição econômica em relação às estruturas de prestígio, e o *status* e a classe podem, portanto, divergir, o não reconhecimento e a má distribuição não são totalmente convertíveis entre si. Se e em que medida eles coincidem hoje é uma questão que considerarei adiante.

Normativamente, porém, o ponto-chave é este: o não reconhecimento constitui uma injustiça fundamental, quer esteja acompanhado de má distribuição quer não. E a questão tem consequências políticas. Não é necessário demonstrar que determinado caso de não reconhecimento acarreta má distribuição com a finalidade de certificar a reivindicação de reparação como uma reivindicação genuína de justiça social. Isso vale para o não reconhecimento heterossexista, que envolve a institucionalização de normas sexuais e interpretações que negam a paridade de participação a gays e lésbicas. Quem se opõe ao heterossexismo não precisa trabalhar para traduzir alegações de injúria ao *status* sexual em alegações de privação de classe para justificar a primeira. Tampouco precisa mostrar que suas lutas ameaçam o capitalismo para provar que elas são justas.

A meu ver, então, as injustiças do não reconhecimento são tão graves quanto as injustiças distributivas. E não podem ser reduzidas a estas últimas. Assim, longe de afirmar que os prejuízos culturais são reflexos superestruturais dos prejuízos econômicos, propus uma análise na qual os dois tipos de prejuízo são cofundamentais e conceitualmente irredutíveis. A partir de minha perspectiva, portanto, não faz sentido dizer que o não reconhecimento heterossexista é "meramente" cultural. Essa locução pressupõe exatamente o tipo de modelo de base-superestrutura, o tipo de monismo economicista, que meu referencial pretende substituir.

Butler, em suma, tomou o que é na verdade um dualismo quase weberiano de *status* e classe por um monismo economicista marxista ortodoxo. Ao pressupor, de forma errônea, que distinguir redistribuição de reconhecimento é necessariamente desvalorizar o reconhecimento, ela trata minha distinção normativa como uma "tática" que visa derrogar as lutas de gays e lésbicas e impor uma nova "ortodoxia". Contra Butler, pretendo defender a distinção por mim realizada ao mesmo tempo que recuso a tática por ela apontada. Para chegar às verdadeiras discordâncias entre nós, portanto, é necessário dissociar duas questões muito estreitamente identificadas na discussão de Butler. A primeira é uma questão política relativa à profundidade e à gravidade da opressão heterossexista; sobre isso, como eu disse, não discordamos. A segunda é uma questão teórica relativa ao estatuto conceitual daquilo que Butler enganosamente chama de "a distinção material/cultural" no que se refere à análise do heterossexismo e da natureza da sociedade capitalista; aí residem nossas verdadeiras divergências[5].

---

[5] A seguir, deixarei de lado um problema com a interpretação de Butler do argumento de *Justiça interrompida*. Ela me apresenta como se eu argumentasse categoricamente que o heterossexismo é pura injustiça de não reconhecimento, livre de má distribuição. Na verdade, discuti a questão hipoteticamente, à maneira de um experimento de pensamento. Com o objetivo de revelar as lógicas distintas das reivindicações de redistribuição e das reivindicações de reconhecimento, respectivamente, convidei os leitores a imaginar um espectro conceitual de coletividades oprimidas que vai desde vítimas ideal-típicas de pura má distribuição, em uma ponta, até vítimas ideal-típicas de puro não reconhecimento, na outra, com casos híbridos ou "bivalentes" no meio. Nesse espírito hipotético, esbocei uma concepção de uma "sexualidade desprezada" como uma aproximação concreta do tipo ideal no extremo do não reconhecimento no espectro, ao mesmo tempo que observava explicitamente que essa concepção de sexualidade era controversa e deixava aberta a questão de saber se e quão estreitamente ela correspondia às coletividades homossexuais realmente existentes que lutavam por justiça no mundo real. Assim, minha análise do "não reconhecimento" do heterossexismo em *Justiça interrompida* é muito mais qualificada do que Butler deixa transparecer. Além disso, recentemente afirmei que, para efeitos práticos, virtualmente todas as coletividades oprimidas do mundo real são "bivalentes". Ou seja, virtualmente todas têm uma componente econômica e uma componente de *status*; portanto, virtualmente todas sofrem tanto de má distribuição como de não reconhecimento *em formas nas quais nenhuma dessas injustiças é um mero*

Começo a desvendar essas divergências reais recapitulando esquematicamente a crítica de Butler. Da maneira como a leio, ela apresenta três argumentos teóricos principais contra meu referencial de redistribuição/reconhecimento. Em primeiro lugar, ela afirma que, como os gays e as lésbicas sofrem prejuízos materiais e econômicos, a categorização de sua opressão como não reconhecimento é indevida. Em segundo lugar, invocando a importante percepção socialista-feminista da década de 1970 de que a família faz parte do modo de produção, ela afirma que a regulação heteronormativa da sexualidade é "central para o funcionamento da economia política" e que as lutas contemporâneas contra essa regulação "ameaçam a operabilidade" do sistema capitalista. Em terceiro, depois de revisitar abordagens antropológicas das trocas pré-capitalistas, ela afirma que a distinção entre o material e o cultural é "instável", um "anacronismo teórico" a ser evitado na teoria social. Nenhum desses argumentos é convincente, a meu ver, em grande parte porque nenhum deles proporciona uma visão adequadamente diferenciada e historicamente situada da sociedade capitalista moderna. Deixe-me considerar os três argumentos separadamente.

O primeiro argumento de Butler apela a alguns fatos indiscutíveis sobre os prejuízos atualmente sofridos por gays e lésbicas. Longe de serem "meramente simbólicos", esses prejuízos incluem graves desvantagens econômicas, com efeitos materiais inegáveis. Nos Estados Unidos de hoje, por exemplo, gays e lésbicas podem ser sumariamente demitidos do emprego civil e do serviço militar, têm negada uma ampla gama de benefícios de bem-estar social baseados na família, são desproporcionalmente sobrecarregados com despesas médicas e estão em desvantagem no direito tributário e sucessório. Igualmente materiais são os efeitos do fato de os homossexuais não disporem de toda a gama de direitos e proteções constitucionais de que gozam os heterossexuais. Em muitas jurisdições, podem ser processados por sexo consensual; e em muitas outras mais, podem ser atacados impunemente.

---

efeito indireto da outra, mas cada uma tem algum peso independente. Contudo, nem todas são bivalentes da mesma forma nem no mesmo grau. Alguns eixos de opressão pendem mais fortemente para o lado da distribuição no espectro, outros pendem mais para o do reconhecimento, enquanto outros ainda se agrupam mais perto do centro. Por essa razão, o heterossexismo, embora consista em parte na má distribuição, consiste principalmente em injustiças de não reconhecimento e está enraizado predominantemente numa ordem de *status* que constrói a homossexualidade como desvalorizada e a institui como uma sexualidade desprezada. Para o argumento original, ver meu "Da redistribuição ao reconhecimento?", cit. Para o refinamento subsequente, ver meus capítulos em Nancy Fraser e Axel Honneth, *Redistribution or Recognition? A Political-Philosophical Exchange* (Londres, Verso, 2003), especialmente o capítulo 1, "Social Justice in the Age of Identity Politics: Redistribution, Recognition, and Participation", p. 7-109.

Como decorrência do caráter econômico e material desses problemas, afirma Butler, a análise do "não reconhecimento" do heterossexismo está equivocada.

A premissa de Butler é verdadeira, claro, mas sua conclusão não procede. Ela presume que as injustiças do não reconhecimento devem ser imateriais e não econômicas. Deixando de lado, por ora, a fusão que ela faz do material com o econômico, a suposição está errada em ambos os aspectos.

Consideremos primeiro a questão da materialidade. Na minha concepção, as injustiças do não reconhecimento são tão materiais quanto as injustiças da má distribuição. É certo que as primeiras estão enraizadas em padrões sociais de interpretação, valoração e comunicação – portanto, se preferirem, na ordem simbólica. Mas isso não significa que sejam "meramente" simbólicas. Ao contrário, as normas, significados e construções de personalidade que impedem as mulheres, os povos racializados e/ou os gays e as lésbicas de paridade de participação na vida social são materialmente situadas – em instituições e práticas sociais, na ação social e nos hábitos incorporados, e nos aparelhos ideológicos do Estado. Longe de ocupar algum mundo frágil e etéreo, eles são materiais em sua existência e seus efeitos.

Do meu ponto de vista, portanto, os prejuízos materiais citados por Butler constituem casos paradigmáticos de não reconhecimento. Refletem a institucionalização de significados, normas e construções heterossexistas da personalidade em áreas como o direito constitucional, a medicina, a política imigratória e de naturalização, os códigos fiscais federais e estaduais, a política de bem-estar social e de emprego, a legislação de igualdade de oportunidades, e assim por diante. Além disso, o que é institucionalizado, como observa a própria Butler, são construções culturais de direitos e de personalidades que produzem sujeitos homossexuais como abjetos. É esta, repito, a essência do não reconhecimento: a construção *material*, pela institucionalização de normas culturais, de uma classe de pessoas desvalorizadas que são impedidas de ter paridade de participação.

Se os prejuízos resultantes do não reconhecimento podem, então, ser materiais, poderão também ser econômicos? É verdade, como observa Butler, e como eu mesma observei expressamente em *Justiça interrompida*, que algumas formas de heterossexismo infligem prejuízos econômicos a gays e lésbicas. A questão é como interpretá-los[6]. Uma possibilidade é ver esses prejuízos econômicos como expressões diretas da estrutura econômica da sociedade, tal como os marxistas veem a

---

[6] Em linhas gerais, devem-se distinguir aqui várias questões: 1) a natureza das injustiças em questão; 2) suas causas últimas; 3) os mecanismos causais contemporâneos que as reproduzem; e 4) os remédios para elas. Sou grata a Erik Olin Wright por este ponto (comunicação privada, 1997).

exploração dos trabalhadores. Nesta interpretação, que Butler parece endossar, as dificuldades econômicas dos homossexuais estariam enraizadas nas relações de produção. Para remediá-las, seria necessário transformar essas relações. Outra possibilidade, defendida por mim, é ver os prejuízos econômicos do heterossexismo como consequências distributivas indiretas da injustiça mais fundamental do não reconhecimento. Nessa interpretação, que defendi em *Justiça interrompida*, as raízes do heterossexismo econômico seriam as "relações de reconhecimento": um padrão institucionalizado de interpretação e valoração que constrói a heterossexualidade como normativa e a homossexualidade como desviante, negando assim a paridade de participação a gays e lésbicas. Basta mudar as relações de reconhecimento que a má distribuição desaparecerá.

Esse conflito de interpretações levanta questões profundas e difíceis. Será necessário transformar a estrutura econômica do capitalismo contemporâneo para reparar as dificuldades econômicas dos homossexuais? O que exatamente se entende por "estrutura econômica"? Deveríamos conceber a regulação heteronormativa da sexualidade como algo que pertence diretamente à economia capitalista? Ou é melhor vê-la como pertencente a uma ordem de *status* que é diferenciada da estrutura econômica e complexamente relacionada com ela? De um modo mais geral, as relações de reconhecimento na sociedade do capitalismo tardio coincidem com as relações econômicas? Ou será que as diferenciações institucionais do capitalismo moderno introduzem lacunas entre *status* e classe?

Para explorar essas questões, examinemos o segundo argumento de Butler. Aqui ela recorre à percepção socialista-feminista dos anos 1970 de que a família faz parte do modo de produção, a fim de apoiar a tese de que a regulação heteronormativa da sexualidade é "central para o funcionamento da economia política". Disso decorre, segundo Butler, que as lutas contemporâneas contra essa regulação "ameaçam a operabilidade" do sistema capitalista.

Na verdade, é possível discernir aqui duas variantes diferentes do argumento, uma definicional, a outra funcionalista. De acordo com a primeira variante, a regulação (heteros)sexual pertence, por definição, à estrutura econômica. A estrutura econômica *é* simplesmente todo o conjunto de mecanismos e instituições sociais que (re)produzem pessoas e bens. Por definição, então, a família faz parte dessa estrutura, como o local principal para a reprodução das pessoas. O mesmo ocorre, por extensão, com a ordem de gênero, que padroniza os "produtos" da família para se conformarem a um de dois, e apenas dois, tipos de pessoas, aparentemente naturais e mutuamente exclusivos: homens e mulheres. A ordem de gênero, por sua vez, pressupõe um modo de regulação sexual que produz e naturaliza a heterossexualidade, ao mesmo tempo que produz a homossexualidade como abjeta. A conclusão tirada daí por Butler é a de que a regulação heteronormativa da sexualidade faz parte da estrutura econômica por definição, *apesar de não estruturar nem a divisão social do trabalho nem o modo de exploração da força de trabalho na sociedade capitalista.*

Esse argumento definicional tem um ar de indiferença olímpica em relação à história. Como resultado, corre o risco de realizar coisas demais. Estipular que o modo de regulação sexual pertence à estrutura econômica por definição – mesmo na ausência de qualquer impacto na divisão do trabalho ou no modo de exploração – ameaça desistoricizar a ideia de estrutura econômica e drenar-lhe a força conceitual. O que se perde é a especificidade da sociedade capitalista como uma forma específica e altamente peculiar de organização social. Essa organização cria uma ordem de relações econômicas especializadas que são relativamente dissociadas das relações de parentesco e da autoridade política. Assim, na sociedade capitalista, é mais tênue a ligação entre, por um lado, o modo de regulação sexual e, por outro, uma ordem de relações econômicas especializadas cuja razão de ser é a acumulação de mais-valor. É certamente muito mais tênue que nas sociedades pré-capitalistas e pré-estatais, nas quais as relações econômicas são em grande parte prefiguradas por meio dos mecanismos de parentesco e diretamente imbricadas com a sexualidade. Além disso, na sociedade capitalista tardia do século XX, as ligações entre a sexualidade e a acumulação de mais-valor foram ainda mais atenuadas pela ascensão daquilo que Eli Zaretsky chamou de "vida pessoal": um espaço de relações íntimas, incluindo sexualidade, amizade e amor, que não podem mais ser identificadas com a família e que são vividas como se estivessem desconectadas dos imperativos da produção e da reprodução[7]. Em geral, então, a sociedade capitalista contemporânea contém "lacunas": entre a ordem econômica e a ordem de parentesco; entre a vida familiar e a pessoal; entre a ordem de *status* e a hierarquia de classes. Nesse tipo de sociedade altamente diferenciada, não vejo sentido em conceber o modo de regulação sexual apenas como uma parte da estrutura econômica. Nem conceber as exigências *queer* de reconhecimento da diferença como exigências deslocadas de redistribuição.

Além disso, em outro sentido, o argumento definicional realiza muito pouco. Butler quer concluir que as lutas sobre a sexualidade são econômicas, mas essa conclusão tornou-se tautológica. Se as lutas sexuais são econômicas por definição, então não o são no mesmo sentido que as lutas sobre a taxa de exploração. Simplesmente chamar ambos os tipos de luta de "econômicas" traz o risco de fazer

---

[7] Eli Zaretsky, *Capitalism, the Family, and Personal Life* (Nova York, Harper & Row, 1976).

colapsar as diferenças, criando a impressão enganadora de que irão automaticamente criar uma sinergia e embotando nossa capacidade de fazer e responder a questões políticas difíceis porém prementes sobre como *se pode fazer* que elas entrem em sinergia quando, na verdade, divergem ou entram em conflito[8].

Isso me leva à variante funcionalista do segundo argumento de Butler. Aqui a afirmação é a de que a regulação heteronormativa da sexualidade é econômica não por definição, mas porque é funcional para a expansão do mais-valor. O capitalismo, em outras palavras, "precisa" ou se beneficia da heterossexualidade compulsória. Disso decorre, de acordo com Butler, que as lutas de gays e lésbicas contra o heterossexismo ameaçam a "operacionalidade" do sistema capitalista.

Como todos os argumentos funcionalistas, este se mantém de pé ou cai com as relações empíricas de causa e efeito. Em termos empíricos, contudo, é altamente implausível que as lutas de gays e lésbicas ameacem o capitalismo em sua forma histórica realmente existente. Isso poderia ocorrer se os homossexuais fossem construídos como uma classe inferior mas útil de trabalhadores braçais, cuja exploração fosse central para o funcionamento da economia, como têm sido os afro-americanos, por exemplo. Então seria possível dizer que os interesses do capital são atendidos ao mantê-los "em seu lugar". Na verdade, porém, os homossexuais são mais frequentemente construídos como um grupo cuja própria existência é uma abominação, tal como a construção nazista dos judeus; eles não deveriam ter nenhum "lugar" na sociedade. Não é de admirar, então, que os principais oponentes dos direitos dos gays e lésbicas hoje não sejam as empresas multinacionais, mas os conservadores religiosos e culturais, cuja obsessão é o *status*, e não os lucros. Na verdade, algumas multinacionais, notadamente a American Airlines, a Apple Computers e a Disney, suscitaram a ira de tais conservadores ao instituir políticas favoráveis aos homossexuais, tais como benefícios para uniões estáveis. Aparentemente, elas veem vantagens em acomodar os gays, desde que isso não as sujeite a boicotes ou que sejam suficientemente grandes para resistir a eles, caso ocorram.

Empiricamente, portanto, o capitalismo contemporâneo parece não exigir o heterossexismo. Com suas lacunas entre a ordem econômica e a ordem de parentesco,

---

[8] O argumento definicional, portanto, simplesmente empurra a necessidade de distinções para outro nível. É claro que se *poderia* dizer que uma reivindicação política pode ser econômica de duas maneiras: primeiro, ao contestar a produção e distribuição de valor econômico, incluindo o mais-valor; e segundo, ao contestar a produção e reprodução de normas, significados e construções de personalidade, incluindo aquelas relativas à sexualidade. Mas não consigo ver como isso melhora minha estratégia mais simples de restringir o termo "econômico" a seu significado capitalista e de distinguir as reivindicações de reconhecimento das reivindicações de redistribuição.

e entre a vida familiar e a pessoal, a sociedade capitalista permite agora que um número significativo de indivíduos viva do trabalho assalariado fora das famílias heterossexuais. Poderia permitir que muitos mais o fizessem – contanto que as relações de reconhecimento fossem alteradas. Agora podemos responder, então, a uma questão posta anteriormente: as dificuldades econômicas dos homossexuais são mais bem compreendidas como efeitos do heterossexismo nas relações de reconhecimento que como algo inerente à estrutura do capitalismo. A boa notícia é que não precisamos derrubar o capitalismo para remediar essas dificuldades – embora bem possamos precisar derrubá-lo por outras razões. A má notícia é que precisamos transformar a ordem de *status* existente e reestruturar as relações de reconhecimento.

Com seu argumento funcionalista, Butler ressuscitou o que é, a meu ver, um dos piores aspectos do marxismo e do feminismo socialista dos anos 1970: a visão sobretotalizada da sociedade capitalista como um "sistema" monolítico de estruturas interligadas de opressão que se reforçam continuamente uma à outra. Essa visão ignora as "lacunas". Ela tem sido criticada de forma contundente e persuasiva desde muitas direções, incluindo o paradigma pós-estruturalista que Butler endossa e o paradigma weberiano adaptado por mim. A teoria funcionalista dos sistemas é uma vertente do pensamento da década de 1970 que é melhor deixar esquecida.

A questão do que deveria substituir o funcionalismo tem a ver com o terceiro argumento de Butler contra meu referencial teórico de redistribuição/reconhecimento. Esse argumento é desconstrutivo. Longe de insistir que as raízes do heterossexismo são econômicas e não "meramente" culturais, seu objetivo é desconstruir a "distinção material/cultural". Essa distinção, afirma Butler, é "instável". Importantes correntes do pensamento neomarxista, que vão de Raymond Williams a Althusser, puseram-na irremediavelmente em "crise". O argumento arrasador vem, no entanto, dos antropólogos, notadamente Mauss e Lévi-Strauss. Suas abordagens sobre "a dádiva" e "a troca de mulheres", respectivamente, revelam que os processos "primitivos" de troca não podem ser atribuídos a um lado ou a outro do divisor material/cultural. Como ambos ocorrem ao mesmo tempo, tais processos "desestabilizam" a própria distinção. Assim, afirma Butler, ao fazer referência hoje à distinção material/cultural, caí num "anacronismo teórico".

Esse argumento não é convincente por diversas razões, antes de tudo por confundir "o econômico" com "o material". Butler supõe que minha distinção normativa entre redistribuição e reconhecimento se assenta numa distinção ontológica entre o material e o cultural. Ela, portanto, supõe que desconstruir a última distinção significa puxar o tapete da primeira. Na verdade, a suposição não se sustenta. Como observei anteriormente, as injustiças do não reconhecimento são, na minha perspectiva, tão materiais quanto as injustiças da má distribuição. Logo, minha distinção normativa não se assenta em nenhuma base de diferença ontológica. O que está, *de fato,* correlacionado com ela, nas sociedades capitalistas, é uma distinção entre o econômico e o cultural. Essa distinção, no entanto, não é ontológica, mas teórico-social. A distinção econômico/cultural, e não a distinção material/cultural, é o verdadeiro pomo da discórdia entre mim e Butler, a distinção cujo estatuto está em questão.

Qual é, então, o estatuto conceitual da distinção econômico/cultural? Os argumentos antropológicos esclarecem esta questão, a meu ver, mas não de modo a apoiar a posição de Butler. Tal como os leio, tanto Mauss como Lévi-Strauss analisaram processos de troca em sociedades pré-estatais e pré-capitalistas, nas quais o idioma principal das relações sociais era o parentesco. Em suas abordagens, o parentesco organizava não apenas o casamento e as relações sexuais mas também o processo de trabalho e a distribuição de bens; relações de autoridade, reciprocidade e obrigação; e hierarquias simbólicas de *status* e prestígio. Não existiam relações especificamente econômicas nem relações especificamente culturais; portanto, a distinção econômico/cultural presumivelmente não estava ao dispor dos membros dessas sociedades. Isso não significa, contudo, que a distinção seja absurda ou inútil. Ao contrário, pode ser aplicada de forma significativa e útil às sociedades capitalistas, que, ao contrário das sociedades ditas "primitivas", contêm, *sim*, as diferenciações socioestruturais em questão[9]. Além disso, também pode ser aplicada por *nós* a sociedades que carecem dessas diferenciações, a fim de indicar como elas diferem das nossas. Pode-se dizer, por exemplo, como acabei de fazer, que em tais sociedades uma única ordem de relações sociais trata tanto da integração econômica como da integração cultural, questões que estão relativamente dissociadas na sociedade capitalista. Aliás, é precisamente nesse espírito que entendo Mauss e Lévi-Strauss. Quaisquer que sejam suas intenções em relação ao "econômico" e ao "cultural", ganhamos menos ao lê-los como responsáveis por "desestabilizar" a distinção que ao lê-los como responsáveis por historicizá-la. A questão, em outras

---

[9] Neste breve ensaio não tenho como abordar a importante mas difícil questão de como a distinção econômico/cultural tem melhor aplicação na teoria crítica da sociedade capitalista contemporânea. Discuto esse assunto longamente, no entanto, em "Social Justice in the Age of Identity Politics", cit. Rejeitando a visão da economia e da cultura como esferas separadas, proponho uma abordagem crítica que revela as ligações ocultas entre elas. A questão, em outras palavras, é usar a distinção a contrapelo, tornando visíveis e sujeitos à crítica tanto os subtextos culturais de processos aparentemente econômicos como os subtextos econômicos de processos aparentemente culturais. Tal *dualismo perspectivo*, como me refiro a ele, só é possível, claro, quando tivermos a distinção econômico/cultural.

palavras, é historicizar uma distinção central para o capitalismo moderno – e, com ela, o próprio capitalismo moderno –, situando ambos no contexto antropológico mais amplo e revelando assim sua especificidade histórica.

Portanto, o argumento de Butler sobre a "desestabilização" desvia-se em dois pontos cruciais. Em primeiro lugar, generaliza ilegitimamente para as sociedades capitalistas uma característica específica das sociedades pré-capitalistas, a saber, a ausência de uma diferenciação socioestrutural entre econômico/cultural. Em segundo lugar, presume erroneamente que historicizar uma distinção é torná-la nula e inútil na teoria social. Na verdade, a historicização faz o contrário. Longe de tornar as distinções instáveis, torna seu uso mais preciso.

Do meu ponto de vista, portanto, a historicização representa uma abordagem melhor à teoria social que a desestabilização ou a desconstrução[10]. Ela permite-nos compreender o caráter socioestruturalmente diferenciado e historicamente específico da sociedade capitalista contemporânea. Ao fazê-lo, também nos permite situar o momento antifuncionalista, as possibilidades de "agência" contrassistêmica e de mudança social. Estas aparecem não numa propriedade abstrata e trans-histórica da linguagem, como a "ressignificação" ou a "performatividade", mas antes no caráter contraditório real de relações sociais específicas. Com uma perspectiva historicamente específica e diferenciada da sociedade capitalista contemporânea, podemos situar as lacunas, o não isomorfismo de *status* e classe, as múltiplas interpelações contraditórias dos sujeitos sociais e os muitos e complexos *imperativos morais* que motivam as lutas por justiça social.

Ademais, vista dessa perspectiva, a atual conjuntura política não é adequadamente captada por um diagnóstico centrado no pretenso ressurgimento do marxismo ortodoxo. É mais bem compreendida, isto sim, por um diagnóstico que reconheça abertamente, e procure superar, divisões na esquerda entre correntes socialistas/social-democratas orientadas para a política de redistribuição, de um lado, e correntes multiculturalistas orientadas para a política de reconhecimento, de outro. O ponto de partida indispensável para tal análise deve ser um reconhecimento

---

[10] Em outro nível, contudo, pretendo apoiar a desconstrução. Representa uma abordagem à política de reconhecimento que é com frequência superior, a meu ver, à política de identidade padrão. Uma política desconstrutiva de reconhecimento é transformadora, e não afirmativa, das identidades e diferenciações de grupo existentes. Nesse sentido, ela tem afinidades com o socialismo, que entendo como uma abordagem transformadora, em oposição à afirmativa, da política de redistribuição. (Para este argumento, ver o meu "From Redistribution to Recognition?", cit.) No entanto, não considero a desconstrução útil no nível de que Butler se vale aqui, qual seja, o da teoria social.

baseado em princípios segundo o qual *ambos os lados têm reivindicações legítimas*, que devem de alguma forma ser harmonizadas programaticamente e colocadas politicamente em sinergia. A justiça social hoje, em suma, exige redistribuição *e* reconhecimento; nenhuma das duas será suficiente por si só.

Neste último ponto, tenho certeza, Butler e eu concordamos. Apesar de sua relutância em fazer referência à linguagem da justiça social, e apesar de nossas divergências teóricas, ambas estamos empenhadas em recuperar os melhores elementos da política socialista e em integrá-los os melhores elementos da política dos "novos movimentos sociais". Da mesma forma, estamos ambas empenhadas em recuperar as vertentes genuinamente valiosas da crítica neomarxista do capitalismo e em integrá-las às vertentes mais perspicazes da teorização crítica pós-marxista. É mérito do ensaio de Butler, e espero que também do meu próprio trabalho, ter colocado esse projeto na agenda mais uma vez.

Parte III

O feminismo ressurgente? Enfrentando a crise capitalista na era neoliberal

8. Reenquadrar a justiça num mundo globalizado[1]

A globalização está mudando a forma como discutimos sobre justiça. Há não muito tempo, no apogeu da social-democracia, as disputas sobre justiça presumiam o que chamarei de "enquadramento keynesiano-vestfaliano". Tendo como palco típico os Estados territoriais modernos, os argumentos sobre a justiça presumivelmente diziam respeito às relações entre concidadãos, eram sujeitos a debate no seio da opinião pública nacional especializada e contemplavam reparações por parte dos Estados nacionais. Isso valia para cada uma das duas principais famílias de reivindicações de justiça – reivindicações de redistribuição socioeconômica e reivindicações de reconhecimento jurídico ou cultural. Num momento em que o sistema de Bretton Woods facilitava uma orientação econômica keynesiana em nível nacional, as reivindicações de redistribuição centravam-se geralmente nas desigualdades econômicas no interior dos Estados territoriais. Apelando à opinião pública nacional para obter uma fatia justa do bolo nacional, os requerentes procuravam

---

[1] Este capítulo é uma versão revisada e ampliada de minha segunda Palestra Spinoza, proferida na Universidade de Amsterdã em 2 de dezembro de 2004. A palestra foi redigida durante minha estada lá como Professora Spinoza, na primavera de 2004 do hemisfério Norte, e revisada durante meu ano subsequente como bolsista no Instituto de Estudos Avançados de Berlim, 2004-2005. Meus mais calorosos agradecimentos a ambas as instituições pelo generoso apoio a este trabalho. Agradecimentos especiais a Yolande Jansen e Hilla Dayan pela assistência altruísta e bondosa em um momento de grande necessidade e a James Bohman pelo aconselhamento bibliográfico especializado. Agradeço também a Amy Allen, Seyla Benhabib, Bert van den Brink, Alessandro Ferrara, Rainer Forst, Stefan Gosepath, John Judis, Ted Koditschek, Maria Pia Lara, David Peritz, Ann Laura Stoler e Eli Zaretsky pelos comentários cuidadosos a versões anteriores. Agradeço, finalmente, a Kristin Gissberg e Keith Haysom pela assistência especializada em pesquisa.

a intervenção dos Estados nacionais nas economias nacionais. Da mesma forma, numa era ainda dominada por um imaginário político vestfaliano, que distinguia claramente o espaço "doméstico" do "internacional", as reivindicações de reconhecimento geralmente diziam respeito a hierarquias de *status* internas. Apelando à consciência nacional para que se pusesse fim ao desrespeito institucionalizado em nível nacional, os requerentes pressionavam os governos nacionais a proibir a discriminação e acomodar as diferenças entre os cidadãos. Em ambos os casos, o quadro keynesiano-vestfaliano era dado de antemão. Quer a questão se referisse à redistribuição quer ao reconhecimento, quer às diferenças de classe quer às hierarquias de *status,* era óbvio que a unidade dentro da qual a justiça se aplicava era o Estado territorial moderno[2].

É certo que sempre houve exceções. Ocasionalmente, a fome e os genocídios galvanizaram a opinião pública além-fronteiras. E alguns cosmopolitas e anti-imperialistas procuraram promulgar visões globalistas[3]. Mas essas foram exceções que comprovaram a regra. Relegadas à esfera "internacional", foram subsumidas numa problemática que se centrava principalmente em questões de segurança, em oposição à justiça. O efeito foi o de reforçar, em vez de desafiar, o quadro keynesiano-vestfaliano. Esse enquadramento das disputas sobre a justiça em geral prevaleceu como padrão desde o final da Segunda Guerra Mundial até a década de 1970.

---

[2] A expressão "enquadramento keynesiano-vestfaliano" pretende assinalar os fundamentos nacional-territoriais das disputas sobre justiça no apogeu do Estado de bem-estar democrático do pós-guerra, aproximadamente entre 1945 e 1970. Nesse período, as lutas por distribuição na América do Norte e na Europa ocidental assentavam-se no pressuposto da orientação estatal das economias nacionais. E o keynesianismo nacional, por sua vez, se assentava no pressuposto de um sistema internacional de Estados que reconhecia a soberania do Estado territorial sobre os assuntos internos, o que incluía a responsabilidade pelo bem-estar dos cidadãos. Presunções análogas também governaram disputas sobre reconhecimento nesse período. O termo "vestfaliano" refere-se ao Tratado de 1648 que estabeleceu algumas características-chave do sistema internacional de Estados em questão. No entanto, não estou remetendo às efetivas realizações do Tratado nem ao processo de séculos ao longo do qual evoluiu o sistema que ele inaugurou. Em vez disso, me refiro a "Vestfália" como um imaginário político que mapeou o mundo como um sistema de reconhecimento mútuo de Estados territoriais soberanos. O que afirmo é que esse imaginário sustentou o enquadramento dos debates sobre a justiça no pós-guerra no Primeiro Mundo. Para a distinção entre Vestfália como "evento", como "ideia/ideal", como "processo de evolução" e como "sinalização normativa", ver Richard Falk, "Revisiting Westphalia, discovering post-Westphalia", *Journal of Ethics*, v. 6, n. 4, 2002, p. 311-52.

[3] Pode-se presumir que, da perspectiva do Terceiro Mundo, as premissas vestfalianas teriam parecido patentemente contrafactuais. No entanto, vale a pena recordar que a grande maioria dos anti-imperialistas procurou alcançar seus próprios Estados vestfalianos independentes. Em contraste, apenas uma pequena minoria defendeu consistentemente a justiça num contexto global – por razões que são inteiramente compreensíveis.

Embora isso tenha passado despercebido na época, o enquadramento keynesiano-vestfaliano deu uma forma específica aos argumentos sobre justiça social. Tomando de antemão o Estado territorial moderno como a unidade apropriada, e seus cidadãos como os sujeitos pertinentes, tais argumentos giravam em torno do *que* precisamente esses cidadãos deviam uns aos outros. Aos olhos de uns, bastava que os cidadãos fossem formalmente iguais perante a lei; para outros, a igualdade de oportunidades também era exigida; para outros ainda, a justiça exigia que todos os cidadãos tivessem acesso aos recursos e ao respeito de que necessitavam para participar em pé de igualdade com os outros, como membros de pleno direito da comunidade política. O argumento centrou-se, em outras palavras, no *que* deveria contar como uma ordenação justa das relações sociais dentro de uma sociedade. Ocupados em disputar o "quê" da justiça, as figuras em disputa aparentemente não sentiram necessidade de contestar "quem". Com o quadro keynesiano-vestfaliano firmemente estabelecido, era óbvio que o "quem" eram os cidadãos nacionais.

Hoje, porém, o quadro keynesiano-vestfaliano está perdendo sua aura de autoevidência. Graças à maior consciência sobre a globalização, muitos observam que os processos sociais que moldam suas vidas ultrapassam rotineiramente as fronteiras territoriais. Observam, por exemplo, que as decisões tomadas num Estado territorial com frequência impactam as vidas daqueles que estão fora dele, tais como as ações das empresas transnacionais, dos especuladores monetários internacionais e dos grandes investidores institucionais. Muitos também notam a importância crescente das organizações supranacionais e internacionais, tanto governamentais como não governamentais, e da opinião pública transnacional, que flui com suprema desconsideração pelas fronteiras através dos meios de comunicação de massa globais e da cibertecnologia. O resultado é um novo sentimento de vulnerabilidade às forças transnacionais. Confrontados com o aquecimento global, a propagação da aids, o terrorismo internacional e o unilateralismo das superpotências, muitos acreditam que suas chances de viver boas vidas dependem, no mínimo, tanto dos processos que ultrapassam as fronteiras dos Estados territoriais como daqueles que neles estão contidos.

Nessas condições, o quadro keynesiano-vestfaliano já não é óbvio. Para muitos, deixou de ser axiomático que o Estado territorial moderno seja a unidade apropriada para pensar sobre questões de justiça. Tampouco se pode considerar como dado que os cidadãos de tais Estados sejam os sujeitos pertinentes. O efeito é de desestabilizar a estrutura anterior de reivindicação política – e, portanto, de mudar a forma como discutimos a justiça social.

Isso vale para ambas as principais famílias de reivindicações de justiça. No mundo de hoje, as reivindicações de redistribuição evitam cada vez mais o pressuposto das economias nacionais. Confrontados com a produção transnacionalizada, a terceirização internacional de empregos e as pressões associadas da "guerra fiscal", os sindicatos, outrora organizados em nível nacional, procuram cada vez mais aliados no exterior. Enquanto isso, inspirados pelos zapatistas, camponeses empobrecidos e povos indígenas associam suas lutas contra autoridades locais e nacionais despóticas às críticas à predação corporativa transnacional e ao neoliberalismo global. Finalmente, os manifestantes contra a Organização Mundial do Comércio (OMC), os movimentos Occupy e os *indignados* apontam diretamente contra as novas estruturas de governança da economia global, que reforçaram enormemente a capacidade de grandes empresas e investidores escaparem dos poderes regulamentares e fiscais dos Estados territoriais.

Da mesma forma, os movimentos que lutam pelo reconhecimento olham cada vez mais para além do Estado territorial. Sob o lema "os direitos das mulheres são direitos humanos", por exemplo, feministas em todo o mundo estão conectando lutas contra as práticas patriarcais locais a campanhas para reformar o direito internacional. Enquanto isso, as minorias religiosas e étnicas, que enfrentam discriminação dentro dos Estados territoriais, se reconstituem como diásporas e constroem públicos transnacionais a partir dos quais mobilizam a opinião internacional. Finalmente, coligações transnacionais de ativistas dos direitos humanos têm trabalhado para construir novas instituições cosmopolitas, como o Tribunal Penal Internacional, que pode punir as violações da dignidade humana pelo Estado.

Em casos como esses, as disputas sobre a justiça estão fazendo explodir o quadro keynesiano-vestfaliano. Uma vez que deixam de se dirigir exclusivamente aos Estados nacionais ou ser debatidos exclusivamente pela opinião pública especializada nacional, os requerentes já não se concentram apenas nas relações entre concidadãos. Assim, a gramática do argumento foi alterada. Quer a questão seja a distribuição quer seja o reconhecimento, as disputas antes centradas exclusivamente na questão do *que* é devido aos membros da comunidade por uma questão de justiça transformam-se agora rapidamente em disputas sobre *quem* deve contar como membro e *qual* é a comunidade relevante. O que está em disputa é não apenas "o quê", mas também "quem".

Em outras palavras, os argumentos sobre a justiça hoje assumem uma dupla aparência. Por um lado, dizem respeito a questões de substância de primeira ordem, tal como antes: quanta desigualdade econômica a justiça permite, quanta redistribuição é necessária e de acordo com que princípio de justiça distributiva? O que constitui respeito igual, que tipos de diferença merecem reconhecimento público e por que meios? Mas, acima e para além dessas questões de primeira ordem, os argumentos sobre a justiça hoje também dizem respeito a questões de segunda ordem, em nível meta: qual é o quadro adequado no qual se devem considerar questões de justiça de primeira ordem? Quem são os sujeitos relevantes com direito a uma distribuição justa ou a um reconhecimento recíproco no caso em questão? Logo, o que está em disputa é não apenas a substância da justiça, mas também sua estrutura[4].

O resultado é um grande desafio a nossas teorias da justiça social. Preocupadas em grande parte com questões de distribuição e/ou reconhecimento de primeira ordem, elas até agora não conseguiram desenvolver recursos conceituais para refletir sobre a metaquestão do enquadramento. Da forma como as coisas estão, portanto, não é de forma alguma claro que essas teorias sejam capazes de resolver o duplo caráter dos problemas de justiça em uma era globalizante[5].

Neste ensaio, proporei uma estratégia para pensar o problema do enquadramento. Argumentarei, em primeiro lugar, que, para lidar satisfatoriamente com esse problema, a teoria da justiça deve tornar-se tridimensional ao incorporar, lado a lado com a dimensão econômica da distribuição e a dimensão cultural do reconhecimento, a dimensão política da *representação*. Também defenderei, em segundo lugar, que se deve entender que a própria dimensão política da representação abrange três níveis. O efeito combinado desses dois argumentos será tornar visível uma terceira questão, para além daquelas do "o quê" e do "quem", que chamarei de questão do "como". Esta questão, por sua vez, inaugura uma mudança de paradigma: o que o enquadramento keynesiano-vestfaliano apresenta como a teoria da justiça social deve agora tornar-se uma *teoria da justiça democrática pós-vestfaliana*.

---

[4] Esta situação não é de forma alguma inédita. Mesmo a reflexão mais superficial revela paralelos históricos – por exemplo, o período que antecedeu o Tratado de Vestfália e o período que se seguiu à Primeira Guerra Mundial. Também nesses momentos, não só a substância como também o enquadramento da justiça estavam em jogo.

[5] Sobre a elisão do problema do enquadramento nas principais teorias da justiça, ver Nancy Fraser, "Democratic Justice in a Globalizing Age: Thematizing the Problem of the Frame", em Nathalie Karagiannis e Peter Wagner (orgs.), *Varieties of World-Making: Beyond Globalization* (Liverpool, Liverpool University Press, 2006), p. 193-215.

1. POR UMA TEORIA TRIDIMENSIONAL DA JUSTIÇA: SOBRE A ESPECIFICIDADE DO POLÍTICO

Permitam-me começar explicando o que entendo por justiça em geral e por sua dimensão política em particular. Segundo minha perspectiva, o significado mais geral de justiça é a paridade de participação. De acordo com essa interpretação radicalmente democrática do princípio da igualdade de valor moral, a justiça requer arranjos sociais que permitam a todos participar como pares na vida social. Superar a injustiça significa desmantelar os obstáculos institucionalizados que impedem algumas pessoas de participar em pé de igualdade com outras, como parceiras plenas na interação social. Anteriormente, analisei dois tipos distintos de obstáculo à paridade de participação, que correspondem a duas espécies distintas de injustiça[6]. Por um lado, a plena participação das pessoas pode ser impedida por estruturas econômicas que lhes negam os recursos de que necessitam para interagir com outros como pares; nesse caso, sofrem de injustiça distributiva ou má distribuição. Por outro lado, a interação das pessoas em condições de paridade também pode ser impedida por hierarquias institucionalizadas de valor cultural que lhes negam a posição necessária; nesse caso, sofrem de desigualdade de *status* ou de não reconhecimento[7]. No primeiro caso, o problema é a estrutura de classes da sociedade, que corresponde à dimensão econômica da justiça. No segundo caso, o problema é a ordem de *status*, que corresponde à dimensão cultural[8]. Nas sociedades capitalistas modernas, a estrutura de classes e a ordem de *status* não se espelham com perfeição, embora interajam causalmente. Em vez disso, cada uma tem certa autonomia em relação à outra. Como resultado, o não reconhecimento não pode ser reduzido a um efeito secundário da má distribuição, como parecem supor algumas teorias economicistas da

---

[6] Ver os capítulos 6 e 7 deste volume, "Política feminista na era do reconhecimento" e "Heterossexismo, não reconhecimento e capitalismo". Ver, ainda, Nancy Fraser, "Social Justice in the Age of Identity Politics: Redistribution, Recognition, and Participation", em Nancy Fraser e Axel Honneth, *Redistribution or Recognition? A Political-Philosophical Exchange* (Londres, Verso, 2003).

[7] Este *modelo de status* de reconhecimento representa uma alternativa ao modelo de identidade padrão. Para uma crítica deste último e uma defesa do primeiro, ver o capítulo 6 deste volume, "Política feminista na era do reconhecimento". Ver também Nancy Fraser, "Rethinking Recognition: Overcoming Displacement and Reification in Cultural Politics", *New Left Review*, n. 3, 2000, p. 107-20.

[8] Aqui tomo concepções quase weberianas de classe e *status*. Ver Max Weber, "Class, Status, Party", em *From Max Weber: Essays in Sociology* (org. Hans H. Gerth e C. Wright Mills, Oxford, Oxford University Press, 1958) [ed. bras.: "Classe, *status*, partido", em Antônio Roberto Bertelli, Moacir G. Soares Palmeira e Otávio Guilherme Velho (orgs.), *Estrutura de classes e estratificação social*, trad. Dirceu Lindoso e Luiz Antonio Machado da Silva, Rio de Janeiro, Zahar, 1976].

justiça distributiva. Nem, no sentido inverso, a má distribuição pode ser reduzida a uma expressão epifenomenal do não reconhecimento, como algumas teorias culturalistas do reconhecimento tendem a supor. Assim, nem a teoria do reconhecimento por si só nem a teoria da distribuição por si só podem propiciar uma compreensão adequada da justiça para a sociedade capitalista. Somente uma teoria bidimensional, que abranja tanto a distribuição como o reconhecimento, pode fornecer os níveis necessários de complexidade teórico-social e de percepção moral-filosófica[9].

É essa, ao menos, a visão de justiça que defendi no passado. E essa compreensão bidimensional da justiça ainda me parece correta até certo ponto. Agora, porém, acredito que ela não vai suficientemente longe. A distribuição e o reconhecimento podem parecer constituir as únicas dimensões da justiça apenas na medida em que o quadro keynesiano-vestfaliano for dado de antemão. Contudo, uma vez que a questão do enquadramento se torna sujeita a contestação, o efeito é tornar visível uma terceira dimensão da justiça, que foi negligenciada no meu trabalho anterior – bem como no de muitos outros filósofos[10].

---

[9] Para o argumento completo, ver Nancy Fraser, "Social Justice in the Age of Identity Politics", cit.

[10] A negligência em relação ao político é especialmente evidente no caso dos teóricos da justiça que subscrevem premissas filosóficas liberais ou comunitárias. Em contraste, os democratas deliberativos, os democratas agonísticos e os republicanos procuraram teorizar o político. No entanto, a maioria desses teóricos teve relativamente pouco a dizer sobre a relação entre democracia e justiça; e nenhum conceituou o político como uma das três dimensões da justiça. Abordagens democráticas deliberativas da política incluem: Jürgen Habermas, *Between Facts and Norms: Contributions to a Discourse Theory of Law and Democracy* (Cambridge, MA, MIT Press, 1996) [ed. bras.: *Facticidade e validade: contribuições para uma teoria discursiva do direito e da democracia*, trad. Felipe Gonçalves Silva e Rúrion Melo, São Paulo, Editora da Unesp, 2020]; e Amy Gutmann e Dennis Thompson, *Democracy and Disagreement* (Cambridge, MA, Belknap, 1996). Relatos agonísticos da política incluem William E. Connolly, *Identity/Difference: Negotiations of Political Paradox* (Ithaca, Cornell University Press, 1991); Bonnie Honig, *Political Theory and the Displacement of Politics* (Ithaca, Cornell University Press, 1993); Chantal Mouffe, *The Return of the Political* (Londres, Verso, 1993) [ed. port.: *O regresso do político*, trad. Ana Cecília Simões, Lisboa, Gradiva, 1996]; e James Tully, *Strange Multiplicity: Constitutionalism in an Age of Diversity* (Cambridge, Cambridge University Press, 1995). As abordagens republicanas da política incluem Quentin Skinner, "The Republican Ideal of Political Liberty", em Gisela Bock, Quentin Skinner e Maurizio Viroli (orgs.), *Machiavelli and Republicanism* (Cambridge, Cambridge University Press, 1990); e Philip Pettit, "Freedom as Antipower", *Ethics*, v. 106, n. 3, 1996, p. 576-604. Em contraste com esses pensadores, alguns outros ligaram o político diretamente à justiça, embora não da forma como faço aqui. Ver, por exemplo, Michael Walzer, *Spheres of Justice* (Nova York, Basic Books, 1983) [ed. bras.: *Esferas da justiça: uma defesa do pluralismo e da igualdade*, trad. Jussara Simões, São Paulo, WMF Martins Fontes, 2003]; Iris Marion Young, *Justice and the Politics of Difference* (Princeton, Princeton University Press, 1990); Amartya Sen, *Development as Freedom* (Nova York, Anchor, 1999) [ed. bras.: *Desenvolvimento como liberdade*, trad. Laura Teixeira Motta, São Paulo, Companhia das Letras, 2010]; e Seyla Benhabib, *The Rights of Others: Aliens, Residents, and Citizens* (Cambridge, Cambridge University Press, 2004).

A terceira dimensão da justiça é *o político*. É claro que a distribuição e o reconhecimento são, em si mesmos, políticos no sentido de serem disputados e carregados de poder; e geralmente têm sido vistos como algo que requer mediação por parte do Estado. Mas quero dizer político num sentido mais específico, constitutivo, que diz respeito à constituição da jurisdição do Estado e às regras de decisão por meio das quais ele estrutura a disputa. O político, nesse sentido, fornece o palco onde se desenrolam as lutas pela distribuição e pelo reconhecimento. Ao estabelecer critérios de pertencimento social e, com isso, determinar quem conta como membro, a dimensão política da justiça especifica o alcance dessas outras dimensões: diz-nos quem está incluído e quem está excluído do círculo daqueles que têm direito a uma distribuição justa e ao reconhecimento recíproco. Ao estabelecer regras de decisão, a dimensão política também define os procedimentos para organizar e resolver disputas tanto na dimensão econômica como na dimensão cultural: diz-nos não só quem pode fazer reivindicações de redistribuição e reconhecimento mas também como tais reivindicações devem ser debatidas e julgadas.

Centrada em questões de pertencimento e procedimento, a dimensão política da justiça preocupa-se principalmente com a *representação*. Num certo nível, que diz respeito ao aspecto de definição de fronteiras do político, a representação é uma questão de pertencimento social; o que está em questão aqui é a inclusão na comunidade, ou a exclusão dela, daqueles que têm o direito de fazer reivindicações de justiça uns aos outros. Em outro nível, referente ao aspecto da regra de decisão, a representação diz respeito aos procedimentos que estruturam os processos públicos de contestação. Aqui estão em causa os termos em que os membros da comunidade política exprimem suas reivindicações e resolvem seus litígios[11]. Em ambos os níveis, pode-se querer saber se as relações de representação são justas. Pode-se perguntar: será que as fronteiras da comunidade política excluem erroneamente pessoas que na realidade têm direito à representação? As regras de decisão da comunidade concedem a todos os membros voz igual nas deliberações públicas e representação justa na tomada de decisões públicas? Tais questões de representação

---

[11] Trabalhos clássicos sobre representação trataram extensamente do que chamo de aspecto da regra de decisão, enquanto ignoravam o aspecto do pertencimento. Ver, por exemplo, Hannah Fenichel Pitkin, *The Concept of Representation* (Berkeley, CA, University of California Press, 1967); e Bernard Manin, *The Principles of Representative Government* (Cambridge, Cambridge University Press, 1997). Trabalhos que tratam do aspecto do pertencimento incluem Michael Walzer, *Spheres of Justice*, cit., e Seyla Benhabib, *The Rights of Others*, cit. Porém, tanto Walzer como Benhabib chegam a conclusões diferentes das que tirei aqui.

são especificamente políticas. Conceitualmente distintas tanto das questões econômicas como das culturais, não podem ser reduzidas a estas, embora, como veremos, estejam inextricavelmente entrelaçadas a elas.

Dizer que o político é uma dimensão conceitualmente distinta da justiça, não redutível ao econômico ou ao cultural, é também dizer que ele pode dar origem a uma espécie de injustiça conceitualmente distinta. Dada a visão da justiça como paridade de participação, isso significa que podem existir obstáculos especificamente políticos à paridade, não redutíveis à má distribuição ou ao não reconhecimento, embora (novamente) possam estar entrelaçados com eles. Tais obstáculos surgem da constituição política da sociedade, em oposição à estrutura de classes ou à ordem de *status*. Fundamentados num modo especificamente político de ordenação social, eles só podem ser adequadamente apreendidos por uma teoria que, juntamente com a distribuição e o reconhecimento, conceitue a representação como uma das três dimensões fundamentais da justiça.

Se a representação é a questão que define o político, então a injustiça política característica é a *falta de representação*. A falta de representação ocorre quando as fronteiras políticas e/ou as regras de decisão funcionam para negar injustamente a algumas pessoas a possibilidade de participar em pé de igualdade com outras pessoas na interação social – inclusive em arenas políticas, mas não apenas nelas. Longe de ser redutível à má distribuição ou ao não reconhecimento, a falta de representação pode ocorrer mesmo na ausência dessas injustiças, embora normalmente esteja interligada a elas.

Podemos distinguir ao menos dois níveis diferentes de falta de representação. Quando as regras de decisão política negam erroneamente a alguns dos indivíduos a oportunidade de participar plenamente, como pares, trata-se de uma injustiça que chamo de *falta de representação política comum*. Aqui, onde a questão é a representação dentro da circunscrição, entramos no terreno familiar dos debates da ciência política sobre os méritos relativos de sistemas eleitorais alternativos. Será que os sistemas de voto distrital puro, vencedor leva tudo ou escrutínio majoritário uninominal injustamente negam a paridade às minorias numéricas? E, em caso afirmativo, a representação proporcional ou o voto cumulativo seriam a solução apropriada[12]? Da mesma forma, as regras cegas ao gênero, em conjunto com a má distribuição e o não reconhecimento com base no gênero, funcionam de modo

---

[12] Lani Guinier, *The Tyranny of the Majority* (Nova York, Free Press, 1994); Robert Richie e Steven Hill, "The Case for Proportional Representation", em Robert Richie e Steven Hill (orgs.), *Whose Vote Counts?* (Boston, Beacon, 2001), p. 1-33.

a negar a paridade de participação política às mulheres? E, em caso afirmativo, seriam as cotas de gênero uma solução adequada[13]? Tais questões pertencem à esfera da justiça política comum, que tem sido geralmente desenvolvida no quadro keynesiano-vestfaliano.

É menos óbvio, talvez, um segundo nível de falta de representação, que diz respeito ao aspecto do estabelecimento de fronteiras do político. Aqui a injustiça surge quando os limites da comunidade são traçados de forma a excluir erroneamente parte das pessoas de *qualquer* oportunidade de participar em suas disputas autorizadas pela justiça. Nesses casos, a falta de representação assume uma forma mais profunda, que chamarei de *mau enquadramento*. O caráter mais profundo do mau enquadramento é uma função da importância crucial do enquadramento para todas as questões de justiça social. Longe de ser de importância marginal, a definição de enquadramento está entre as decisões políticas mais importantes. Ao constituir, de uma só vez, membros e não membros, essa decisão exclui efetivamente estes últimos do universo daqueles que têm direito a consideração dentro da comunidade em questões de distribuição, reconhecimento e representação política ordinária. O resultado pode ser uma grave injustiça. Quando as questões de justiça são enquadradas de forma a excluir erroneamente algumas pessoas de consideração, a consequência é um tipo especial de metainjustiça, em que se nega a alguém a oportunidade de fazer reivindicações de justiça de primeira ordem numa determinada comunidade política. Além disso, a injustiça persiste mesmo quando os excluídos de uma comunidade política são incluídos em outra como sujeitos de justiça – sempre que o efeito da divisão política for o de colocar alguns aspectos relevantes da justiça fora de seu alcance. Ainda mais grave, claro, é o caso em que alguém é excluído da participação em qualquer comunidade política. Semelhante à perda daquilo que Hannah Arendt chamou de "o direito a ter direitos", esse tipo de enquadramento incorreto é uma espécie de "morte política"[14]. Aqueles que a sofrem podem tornar-se objetos de caridade ou de benevolência. Mas, privados

---

[13] Anne Phillips, *The Politics of Presence* (Oxford, Clarendon, 1995); Shirin M. Rai, "Political Representation, Democratic Institutions and Women's Empowerment: The Quota Debate in India", em Jane L. Parpart, Shirin M. Rai e Kathleen Staudt (orgs.), *Rethinking Empowerment: Gender and Development in a Global/Local World* (Nova York, Routledge, 2002), p. 133-45; Tricia Gray, "Electoral Gender Quotas: Lessons from Argentina and Chile", *Bulletin of Latin American Research*, v. 22, n. 1, 2003, p. 52-78; Mala Htun, "Is Gender Like Ethnicity? The Political Representation of Identity Groups", *Perspectives on Politics*, v. 2, n. 3, 2004, p. 439-58.

[14] Hannah Arendt, *The Origins of Totalitarianism* (Nova York, Harcourt Brace, 1973), p. 269-84 [ed. bras.: *As origens do totalitarismo*, trad. Roberto Raposo, São Paulo, Companhia das Letras, 1998]. "Morte política" é uma frase minha, não de Arendt.

da possibilidade de autoria de reivindicações de primeira ordem, tornam-se não pessoas no que diz respeito à justiça.

O mau enquadramento é a forma de falta de representação que a globalização começou recentemente a tornar visível. Antes, no apogeu do Estado de bem-estar do pós-guerra, com o quadro keynesiano-vestfaliano firmemente estabelecido, a principal preocupação ao pensar sobre a justiça era a distribuição. Mais tarde, com a ascensão dos novos movimentos sociais e do multiculturalismo, o centro de gravidade mudou para o reconhecimento. Em ambos os casos, o Estado territorial moderno foi dado como padrão. Como resultado, a dimensão política da justiça foi relegada ao segundo plano. Onde surgiu, assumiu a forma política comum de disputas sobre as regras de decisão internas a cada unidade política, cujos limites eram tidos de antemão. Assim, as reivindicações por cotas de gênero e direitos multiculturais procuraram remover os obstáculos políticos à paridade de participação para aqueles que em princípio já estavam incluídos na comunidade política[15]. Tomando como dado o quadro keynesiano-vestfaliano, não puseram em causa a suposição de que a unidade apropriada de justiça era o Estado territorial.

Hoje, no sentido inverso, a globalização colocou a questão do enquadramento diretamente na agenda política. Cada vez mais sujeito à contestação, o quadro keynesiano-vestfaliano é agora considerado por muitos um importante veículo de injustiça, uma vez que divide o espaço político de modo a impedir muitos dos pobres e desprezados de desafiar as forças que os oprimem. Por canalizar as reivindicações deles para os espaços políticos internos de Estados relativamente impotentes, se não totalmente falidos, esse enquadramento isola os poderes externos da crítica e do controle[16]. Entre aqueles que estão protegidos do alcance da justiça estão Estados predadores mais poderosos e potências privadas transnacionais, incluindo investidores e credores estrangeiros, especuladores cambiais internacionais

---

[15] Entre os melhores relatos da força normativa dessas lutas estão Will Kymlicka, *Multicultural Citizenship: A Liberal Theory of Minority Rights* (Londres, Oxford University Press, 1995); e Melissa Williams, *Voice, Trust, and Memory: Marginalized Groups and the Failings of Liberal Representation* (Princeton, Princeton University Press, 1998).

[16] Thomas W. Pogge, "The Influence of the Global Order on the Prospects for Genuine Democracy in the Developing Countries", *Ratio Juris*, v. 14, n. 3, 2001, p. 326-43; idem, "Economic Justice and National Borders", *ReVision*, v. 22, n. 2, 1999, p. 27-3; Rainer Forst, "Towards a Critical Theory of Transnational Justice", em Thomas Pogge (org.), *Global Justice* (Oxford, Blackwell, 2001), p. 169-87; idem, "Justice, Morality and Power in the Global Context", em Andreas Føllesdal e Thomas Pogge (orgs.), *Real World Justice* (Dordrecht, Springer, 2005).

e empresas transnacionais[17]. Também estão protegidas as estruturas de governança da economia global, que estabelecem termos de interação exploradores e depois os isentam de controle democrático[18]. Finalmente, o quadro keynesiano-vestfaliano é autoisolante; a arquitetura do sistema interestatal protege a própria divisão do espaço político que ela institucionaliza, excluindo efetivamente a tomada de decisões democráticas transnacionais em questões de justiça[19].

Visto dessa perspectiva, o quadro keynesiano-vestfaliano é um poderoso instrumento de injustiça, que manipula o espaço político à custa dos pobres e desprezados. Para aquelas pessoas a quem é negada a oportunidade de fazer reivindicações transnacionais de primeira ordem, as lutas contra a má distribuição e o não reconhecimento não podem prosseguir, muito menos ter sucesso, a menos que sejam acompanhadas de lutas contra o mau enquadramento. Não surpreende, portanto, que haja quem considere o mau enquadramento a injustiça definidora de uma era globalizante.

Nessas condições de maior consciência do mau enquadramento, é difícil ignorar a dimensão política da justiça. Na medida em que a globalização politiza a questão do enquadramento, também torna visível um aspecto da gramática da justiça que foi frequentemente negligenciado no período anterior. Agora está evidente que nenhuma reivindicação de justiça pode evitar a pressuposição de alguma noção de representação, implícita ou explícita, na medida em que ninguém pode evitar

---

[17] Richard L. Harris e Melinda J. Seid, *Critical Perspectives on Globalization and Neoliberalism in the Developing Countries* (Boston, Brill, 2000).

[18] Robert W. Cox, "A Perspective on Globalization", em James H. Mittelman (org.), *Globalization: Critical Reflections* (Boulder, Lynne Rienner, 1996), p. 21-30; e idem, "Democracy in Hard Times: Economic Globalization and the Limits to Liberal Democracy", em Anthony McGrew (org.), *The Transformation of Democracy?* (Cambridge, Polity Press, 1997), p. 49-72; Stephen Gill, "New Constitutionalism, Democratisation and Global Political Economy", *Pacifica Review*, v. 10, n. 1, fev. 1998, p. 23-38; Eric Helleiner, "From Bretton Woods to Global Finance: A World Turned Upside Down", em Richard Stubbs e Geoffrey R. D. Underhill (orgs.), *Political Economy and the Changing Global Order* (Nova York, St. Martin's Press, 1994), p. 163-75; Servaas Storm e J. Mohan Rao, "Market-Led Globalization and World Democracy: Can the Twain Ever Meet?", *Development and Change*, v. 35, n. 5, 2004, p. 567-81; James K. Boyce, "Democratizing Global Economic Governance", *Development and Change*, v. 35, n. 3, 2004, p. 593-9.

[19] John Dryzek, "Transnational Democracy", *Journal of Political Philosophy*, v. 7, n. 1, 1999, p. 30--51; James Bohman, "International Regimes and Democratic Governance: Political Equality and Influence in Global Institutions", *International Affairs*, v. 75, n. 3, 1999, p. 499-513; David Held, "Regulating Globalization?", *International Journal of Sociology*, v. 15, n. 2, 2000, p. 394-408; idem, *Democracy and the Global Order: From the Modern State to Cosmopolitan Governance* (Cambridge, Polity, 1995), p. 99-140; idem, "The Transformation of Political Community: Rethinking Democracy in the Context of Globalization", em Ian Shapiro e Cassiano Hacker--Cordón (orgs.), *Democracy's Edges* (Cambridge, Cambridge University Press, 1999), p. 84-111.

assumir um enquadramento. Assim, a representação é sempre inerente a todas as reivindicações de redistribuição e reconhecimento. A dimensão política está implícita na gramática do conceito de justiça e é, na verdade, exigida por ela. Assim, não há redistribuição ou reconhecimento sem representação[20].

Em geral, então, uma teoria da justiça adequada a nosso tempo deve ser tridimensional. Abrangendo não apenas a redistribuição e o reconhecimento, mas também a representação, deve permitir que apreendamos a questão do enquadramento como uma questão de justiça. Incorporando as dimensões econômica, cultural e política, deve permitir que identifiquemos as injustiças de mau enquadramento e avaliemos possíveis soluções. Acima de tudo, deve permitir que façamos e respondamos à questão política fundamental da nossa época: como podemos integrar as lutas contra a má distribuição, o não reconhecimento e a mau enquadramento num quadro *pós-vestfaliano*?

---

[20] Não pretendo sugerir que o político seja a dimensão mestra da justiça, mais fundamental que a econômica e a cultural. Na verdade, as três dimensões mantêm relações de entrelaçamento mútuo e influência recíproca. Tal como a capacidade de reivindicar distribuição e reconhecimento depende de relações de representação, também a capacidade de exercer a própria voz política depende das relações de classe e de *status*. Em outras palavras, a capacidade de influenciar o debate público e a tomada de decisões autorizadas depende não apenas de regras formais de decisão mas também de relações de poder enraizadas na estrutura econômica e na ordem de *status*, um fato que é insuficientemente enfatizado na maioria das teorias da democracia deliberativa. Assim, a má distribuição e o não reconhecimento conspiram para subverter o princípio da igualdade de voz política para todos os cidadãos, mesmo em entidades políticas que afirmam ser democráticas. Mas é claro que o inverso também é verdadeiro. Aqueles que sofrem de falta de representação são vulneráveis a injustiças de *status* e classe. Na falta de voz política, são incapazes de articular e defender seus interesses no que diz respeito à distribuição e ao reconhecimento, o que por sua vez agrava sua falta de representação. Em casos assim, o resultado é um círculo vicioso em que as três ordens de injustiça se reforçam mutuamente, negando a algumas pessoas a oportunidade de participar em pé de igualdade com outras na vida social. Em geral, então, o político não é a dimensão principal. Ao contrário, embora sejam conceitualmente distintos e mutuamente irredutíveis, os três tipos de obstáculo à paridade de participação em geral estão interligados. Disso resulta que os esforços para superar a injustiça não podem, exceto em casos raros, dirigir-se apenas a uma dessas dimensões. De fato, as lutas contra a má distribuição e o não reconhecimento não podem ter sucesso a menos que sejam unidas às lutas contra a falta de representação – e vice-versa. É claro que o aspecto a que se dá ênfase é uma decisão tática e estratégica. Dada a atual relevância das injustiças do mau enquadramento, minha preferência é pelo lema: "Não há redistribuição nem reconhecimento sem representação". Mesmo assim, a política de representação aparece como uma entre três frentes interligadas na luta pela justiça social num mundo globalizado. Para um argumento contra a tendência de Rainer Forst de conceder primazia à dimensão política, ver Nancy Fraser, "Identity, Exclusion, and Critique: A Response to Four Critics", *European Journal of Political Theory*, v. 6, n. 3, 2007, p. 305-38; revisado e reimpresso como "Prioritizing Justice as Participatory Parity: A Reply to Kompridis and Forst", em *Adding Insult to Injury: Nancy Fraser Debates Her Critics* (org. Kevin Olson, Londres, Verso, 2008).

2. Sobre a política de enquadramento: da territorialidade do Estado à efetividade social?

Até aqui tenho defendido a especificidade irredutível do político como uma das três dimensões fundamentais da justiça. E identifiquei dois níveis distintos de injustiça política: falta de representação política comum e mau enquadramento. Agora, quero examinar a política de enquadramento num mundo globalizado. Ao distinguir abordagens afirmativas de abordagens transformadoras, argumentarei que uma política de representação adequada também deve abordar um terceiro nível: para além de contestar a falta de representação política comum, por um lado, e o mau enquadramento, por outro, tal política deve também ter como objetivo democratizar o processo de definição de enquadramentos.

Começo explicando o que quero dizer com "a política do enquadramento". Situada no segundo nível que defini, no qual são traçadas distinções entre membros e não membros, essa política diz respeito ao aspecto de definição de fronteiras do político. Centrada nas questões de quem conta como sujeito da justiça e qual é o enquadramento apropriado, a política de enquadramento compreende esforços para estabelecer e consolidar, para contestar e rever, a divisão legitimada do espaço político. Incluem-se aqui as lutas contra o mau enquadramento, que visam desmantelar os obstáculos que impedem as pessoas desfavorecidas de confrontar, com reivindicações de justiça, as forças que as oprimem. Centrada na definição e na contestação de enquadramentos, a política de enquadramento preocupa-se com a questão de "quem".

A política de enquadramento pode assumir duas formas distintas, ambas hoje praticadas em nosso mundo globalizado[21]. A primeira abordagem, que chamarei de política *afirmativa* de enquadramento, contesta os limites dos enquadramentos existentes, ao mesmo tempo que aceita a gramática vestfaliana de definição dos enquadramentos. Nessa política, aqueles que afirmam sofrer injustiças de mau enquadramento procuram redesenhar os limites dos Estados territoriais existentes ou, em alguns casos, criar novos. Mas ainda presumem que o Estado territorial é a unidade apropriada para propor e resolver disputas sobre justiça. Para eles, portanto, as injustiças do mau enquadramento não são uma função do princípio geral seguido pela ordem vestfaliana para dividir o espaço político. Surgem, antes, como

---

[21] Ao distinguir uma abordagem "afirmativa" de uma "transformativa", adaptei uma terminologia que usei anteriormente em relação à distribuição e ao reconhecimento. Ver Nancy Fraser, "From Redistribution to Recognition? Dilemmas of Justice in a 'Postsocialist' Age", *New Left Review*, n. 212, 1995, p. 68-93; idem, "Social Justice in the Age of Identity Politics", cit.

resultado da forma errada de aplicar esse princípio. Assim, aqueles que praticam a política afirmativa de enquadramento aceitam que o princípio da territorialidade do Estado é a base adequada para constituir o "quem" da justiça. Concordam, por outras palavras, que o que transforma determinado conjunto de indivíduos em sujeitos de justiça é sua residência partilhada no território de um Estado moderno e/ou sua pertença partilhada à comunidade política que corresponde a tal Estado. Assim, longe de desafiar a gramática subjacente da ordem vestfaliana, aqueles que praticam a política afirmativa de enquadramento aceitam seu princípio estatal-territorial[22].

No entanto, é precisamente esse princípio que é contestado por uma segunda versão da política de enquadramento, que chamarei de abordagem *transformativa*. Para os proponentes dessa abordagem, o princípio estatal-territorial já não proporciona uma base adequada para determinar o "quem" da justiça em cada caso. Admitem, é claro, que esse princípio permanece relevante para muitos propósitos; assim, os defensores da transformação não propõem a eliminação total do Estado territorial. Mas afirmam que sua gramática está fora de sincronia com as causas estruturais de muitas injustiças num mundo globalizado, que não são de caráter territorial. Os exemplos incluem os mercados financeiros, as "fábricas *offshore*", os regimes de investimento e as estruturas de governança da economia global, que determinam quem trabalha por um salário e quem não o faz; as redes de informação dos meios de comunicação globais e da cibertecnologia, que determinam quem está incluído nos circuitos do poder comunicativo e quem não está; e a biopolítica do clima, das doenças, das drogas, das armas e da biotecnologia, que determina quem terá uma vida longeva e quem morrerá jovem. Nessas questões, tão fundamentais para o bem-estar humano, as forças que perpetram a injustiça pertencem não ao "espaço dos lugares", mas ao "espaço dos fluxos"[23]. Não localizáveis na jurisdição de qualquer Estado territorial real ou concebível, elas não podem ser responsabilizadas por reivindicações de justiça enquadradas nos termos do

---

[22] Para o princípio estatal-territorial, ver Thomas Baldwin, "The Territorial State", em Hyman Gross e Ross Harrison (orgs.), *Jurisprudence, Cambridge Essays* (Oxford, Clarendon, 1992), p. 207-30. Para dúvidas sobre o princípio estatal-territorial (entre outros princípios), ver Frederick Whelan, "Democratic Theory and the Boundary Problem", em J. Roland Pennock e John William Chapman (orgs.), *Nomos XXV: Liberal Democracy* (Nova York/Londres, New York University Press, 1983), p. 13-47.

[23] Tomei emprestada esta terminologia de Manuel Castells, *The Rise of the Network Society* (Londres, Blackwell, 1996), p. 440-60 [ed. bras.: *A sociedade em rede*, trad. Roneide Venâncio Majer, São Paulo, Paz e Terra, 1999].

princípio estatal-territorial. No caso delas, prossegue o argumento, utilizar-se do princípio estatal-territorial para determinar o enquadramento é, por si só, cometer uma injustiça. Ao repartir o espaço político conforme linhas territoriais, esse princípio isola do alcance da justiça os poderes extraterritoriais e não territoriais. Num mundo globalizado, portanto, é menos provável que sirva como solução para o mau enquadramento que como meio de infligi-lo ou perpetuá-lo.

Em geral, então, a política transformadora do enquadramento visa mudar a gramática profunda da definição de enquadramentos num mundo globalizado. Essa abordagem procura complementar o princípio estatal-territorial da ordem vestfaliana com um ou mais princípios *pós-vestfalianos*. O objetivo é superar as injustiças do mau enquadramento, alterando não apenas os limites do "quem" da justiça mas também o modo como eles são constituídos e, portanto, a forma como são traçados[24].

Como seria um modo de enquadramento pós-vestfaliano? Sem dúvida, é cedo demais para ter uma visão clara. No entanto, o candidato mais promissor até agora é o "princípio de todos os afetados". Esse princípio sustenta que todos os que são afetados por determinada estrutura ou instituição social têm posição moral como sujeitos de justiça em relação a ela. Nessa perspectiva, o que transforma um conjunto de pessoas em sujeitos de justiça não é a proximidade geográfica, mas sua coimbricação num quadro estrutural ou institucional comum, que estabelece as regras básicas que regem sua interação social, de maneira a moldar suas respectivas possibilidades de vida em padrões de vantagem e desvantagem[25].

---

[24] Devo a ideia de um "modo de diferenciação política" pós-territorial a John G. Ruggie. Ver seu ensaio imensamente sugestivo "Territoriality and Beyond: Problematizing Modernity in International Relations", *International Organization*, v. 47, 1993, p. 139-74. Também sugestivo a esse respeito é Raul C. Pangalangan, "Territorial Sovereignty: Command, Title, and the Expanding Claims of the Commons", em David Miller e Sohail H. Hashmi (orgs.), *Boundaries and Justice: Diverse Ethical Perspectives* (Princeton, Princeton University Press, 2001), p. 164-82.

[25] O pensamento se desenvolve com o tempo, muitas vezes de maneiras imprevistas. O presente capítulo, que data de 2004-2005, reflete minha opinião naquela altura de que o princípio de todos os afetados era o candidato mais promissor para um modo pós-vestfaliano de enquadramento, embora eu também registre preocupações importantes sobre esse princípio na nota 26 adiante. Pouco depois disso, porém, essas preocupações passaram a parecer intransponíveis. Em escritos posteriores, rejeitei o princípio de todos os afetados em favor de outra possibilidade, não considerada aqui, que remete as disputas sobre o enquadramento ao "princípio de todos os sujeitados". Esse princípio de "sujeição" hoje me parece captar melhor a profunda ligação interna entre os conceitos de justiça e democracia. No entanto, optei por renunciar à revisão *post hoc* deste capítulo. Para o princípio de todos os sujeitados, ver Nancy Fraser, "Abnormal Justice", *Critical Inquiry*, v. 34, n. 3, 2008, p. 393-422; reimpresso em Nancy Fraser, *Scales of Justice: Reimagining Political Space in a Globalizing World* (Nova York, Columbia University Press/Polity, 2008).

Até recentemente, o princípio de todos os afetados parecia coincidir, aos olhos de muitos, com o princípio estatal-territorial. Supunha-se, em conformidade com a imagem mundial vestfaliana, que o quadro comum que determinava os padrões de vantagem e desvantagem era precisamente a ordem constitucional do Estado territorial moderno. Como resultado, parecia que, ao aplicar o princípio estatal-territorial, era possível captar simultaneamente a força normativa do princípio de todos os afetados. Na verdade, isso nunca foi bem assim, como atesta a longa história do colonialismo e do neocolonialismo. Do ponto de vista da metrópole, contudo, a fusão da territorialidade do Estado com a efetividade social parecia ter um impulso emancipatório, pois servia para justificar a incorporação progressiva, como sujeitos da justiça, das classes subordinadas e dos grupos de *status* que, embora residissem na metrópole, eram excluídos da cidadania ativa.

Hoje, no entanto, a ideia de que a territorialidade do Estado pode servir como indicador da efetividade social não é mais plausível. Nas condições atuais, as possibilidades de uma pessoa viver uma vida boa não dependem inteiramente da constituição política interna do Estado territorial em que ela reside. Embora seja inegável que esta última continue relevante, seus efeitos são mediados por outras estruturas, tanto extraterritoriais como não territoriais, cujo impacto é, no mínimo, igualmente significativo[26]. De modo geral, a globalização está criando um fosso cada vez maior entre a territorialidade do Estado e a efetividade social. À medida que esses dois princípios divergem cada vez mais, o efeito é o de revelar que o primeiro é um sucedâneo inadequado do último. E assim surge a questão: é possível aplicar o princípio de todos os afetados diretamente ao enquadramento da justiça, sem que seja preciso desviar pela territorialidade do Estado[27]?

---

[26] Thomas W. Pogge, *World Poverty and Human Rights: Cosmopolitan Responsibilities and Reforms* (Cambridge, Polity, 2002), especialmente as seções "The Causal Role of Global Institutions in the Persistence of Severe Poverty", p. 112-6, e "Explanatory Nationalism: The Deep Significance of National Borders", p. 139-44.

[27] Tudo depende de encontrar uma interpretação adequada do princípio de todos os afetados. A questão-chave é como restringir a ideia de "afetação" ao ponto de se tornar um padrão viável e operacionalizável para avaliar a justiça de vários enquadramentos. O problema é que, dado o chamado efeito borboleta, é possível apresentar provas de que quase todas as pessoas são afetadas por quase tudo. É necessário, portanto, chegar a uma forma de distinguir os níveis e tipos de efetividade que são suficientes para conferir posição moral daqueles que não o são. Uma proposta, sugerida por Carol Gould, é limitar essa posição àqueles cujos direitos humanos são violados por determinada prática ou instituição. Outra proposta, sugerida por David Held, é atribuir tal posição àqueles cuja esperança de vida e oportunidades de vida estejam significativamente afetadas. Minha perspectiva é de que o princípio de todos os afetados está aberto a uma pluralidade de interpretações razoáveis. Em decorrência disso, sua interpretação não pode ser determinada

É exatamente isso que alguns praticantes da política transformadora tentam fazer. Procurando impulso contra fontes estrangeiras de má distribuição e não reconhecimento, alguns ativistas da globalização apelam diretamente ao princípio de todos os afetados, a fim de contornar a divisão estatal-territorial do espaço político. Ao contestar sua exclusão pelo quadro keynesiano-vestfaliano, os ambientalistas e os povos indígenas reivindicam a posição de sujeitos de justiça em relação aos poderes extraterritoriais e não territoriais que afetam suas vidas. Ao insistir que a efetividade supera a territorialidade do Estado, juntaram-se a ativistas do desenvolvimento, feministas internacionais e outros na afirmação do seu direito de fazer reivindicações contra as estruturas que os prejudicam, mesmo quando estas não podem ser localizadas no espaço dos lugares. Ao abandonar a gramática vestfaliana de definição de enquadramentos, esses requerentes aplicam o princípio de todos os afetados diretamente a questões de justiça num mundo que se globaliza[28].

monologicamente, por decreto filosófico. Ao contrário, as análises filosóficas da afetação devem ser entendidas como contribuições para um debate público mais amplo sobre o significado do princípio. (O mesmo se aplica aos relatos empíricos das ciências sociais sobre quem é afetado por determinadas instituições ou políticas.) Em geral, o princípio de todos os afetados deve ser interpretado dialogicamente, pela troca de argumentos na deliberação democrática. Dito isso, uma coisa, no entanto, é clara. As injustiças de mau enquadramento só podem ser evitadas se a posição moral não se limitar àqueles que já estão acreditados como membros oficiais de determinada instituição ou como participantes autorizados de determinada prática. Para evitar tais injustiças, essa posição também deve ser concedida aos não membros e aos não participantes que sejam significativamente afetados pela instituição ou prática em questão. Assim, os africanos subsaarianos, que foram involuntariamente desligados da economia global, contam como sujeitos de justiça em relação a ela, mesmo que nela não participem oficialmente. Para a interpretação dos direitos humanos, ver Carol C. Gould, *Globalizing Democracy and Human Rights* (Cambridge, Cambridge University Press, 2004). Para a interpretação da esperança de vida e das oportunidades de vida, ver David Held, *Global Covenant: The Social Democratic Alternative to the Washington Consensus* (Cambridge, Polity, 2004), p. 99 e seg. Para a abordagem dialógica, ver adiante, bem como Nancy Fraser, "Democratic Justice in a Globalizing Age", cit.; idem, "Abnormal Justice", cit. Para a desconexão involuntária da África subsaariana da economia global oficial, ver James Ferguson, "Global Disconnect: Abjection and the Aftermath of Modernism", em *Expectations of Modernity: Myths and Meanings of Urban Life on the Zambian Copperbelt* (Berkeley, University of California Press, 1999), p. 234-54.

[28] Manuel Castells, *The Power of Identity* (Londres, Blackwell, 1996) [ed. bras.: *O poder da identidade*, trad. Klauss Brandini Gerhardt, São Paulo, Paz e Terra, 1999]; John A. Guidry, Michael D. Kennedy e Mayer N. Zald (orgs.), *Globalizations and Social Movements: Culture, Power, and the Transnational Public Sphere* (Ann Arbor, University of Michigan Press, 2000); Sanjeev Khagram, Kathryn Sikkink e James V. Riker (orgs.), *Restructuring World Politics: Transnational Social Movements, Networks, and Norms* (Minneapolis, Univeristy of Minnesota Press, 2002); Margaret E. Keck e Kathryn Sikkink, *Activists beyond Borders: Advocacy Networks in International Politics* (Ithaca, Cornell University Press, 1998); Jeffrey St. Clair, "Seattle Diary", *Counterpunch*, 16 dez. 1999, disponível on-line.

Nesses casos, a política de enquadramento transformadora prossegue simultaneamente em múltiplas dimensões e em múltiplos níveis[29]. Num certo nível, os movimentos sociais que a praticam visam reparar injustiças de primeira ordem de má distribuição, não reconhecimento e falta de representação política comum. Num segundo nível, esses movimentos procuram reparar injustiças de enquadramento de metanível, reconstituindo o "quem" da justiça. Além disso, nos casos em que o princípio estatal-territorial serve mais para compensar pela injustiça que para desafiá-la, os movimentos sociais transformadores apelam, em vez dele, para o princípio de todos os afetados. Invocando um princípio pós-vestfaliano, procuram mudar a própria gramática da definição de enquadramentos – e, com isso, reconstruir os fundamentos metapolíticos da justiça para um mundo globalizado.

Mas as reivindicações da política transformadora vão ainda mais longe. Acima e para além de suas outras reivindicações, esses movimentos também reivindicam a palavra no que equivale a um novo processo pós-vestfaliano de definição de enquadramentos. Rejeitando a visão convencional, que considera a definição de enquadramentos uma prerrogativa dos Estados e das elites transnacionais, pretendem efetivamente democratizar o processo através do qual os referenciais de justiça são traçados e revistos. Quando afirmam seu direito de participar na constituição do "quem" da justiça, estão simultaneamente transformando o "como" – e com isto quero dizer os procedimentos aceitos para determinar o "quem"[30]. Em sua forma mais reflexiva e ambiciosa, os movimentos transformadores estão exigindo a criação de novas arenas democráticas para debater argumentos sobre o enquadramento. Em alguns casos, eles próprios criam essas arenas. No Fórum Social Mundial, por exemplo, alguns praticantes de políticas transformadoras criaram uma esfera pública transnacional onde podem participar, em pé de igualdade com outros, na divulgação e resolução de disputas sobre o enquadramento[31].

---

[29] Para uma abordagem útil, embora diferente da apresentada aqui, ver Christine Chin e James H. Mittelman, "Conceptualizing Resistance to Globalisation", *New Political Economy*, v. 2, n. 1, 1997, p. 25-37.

[30] Para uma discussão mais aprofundada sobre o "como" da justiça, ver Fraser, "Democratic Justice in a Globalizing Age", cit.; idem, "Abnormal Justice", cit.

[31] James Bohman, "The Globalization of the Public Sphere: Cosmopolitan Publicity and Cultural Pluralism", *Modern Schoolman*, v. 75, n. 2, 1998, p. 101-17; John A. Guidry, Michael D. Kennedy e Mayer N. Zald (orgs.), *Globalizations and Social Movements*, cit.; Thomas Ponniah, "Democracy vs. Empire: Alternatives to Globalization Presented at the World Social Forum", *Antipode*, v. 36, n. 1, 2004, p. 130-3; Maria Pia Lara, "Globalizing Women's Rights: Building a Public Sphere", em Robin N. Fiore e Hilde Lindemann Nelson (orgs.), *Recognition, Responsibility, and Rights: Feminist Ethics and Social Theory. Feminist Reconstructions* (Totowa, Rowman & Littlefield, 2003),

Dessa forma, prefiguram a possibilidade de novas instituições de *justiça democrática pós-vestfaliana*[32].

A dimensão democratizante da política transformadora aponta para um terceiro nível de injustiça política, acima e além dos dois já discutidos. Anteriormente, distingui as injustiças de primeira ordem relacionadas à falta de representação política comum das injustiças de segunda ordem relacionadas ao mau enquadramento. Agora, porém, podemos discernir uma espécie de injustiça política de terceira ordem, que corresponde à questão do "como". Exemplificada por processos antidemocráticos de definição de enquadramento, essa injustiça consiste no fracasso em institucionalizar a paridade de participação no nível metapolítico, nas deliberações e decisões relativas a "quem". Como o que está em jogo aqui é o processo por meio do qual o espaço político de primeira ordem é constituído, chamarei essa injustiça de *falta de representação metapolítica*. A falta de representação metapolítica surge quando os Estados e as elites transnacionais monopolizam a atividade de definição de enquadramentos, negando voz àqueles que podem ser prejudicados no processo e bloqueando a criação de fóruns democráticos nos quais as reivindicações destes últimos possam ser examinadas e compensadas. O efeito é excluir a esmagadora maioria das pessoas da participação nos metadiscursos que determinam a divisão legitimada do espaço político. Na falta de quaisquer arenas institucionais para tal participação, e submetida a uma abordagem antidemocrática do "como", a maioria se vê privada da oportunidade de se envolver em termos de paridade na tomada de decisões sobre "quem".

Em geral, portanto, as lutas contra o mau enquadramento revelam um novo tipo de déficit democrático. Assim como a globalização tornou visíveis as injustiças do mau enquadramento, também as lutas transformadoras contra a globalização neoliberal têm tornado visível a injustiça da falta de representação metapolítica. Por expor a falta de instituições onde as disputas sobre "quem" possam ser disseminadas

---

p. 181-93; Nancy Fraser, "Transnationalizing the Public Sphere: On the Legitimacy and Efficacy of Public Opinion in a Post-Westphalian World", *Theory, Culture and Society*, v. 24, n. 4, 2007, p. 7-30; reimpresso em *Scales of Justice*, cit.

[32] Por enquanto, os esforços para democratizar o processo de definição de enquadramentos estão confinados à contestação na sociedade civil transnacional. Por mais indispensável que seja esse nível, não poderá haver sucesso enquanto não existirem instituições formais que traduzam a opinião pública transnacional em decisões vinculantes e garantidoras. Em geral, então, a via da sociedade civil na política democrática transnacional precisa de ser complementada por uma via institucional formal. Para uma discussão mais aprofundada desse problema, ver Nancy Fraser, "Democratic Justice in a Globalizing Age", cit.; idem, "Abnormal Justice", cit. Ver também James Bohman, "International Regimes and Democratic Governance", cit.

e resolvidas democraticamente, essas lutas centram a atenção no "como". Ao demonstrar que a ausência de tais instituições impede os esforços para superar a injustiça, revelam as profundas ligações internas entre democracia e justiça. O efeito é trazer à luz uma característica estrutural da atual conjuntura: as lutas pela justiça num mundo globalizado não podem ter sucesso a menos que sejam acompanhadas de lutas pela *democracia metapolítica*. Também nesse nível não há redistribuição ou reconhecimento sem representação.

3. Mudança de paradigma: justiça democrática pós-vestfaliana

Defendi até aqui que o que distingue a conjuntura atual é a contestação intensificada relativa tanto ao "quem" quanto ao "como" da justiça. Nestas condições, a teoria da justiça está sofrendo uma mudança de paradigma. Anteriormente, quando o quadro keynesiano-vestfaliano estava em vigor, a maioria dos filósofos negligenciava a dimensão política. Tratando o Estado territorial como um dado, procuravam averiguar teoricamente, de forma monológica, as exigências da justiça. Assim, não previram qualquer papel na determinação desses requisitos para aqueles que estariam sujeitos a eles, muito menos para aqueles que seriam excluídos pelo quadro nacional. Por sua negligência em refletir sobre a questão do enquadramento, esses filósofos nunca imaginaram que aqueles cujos destinos seriam tão decisivamente moldados pelas decisões de enquadramento pudessem ter o direito de participar na elaboração destas. Ao rejeitar qualquer necessidade de um momento democrático dialógico, eles se contentaram em produzir teorias monológicas de justiça social.

Hoje, contudo, as teorias monológicas da justiça social tornam-se cada vez mais implausíveis. Como vimos, a globalização não pode deixar de problematizar a questão do "como", pois politiza a questão do "quem". O processo é mais ou menos assim: à medida que se expande o círculo daqueles que reivindicam a palavra na definição de enquadramentos, as decisões sobre "quem" são cada vez mais vistas como questões políticas, que devem ser tratadas democraticamente, e não como questões técnicas, que podem ser deixadas para especialistas e elites. Como efeito, o fardo do argumento é transferido, exigindo que os defensores do privilégio dos especialistas defendam sua posição. Não mais podendo se manter acima da briga, eles são necessariamente envolvidos em disputas sobre o "como". Consequentemente, têm de enfrentar exigências de democratização metapolítica.

Uma mudança análoga é percebida atualmente na filosofia normativa. No mesmo momento em que alguns ativistas procuram transferir prerrogativas de definição dos enquadramentos de elite para públicos democráticos, também alguns teóricos da justiça propõem repensar a divisão clássica do trabalho entre teórico e *demos*. Não mais satisfeitos em determinar os requisitos da justiça de uma forma monológica, esses teóricos recorrem cada vez mais a abordagens dialógicas, que tratam aspectos importantes da justiça como questões de tomada de decisão coletiva, a serem determinadas pelos próprios cidadãos por deliberação democrática. Para eles, portanto, a gramática da teoria da justiça está sendo transformada. O que antes poderia ser chamado de "teoria da justiça social" agora aparece como a "teoria da *justiça democrática*"[33].

Em sua forma atual, contudo, a teoria da justiça democrática permanece incompleta. Completar a transição de uma teoria monológica para uma teoria dialógica requer mais um passo, além daqueles imaginados pela maioria dos proponentes da virada dialógica[34]. Doravante, os processos democráticos de determinação devem ser aplicados não apenas ao "quê" da justiça, mas também ao "quem" e ao "como". Nesse caso, ao adotar uma abordagem democrática do "como", a teoria da justiça assume uma aparência apropriada a um mundo globalizado. Dialógica em todos os níveis, tanto metapolítico como político comum, torna-se uma teoria da *justiça democrática pós-vestfaliana*.

A visão da justiça como paridade de participação presta-se facilmente a tal abordagem. Esse princípio tem uma dupla qualidade que expressa o caráter reflexivo da justiça democrática. Por um lado, o princípio da paridade de participação é uma noção de resultado, que especifica um princípio substantivo de justiça pelo qual podemos avaliar os arranjos sociais: estes são justos se e somente se permitirem que todos os atores sociais relevantes participem como pares na vida social. Por outro lado, a paridade de participação é também uma noção de processo, que especifica um padrão processual pelo qual podemos avaliar a legitimidade democrática das normas: estas são legítimas se e somente se obtiverem o consentimento de todos os envolvidos em processos de deliberação abertos e justos, nos quais todos podem participar como pares. Em virtude dessa dupla qualidade, a perspectiva da justiça como paridade de participação tem uma reflexividade inerente. Capaz de problematizar

---

[33] A expressão vem de Ian Shapiro, *Democratic Justice* (New Haven, Yale University Press, 1999). Mas a ideia também pode ser encontrada em Jürgen Habermas, *Between Facts and Norms*, cit.; Seyla Benhabib, *The Rights of Others*, cit.; e Rainer Forst, *Contexts of Justice: Political Philosophy Beyond Liberalism and Communitarianism* (Berkeley, University of California Press, 2002).

[34] Nenhum dos teóricos citados na nota anterior tentou aplicar a abordagem da "justiça democrática" ao problema do enquadramento. O pensador que mais se aproxima disso é Rainer Forst, ao valorizar a importância do enquadramento. Mas mesmo Forst não prevê processos democráticos de definição de enquadramentos.

tanto a substância como o procedimento, torna visível o entrelaçamento mútuo desses dois aspectos dos arranjos sociais. Assim, essa abordagem pode expor tanto as injustas condições de fundo que distorcem a tomada de decisões supostamente democráticas quanto os procedimentos não democráticos que geram resultados substancialmente desiguais. Como resultado, permite-nos transitar facilmente entre níveis, avançando e retrocedendo conforme necessário entre questões de primeira ordem e de metanível. Por tornar manifesta a coimplicação da democracia e da justiça, a perspectiva da justiça como paridade de participação proporciona exatamente o tipo de reflexividade que é necessária num mundo em globalização.

Permitam-me concluir recordando as principais características da teoria da justiça que esbocei aqui. Essa teoria, que é uma explicação da justiça democrática pós-vestfaliana, abrange três dimensões fundamentais: econômica, cultural e política. Como resultado, torna visível e criticável o entrelaçamento mútuo de má distribuição, não reconhecimento e falta de representação. Além disso, sua abordagem sobre a injustiça política envolve três níveis. Ao abordar não apenas a falta de representação política comum mas também o mau enquadramento e a falta de representação metapolítica, permite-nos compreender o problema do enquadramento como uma questão de justiça. Focada não apenas no "quê" da justiça, mas também no "quem" e no "como", permite-nos avaliar a justiça de princípios alternativos e processos alternativos de definição de enquadramento. Acima de tudo, como já observei, a teoria da justiça democrática pós-vestfaliana encoraja-nos a fazer – e a responder com esperança – a questão política-chave de nosso tempo: como podemos integrar as lutas contra a má distribuição, o não reconhecimento e a falta de representação em um enquadramento pós-vestfaliano?

9. Feminismo, capitalismo e a astúcia da história[1]

Gostaria aqui de lançar uma mirada ampla e abrangente sobre o feminismo da segunda onda. Não nesta ou naquela corrente ativista, nem nesta ou naquela vertente de teorização feminista; não nesta ou naquela fatia geográfica do movimento, nem neste ou naquele estrato sociológico das mulheres. Quero, antes, tentar enxergar a segunda onda do feminismo como um todo, como um fenômeno social de época. Olhando para trás, para quase quarenta anos de ativismo feminista, quero aventurar-me numa avaliação da trajetória global e do significado histórico do movimento. Ao olhar para trás, porém, espero também nos ajudar a olhar adiante. Ao reconstruir o caminho que percorremos, espero lançar luz sobre os desafios que enfrentamos hoje – numa época de enorme crise econômica, incerteza social e realinhamento político.

Vou contar, então, uma história sobre os contornos gerais e o significado geral da segunda onda do feminismo. Com partes iguais de narrativa histórica e análise teórico-social, minha história é traçada em torno de três pontos no tempo;

---

[1] Este capítulo originou-se de uma palestra apresentada no Colóquio de Cortona sobre "Gênero e cidadania: novos e velhos dilemas, entre igualdade e diferença", Cortona, Itália, 7-9 nov. 2008. Meus agradecimentos à Fundação Giangiacomo Feltrinelli e ao Estado francês, à região de Île-de-France e à Escola de Estudos Avançados em Ciências Sociais (EHESS), que apoiaram este trabalho no âmbito das Cátedras Internacionais de Pesquisa Blaise Pascal. Pelos comentários úteis, agradeço aos participantes do Colóquio de Cortona, especialmente Bianca Beccalli, Jane Mansbridge, Ruth Milkman e Eli Zaretsky, e aos participantes de um seminário da EHESS no Grupo de Sociologia Política e Moral, especialmente Luc Boltanski, Estelle Ferrarese, Sandra Laugier, Patricia Paperman e Laurent Thévenot.

cada um deles coloca o feminismo da segunda onda em relação com um momento específico na história do capitalismo. O primeiro ponto refere-se ao início do movimento no contexto daquilo que chamarei de "capitalismo organizado pelo Estado". Nele, proponho mapear a emergência do feminismo de segunda onda proveniente da Nova Esquerda anti-imperialista como um desafio radical ao androcentrismo generalizado das sociedades capitalistas lideradas pelo Estado no pós-guerra. Ao conceituar essa fase, identificarei a promessa emancipatória fundamental do movimento com seu sentido expandido de injustiça e sua crítica estrutural da sociedade. O segundo ponto refere-se ao processo de evolução do feminismo no contexto social dramaticamente alterado do neoliberalismo em ascensão. Nele, proponho mapear não só os sucessos extraordinários do movimento mas também a convergência perturbadora de alguns de seus ideais com as exigências de uma nova forma emergente de capitalismo – pós-fordista, "desorganizada", transnacional. Ao conceituar essa fase, questionarei se o feminismo da segunda onda forneceu involuntariamente um ingrediente-chave daquilo que Luc Boltanski e Ève Chiapello chamam de "o novo espírito do capitalismo". O terceiro ponto refere-se a uma possível reorientação do feminismo no atual contexto de crise capitalista e realinhamento político, que poderia marcar o início de uma transição do neoliberalismo para uma nova forma de organização social. Nele, proponho examinar as perspectivas de reativação da promessa emancipatória do feminismo num mundo que foi abalado pelas crises gêmeas do capital financeiro e da hegemonia dos Estados Unidos.

Em linhas gerais, então, proponho situar a trajetória do feminismo de segunda onda em relação à história recente do capitalismo. Dessa forma, espero ajudar a reviver o tipo de teorização socialista-feminista que foi minha primeira inspiração, décadas atrás, e que ainda me parece oferecer nossa melhor esperança para esclarecer as perspectivas de justiça de gênero no período atual. Meu objetivo, contudo, não é reciclar teorias ultrapassadas de sistemas duais, mas, sim, integrar o melhor da teorização feminista recente com o melhor da teorização crítica recente sobre o capitalismo.

Para esclarecer a lógica por trás de minha abordagem, explico minha insatisfação com aquela que é talvez a opinião mais difundida sobre o feminismo da segunda onda. Costuma-se dizer que o relativo sucesso do movimento na transformação da cultura contrasta fortemente com seu relativo fracasso na transformação das instituições. Essa avaliação tem dois gumes: por um lado, os ideais feministas de igualdade de gênero, tão controversos nas décadas anteriores, agora fazem parte da corrente social dominante; por outro lado, ainda não foram concretizados na prática. Assim, as críticas feministas, por exemplo, ao assédio sexual, ao tráfico sexual e à desigualdade salarial, que pareciam incendiárias até pouco tempo atrás, são hoje amplamente defendidas; no entanto, essa mudança radical no nível das atitudes de forma alguma eliminou essas práticas. E é por isso que se diz frequentemente: o feminismo de segunda onda operou uma revolução cultural que marcou época, mas a vasta mudança nas *mentalités* (ainda) não se traduziu numa mudança estrutural e institucional.

Há algo a ser dito sobre essa perspectiva, que assinala corretamente a ampla aceitação das ideias feministas hoje. Porém, a tese do sucesso cultural mais fracasso institucional não vai muito longe no esclarecimento do significado histórico e das perspectivas futuras da segunda onda do feminismo. Postular que as instituições ficaram para trás em relação à cultura, como se uma pudesse mudar sem que a outra mudasse, sugere que precisamos apenas fazer com que aquelas alcancem esta para concretizar as esperanças feministas. O efeito é o de obscurecer uma possibilidade mais complexa e perturbadora: a de que a difusão de atitudes culturais nascidas da segunda onda tenha sido parte integrante de outra transformação social, imprevista e não desejada por ativistas feministas – uma transformação na organização social do capitalismo no pós-guerra. Essa possibilidade pode ser formulada de forma mais aguda: as mudanças culturais desencadeadas pela segunda onda, salutares em si mesmas, serviram para legitimar uma transformação estrutural da sociedade capitalista que vai diretamente contra as visões feministas de uma sociedade justa.

Neste capítulo, pretendo explorar essa possibilidade perturbadora. Minha hipótese pode ser formulada assim: o que foi verdadeiramente novo na segunda onda foi a forma como ela entrelaçou, numa crítica do capitalismo androcêntrico e organizado pelo Estado, o que podemos entender hoje como três dimensões analiticamente distintas da injustiça de gênero: econômica, cultural e política. Ao submeter o capitalismo organizado pelo Estado a um escrutínio abrangente e multifacetado, no qual essas três perspectivas se misturavam livremente, as feministas geraram uma crítica que era simultaneamente ramificada e sistemática. Nas décadas seguintes, contudo, as três dimensões da injustiça separaram-se, tanto uma das outras como da crítica do capitalismo. Com a fragmentação da crítica feminista veio a incorporação seletiva e a recuperação parcial de algumas de suas vertentes. Separadas uma das outras e da crítica da sociedade que as integrava, as esperanças da segunda onda foram recrutadas a serviço de um projeto em profundo desacordo com nossa visão mais ampla e holística de uma sociedade justa. Num belo exemplo da astúcia da história, os desejos utópicos encontraram uma segunda vida como correntes de sentimento que legitimaram a transição para uma nova forma de capitalismo: pós-fordista, transnacional, neoliberal².

A seguir, proponho elaborar essa hipótese em três etapas, que correspondem aos três pontos no tempo mencionados anteriormente. Numa primeira etapa, reconstruirei a crítica da segunda onda feminista ao capitalismo androcêntrico e organizado pelo Estado como uma integração de preocupações que hoje associamos a três perspectivas de justiça – redistribuição, reconhecimento e representação. Numa segunda etapa, esboçarei a desintegração dessa constelação e o recrutamento seletivo de algumas de suas vertentes para legitimar o capitalismo neoliberal. Numa terceira etapa, ponderarei as perspectivas de recuperação da promessa emancipatória do feminismo no atual momento de crise econômica e abertura política.

1. Feminismo e capitalismo organizado pelo Estado

Deixe-me começar situando a emergência da segunda onda do feminismo no contexto do capitalismo organizado pelo Estado. Por "capitalismo organizado pelo Estado", quero dizer a formação social hegemônica na era do pós-guerra, uma formação social na qual os Estados desempenharam um papel ativo na condução de suas economias nacionais³. Estamos mais familiarizados com a forma que o capitalismo organizado pelo Estado assumiu nos Estados de bem-estar social do então chamado Primeiro Mundo, que utilizou ferramentas keynesianas para suavizar os ciclos de expansão e recessão endêmicos do capitalismo. Com base em experiências de planejamento em tempos de depressão e de guerra, esses Estados implementaram várias formas de dirigismo, incluindo investimento em infraestrutura, política industrial, tributação redistributiva, provisão social, regulamentação empresarial, nacionalização de algumas indústrias-chave e desmercantilização de bens públicos. Certamente, quem conseguiu "organizar" o capitalismo com maior sucesso nas décadas que se seguiram à Segunda Guerra Mundial foram os Estados mais ricos e poderosos da Organização para a Cooperação e Desenvolvimento Econômico

---

[2] Neste ensaio, me baseio em minha abordagem anterior sobre essas questões – ao mesmo tempo que a atualizo e problematizo – em "Mapping the Feminist Imagination: From Redistribution to Recognition to Representation", *Constellations: An International Journal of Critical and Democratic Theory*, v. 12, n. 3, set. 2005, p. 295-307; reimpresso em Nancy Fraser, *Scales of Justice: Reimagining Political Space in a Globalizing World* (Nova York, Columbia University Press/Polity, 2008).

[3] Para uma discussão deste termo, ver Frederick Pollock, "State Capitalism: Its Possibilities and Limitations", em Andrew Arato e Eike Gebhardt (orgs.), *The Essential Frankfurt School Reader* (Londres, Continuum, 1982/1995), p. 71-94.

(OCDE). Mas uma variante do capitalismo organizado pelo Estado também poderia ser encontrada no que era então chamado de Terceiro Mundo. Nas pós-colônias empobrecidas, os "Estados desenvolvimentistas" recentemente tornados independentes procuraram utilizar suas capacidades mais limitadas para impulsionar o desenvolvimento econômico nacional por meio de políticas de substituição de importações, investimento em infraestrutura, nacionalização de indústrias-chave e gastos públicos na educação[4].

Em geral, então, utilizo a expressão "capitalismo organizado pelo Estado" para me referir aos Estados de bem-estar social da OCDE e aos Estados desenvolvimentistas pós-coloniais do período pós-guerra. Afinal, foi nesses países que a segunda onda do feminismo irrompeu primeiro, no início da década de 1970. Para explicar o que exatamente provocou essa irrupção, destaco quatro características definidoras da cultura política do capitalismo organizado pelo Estado.

1. *Economicismo*: por definição, como já observei, o capitalismo organizado pelo Estado envolvia o uso do poder político público para regular (e, em alguns casos, para substituir) os mercados econômicos. Isso foi em grande parte uma questão de gestão de crise em favor do interesse do capital. No entanto, os Estados em questão derivaram grande parte de sua legitimidade política da alegação de que promoviam a inclusão, a igualdade social e a solidariedade entre classes. No entanto, esses ideais foram interpretados de uma forma economicista e centrada na classe. Na cultura política do capitalismo organizado pelo Estado, as questões sociais foram enquadradas principalmente em termos distributivos, como assuntos relativos à alocação equitativa de bens divisíveis, em especial renda e empregos, enquanto as divisões sociais eram vistas principalmente através do prisma da classe. Assim, a injustiça social por excelência era a distribuição econômica injusta, e sua expressão paradigmática era a desigualdade de classes. O efeito desse imaginário econômico centrado na classe foi o de marginalizar, se não obscurecer totalmente, outras dimensões, locais e eixos de injustiça.

2. *Androcentrismo*: disso decorreu que a cultura política do capitalismo organizado pelo Estado imaginava o tipo ideal de cidadão como um trabalhador homem da maioria étnica – um provedor e um homem de família. Também era

---

[4] Além disso, no mundo comunista a vida econômica era notoriamente organizada pelo Estado, e há quem ainda insista em chamar-lhe capitalismo organizado pelo Estado. Embora possa haver alguma verdade nessa opinião, seguirei o caminho mais convencional de excluir o mundo comunista deste primeiro momento da minha história, em parte porque foi só depois de 1989 que a segunda onda do feminismo emergiu como força política no que então já eram países ex-comunistas.

amplamente pressuposto que o salário desse trabalhador deveria ser o principal, se não o único, sustento econômico de sua família, enquanto quaisquer salários auferidos por sua esposa deveriam ser meramente suplementares. Profundamente marcado pelo gênero, esse construto do "salário familiar" serviu tanto como um ideal social, conotando modernidade e mobilidade ascendente, quanto como base para a política estatal – em questões de emprego, bem-estar e desenvolvimento. É verdade que o ideal escapou à maioria das famílias, uma vez que o salário de um homem raramente era suficiente para sustentar, por si só, os filhos e uma esposa não empregada. Também é verdade que a indústria fordista, à qual o ideal estava ligado, em breve seria apequenada por um crescente setor de serviços com baixos salários. Mas nas décadas de 1950 e 1960, o ideal do salário familiar ainda servia para definir as normas de gênero e para disciplinar aqueles que as violassem, reforçando a autoridade dos homens nos lares e canalizando as aspirações para o consumo doméstico privatizado. Igualmente importante é que, ao valorizar o trabalho assalariado, a cultura política do capitalismo organizado pelo Estado obscureceu a importância social do trabalho de cuidado não remunerado e do trabalho reprodutivo. Ao institucionalizar compreensões androcêntricas da família e do trabalho, ela naturalizou as injustiças de gênero e retirou-as da discussão política.

3. *Estatismo*: o capitalismo organizado pelo Estado era estatista, impregnado de um *éthos* tecnocrático e gerencial. Confiando em especialistas para conceber políticas e em organizações burocráticas para as implementar, os Estados de bem-estar e desenvolvimentistas tratavam aqueles a quem aparentemente serviam mais como clientes, consumidores e contribuintes que como cidadãos ativos. O resultado foi uma cultura despolitizada, que tratava as questões de justiça como questões técnicas, a ser resolvidas por meio de cálculos especializados ou negociações corporativistas. Longe de conquistar o poder de interpretar suas necessidades democraticamente, pela deliberação política e pela discussão, os cidadãos comuns foram posicionados (na melhor das hipóteses) como receptores passivos de satisfações definidas e distribuídas de cima.

4. *Vestfalianismo*: por fim, o capitalismo organizado pelo Estado foi, por definição, uma formação de caráter nacional, destinada a mobilizar as capacidades dos Estados nacionais para apoiar o desenvolvimento econômico nacional em nome – se nem sempre conforme o interesse – dos cidadãos nacionais. Tornada possível pelo quadro regulamentar de Bretton Woods, essa formação baseou-se numa divisão do espaço político em políticas territorialmente delimitadas. Como resultado, a cultura política do capitalismo organizado pelo Estado institucionalizou a visão "vestfaliana" de que as obrigações vinculantes da justiça se aplicam apenas aos

concidadãos. Ao delimitar a principal parte da luta social na era do pós-guerra, essa visão canalizou as reivindicações por justiça para as arenas políticas internas dos Estados territoriais. O efeito, apesar das odes aos direitos humanos internacionais e à solidariedade anti-imperialista, foi o de truncar o escopo da justiça, marginalizando, se não obscurecendo totalmente, as injustiças transfronteiriças[5].

Em geral, então, a cultura política do capitalismo organizado pelo Estado era economicista, androcêntrica, estatista e vestfaliana – todas elas características que acabaram sob ataque no final dos anos 1960 e 1970. Naqueles anos de radicalismo explosivo, as feministas da segunda onda juntaram-se a seus homólogos anti-imperialistas e da Nova Esquerda para desafiar o economicismo, o estatismo e (em menor grau) o vestfalianismo do capitalismo organizado pelo Estado, ao mesmo tempo que contestavam o androcentrismo deste último – e, com ele, o sexismo de seus camaradas e aliados. Vamos considerar esses pontos um por um.

1. *O feminismo da segunda onda contra o economicismo*: rejeitando a identificação exclusiva da injustiça com a má distribuição de classes, as feministas da segunda onda juntaram-se a outros movimentos emancipatórios para arrebatar o imaginário restritivo e economicista do capitalismo organizado pelo Estado. Ao politizar "o pessoal", expandiram o significado de justiça, reinterpretando como injustiças desigualdades sociais que tinham sido negligenciadas, toleradas ou racionalizadas desde tempos imemoriais. Ao rejeitar tanto o enfoque exclusivo do marxismo na economia política como o enfoque exclusivo do liberalismo no direito, revelaram injustiças localizadas em outras esferas – na família e nas tradições culturais, na sociedade civil e na vida cotidiana. Além disso, as feministas da segunda onda expandiram o número de eixos que poderiam abrigar injustiças. Rejeitando a primazia da classe, as feministas socialistas, as feministas negras e as feministas anti-imperialistas também se opuseram aos esforços feministas radicais para instalar o gênero nessa mesma posição de categoria privilegiada. Centrando-se não apenas no gênero, mas também na classe, na "raça", na sexualidade e na nacionalidade, foram pioneiras numa alternativa "interseccional" que é hoje amplamente aceita. Finalmente, as feministas da segunda onda ampliaram o âmbito da justiça para que esta abarcasse questões antes consideradas privadas, como a sexualidade, o trabalho doméstico, a reprodução e a violência contra as mulheres. Ao fazê-lo, alargaram efetivamente o conceito de injustiça para abranger não só as desigualdades econômicas mas

---

[5] Para uma descrição mais completa do "imaginário político de Vestfália" e de seus efeitos na truncagem do escopo da justiça, ver o capítulo 8 deste volume, "Reenquadrar a justiça num mundo globalizado".

também as hierarquias de *status* e as assimetrias de poder político. Com o benefício da retrospectiva, podemos dizer que substituíram uma perspectiva economicista monista de justiça por uma compreensão mais ampla e tridimensional, que abrange a economia, a cultura e a política.

O resultado não foi uma mera lista de questões isoladas. Ao contrário, o que conectou a infinidade de injustiças recentemente descobertas foi a noção de que a subordinação das mulheres era sistêmica, fundamentada nas estruturas profundas da sociedade. As feministas da segunda onda discutiram, é claro, sobre qual seria a melhor forma de caracterizar a totalidade social – se como "patriarcado", como um amálgama de "sistemas duais" de capitalismo e patriarcado, como um sistema-mundo imperialista, ou, na perspectiva de minha preferência, como uma forma historicamente específica e androcêntrica de sociedade capitalista organizada pelo Estado, estruturada por três ordens interpenetrantes de subordinação: (má) distribuição, (não) reconhecimento e (falta de) representação. Mas, apesar de tais diferenças, a maioria das feministas da segunda onda (com a notável exceção das feministas liberais) concordou que a superação da subordinação das mulheres exigia uma transformação radical das estruturas profundas da totalidade social. Esse compromisso partilhado com a transformação sistêmica revelou as origens do movimento na efervescência emancipatória mais ampla da época.

2. *O feminismo da segunda onda contra o androcentrismo*: embora tenha participado da aura geral do radicalismo dos anos 1960, a segunda onda do feminismo manteve-se numa relação tensa com outros movimentos emancipatórios. Afinal de contas, seu principal alvo era a injustiça de *gênero* do capitalismo organizado pelo Estado, dificilmente uma prioridade para os anti-imperialistas e os novos esquerdistas não feministas. Além disso, ao submeterem à crítica o androcentrismo do capitalismo organizado pelo Estado, as feministas da segunda onda também tiveram de confrontar o sexismo dentro da esquerda. Para as feministas liberais e radicais, isso não representava um problema especial; elas poderiam simplesmente se tornar separatistas e sair da esquerda. Para as feministas socialistas, as feministas anti-imperialistas e as feministas não brancas, em contrapartida, a dificuldade era confrontar o sexismo dentro da esquerda e ao mesmo tempo permanecer parte dela.

Ao menos durante certo tempo, as feministas socialistas conseguiram manter esse difícil equilíbrio. Elas localizaram o cerne do androcentrismo numa divisão do trabalho por gênero que desvalorizava sistematicamente as atividades, tanto remuneradas como não remuneradas, realizadas por ou associadas a mulheres. Ao aplicar essa análise ao capitalismo organizado pelo Estado, descobriram as ligações estruturais profundas entre a responsabilidade das mulheres pela maior parte dos cuidados não remunerados, sua subordinação no casamento e na vida pessoal, a segmentação de gênero dos mercados de trabalho, o domínio do sistema político pelos homens e o androcentrismo da provisão de bem-estar, da política industrial e dos esquemas de desenvolvimento. Com efeito, expuseram o salário familiar como o ponto para onde convergiam a má distribuição, o não reconhecimento e a falta de representação de gênero. O resultado foi uma crítica que integrou economia, cultura e política numa explicação sistemática da subordinação das mulheres no capitalismo organizado pelo Estado. Longe de pretenderem simplesmente promover a plena incorporação das mulheres como assalariadas na sociedade capitalista, as feministas socialistas procuraram transformar as estruturas profundas do sistema e os valores que o movem – em parte, ao tirar a centralidade do trabalho assalariado e valorizar as atividades não remuneradas, especialmente o trabalho de cuidados socialmente necessário realizado pelas mulheres.

3. *O feminismo da segunda onda contra o estatismo:* mas as objeções das feministas ao capitalismo organizado pelo Estado voltavam-se tanto ao processo quanto à substância. Tal como seus aliados da Nova Esquerda, rejeitaram o *éthos* burocrático-gerencial do capitalismo organizado pelo Estado. À crítica generalizada da década de 1960 à organização fordista, acrescentaram uma análise de gênero, interpretando a cultura das instituições de grande escala, verticalmente organizadas, como expressão da masculinidade modernizada do estrato profissional-gerencial do capitalismo organizado pelo Estado. Ao desenvolver um *contraéthos* horizontal de ligação fraterna, as feministas da segunda onda criaram uma prática organizacional inteiramente nova de aumento da consciência. Procurando transpor a acentuada divisão estatista entre teoria e prática, elas autodenominaram-se um movimento democratizante contracultural – anti-hierárquico, participativo e demótico. Numa época em que o acrônimo "ONG" ainda não existia, as acadêmicas, as advogadas e as assistentes sociais feministas identificavam-se mais com as bases que com o *éthos* profissional reinante da especialização despolitizada.

Mas, ao contrário de parte de suas camaradas contraculturais, a maioria das feministas não rejeitou as instituições estatais pura e simplesmente. Procurando, antes, infundir valores feministas nestas últimas, elas imaginaram um Estado democrático participativo que empoderasse seus cidadãos. Ao reimaginar efetivamente a relação entre o Estado e a sociedade, procuraram transformar quem estava posicionado como objeto passivo da política de bem-estar e desenvolvimento em sujeitos ativos, capazes de participar em processos democráticos de interpretação de necessidades. O objetivo, portanto, era menos desmantelar as instituições estatais do que transformá-las em agências que promovessem, e de fato expressassem, a justiça de gênero.

4. *O feminismo da segunda onda contra e pró-vestfalianismo*: mais ambivalente, talvez, foi a relação da segunda onda do feminismo com a dimensão vestfaliana do capitalismo organizado pelo Estado. Dadas suas origens na agitação global contra a Guerra do Vietnã da época, o movimento estava claramente disposto a ser sensível às injustiças transfronteiriças. Esse foi o caso, especialmente, das feministas no mundo em desenvolvimento, cuja crítica de gênero estava entrelaçada com uma crítica do imperialismo. Mas ali, como em outros lugares, a maioria das feministas via seus respectivos Estados como os principais destinatários de suas reivindicações. Assim, as feministas da segunda onda tenderam a reinscrever o quadro vestfaliano no nível da prática, mesmo quando o criticaram no nível da teoria. Esse quadro, que dividia o mundo em políticas territoriais delimitadas, continuou a ser a opção convencional numa época em que os Estados ainda pareciam possuir as capacidades necessárias para a direção social e a tecnologia exigida para a criação de redes transnacionais em tempo real ainda não estava disponível. No contexto do capitalismo organizado pelo Estado, então, o lema "a sororidade é global" (ele próprio já contestado como imperializante) funcionou mais como um gesto abstrato que como um projeto político pós-vestfaliano que pudesse ser buscado na prática.

Em geral, então, o feminismo da segunda onda permaneceu vestfaliano de maneira ambivalente, mesmo quando rejeitou o economicismo, o androcentrismo e o estatismo do capitalismo organizado pelo Estado. Em todas essas questões, no entanto, manifestou nuances consideráveis. Ao rejeitar o economicismo, as feministas desse período nunca duvidaram da centralidade da justiça distributiva e da crítica da economia política no projeto de emancipação das mulheres. Longe de quererem minimizar a dimensão econômica da injustiça de gênero, procuraram, antes, ir mais fundo nela, esclarecendo sua relação com as duas dimensões adicionais da cultura e da política. Da mesma forma, ao rejeitarem o androcentrismo do salário familiar, as feministas da segunda onda nunca procuraram simplesmente substituí-lo pela família com dois assalariados. Para elas, a superação da injustiça de gênero exigia, na verdade, o fim tanto da desvalorização sistemática da prestação de cuidados como da divisão do trabalho por gênero, fosse o remunerado fosse o não remunerado. Finalmente, ao rejeitarem o estatismo do capitalismo organizado pelo Estado, as feministas da segunda onda nunca duvidaram da necessidade de instituições políticas fortes, capazes de organizar a vida econômica a serviço da justiça. Longe de quererem libertar os mercados do controle estatal, procuraram, antes, democratizar o poder estatal, maximizar a participação dos cidadãos, reforçar a responsabilização e aumentar os fluxos comunicativos entre o Estado e a sociedade.

No geral, o feminismo da segunda onda abraçou um projeto político transformador, baseado numa compreensão alargada da injustiça e numa crítica sistêmica da sociedade capitalista. As correntes mais avançadas do movimento consideravam suas lutas multidimensionais, dirigidas simultaneamente contra a exploração econômica, a hierarquia de *status* e a sujeição política. Além disso, para elas, o feminismo aparecia como parte de um projeto emancipatório mais amplo, no qual as lutas contra as injustiças de gênero estavam necessariamente ligadas às lutas contra o racismo, o imperialismo, a homofobia e a dominação de classe, todas as quais exigiam a transformação das estruturas profundas da sociedade capitalista.

2. Feminismo como "novo espírito do capitalismo": ressignificações neoliberais

No final das contas, em grande parte, esse projeto morreu no nascedouro, vítima de forças históricas mais profundas que não eram bem compreendidas na época. Com o benefício da retrospectiva, podemos agora ver que a ascensão da segunda onda do feminismo coincidiu com uma mudança histórica no caráter do capitalismo, da variante organizada pelo Estado que acabamos de discutir para o neoliberalismo. Invertendo a fórmula anterior, que procurava "usar a política para domar os mercados", os proponentes dessa nova forma de capitalismo preconizaram usar os mercados para domar a política. Ao desmantelar elementos-chave do referencial de Bretton Woods, eliminaram os controles de capital que tinham permitido a orientação keynesiana das economias nacionais. Em vez do dirigismo, promoveram a privatização e a desregulamentação; em vez da provisão pública e da cidadania social, a teoria do "*trickle-down*" e a "responsabilidade pessoal"; em vez dos Estados de bem-estar e desenvolvimentista, o duro e puro "Estado de competição". Testada na América Latina, essa abordagem serviu para orientar grande parte da transição para o capitalismo na Europa oriental/central. Embora publicamente defendida por Thatcher e Reagan, foi aplicada apenas de forma gradual e desigual no Primeiro Mundo. No Terceiro Mundo, ao contrário, a neoliberalização foi imposta sob a mira da arma da dívida, como um programa coercivo de "ajuste estrutural" que derrubou todos os princípios centrais do desenvolvimentismo e obrigou os Estados pós-coloniais a vender seus ativos, abrir seus mercados e cortar despesas sociais.

Curiosamente, o feminismo da segunda onda prosperou nessas novas condições. O que tinha começado no contexto do capitalismo organizado pelo Estado como um movimento antissistêmico radical estava agora a caminho de se tornar um fenômeno social de massas de base ampla. Atraindo a adesão entre todas as classes, etnias, nacionalidades e ideologias políticas, as ideias feministas encontraram seu caminho em todos os recantos da vida social e transformaram a autocompreensão de todas aquelas a quem alcançaram. O efeito não foi apenas o de engrossar enormemente as fileiras de ativistas, mas também o de remodelar as visões de senso comum sobre família, trabalho e dignidade.

Terá sido mera coincidência que o feminismo da segunda onda e o neoliberalismo prosperaram lado a lado? Ou haveria alguma afinidade eletiva perversa e subterrânea entre eles? Essa segunda possibilidade é herética, sem dúvida, mas deixamos de investigá-la por nossa própria conta e risco. Certamente, a ascensão do neoliberalismo mudou dramaticamente o terreno em que o feminismo da segunda onda operava. O efeito, como defenderei aqui, foi o de ressignificar os ideais feministas. Aspirações que tinham um claro impulso emancipatório no contexto do capitalismo organizado pelo Estado assumiram um significado muito mais ambíguo na era neoliberal. Com os Estados de bem-estar social e desenvolvimentistas sob ataque dos defensores do livre mercado, as críticas feministas ao economicismo, ao androcentrismo, ao estatismo e ao vestfalianismo ganharam uma nova valência. Deixe-me esclarecer essa dinâmica de ressignificação revisitando esses quatro focos da crítica feminista[6].

1. *O antieconomicismo feminista ressignificado*: a ascensão do neoliberalismo coincidiu com uma grande alteração na cultura política das sociedades capitalistas. Nesse período, as reivindicações por justiça foram cada vez mais formuladas como reivindicações pelo reconhecimento da identidade e da diferença[7]. Com essa passagem "da redistribuição para o reconhecimento" surgiram fortes pressões para transformar o feminismo da segunda onda numa variante da política de identidade.

---

[6] Tomei emprestado o termo "ressignificação" de Judith Butler, "Contingent Foundations", em Seyla Benhabib, Judith Butler, Drucilla Cornell e Nancy Fraser, *Feminist Contentions: A Philosophical Exchange* (Nova York, Routledge, 1994) [ed. bras.: "Fundações contingentes: feminismo e a questão do 'pós-modernismo'", *Debates feministas: um intercâmbio filosófico*, trad. Fernanda Veríssimo, São Paulo, Editora da Unesp, 2018].

[7] Para esta mudança na gramática da formulação de reivindicações políticas, ver Nancy Fraser, "From Redistribution to Recognition? Dilemmas of Justice in a 'Postsocialist' Age", *New Left Review*, n. 212, jul.-ago. 1995, p. 68-93; reimpresso em Nancy Fraser, *Justice Interruptus: Critical Reflections on the "Postsocialist" Condition* (Nova York, Routledge, 1997) [ed. bras.: "Da redistribuição ao reconhecimento? Dilemas da justiça em uma era 'pós-socialista'", em *Justiça interrompida: reflexões críticas sobre a condição "pós-socialista"*, trad. Ana Claudia Lopes e Nathalie Bressiani, São Paulo, Boitempo, 2022].

Uma variante progressista, sem dúvida, mas que, no entanto, tendia a dar espaço demais à crítica da cultura, ao mesmo tempo que minimizava a crítica da economia política. Na prática, a tendência era a de subordinar as lutas socioeconômicas às lutas pelo reconhecimento, enquanto na academia a teoria cultural feminista começou a eclipsar a teoria social feminista. O que havia começado como um corretivo necessário ao economicismo evoluiu com o tempo para um culturalismo igualmente unilateral. Assim, em vez de chegarem a um paradigma mais amplo e rico que pudesse abranger tanto a redistribuição como o reconhecimento, as feministas da segunda onda efetivamente trocaram um paradigma truncado por outro.

Além disso, o momento não poderia ter sido pior. A passagem para o reconhecimento encaixou-se perfeitamente em um neoliberalismo em ascensão que não queria nada além de reprimir qualquer memória do igualitarismo social. Ou seja, as feministas tornaram absoluta a crítica da cultura bem no momento em que as circunstâncias exigiam atenção redobrada à crítica da economia política[8]. Além disso, à medida que a crítica se fragmentava, a vertente cultural tornou-se dissociada não só da vertente econômica, mas também da crítica do capitalismo que anteriormente a integrava. Separadas da crítica ao capitalismo e tornadas disponíveis para articulações alternativas, essas vertentes poderiam ser atraídas para o que Hester Eisenstein chamou de "uma ligação perigosa" com o neoliberalismo[9].

2. *O antiandrocentrismo feminista ressignificado*: era apenas uma questão de tempo, portanto, até que o neoliberalismo ressignificasse a crítica feminista ao androcentrismo. Para explicar como isso ocorreu, proponho adaptar um argumento apresentado por Luc Boltanski e Ève Chiapello. No importante livro *O novo espírito do capitalismo*, eles afirmam que o capitalismo se refaz periodicamente em momentos de ruptura histórica, em parte recuperando vertentes da crítica dirigida contra ele. Nesses momentos, elementos da crítica anticapitalista são ressignificados para legitimar uma nova forma emergente de capitalismo, que assim se torna dotada do significado moral mais elevado necessário para motivar as novas gerações a arcar com o trabalho inerentemente sem sentido de acumulação sem fim. Para Boltanski e Chiapello, o "novo espírito" que serviu para legitimar o capitalismo neoliberal flexível do nosso tempo foi talhado a partir da crítica "artística" da Nova Esquerda ao capitalismo organizado pelo Estado, que denunciava o conformismo cinzento da cultura corporativa. Foi na linguagem do Maio de 1968, afirmam eles,

---

[8] Para um argumento mais completo, ver Nancy Fraser, "Mapping the Feminist Imagination", cit.
[9] Hester Eisenstein, "A Dangerous Liaison? Feminism and Corporate Globalization", *Science and Society*, v. 69, n. 3, 2005, p. 487-518.

que os teóricos da gestão neoliberal propuseram um novo capitalismo "conexionista", "de projeto", no qual hierarquias organizacionais rígidas dariam lugar a equipes horizontais e redes flexíveis, que com isso liberariam a criatividade individual[10]. O resultado foi um novo romance do capitalismo com efeitos no mundo real – um romance que envolveu as *start-ups* de tecnologia do Vale do Silício e que hoje encontra sua expressão mais pura no *éthos* do Google.

O argumento de Boltanski e Chiapello é original e profundo. No entanto, por ser cego em relação ao gênero, não é capaz de compreender todo o caráter do espírito do capitalismo neoliberal. Na verdade, esse espírito inclui (o que eu chamaria de) um romance masculinista do indivíduo livre, desimpedido e modelado por si próprio, que eles descrevem apropriadamente. Mas o capitalismo neoliberal tem tanto a ver com o Walmart, as *maquiladoras* e o microcrédito quanto com o Vale do Silício e o Google. E seus trabalhadores indispensáveis são desproporcionalmente mulheres, não apenas mulheres jovens solteiras mas também mulheres casadas e mulheres com filhos; não apenas mulheres racializadas, mas mulheres de praticamente todas as nacionalidades e etnias. Conforme essas mulheres inundaram os mercados de trabalho em todo o mundo, o efeito foi o de minar de uma vez por todas o ideal do salário familiar do capitalismo organizado pelo Estado. No capitalismo neoliberal desordenado, esse ideal foi substituído pela norma mais recente e moderna da família com dois assalariados. Não importa que a realidade subjacente ao novo ideal seja constituída de níveis salariais deprimidos, menor segurança no emprego, padrões de vida declinantes, aumento acentuado no número de horas trabalhadas por unidade domiciliar em troca de salários, exacerbação da dupla jornada – agora frequentemente uma jornada tripla ou quádrupla – e um aumento no número de unidades domiciliares chefiadas por mulheres. O capitalismo desordenado transforma gato em lebre ao elaborar um novo romance de promoção feminina e justiça de gênero.

Por mais perturbador que isso possa parecer, estou sugerindo que o feminismo da segunda onda forneceu involuntariamente um ingrediente-chave do novo espírito do neoliberalismo. Nossa crítica do salário familiar fornece agora uma boa parte do romance que confere ao capitalismo flexível um significado mais elevado e um ponto moral. Ao dotar de um sentido ético as lutas diárias delas, o romance

---

[10] Luc Boltanski e Ève Chiapello, *The New Spirit of Capitalism* (Londres, Verso, 2005) [ed. bras.: *O novo espírito do capitalismo*, trad. Ivone C. Benedetti, São Paulo, WMF Martins Fontes, 2009]. Para uma interpretação da psicanálise como o espírito da "Segunda Revolução Industrial", que conclui postulando o feminismo como o espírito da "Terceira", ver o importante ensaio de Eli Zaretsky "Psychoanalysis and the Spirit of Capitalism", *Constellations: An International Journal of Critical and Democratic Theory*, v. 15, n. 3, 2008, p. 366-81.

feminista atrai mulheres em ambas as pontas do espectro social: num extremo, os quadros femininos das classes médias profissionais, determinados a chegar ao topo; no outro extremo, as mulheres trabalhadoras temporárias, as de meio período, as de serviços com baixos salários, as domésticas, as profissionais do sexo, as migrantes, as das zonas de processamento de exportações (ZPE) e as mutuárias de microcrédito, que procuram não só rendimento e segurança material mas também dignidade, autoestima e libertação da autoridade tradicional. Em ambas as pontas, o sonho da emancipação das mulheres é atrelado ao motor da acumulação capitalista. Assim, a crítica do feminismo da segunda onda ao salário familiar desfrutou de uma perversa sobrevida. Outrora a peça central de uma crítica radical ao androcentrismo, serve hoje para intensificar a valorização, pelo capitalismo, do trabalho assalariado.

3. *O antiestatismo feminista ressignificado*: o neoliberalismo também ressignificou o antiestatismo do período anterior, tornando-o o elemento-chave para esquemas destinados a reduzir a ação estatal *tout court*. No novo clima, parecia haver apenas um pequeno passo entre a crítica do feminismo da segunda onda ao paternalismo do Estado de bem-estar social e a crítica de Margaret Thatcher ao Estado-babá. Foi certamente essa a experiência dos Estados Unidos, onde as feministas assistiram, impotentes, Bill Clinton triangular a crítica matizada que elas fizeram de um sistema sexista e estigmatizante de assistência aos pobres num plano para "acabar com a assistência social tal como a conhecemos" que aboliu o direito federal ao auxílio à renda[11]. Enquanto isso, nas pós-colônias, a crítica ao androcentrismo do Estado desenvolvimentista transformou-se em entusiasmo pelas ONGs, que surgiram por todo lado para preencher o espaço deixado por Estados em retração. É certo que as melhores dentre essas organizações forneceram a ajuda material urgentemente necessária às populações privadas de serviços públicos. No entanto, com frequência isso teve como efeito despolitizar as bases e distorcer as agendas dos grupos locais em direções favorecidas pelos financiadores do Primeiro Mundo. Além disso, por sua própria natureza paliativa, a ação das ONGs pouco fez no sentido de desafiar a maré vazante da provisão pública ou construir apoio político para uma ação estatal reativa[12].

---

[11] Nancy Fraser, "Clintonism, Welfare, and the Antisocial Wage: The Emergence of a Neoliberal Political Imaginary", *Rethinking Marxism*, v. 6, n. 1, 1993, p. 9-23; Nancy Fraser e Kate Bedford, "Social Rights and Gender Justice in the Neoliberal Moment: A Conversation about Gender, Welfare, and Transnational Politics. An Interview with Nancy Fraser", *Feminist Theory*, v. 9, n. 2, 2008, p. 225-46.

[12] Sonia Alvarez, "Advocating Feminism: The Latin American Feminist NGO 'Boom'", *International Feminist Journal of Politics*, v. 1, n. 2, 1999, p. 181-209; Carol Barton, "Global Women's

A explosão do microcrédito ilustra o dilema. Contrapondo os valores feministas de empoderamento e participação desde baixo à burocracia indutora de passividade que o estatismo impõe de cima, os arquitetos desses projetos criaram uma síntese inovadora de autoajuda individual e redes comunitárias, supervisão de ONGs e mecanismos de mercado – tudo com o objetivo de combater a pobreza das mulheres e a sujeição de gênero. Os resultados até agora incluem um registro impressionante de quitações de empréstimos e provas anedóticas de vidas transformadas. O que se ocultou, no entanto, em meio à agitação feminista em torno desses projetos, é uma coincidência perturbadora: o microcrédito floresceu no momento em que os Estados abandonaram os esforços macroestruturais para combater a pobreza, esforços que os empréstimos em pequena escala não podem substituir[13]. Também neste caso, portanto, a crítica feminista do paternalismo burocrático foi recuperada pelo neoliberalismo. Uma perspectiva originalmente destinada a transformar o poder do Estado num veículo de empoderamento dos cidadãos e de justiça social é agora utilizada para legitimar a mercantilização e a redução do Estado.

4. *O feminismo contra e pró-vestfalianismo ressignificado*: finalmente, o neoliberalismo alterou para melhor e para pior a relação ambivalente do feminismo da segunda onda com o quadro vestfaliano. No novo contexto da "globalização", já não se pode dar de barato que o Estado territorial delimitado é o único local legítimo para obrigações e lutas por justiça. Assim, as feministas juntaram-se aos ambientalistas, aos ativistas dos direitos humanos e aos críticos da Organização Mundial do Comércio (OMC) para desafiar essa visão. Ao operacionalizar intuições pós-vestfalianas que haviam permanecido não acionáveis no capitalismo organizado pelo Estado, visaram injustiças transfronteiriças marginalizadas ou negligenciadas na era anterior. Utilizando novas tecnologias de comunicação para estabelecer redes transnacionais, as feministas foram pioneiras em estratégias inovadoras, como o "efeito bumerangue", que mobiliza a opinião pública global para lançar holofotes sobre os abusos locais e envergonhar os Estados coniventes com eles[14]. O resultado

---

Movements at a Crossroads: Seeking Definition, New Alliances and Greater Impact", *Socialism and Democracy*, v. 18, n. 1, 2009, p. 151-84.

[13] Uma Narayan, "Informal Sector Work, Micro-credit, and Third World Women's 'Empowerment': A Critical Perspective", artigo apresentado no XXII Congresso Mundial de Filosofia do Direito e Filosofia Social, 24-29 maio 2005, Granada, Espanha. Ver também Carol Barton, "Global Women's Movements at a Crossroads", cit.; Hester Eisenstein, "A Dangerous Liaison? Feminism and Corporate Globalization", cit.

[14] Margaret E. Keck e Kathryn Sikkink, *Activists beyond Borders: Advocacy Networks in International Politics* (Ithaca, Cornell University Press, 1998).

foi uma nova forma promissora de ativismo feminista – transnacional, multiescalar, pós-vestfaliano.

Mas a viragem transnacional também trouxe dificuldades. Muitas vezes frustradas no nível do Estado, várias feministas direcionaram suas energias para a arena "internacional", especialmente para uma sucessão de conferências relacionadas à Organização das Nações Unidas (ONU), de Nairóbi a Viena, Pequim e mais além. Ao construir uma presença na "sociedade civil global" a partir da qual seria possível encampar novos regimes de governança global, elas se enredaram em alguns dos problemas que já referi. Por exemplo, as campanhas pelos direitos humanos das mulheres centraram-se esmagadoramente em questões de violência e reprodução, em oposição, por exemplo, à pobreza. Ao ratificar a divisão dos tempos de Guerra Fria entre os direitos civis e políticos, por um lado, e os direitos sociais e econômicos, por outro, esses esforços também privilegiaram o reconhecimento em detrimento da redistribuição[15]. Além disso, tais campanhas intensificaram a "onguização" da política feminista, ampliando o fosso entre os profissionais e as bases, ao mesmo tempo que deram voz desproporcional às elites que falam inglês. Dinâmicas análogas têm transcorrido no envolvimento feminista com o aparelho político da União Europeia – especialmente em função da ausência de movimentos de base genuinamente transnacionais e em escala europeia. Assim, a crítica feminista do vestfalianismo revelou-se ambivalente na era do neoliberalismo. O que começou como uma tentativa salutar de expandir o âmbito da justiça para além do Estado-nação acabou por se encaixar, em alguns aspectos, nas necessidades administrativas de uma nova forma de capitalismo.

De modo geral, portanto, o destino do feminismo na era neoliberal apresenta um paradoxo. Por um lado, o movimento contracultural relativamente pequeno do período anterior expandiu-se exponencialmente, disseminando com sucesso suas ideias por todo o mundo. Por outro, as ideias feministas sofreram uma mudança sutil de valência no contexto alterado. Inequivocamente emancipatórias na era do capitalismo organizado pelo Estado, as críticas ao economicismo, ao androcentrismo, ao estatismo e ao vestfalianismo agora parecem estar repletas de ambiguidade, sujeitas a servir às necessidades de legitimação de uma nova forma de capitalismo. Afinal de contas, esse capitalismo preferiria muito mais confrontar as reivindicações de reconhecimento às reivindicações de redistribuição, dado que constrói um novo regime de acumulação sobre a pedra angular do trabalho assalariado das

---

[15] Carol Barton, "Global Women's Movements at a Crossroads", cit.

mulheres e procura separar os mercados da regulação política democrática, a fim de operar de modo mais livre em escala global.

3. Feminismo contra neoliberalismo?

Hoje, porém, esse capitalismo encontra-se numa encruzilhada crítica. A crise financeira global pode marcar o início do fim do neoliberalismo como regime econômico. Entretanto, a crise política associada (do Estado vestfaliano, da Europa, da hegemonia estadunidense) pode anunciar a dissolução da ordem de governança em que o neoliberalismo prosperou. Por fim, o renascimento do protesto antissistema (mesmo que até agora fragmentado, efêmero e desprovido de conteúdo programático) pode assinalar o início de uma nova onda de mobilização destinada a articular uma alternativa. Talvez, por conseguinte, estejamos à beira de mais uma "grande transformação", tão enorme e profunda como a que acabei de descrever.

Se assim for, então a forma da sociedade sucessora será objeto de intensa disputa no período que está por vir. E o feminismo terá um papel importante nessa disputa – em dois sentidos diferentes e em dois níveis diferentes: primeiro, como um movimento social cujos destinos tracei aqui, que procurará garantir que o regime sucessor institucionalize um compromisso com a justiça de gênero; mas também, em segundo lugar, como um construto discursivo geral que as feministas, no primeiro sentido, já não possuem nem controlam – um significante vazio do bem (semelhante, talvez, à "democracia"), que pode e será invocado para legitimar uma variedade de cenários diferentes, entre os quais nem todos promovem a justiça de gênero. Fruto do feminismo no primeiro sentido, o do movimento social, este segundo sentido discursivo de "feminismo" saiu do controle daquele. À medida que o discurso se torna independente do movimento, este último é cada vez mais confrontado com uma versão estranha e sombria de si mesmo, um duplo misterioso que não pode nem simplesmente abraçar nem rejeitar totalmente[16].

Neste capítulo, mapeei a dança desconcertante desses dois feminismos na passagem do capitalismo organizado pelo Estado para o neoliberalismo. O que devemos concluir da minha história? Certamente não que o feminismo da segunda onda tenha pura e simplesmente fracassado. Nem que seja o culpado pelo triunfo do neoliberalismo. Obviamente não que os ideais feministas sejam inerentemente

---

[16] Esta fórmula do "feminismo e seus duplos" poderia ser elaborada com bons resultados no que diz respeito às eleições presidenciais dos Estados Unidos em 2008, na qual os misteriosos duplos incluíam tanto Hillary Clinton como Sarah Palin.

problemáticos; nem que eles já estejam sempre condenados a serem ressignificados para fins capitalistas. Concluo, isso sim, que nós, para quem o feminismo é acima de tudo um movimento pela justiça de gênero, precisamos nos tornar mais autoconscientes historicamente conforme operamos num terreno que também é povoado por nosso duplo misterioso.

Para esse fim, voltemos à questão: o que explica nossa "ligação perigosa" com o neoliberalismo? Seremos as vítimas de uma infeliz coincidência, que por acaso estavam no lugar errado na hora errada e, assim, tornaram-se presa do mais oportunista dos sedutores, um capitalismo tão indiscriminadamente promíscuo que instrumentalizaria qualquer perspectiva, mesmo uma que é inerentemente estranha a ele? Ou existe alguma afinidade eletiva subterrânea entre feminismo e neoliberalismo? Se tal afinidade existir, ela reside, sugiro, na crítica à autoridade tradicional[17]. Essa autoridade é um alvo de longa data do ativismo feminista, que tem procurado, pelo menos desde Mary Wollstonecraft, emancipar as mulheres da sujeição pessoal aos homens, sejam eles pais, irmãos, sacerdotes, anciãos ou maridos. Mas a autoridade tradicional também aparece em alguns períodos como um obstáculo à expansão capitalista, parte da substância social circundante na qual os mercados têm sido historicamente inseridos e que serviu para confinar a racionalidade econômica em uma esfera limitada[18]. Aqui, essas duas críticas da autoridade tradicional, uma feminista e a outra neoliberal, parecem convergir.

Em contrapartida, onde o feminismo e o neoliberalismo divergem é nas formas pós-tradicionais de subordinação de gênero – restrições na vida das mulheres que não assumem a forma de sujeição pessoal, mas surgem de processos estruturais ou sistêmicos nos quais as ações de muitas pessoas são abstrata ou impessoalmente mediadas. Um caso paradigmático é o que Susan Okin caracterizou como "um ciclo de vulnerabilidade socialmente causada pelo casamento e nitidamente assimétrica", no qual a responsabilidade tradicional das mulheres pela criação dos filhos ajuda a moldar mercados de trabalho que as colocam em desvantagem, resultando em poder desigual no ambiente econômico, o que, por sua vez, reforça e exacerba o poder

---

[17] Devo este ponto a Eli Zaretsky (comunicação pessoal). Ver Hester Eisenstein, "A Dangerous Liaison? Feminism and Corporate Globalization", cit.

[18] Em alguns períodos, mas nem sempre. Em muitos contextos, o capitalismo está mais apto a adaptar-se à autoridade tradicional que a desafiá-la. Para a inserção dos mercados, ver Karl Polanyi, *The Great Transformation* (2. ed., Boston, Beacon, 2001 [1944]). [ed. bras.: *A grande transformação*, trad. Vera Ribeiro, Rio de Janeiro, Contraponto, 2022]. Para uma crítica feminista a Polanyi, consulte o capítulo 10 deste volume, "Entre a mercantilização e a proteção social".

desigual na família[19]. Tais processos de subordinação mediados pelo mercado são a própria força vital do capitalismo neoliberal. Como consequência disso, hoje deveriam tornar-se um foco importante da crítica feminista, dado que procuramos nos distinguir do neoliberalismo e evitar a ressignificação por ele. A questão, claro, não é abandonar a luta contra a autoridade masculina tradicional, que continua a ser um momento necessário da crítica feminista. Trata-se, antes, de perturbar a passagem fácil dessa crítica para seu duplo neoliberal – acima de tudo, por meio da reconexão das lutas contra a sujeição pessoal à crítica de um sistema capitalista que, embora prometa libertação, na verdade impõe um novo modo de dominação.

Na esperança de fazer avançar essa agenda, gostaria de concluir revisitando uma última vez meus quatro focos de crítica feminista.

Por um *antieconomicismo antineoliberal*: a crise do neoliberalismo oferece a oportunidade de reativar a promessa emancipatória da segunda onda do feminismo. Ao adotar uma abordagem plenamente tridimensional da injustiça, poderíamos agora integrar de uma forma mais equilibrada as dimensões da redistribuição, do reconhecimento e da representação que se fragmentaram na era anterior. Fundamentando esses aspectos indispensáveis da crítica feminista num sentido robusto e atualizado da totalidade social, deveríamos reconectar a crítica feminista à crítica do capitalismo – e, assim, reposicionar o feminismo diretamente na esquerda.

Por um *antiandrocentrismo antineoliberal*: da mesma forma, a crise do neoliberalismo oferece a oportunidade de quebrar a ligação espúria entre nossa crítica ao salário familiar e o capitalismo flexível. Ao reivindicar nossa crítica do androcentrismo, as feministas podem militar por uma forma de vida que tire a centralidade do trabalho assalariado e valorize as atividades não mercantilizadas, inclusive, mas não apenas, o trabalho de cuidado. Hoje realizadas em grande parte por mulheres, essas atividades deveriam tornar-se componentes valiosos de uma vida boa para todos.

Por um *antiestatismo antineoliberal*: a crise do neoliberalismo também oferece a oportunidade de romper a ligação espúria entre nossa crítica ao estatismo e a mercantilização. Ao reivindicar o manto da democracia participativa, as feministas podem agora militar em prol de uma nova organização do poder político, que subordine o gerencialismo burocrático ao empoderamento dos cidadãos. A questão, porém, não é dissipar o poder público, mas o fortalecer. Assim, a democracia que procuramos hoje é aquela que promove a participação igualitária, ao mesmo tempo que utiliza a política para domar os mercados e orientar a sociedade para o interesse pela justiça.

---

[19] Susan Moller Okin, *Justice, Gender, and the Family* (Nova York, Basic Books, 1989), p. 138.

Por um *pós-vestfalianismo antineoliberal*: finalmente, a crise do neoliberalismo oferece a oportunidade de resolver, de uma forma produtiva, nossa ambivalência de longa data em relação ao quadro vestfaliano. Dado o alcance transnacional do capital, as capacidades públicas hoje necessárias não podem ser alojadas apenas no Estado territorial. Aqui, portanto, a tarefa é romper a identificação exclusiva da democracia com a comunidade política limitada. Ao se juntar a outras forças progressistas, as feministas poderão agora militar em prol de uma nova ordem política pós-vestfaliana – uma ordem multiescalar, democrática em todos os níveis e dedicada a superar a injustiça em todas as dimensões, ao longo de todos os eixos e em todas as escalas[20].

O que sugiro, então, é que este é um momento em que as feministas deveriam pensar grande. Tendo assistido à instrumentalização de nossas melhores ideias pelo ataque neoliberal, temos agora uma abertura para as recuperar. Ao aproveitar este momento, poderemos simplesmente dobrar o arco da iminente grande transformação na direção da justiça – e não apenas no que diz respeito ao gênero.

---

[20] Nancy Fraser, "Scales of Justice", cit.

10. Entre a mercantilização e a proteção social: resolvendo a ambivalência feminista

A atual crise do capitalismo neoliberal está alterando o panorama da teoria feminista. Durante as últimas duas décadas, a maioria das teóricas manteve distância do tipo de teorização social de grande escala associada ao marxismo. Aparentemente aceitando a necessidade de especialização acadêmica, optaram por um ou outro ramo de investigação disciplinar, concebido como um empreendimento independente. Quer o foco fosse a jurisprudência quer fosse a filosofia moral, a teoria democrática ou a crítica cultural, o trabalho prosseguiu relativamente desligado das questões fundamentais da teoria social. A crítica da sociedade capitalista – fundamental para as gerações anteriores – praticamente desapareceu da agenda da teoria feminista. A crítica centrada na crise capitalista foi declarada redutora, determinista e ultrapassada.

Hoje, porém, tais realidades estão em frangalhos. Com a oscilação do sistema financeiro global, a queda livre na produção e no emprego mundiais e a perspectiva iminente de uma recessão prolongada, a crise capitalista fornece o pano de fundo inevitável para todas as tentativas sérias de teoria crítica. Daqui em diante, as teóricas feministas não podem evitar a questão da sociedade capitalista. A teoria social de grande escala, voltada a esclarecer a natureza e as raízes da crise, bem como as perspectivas de uma resolução emancipatória para ela, promete recuperar seu lugar no pensamento feminista.

No entanto, como exatamente deveriam as teóricas feministas abordar essas questões? Como superar os déficits das desacreditadas abordagens economicistas, que se concentram exclusivamente na "lógica sistêmica" da economia capitalista?

Como desenvolver uma compreensão expandida e não economicista da sociedade capitalista, que incorpore as ideias do feminismo, da ecologia, do multiculturalismo e do pós-colonialismo? Como conceituar a crise como um processo *social* em que a economia é mediada pela história, cultura, geografia, política, ecologia e direito? Como compreender toda a gama de lutas sociais na conjuntura atual e como avaliar o potencial de transformação social emancipatória?

O pensamento de Karl Polanyi oferece um ponto de partida promissor para tal teorização. Seu clássico de 1944, *A grande transformação*, elabora um relato da crise capitalista como um processo histórico multifacetado que começou com a Revolução Industrial na Grã-Bretanha e prosseguiu, ao longo de mais de um século, de modo a envolver o mundo inteiro, trazendo consigo sujeição imperial, depressões periódicas e guerras cataclísmicas[1]. Para Polanyi, além disso, a crise capitalista tinha menos a ver com o colapso econômico no sentido estrito que com comunidades desintegradas, solidariedades rompidas e natureza espoliada. As raízes dessa crise residem menos nas contradições intraeconômicas, tais como a tendência de queda da taxa de lucro, e mais numa mudança importante no lugar da economia em relação à sociedade. Invertendo a relação até então universal na qual os mercados estavam inseridos em instituições sociais e sujeitos a normas morais e éticas, os proponentes do "mercado autorregulado" procuraram construir um mundo em que a sociedade, a moral e a ética estivessem subordinadas aos mercados e, na verdade, modeladas por eles. Concebendo o trabalho, a terra e o dinheiro como "fatores de produção", trataram essas bases fundamentais da vida social como mercadorias comuns e sujeitaram-nas às trocas de mercado. Os efeitos dessa "mercantilização fictícia", como lhe chamou Polanyi, foram tão destrutivos para os habitats, os meios de subsistência e as comunidades que acabaram por desencadear um contramovimento contínuo pela "proteção da sociedade". O resultado foi um padrão distinto de conflito social, que ele chamou de "duplo movimento": um conflito em espiral entre os defensores do livre mercado, de um lado, e os protecionistas sociais, de outro, que levou ao impasse político e, em última análise, ao fascismo e à Segunda Guerra Mundial.

Eis, então, um relato da crise capitalista que transcende os limites restritos do pensamento economicista. Ação magistral, ampla e abrangente em múltiplas escalas, *A grande transformação* entrelaça protestos locais, políticas nacionais, assuntos internacionais e regimes financeiros globais numa poderosa síntese histórica.

---

[1] Karl Polanyi, *The Great Transformation* (2. ed., Boston, Beacon, 2001 [1944]) [ed. bras.: *A grande transformação*, trad. Vera Ribeiro, Rio de Janeiro, Contraponto, 2022].

Além disso, é de especial interesse para as feministas a centralidade da reprodução social no relato de Polanyi. É verdade que ele próprio não usa essa expressão. Mas a desintegração dos laços sociais não é menos crucial para sua visão da crise que a destruição dos valores econômicos – na verdade, essas duas manifestações estão inextricavelmente interligadas. E a crise capitalista é em grande parte uma crise *social*, uma vez que a mercantilização desenfreada põe em perigo o fundo de capacidades humanas disponíveis para a criação e manutenção de laços sociais. Por colocar em primeiro plano essa vertente social reprodutiva da crise capitalista, o pensamento de Polanyi ressoa com o recente trabalho feminista sobre o "esgotamento social" e a "crise dos cuidados"[2]. Seu referencial é capaz de abranger, ao menos em princípio, muitas preocupações feministas.

Esses pontos, por si sós, qualificariam Polanyi como um recurso promissor para as feministas que procuram compreender as dificuldades da sociedade capitalista do século XXI. Mas há outras razões mais específicas para recorrer a ele hoje. A história contada em *A grande transformação* tem fortes ecos nos desenvolvimentos atuais. Certamente, há um argumento *prima facie* para a opinião de que a crise atual tem suas raízes nos esforços recentes para libertar os mercados dos regimes reguladores (tanto nacionais como internacionais) estabelecidos no rescaldo da Segunda Guerra Mundial. O que hoje chamamos de "neoliberalismo" nada mais é que a segunda vinda da mesma fé do século XIX no "mercado autorregulado" que desencadeou a crise capitalista narrada por Polanyi. Hoje, como à época, as tentativas de implementar esse credo estão estimulando esforços para mercantilizar a natureza, o trabalho e o dinheiro: basta ver os florescentes mercados de emissões de carbono e de biotecnologia; de cuidado das crianças, de escolarização e de cuidado dos idosos; e de derivativos financeiros. Hoje, como à época, o efeito é de devastar a natureza, romper comunidades e destruir meios de subsistência. Além disso, hoje, tal como no tempo de Polanyi, os contramovimentos estão se mobilizando para proteger a sociedade e a natureza da devastação do mercado. Hoje, como à época, as lutas em torno da natureza, da reprodução social e das finanças globais constituem os nós

---

[2] Abordagens feministas recentes sobre reprodução social, "esgotamento social" e "crise de cuidados" incluem Isabella Bakker e Steven Gill (orgs.), *Power, Production, and Social Reproduction: Human In/Security in the Global Political Economy* (Nova York, Palgrave MacMillan, 2003); Arlie Russell Hochschild, *The Commercialization of Intimate Life: Notes from Home and Work* (Berkeley, University of California Press, 2003); Shirin Rai, Catherine Hoskyns e Dania Thomas, "Depletion and Social Reproduction", *CSGR Working Paper* n. 274/11, Universidade Warwick, disponível on-line; e Silvia Federici, *Revolution at Point Zero: Housework, Reproduction, and Feminist Struggle* (Nova York, PM Press, 2012) [ed. bras.: *O ponto zero da revolução: trabalho doméstico, reprodução e luta feminista*, trad. Coletivo Sycorax, São Paulo, Elefante, 2018].

centrais e os pontos críticos da crise. À primeira vista, então, é plausível ver a crise de hoje como uma segunda grande transformação, uma "grande transformação" *redux*.

Por muitas razões, a perspectiva de Polanyi é hoje uma promessa considerável para a teorização. No entanto, as feministas não deveriam apressar-se em adotá-la de forma acrítica. Mesmo quando supera o economicismo, *A grande transformação* revela-se, numa análise mais atenta, uma obra profundamente falha. Centrado exclusivamente nos males que emanam de mercados desenraizados*, o livro ignora os males originados em outras partes, na "sociedade" envolvente. Por ocultar formas de injustiça não baseadas no mercado, também tende a encobrir formas de proteção social que são ao mesmo tempo veículos de dominação. Centrado esmagadoramente nas lutas contra as depredações baseadas no mercado, o livro negligencia as lutas contra as injustiças encravadas na "sociedade" e codificadas nas proteções sociais.

Portanto, as teóricas feministas não deveriam abraçar o referencial de Polanyi na forma em que aparece em *A grande transformação*. O que é necessário, na verdade, é uma revisão desse quadro. O objetivo deveria ser uma nova concepção, quase polanyiana, da crise capitalista que não só evitasse o economicismo reducionista mas também evitasse romantizar a "sociedade".

Esse é meu objetivo no presente capítulo. Procurando desenvolver uma crítica que compreenda tanto a "sociedade" como a "economia", proponho alargar a problemática de Polanyi para que abranja um terceiro projeto histórico de luta social que atravessa seu conflito central entre mercantilização e proteção social. Esse terceiro projeto, que chamarei de "emancipação", visa superar formas de sujeição enraizadas na "sociedade". Centrais para ambas as iterações da grande transformação, aquela analisada por Polanyi e aquela que vivemos agora, as lutas pela emancipação constituem o terço faltante que media todos os conflitos entre a mercantilização e a proteção social. O efeito da introdução desse terço faltante será o de transformar o duplo movimento num *triplo movimento*, que abranja a mercantilização, a proteção social e a emancipação.

O triplo movimento formará o núcleo de uma nova perspectiva, quase polanyiana, que possa esclarecer o que está em jogo para as feministas na atual crise capitalista. Depois de elaborar essa nova perspectiva nas seções 1 a 4 deste capítulo, irei utilizá-la nas seções 5 a 7 para analisar a *ambivalência* da política feminista.

---

* No original, *disembedded*. O conceito de *disembeddedness* em Polanyi é traduzido ao português, geralmente, como "desenraizamento" ou "desincrustação" (o segundo é mais preciso, embora menos familiar). (N. T.)

1. Conceitos-chave de Polanyi: mercados desenraizados, proteção social e o duplo movimento

Começo por recordar a distinção de Polanyi entre mercados enraizados e desenraizados. Fundamental para *A grande transformação*, tal distinção carrega fortes conotações avaliativas, que precisam ser sujeitas ao escrutínio feminista.

Notoriamente, Polanyi distinguiu duas relações diferentes nas quais os mercados podem se defrontar com a sociedade. Por um lado, os mercados podem estar "enraizados", enredados em instituições não econômicas e sujeitos a normas não econômicas, como o "preço justo" e o "salário justo". Por outro lado, os mercados podem estar "desenraizados", libertos de controles extraeconômicos e governados de forma imanente, pela oferta e pela procura. A primeira possibilidade, afirma Polanyi, representa a norma histórica; ao longo da maior parte da história, em civilizações de resto díspares e em locais amplamente separados, os mercados estiveram sujeitos a controles não econômicos, que limitavam o que podia ser comprado e vendido, por quem e em que termos. A segunda possibilidade é historicamente anômala; uma invenção britânica do século XIX, o "mercado autorregulado" era uma ideia totalmente nova, cuja implantação, afirma Polanyi, ameaça o próprio tecido da sociedade humana.

Para Polanyi, os mercados nunca poderão, de fato, ser totalmente desenraizados da sociedade em geral. A tentativa de torná-los assim deve falhar inexoravelmente. Primeiro, porque os mercados só podem funcionar adequadamente num contexto não econômico de entendimentos culturais e relações solidárias; tentativas de desenraizá-los destroem esse pano de fundo. Depois, porque a tentativa de estabelecer "mercados autorregulados" revela-se destrutiva do tecido da sociedade, provocando exigências generalizadas por sua regulação social. Longe de reforçar a cooperação social, portanto, o projeto de desenraizar os mercados desencadeia inevitavelmente crises sociais.

É nesses termos que *A grande transformação* narra uma crise capitalista que se estendeu desde a Revolução Industrial até a Segunda Guerra Mundial. Além disso, para Polanyi, a crise abrangia não só os esforços dos interesses comerciais para desenraizar os mercados mas também os contraesforços combinados dos proprietários rurais, dos trabalhadores urbanos e de outras camadas para defender a "sociedade" contra a "economia". Por fim, para Polanyi, foi a luta cada vez mais intensa entre esses dois campos, o dos defensores do mercado e o dos protecionistas, que conferiu à crise a forma particular de um "duplo movimento". Se o primeiro lado desse movimento nos levou de uma fase mercantilista, na qual os mercados estavam social e politicamente enraizados, para uma fase de *laissez-faire*, na qual eles se tornaram (relativamente) desenraizados, o segundo lado deveria levar-nos, esperava Polanyi, a uma nova fase, na qual os mercados seriam reenraizados em Estados democráticos de bem-estar social. O efeito seria o de devolver a economia a seu devido lugar na sociedade.

Em geral, então, a distinção entre mercados enraizados e desenraizados é essencial a todos os conceitos centrais de Polanyi, incluindo sociedade, proteção, crise e duplo movimento. Igualmente importante, a distinção é fortemente avaliativa. Os mercados enraizados são associados à proteção social, vistos como abrigo contra os elementos agressivos. Os mercados desenraizados são associados à exposição, a ser abandonado a nadar nu nas "águas geladas do cálculo egoísta"[3]. Essas inflexões – os mercados enraizados são bons, os mercados desenraizados são maus – são transpostas para o duplo movimento. O primeiro movimento, de exposição, significa perigo; o segundo, um movimento protetor, conota porto seguro.

O que as feministas deveriam fazer com essas ideias? À primeira vista, a distinção entre mercados enraizados e desenraizados tem muito a oferecer à teorização feminista. Por um lado, aponta para além do economicismo, para uma compreensão abrangente da crise capitalista como um processo histórico multifacetado, tanto social, político e ecológico como econômico. Por outro lado, aponta para além do funcionalismo, compreendendo a crise não como um "colapso do sistema" objetivo, mas como um processo *intersubjetivo* que inclui as respostas dos atores sociais às mudanças percebidas em suas situações e entre si. Além disso, a distinção de Polanyi torna possível uma crítica da crise que não rejeita os mercados em si, mas apenas a variedade perigosa e desenraizada. Consequentemente, o conceito de um mercado enraizado oferece a perspectiva de uma alternativa progressista tanto ao desenraizamento desenfreado promovido pelos neoliberais como à supressão total dos mercados, tradicionalmente favorecida pelos comunistas.

No entanto, o subtexto avaliativo das categorias de Polanyi é problemático. Por um lado, sua descrição dos mercados enraizados e das proteções sociais é quase um mundo cor-de-rosa. Por ter romantizado a "sociedade", oculta o fato de que as comunidades nas quais os mercados estiveram historicamente enraizados também têm sido o *locus* da dominação. Em contrapartida, o relato de Polanyi sobre o desenraizamento é muito sombrio. Por ter idealizado a sociedade, oculta o fato

---

[3] Karl Marx e Friedrich Engels, "The Communist Manifesto" [1848], em *The Marx-Engels Reader* (2. ed., org. Robert C. Tucker, Nova York, W.W. Norton & Company, 1978), p. 475 [ed. bras.: *Manifesto Comunista*, trad. Álvaro Pina, São Paulo, Boitempo, 1998].

de que, quaisquer que sejam seus outros efeitos, os processos que desenraizaram os mercados de proteções opressivas contêm um momento emancipatório.

Portanto, as teóricas feministas atuais devem rever esse referencial. Evitando tanto a condenação generalizada do desenraizamento como a aprovação generalizada do (re)enraizamento, devemos expor *ambos* os lados do duplo movimento ao escrutínio crítico. Expondo os déficits normativos da "sociedade", bem como os da "economia", devemos validar as lutas contra a dominação *onde quer que* ela mantenha suas raízes.

Para esse fim, proponho recorrer a um recurso não utilizado por Polanyi, a saber, as ideias dos movimentos feministas. Ao desmascarar assimetrias de poder por ele mantidas ocultas, esses movimentos expuseram a face predatória dos mercados enraizados que ele tendia a idealizar. Protestando contra proteções que também eram opressões, fizeram emergir reivindicações de emancipação. Ao explorar suas ideias e aproveitar os benefícios do olhar retrospectivo, proponho repensar o duplo movimento em relação às lutas feministas pela *emancipação*.

2. Emancipação: o "terceiro" que falta

Falar de emancipação é introduzir uma categoria que não aparece em *A grande transformação*. Mas a ideia, e mesmo a palavra, tiveram um papel importante ao longo do período narrado por Polanyi. Basta mencionar as lutas da época para abolir a escravatura, libertar as mulheres e livrar os povos não europeus da sujeição colonial – todas travadas em nome da "emancipação". É decerto estranho que tais lutas estejam ausentes de um trabalho que pretende traçar a ascensão e queda do que chama de "civilização do século XIX". Mas o que pretendo não é simplesmente assinalar uma omissão. Trata-se, antes, de notar que as lutas pela emancipação desafiaram diretamente formas opressivas de proteção social, embora não tenham condenado totalmente nem celebrado simplesmente a mercantilização. Se tivessem sido incluídos, esses movimentos teriam desestabilizado o esquema narrativo dualista de *A grande transformação*. O efeito disso teria sido a explosão do duplo movimento.

Para perceber o porquê, consideremos que a emancipação difere significativamente da principal categoria positiva de Polanyi, a proteção social. Se a proteção se opõe à exposição, a emancipação se opõe à dominação. Enquanto a proteção visa proteger a "sociedade" dos efeitos desintegradores dos mercados não regulamentados, a emancipação visa expor as relações de dominação onde quer que estas lancem raízes, tanto na sociedade como na economia. Enquanto o objetivo da proteção é o de submeter as trocas mercantis a normas não econômicas, o da emancipação consiste em submeter tanto as trocas mercantis como as normas não mercantis ao escrutínio crítico. Finalmente, se os valores mais elevados da proteção são a segurança, a estabilidade e a solidariedade sociais, a prioridade da emancipação é a não dominação.

Seria errado, contudo, concluir que a emancipação está sempre aliada à mercantilização. Se a emancipação se opõe à dominação, a mercantilização opõe-se à regulação extraeconômica da produção e da troca, quer essa regulação se destine a proteger quer se destine a libertar. Enquanto a mercantilização defende a suposta autonomia da economia, entendida formalmente como uma esfera demarcada de ação instrumental, a emancipação atravessa as fronteiras que demarcam as esferas, procurando erradicar de *todas* as "esferas" a dominação[4]. Enquanto o objetivo da mercantilização é o de libertar das normas morais e éticas a compra e a venda, o da emancipação é examinar *todos* os tipos de normas do ponto de vista da justiça. Finalmente, se a mercantilização reivindica a eficiência, a escolha individual e a liberdade negativa da não interferência como seus valores mais elevados, a prioridade da emancipação, como disse, é a não dominação.

Disso decorre que as lutas pela emancipação não se enquadram perfeitamente em nenhum dos lados do duplo movimento de Polanyi. É verdade que tais lutas parecem por vezes convergir com a mercantilização – por exemplo, quando condenam como opressivas as mesmas proteções sociais que os defensores do livre mercado procuram erradicar. Em outras ocasiões, porém, convergem com projetos protecionistas – por exemplo, quando denunciam os efeitos opressivos da mercantilização. Em outras ocasiões ainda, as lutas pela emancipação divergem de ambos os lados do duplo movimento – por exemplo, quando não visam nem desmantelar nem defender as proteções existentes, e sim transformar o modo de proteção. Assim, as convergências, quando existem, são conjunturais e contingentes. Sem se alinhar consistentemente nem com a proteção nem com a mercantilização, as lutas pela emancipação representam uma terceira força que perturba o esquema dualista de Polanyi. Dar a tais lutas o devido valor exige que revejamos seu referencial teórico – transformando seu duplo movimento num movimento triplo[5].

---

[4] Para uma descrição do domínio econômico oficial como algo institucionalmente demarcado das normas do mundo da vida e ao mesmo tempo impregnado delas, ver o capítulo 1 deste volume, "O que há de crítico na teoria crítica?".

[5] Para uma descrição mais completa da "emancipação" como um terceiro polo de aspiração social, não redutível à proteção ou à mercantilização, ver Nancy Fraser, "Marketization, Social Protection, Emancipation: Toward a Neo-Polanyian Conception of Capitalist Crisis", em Craig Calhoun e

3. Emancipação das proteções hierárquicas

Para perceber o porquê, consideremos as reivindicações feministas pela emancipação. Essas reivindicações explodem o duplo movimento ao revelar uma forma específica pela qual as proteções sociais podem ser opressivas: a saber, em virtude de hierarquias de *status* entrincheiradas. Tais proteções negam a parte daqueles que estão incluídos em princípio como membros da sociedade as precondições sociais para a plena participação na interação social[6]. O exemplo clássico é a hierarquia de gênero, que atribui às mulheres um *status* inferior, muitas vezes semelhante ao de uma criança do sexo masculino, e assim as impede de participar plenamente, em pé de igualdade com os homens, na interação social. Mas também seria possível citar hierarquias de casta, incluindo aquelas baseadas em ideologias racialistas. Em todos esses casos, as proteções sociais funcionam em benefício daqueles que estão no topo da hierarquia de *status*, proporcionando benefícios menores (se houver) aos que estão na base. O que eles protegem, portanto, é menos a sociedade em si que a hierarquia social. Não é de admirar, então, que movimentos feministas, antirracistas e anticastas se tenham mobilizado contra tais hierarquias, rejeitando as proteções que elas pretendem oferecer. Ao insistir na adesão plena à sociedade, procuraram desmantelar acordos que lhes negam os pré-requisitos sociais da paridade de participação[7].

A crítica feminista da proteção hierárquica atravessa todas as etapas da história de Polanyi, embora nunca seja mencionada por ele. Durante a era mercantilista,

---

Georgi Derlugian (orgs.), *Business as Usual: The Roots of the Global Financial Meltdown* (Nova York, New York University Press, 2011), p. 137-58.

[6] A hierarquia não é a única forma pela qual as proteções sociais podem ser opressivas. Os arranjos que enraízam os mercados também podem ser opressivos de uma segunda forma: em virtude de serem "mal enquadrados". Mau enquadramento [*misframing*] é um termo que cunhei para incompatibilidades de escala – neste caso, entre a escala em que os mercados se enraízam, que geralmente é nacional, e aquela em que expõem as pessoas ao perigo, que é com frequência transnacional. A opressão do enquadramento incorreto surge quando os mecanismos de proteção externalizam os efeitos negativos dos mercados sobre "forasteiros", excluindo erroneamente alguns dos expostos ao mesmo tempo que os sobrecarregam com os custos de proteção de outros. Para o conceito geral de mau enquadramento, ver "Reenquadrar a justiça num mundo globalizado", capítulo 8 deste volume. Para uma descrição do colonialismo e dos regimes neoimperiais que o sucederam como casos paradigmáticos de proteções mal estruturadas, e mesmo como conchavos de proteção, ver Nancy Fraser, "Marketization, Social Protection, Emancipation", cit.

[7] Para uma descrição da paridade de participação como princípio de justiça, ver "Política feminista na era do reconhecimento", capítulo 6 deste volume. Para uma defesa mais completa deste princípio, ver Nancy Fraser, "Social Justice in the Age of Identity Politics: Redistribution, Recognition, and Participation", em Nancy Fraser e Axel Honneth, *Redistribution or Recognition? A Political-Philosophical Exchange* (Londres, Verso, 2003).

feministas como Mary Wollstonecraft criticaram os arranjos sociais tradicionais que enraizavam os mercados. Condenando as hierarquias de gênero enraizadas na família, na religião, na lei e nos costumes sociais, exigiram pré-requisitos fundamentais de paridade de participação, tais como uma personalidade jurídica independente, liberdade religiosa, educação, o direito de recusar sexo, os direitos de custódia das crianças e os direitos de falar em público e votar. Durante o período do *laissez-faire*, as feministas exigiram acesso igualitário ao mercado. Ao expor a instrumentalização que este fez das normas sexistas, opuseram-se a proteções que lhes negavam o direito de possuir propriedade, assinar contratos, controlar salários, exercer profissões, trabalhar as mesmas horas e receber o mesmo salário que os homens, todos esses pré-requisitos para a plena participação na vida social. Durante a era do pós-Segunda Guerra, as feministas da "segunda onda" visaram o "patriarcado público" instituído pelos Estados de bem-estar social. Condenando as proteções sociais fundadas no "salário familiar", exigiam remuneração igual para trabalho de valor comparável, paridade entre prestação de cuidados e remuneração por trabalho em termos de direitos sociais, e o fim da divisão do trabalho por gênero, tanto do remunerado como do não remunerado[8].

Em cada uma dessas épocas, as feministas vocalizaram reivindicações de emancipação, voltadas à superação da dominação. Em alguns momentos, visaram estruturas comunitárias tradicionais que *enraizavam* mercados; em outros, apontaram seu fogo contra as forças que *des*enraizavam os mercados; em outros ainda, seus principais inimigos eram aqueles que *re*enraizando os mercados de forma opressiva. Assim, as reivindicações feministas não se alinharam de forma consistente com nenhum dos polos do duplo movimento de Polanyi. Ao contrário, suas lutas pela emancipação constituíram um terceiro lado do movimento social, que atravessava os outros dois. O que Polanyi chamou de duplo movimento foi na verdade um triplo movimento.

4. Conceitualizando o triplo movimento

Mas o que significa exatamente falar de um "triplo movimento"? Essa figura concebe a crise capitalista como um conflito tripartite entre forças de mercantilização, proteção social e emancipação. Ela entende cada um desses três termos como conceitualmente irredutíveis, normativamente ambivalentes e

---

[8] Para a crítica feminista da segunda onda ao "patriarcado público" e ao salário familiar, ver os capítulos 2, 3 e 4 deste volume.

inextricavelmente emaranhados aos outros dois. Já vimos que, contrariamente ao que Polanyi diz, a proteção social é muitas vezes ambivalente, proporcionando alívio dos efeitos desintegradores da mercantilização ao mesmo tempo que consolida a dominação. Mas, como veremos, o mesmo se aplica aos outros dois termos. O desenraizamento dos mercados realmente tem os efeitos negativos que Polanyi destacou, mas também pode gerar efeitos positivos quando as proteções que desintegra forem opressivas. Tampouco a emancipação está imune à ambivalência, pois produz não só libertação mas também tensões no tecido das solidariedades existentes; ao mesmo tempo que desmantela a dominação, a emancipação também pode dissolver a base ética solidária da proteção social, de modo a abrir caminho à mercantilização.

Vistos dessa forma, cada termo tem um *télos* próprio e um potencial de ambivalência que se desenvolve em sua interação com os outros dois termos. Nenhum dos três pode ser adequadamente compreendido isoladamente dos outros. Tampouco o campo social pode ser adequadamente compreendido concentrando-se em apenas dois termos. Só quando todos os três são considerados em conjunto é que começamos a ter uma visão adequada da gramática da luta social na crise capitalista.

Eis, então, a premissa central do triplo movimento: a relação entre dois lados quaisquer do conflito tripartite deve ser mediada pelo terceiro. Assim, como acabo de argumentar, o conflito entre mercantilização e proteção social deve ser mediado pela emancipação. Da mesma forma, porém, como argumentarei a seguir, os conflitos entre proteção e emancipação devem ser mediados pela mercantilização. Em ambos os casos, a díade deve ser mediada pelo terceiro. Negligenciar o terceiro é distorcer a lógica da crise capitalista e do movimento social[9].

5. A MESA VIRADA: A AMBIVALÊNCIA DA EMANCIPAÇÃO NA NOVA GRANDE TRANSFORMAÇÃO

Até aqui, tenho utilizado o movimento triplo para explorar a ambivalência da proteção social. Agora, porém, quero virar a mesa e usar o movimento triplo para explorar as ambivalências da emancipação. Assim, tendo acabado de sublinhar a necessidade de ver os conflitos entre a mercantilização e a proteção social como mediados pela emancipação – uma mediação que Polanyi negligenciou –, quero agora sublinhar a necessidade de ver os conflitos entre a proteção e a emancipação

---

[9] Para uma discussão mais completa do triplo movimento, ver Nancy Fraser, "Marketization, Social Protection, Emancipation", cit.

como mediados pela mercantilização, uma mediação que, a meu ver, tem sido negligenciada por importantes correntes do movimento feminista.

Aqui, portanto, mudo o foco para a "grande transformação" do nosso tempo. Para compreendê-la, devemos começar com o "liberalismo enraizado" que se estabeleceu no rescaldo da Segunda Guerra Mundial[10]. Sustentado pelo quadro regulatório internacional conhecido como Bretton Woods, o liberalismo enraizado abrangeu os Estados de bem-estar social keynesianos do Primeiro Mundo e os Estados desenvolvimentistas do Terceiro. Desde a década de 1980, no entanto, esses acordos estão sob a pressão do neoliberalismo, que promoveu o novo desenraizamento dos mercados, provocando assim a mais grave crise capitalista desde a Grande Depressão.

Analisemos então a crise atual a partir da imagem do triplo movimento, tal como Polanyi utilizou o duplo movimento para compreender a crise anterior. Para nós, tal como para ele, o objetivo é tornar mais claras as perspectivas de uma nova onda de reenraizamento democrático, estabilizada por um regime global de regulação político-econômica. Para nós, contudo, a proteção social deve ser repensada à luz da emancipação. Assim, nossa tarefa é a de imaginar mecanismos para o reenraizamento de mercados que sirvam simultaneamente para superar a dominação.

Começo por observar que, em nosso tempo, cada lado do triplo movimento tem expoentes zelosos. A mercantilização é fervorosamente defendida pelos neoliberais. A proteção social angaria apoio sob várias formas, algumas agradáveis, outras desagradáveis – desde sociais-democratas e sindicalistas organizados em nível nacional até movimentos populistas anti-imigrantes, desde movimentos religiosos neotradicionais até ativistas antiglobalização, desde ambientalistas até os povos indígenas. A emancipação desperta paixões entre vários sucessores dos novos movimentos sociais, incluindo multiculturalistas, feministas internacionais, pessoas do movimento de liberação de gays e lésbicas, democratas cosmopolitas, ativistas dos direitos humanos e proponentes da justiça global. São as relações complexas entre esses três tipos de projetos que imprimem a forma de um triplo movimento à atual crise da sociedade capitalista.

Consideremos agora o papel dos projetos emancipatórios nessa constelação. Ao menos desde a década de 1960, tais movimentos têm desafiado aspectos opressivos da proteção social no liberalismo enraizado. Anteriormente, os integrantes da Nova

---

[10] Tomei emprestada a expressão "liberalismo enraizado" de John Gerard Ruggie, "International Regimes, Transactions, and Change: Embedded Liberalism in the Postwar Economic Order", *International Organization*, v. 36, n. 2, 1982, p. 379-415.

Esquerda expuseram o caráter opressivo dos regimes de bem-estar social burocraticamente organizados, que enfraquecem seus aparentes beneficiários. Da mesma forma, os anti-imperialistas desmascararam o caráter opressivo das proteções sociais do Primeiro Mundo, que foram financiadas por meio de trocas desiguais que recaíram nas costas dos povos ex-coloniais. Mais recentemente, os multiculturalistas revelaram o caráter opressivo das proteções sociais baseadas em autoentendimentos de maiorias religiosas ou etnoculturais, que penalizam membros de grupos minoritários. Finalmente, e com maior importância para meus propósitos aqui, as feministas da segunda onda expuseram o caráter opressivo das proteções sociais baseadas nas hierarquias de gênero.

Em cada caso, o movimento revelou um tipo de dominação e fez uma reivindicação correspondente de emancipação. Contudo, também em cada caso, as reivindicações de emancipação do movimento eram ambivalentes – podiam alinhar-se, em princípio, quer com a mercantilização quer com a proteção social. No primeiro caso, sempre que a emancipação se alinhasse com a mercantilização, serviria para erodir não apenas a dimensão opressiva mas a proteção social como um todo. No segundo caso, sempre que a emancipação se alinhasse com a proteção social, serviria não para desgastar, mas para transformar o modo de proteção.

Afirmo que esse argumento é válido para todos os movimentos emancipatórios que acabei de mencionar. Aqui, no entanto, concentro-me na crítica do feminismo da segunda onda a uma dimensão opressiva da proteção social no liberalismo enraizado. Defendo que, muitas vezes, esse movimento viu-se encalacrado numa luta entre dois lados. Centrado na oposição às proteções opressivas, nem sempre esteve suficientemente consciente do terceiro lado do triplo movimento, qual seja, os esforços para ampliar e autonomizar os mercados. Ao negligenciar a ascensão do neoliberalismo, muitas feministas da segunda onda compreenderam mal sua própria situação e avaliaram mal as prováveis consequências de suas ações. O resultado de seu fracasso em mediar o conflito entre a emancipação e a proteção social com relação à mercantilização ainda hoje molda o curso da crise capitalista no século XXI[11].

6. Ambivalências feministas

Lembremos que o feminismo da segunda onda teve em sua mira o caráter hierárquico de gênero das proteções sociais do Estado de bem-estar social do pós-guerra. Nos Estados Unidos, isso significou expor o subtexto de gênero de um sistema dividido

---

[11] Ver "Feminismo, capitalismo e a astúcia da história", capítulo 9 deste volume.

entre assistência estigmatizada aos pobres para mulheres e crianças, por um lado, e seguridade social respeitável para aqueles considerados "trabalhadores", por outro. Na Europa, significou revelar uma hierarquia androcêntrica semelhante na divisão entre as pensões das mães e os direitos sociais ligados ao trabalho assalariado. Em ambos os casos, as feministas discerniram vestígios de um esquema mais antigo, herdado de antes da guerra, conhecido como "salário familiar". Esse esquema imaginava o cidadão ideal-típico como um provedor e um homem de família, cujo salário era o principal, se não o único, sustento econômico de sua família, enquanto o salário da esposa, se houvesse, era suplementar. Profundamente ligado ao gênero, esse ideal de "salário familiar" forneceu uma parte central da substância ética na qual os Estados de bem-estar social do pós-guerra se basearam para reenraizar os mercados. Ao normalizar a dependência das mulheres, o sistema de proteção social resultante comprometeu as possibilidades das mulheres de participar plenamente, em pé de igualdade com os homens, na vida social. Ao institucionalizar compreensões androcêntricas da família e do trabalho, naturalizou a hierarquia de gênero e retirou-a da disputa política. Igualmente importante é que, ao valorizar o trabalho assalariado, o modo de proteção do liberalismo enraizado obscureceu a importância social do trabalho de cuidado não remunerado[12].

Foi essa a crítica feminista ao liberalismo enraizado. Política e intelectualmente poderosa, tratava-se, no entanto, de uma crítica ambivalente, capaz de conduzir a qualquer uma dentre duas direções. Em uma delas, a crítica feminista ao salário familiar teria como objetivo garantir o pleno acesso das mulheres ao emprego e aos direitos associados ao emprego, em pé de igualdade com os homens. Nesse caso, tenderia a valorizar o trabalho assalariado e o ideal androcêntrico de independência individual, levando à efetiva desvalorização do trabalho de cuidado não remunerado, da interdependência e da solidariedade[13]. Ao tomar como alvo o *éthos* de gênero tradicional que ainda servia para enraizar os mercados, tal tipo de feminismo poderia acabar favorecendo o desenraizamento deles. De modo intencional ou não, poderia ter como efeito o alinhamento da luta contra a hierarquia de gênero com a mercantilização.

Em princípio, porém, a crítica feminista da proteção opressiva poderia desenvolver-se de outra maneira. Articulada de forma diferente, a luta feminista pela

---

[12] Ver "Uma genealogia da 'dependência': rastreando uma palavra-chave do Estado de bem-estar dos Estados Unidos", capítulo 3 deste volume.

[13] Esta abordagem assemelha-se ao modelo do Provedor Universal, que critiquei em "Depois do salário familiar", capítulo 4 deste volume.

emancipação poderia alinhar-se com o outro polo do triplo movimento, o polo da proteção social. Nesse segundo cenário, o impulso da crítica feminista seria no sentido de rejeitar as valorações androcêntricas, especialmente a sobrevalorização do trabalho assalariado e a subvalorização do trabalho de cuidado não remunerado. Ao classificar o trabalho de cuidado como uma questão de importância pública, o impulso do movimento seria no sentido de repensar os arranjos sociais de uma forma que permitisse a todos – homens ou mulheres – realizar ambos os conjuntos de atividades, sem as tensões que hoje se abatem sobre todos esses esforços. Rejeitando, também, a oposição codificada pelo gênero entre dependência e independência, um feminismo pró-protecionista serviria para quebrar a ligação espúria entre a hierarquia social e a dependência, ligação esta que é uma característica universal da condição humana[14]. Ao valorizar a solidariedade e a interdependência, a crítica trabalharia não para dissolver, mas para transformar as proteções sociais.

Na verdade, a segunda onda do feminismo abarcava ambas as orientações. Na maior parte, as chamadas feministas liberais e radicais gravitaram na direção da mercantilização, enquanto as feministas socialistas e as feministas não brancas eram mais propensas a alinhar-se com as forças favoráveis à proteção social. No primeiro caso, o alinhamento nem sempre foi intencional. Nem todas as feministas liberais e radicais pretendiam conscientemente substituir o salário familiar por uma família com dois assalariados. Porém, ao deixarem de situar sua luta pela emancipação no contexto do triplo movimento, poderiam acabar incitando involuntariamente as forças que procuram desenraizar e desregulamentar os mercados. No outro caso, ao contrário, o alinhamento foi relativamente consciente. As feministas cujas preocupações se encaixavam com as forças protecionistas tendiam a uma compreensão intuitiva da lógica do triplo movimento. Em geral tinham consciência de que sua luta pela emancipação se cruzava com outra luta, entre a proteção e a desregulamentação. Posicionando-se num jogo tripartite, procuraram evitar a cumplicidade com as forças da mercantilização, ao mesmo tempo que se opuseram vigorosamente às proteções opressivas.

Pode-se dizer que a ambivalência feminista foi resolvida nos últimos anos em favor da mercantilização. Insuficientemente sintonizadas com a ascensão do fundamentalismo de livre mercado, as feministas mais influentes acabaram por fornecer a justificativa para um novo modo de acumulação de capital, fortemente dependente do trabalho assalariado das mulheres. À medida que as mulheres ingressam

---

[14] Esta abordagem assemelha-se ao modelo do Cuidador Universal, que defendi em "Depois do salário familiar", capítulo 4 deste volume.

nos mercados de trabalho em todo o mundo, o ideal do salário familiar perde terreno para a norma mais recente e moderna da família com dois assalariados. Certamente, a realidade subjacente ao novo ideal é catastrófica para muitos: níveis salariais deprimidos, menor segurança no emprego, padrões de vida declinantes, aumento acentuado no número de horas trabalhadas por unidade domiciliar em troca de salários e exacerbação da dupla jornada – agora muitas vezes uma jornada tripla ou quádrupla. Mas o neoliberalismo encobre suas depredações com um véu encantador e carismático: fazendo referência à crítica feminista do salário familiar, promete a libertação por meio do trabalho assalariado a serviço do capital. Claramente, as ideias feministas impregnam a experiência dos quadros femininos das classes médias profissionais, em sua determinação em chegar ao topo. No entanto, da mesma forma, conferem um significado mais elevado e um sentido moral às lutas diárias de milhões de mulheres trabalhadoras temporárias, de meio período, em serviços com baixos salários, domésticas, profissionais do sexo, migrantes, trabalhadoras de ZPE e mutuárias de microcrédito, que procuram não apenas rendimento e segurança mas também dignidade, autoaperfeiçoamento e libertação da autoridade tradicional. Em ambos os casos, o sonho da emancipação das mulheres está atrelado ao motor da acumulação de capital. Assim, a crítica do feminismo ao salário familiar assumiu uma valência mercantilizante. Antes capaz de se alinhar com a proteção social, hoje serve cada vez mais para intensificar a valorização do trabalho assalariado pelo neoliberalismo[15].

7. Por uma nova aliança da emancipação com a proteção social

O que devemos concluir desse relato? Certamente não que o feminismo da segunda onda tenha pura e simplesmente fracassado. Nem que seja o culpado pelo triunfo do neoliberalismo. Obviamente não que as lutas por emancipação sejam inerentemente problemáticas, sempre fadadas a serem recuperadas para projetos de mercantilização. Concluo, isso sim, que nós, que pretendemos emancipar as mulheres da hierarquia de gênero, precisamos nos tornar mais conscientes de que operamos num terreno que também é povoado por forças mercantilizantes. Acima de tudo, precisamos ter em conta a ambivalência inerente à emancipação, sua capacidade de seguir uma de duas direções – aliar-se às forças da mercantilização ou às que promovem a proteção social. Somente se avaliarmos essa ambivalência e

---

[15] Para o argumento de que o feminismo acabou por fornecer uma parte do "novo espírito do capitalismo", ver "Feminismo, capitalismo e a astúcia da história", capítulo 9 deste volume.

anteciparmos seus potenciais efeitos não intencionais é que poderemos empreender uma reflexão política coletiva sobre a melhor forma de a resolvermos.

Deixe-me retornar às questões mais amplas que inspiraram este capítulo. Refletindo sobre a grande transformação que vivemos agora, efetivamente reescrevi o projeto de Polanyi. Ao teorizar o duplo movimento, ele retratou os conflitos de seu tempo como uma batalha histórica pela alma do mercado: será que a natureza, o trabalho e o dinheiro serão despojados de todo significado ético, fatiados, cortados em cubos e negociados como um item qualquer, e que se danem as consequências? Ou estarão os mercados, nessas bases fundamentais da sociedade humana, sujeitos a uma regulamentação política informada ética e moralmente? No século XXI, essa batalha continua tão premente como sempre. Mas o triplo movimento a lança sob uma luz mais nítida, atravessada por duas outras grandes batalhas de importância histórica. Uma delas é uma batalha pela alma da proteção social. Serão os arranjos que reenraizaram os mercados na era pós-neoliberal opressivos ou emancipatórios, hierárquicos ou igualitários – e, poderíamos acrescentar, mal enquadrados ou bem enquadrados, hostis às diferenças ou favoráveis às diferenças, burocráticos ou participativos? Essa batalha também é tão urgente como sempre. Mas é atravessada por mais uma batalha histórica – nesse caso, pela alma da emancipação. Servirão as lutas emancipatórias do século XXI para promover o desenraizamento e a desregulamentação dos mercados? Ou servirão para ampliar e democratizar as proteções sociais e torná-las mais justas?

Essas questões sugerem um projeto para aquelas de nós que continuam comprometidas com a emancipação. Poderíamos decidir romper nossa ligação perigosa com a mercantilização e forjar uma nova aliança de princípios com a proteção social[16]. Ao realinhar os polos do triplo movimento, poderíamos integrar nosso interesse de longa data pela não dominação com interesses legítimos pela solidariedade e pela segurança social, sem negligenciar a importância da liberdade negativa. Abraçando uma compreensão mais ampla da justiça social, um tal projeto serviria, enfim, para honrar as ideias de Polanyi e solucionar seus pontos cegos.

---

[16] Peguei emprestada a expressão "ligação perigosa" de Hester Eisenstein, "A Dangerous Liaison? Feminism and Corporate Globalization", *Science and Society*, v. 69, n. 3, 2005, p. 487-518.

Publicado em 2024, ano em que a França se tornou o primeiro país a garantir o direito ao aborto na Constituição, este livro foi composto em Adobe Garamond Pro, corpo 11/14,3, e impresso em papel Pólen Natural 70 g/m² pela gráfica Rettec, para a Boitempo, com tiragem de 3 mil exemplares.